미래가있던자리

미래가 있던 자리

초판 1쇄 펴낸날 | 2022년 12월 20일

지은이 | 아네테 케넬
옮긴이 | 홍미경
펴낸이 | 고성환
펴낸곳 | (사)한국방송통신대학교출판문화원
　　　　(03088) 서울시 종로구 이화장길 54
　　　　전화 1644-1232
　　　　팩스 (02) 741-4570
　　　　홈페이지 http://press.knou.ac.kr
　　　　출판등록 1982년 6월 7일 제1-491호

출판위원장 | 박지호
편집 | 신경진·장빛나
편집 디자인 | (주)성지이디피
표지 디자인 | 플러스

© Annette Kehne1 2021
ISBN　978-89-20-04532-5　03920
값 22,000원

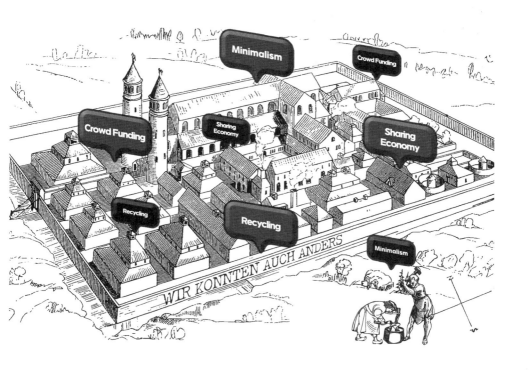

중세 유럽의 역사에서 발견한
지속 가능한 삶의 아이디어

미래가 있던 자리

아네테 케넬 지음 · 홍미경 옮김

지식의날개

차례

머리말

　우리의 시대는 변하고 있다. 자원의 한계, 소비사회의 종말, 증가하는 불평등의 심화, 세계화, 디지털 가속화, 기후변화 그리고 무엇보다도 지구상에서 경제적으로 가장 부유한 나라에서 정치적 불확실성이 증가하는 현상은 우리를 집단적 당혹감에 빠지게 한다. 정치와 경제는 해결책을 제시하려고 노력한다. 포퓰리스트들은 모든 곳에서 극단적인 노선을 설교하고 국가적으로 분명하게 구분된 세계에서 자국의 이익을 추구한다. 여기저기에서 자본주의를 향한 신중한 비판을 들을 수 있다. 다른 사람들은 기술적, 의학적인 발전 혹은 디지털 진보를 강조한다. 제시된 해결책은 별로 전망이 없으며 미래에 대해서는 더더구나 그 어떤 전망도 제공하지 못하고 있다. 그렇다면 우리는 무엇을 해야 할까? 무엇인가 변화해야 한다. 이는 우리 모두에게 자명한 사실이다.

근대의 사고는 더 이상 맞지 않는다

　21세기 들어 맞이한 도전에 대해 해결책을 분주하게 찾고 있음에도 아이디어가 점차 사라지는 이유는 무엇일까? 미래의 문제를 근대적 사고로 해결하려고 하기 때문이다. 근대가 여전히 발전적이고 혁신적으로 여겨지더라도 역사적으로 숙고해보면 그 사이에 200살을 넘겼다. 이 말은 우리가 21세기 초의 도전들을 18세기 후기와 19세기에 발전한 개념으로 해결하려고 한다는 것을 의미한다. 소위 말하는 근대의 부상浮上을 가능하게 했던 당시의 주문呪文은 진보, 성장, 번영이었다.

이 세 가지 목표는 정치, 사회, 경제 행위의 주도 원칙으로서 우리를 매우 앞서 나아가게 했다. 산업화, 프랑스 혁명, 민족국가와 민주주의는 19세기와 20세기 초에 유럽을 근대화시켰다. 그리고 20세기 후반부에는 예기치 못했던 추가적인 영향이 있었다. 두 차례 세계대전으로 매우 상처를 입은 사람들에게 근대는 이전까지 결코 존재하지 않았던 경제 붐을 선물했다. 이는 급속한 소비성장과 과소비사회로 진행되었다. 서구 산업 국가는 경제 기적이라는 발전에 취했고 그때부터 마치 마약 중독자처럼 그 상태를 유지하거나 혹은 경우에 따라서는 끊임없이 새로운 것을 생산하기 위해 시도했다. 이런 시도가 지난 수십 년 동안 매우 성공적이기는 했지만 얼마 전부터 그에 따른 결과로 우리는 불행해졌다. 바다의 미세 플라스틱, 식료품에 들어 있는 글리포세이트 일종의 제초제-옮긴이, 대기 중의 이산화탄소 등 이 모든 것은 이제 돌이킬 수 없으며 전 세계적으로 영향을 끼치고 있다. 그런데 우리는 이 사태를 직시하는 대신 그저 다시 한번 '모든 것을 이전처럼' 하기를 바란다. 예전이 정말 좋았다면서. 우리는 마치 빈 사탕봉지를 들고 화를 내며 앉아 있는 어린아이 같다. 그저 더 많은 것을 원할 뿐이다! 더 많은 성장과 더 많은 번영 외에는 그 어떤 것도 머릿속에 떠오르지 않는다.

우리는 19세기에 갇혀 있다. 해결책의 좌표 시스템은 거의 200년이 되었다. 이 좌표계는 예를 들어 최적의 가치창출전략 모델화, 현존하는 자원의 최대 착취 방법 결정, 투자수익 산정에 탁월하게 적합한 시스템이다. 그러나 만약 이익의 극대화 너머에 있는 문제들을 해결하려 한다면 이 시스템으로는 당연히 실패할 것이다.

경제적 인간: 근대의 좌절한 영웅

이 역사에서 주인공은 '경제적 인간'이다. '경제적 인간'은 합리적인 행위자이자 이익을 극대화하는 자로 항상 우선적으로 자신의 이익을 염두에 두고 있다. 이것은 경제적 관계를 설명하기 위한 공식의 모델이자 가상의 행위자일 뿐이다. 경제적 인간이라는 효용극대화 모델은 근대 경제학의 매우 뒤처진 발명으로 소위 1970년대의 합리적 선택이론Rational Choice Theory과 더불어 20세기의 도그마로 승격되었다. 하지만 '자기 유익'을 절대시하는 것의 뿌리는 19세기에 있다. 찰스 다윈과 허버트 스펜서가 발전시킨 진화론의 대중적 표현 속에서 자기 유익은 종종 선택적 이익과 혼동되었다. 환경에 적응하는 능력, 사용 가능한 자원을 능숙하게 착취하는 능력, 경쟁자를 능가하는 능력은 진화의 성공요인으로 오해되었다. 생존을 위한 경쟁과 투쟁은 갑자기 생물학적 사실이 되었다. 보조를 맞출 수 없었던 사람은 자연에 의해 지체 없이 도태되었다. 진화생물학의 자연선택은 경제이론에서 시장의 보이지 않는 손, 즉 파악 불가능한 힘이 되어 모든 것을 규정했고 따라서 전근대 사회의 낡고 윤리적인 바닥짐 배의 안정을 위해 배의 밑바닥에 싣는 모래나 돌 따위-옮긴이을 잉여물로 만들었다. 두 가지 개념은 하나의 근대적 전체로 매끄럽게 통합되어 합리적으로 이익을 최대화하는 사람을 능력이 뛰어난 직원보통 남자으로, 아니 오히려 근대의 상사나 CEO로 높였다.

그런데 문제는 19세기가 이미 오래전에 지나갔다는 것이다. 근대의 성과는 의심할 여지없이 훌륭하고 결코 깎아내릴 수 없다. 200년간 진행된 진보, 성장, 번영 후에 지금 시급한 것은 바로 현실 점검이다. 우리는 도전에 직면해야 하고 근대사회의 가설이 현재에 적합한지, 특별히 가설의 잠재력이 21세기 문제를 해결하는 데 적합한지 검증해야 한다.

변화에 대한 두려움

이런 현상을 발전에 대한 집단적인 거부라고 할지도 모른다. 이때는 전통적인 생각이나 규칙을 고수할 수밖에 없도록 만드는 매듭을 어떻게든 풀어야 한다. 비록 전통적인 생각이나 규칙이 특정 시기에는 매우 유용했고 심지어 어쩌면 생존을 위해 중요했을 수도 있겠지만, 지금은 불필요해졌다는 인식 정도면 충분할 것이다. 보통 이는 불분명한 두려움으로 촘촘하게 얽히고설켜 있는데 특히 변화에 대한 두려움이다. 무엇이 도움이 될까? 첫 번째 단계는 자기인식, 통찰력, 관점의 변화일 것이다. 그리고 어느 시점이 되면 변화에 대한 바람이 수면 위로 드러난다. 이때 필요한 마법의 단어는 '지평의 확장'이며 이는 미래를 향한 상상력을 활성화시킨다.

이 상황을 화가의 상황과 비교해보자. 지난 200년 동안 인류는 매우 부지런하게, 놀라울 정도로 집중하고 엄청난 희생을 치르면서 근대에 몰두했다. 그러나 지금은 한번쯤 물러날 시간이다. 시선을 완성해야 할 예술작품에 둘 시간이다. 그리고 난 다음에야 화가는—우리의 경우 인류는—각각의 다양한 디테일이 연결되어 전체를 형성하는 방법을 볼 수 있다. 또한 어디에 붓을 새로 대야 하는지도 알 수 있다. 만약 미래에 대한 상상력을 펼칠 수 있다면 우리는 지금 무엇을 어떻게 해야 하는지도 알 것이다. 그림을 계속 그리고 싶은 마음이 다시 생길 것이다.

간격을 확보하기, 뒤로 물러나기, 떨어져 있기, 붓을 손에서 놓기, 새로운 관점을 선택하기. 이 모든 것은 21세기를 위한 새롭고 장래성이 있는 생각으로 발전시키기 위한 전제 조건이다.

현재에 고정된 근시안적 소견 대신 역사적인 세계관

역사학자로서 내 눈에 항상 띄는 것은 현재의 근시안적 소견이다. 근시안적 소견은 미래를 위해 거리를 두는 데 가장 커다란 장애물 중 하나이다. 이는 집단의식 속에서 여기저기에 출몰하는 과거에 대한 수많은 이미지이다. 마치 구름이 둥둥 떠다니듯이 선형적인 높은 발전에 대한 무언의 법칙이 우리의 머릿속을 맴돌고 있다.

만약 사람들이 과거에 어떻게 살았는지를 곰곰이 생각해볼 때 어떤 장면이 떠오를까? 석기시대 동굴에서 르네상스의 궁전으로, 그리고 바로 욕조가 있고 인터넷이 연결된 우리의 안락한 집으로 이동하는 '인류의 진보'라는 이미지를 즉시 떠올릴 것이다. 경제에 관한 생각도 이와 비슷하다. 경제는 산업혁명과 함께 최근에서야 실제로 시작되었다고 가정한다. 물론 이전에 사람들도 물건을 교환했으며 무역을 했다. 그러나 자본주의와 산업혁명의 도래와 함께 드디어 본격적으로 경제에 전력투구했고 얼마 후에 그다음 단계로 도약이 이루어졌다. 그 밖에도 자본주의를 제외하면 다른 대안이 없다. 사회주의적인 계획경제뿐만 아니라 파시즘적인 계획경제도 주지하다시피 이미 실패했다. 비유럽 경제모델에서도 많은 것은 기대할 수 없다. 그래서 우리는 어쩔 수 없이 다음 몇 세기 동안에도 어떻게든 자본주의로 우리의 경제를 꾸려나가야 한다.

역사적 관점에서 보자면 이와 같은 발언은 극단적으로 좁은 소견과 현실 고착성을 특징으로 갖는다. 아마도 거기에는 자만이 덧붙여질 것이며 한 걸음 더 나아가서 상상력의 결핍도 포함될 것이다. 마지막으로 자신의 평안한 영역에서 벗어나는 것에 대한 두려움을 추가할 수 있다. 다른 어떤 곳에서—예를 들어 과거이든 미래이든—아주 달랐고 혹은 다를 수 있다는 가능성, 다르지만 그럼에도 좋을 수 있다는 가능성을 고려해야 한다.

우리에게 필요한 것은 미래에 대한 새로운 생각이다. 지난 200년 동안 소위 말하는 근대라는 개념은 대단했고 큰 성장을 가져왔으며 수많은 약속이 실현되었다. 그렇지만 이제는 어떤 식으로 계속 진행될까? 잘 알다시피 마법에 걸린 왕자가 공주와 결혼하고 모든 사람들이 행복하고 평화롭게 오래오래 잘 살았다는 동화의 결말이 그저 우연히 이루어진 것은 아니다. 소원이 성취된 세계에서 우리는 어떻게 살고 있을까? 세탁기가 있는 세계, 전 세계적으로 글자를 아는 사람들의 비율이 거의 80%인 세계, 겉보기에 이동의 한계가 없는 것 같은 세계, 단지 10유로만 지불하면 프랑크푸르트에서 비행기를 타고 1시간 30분 내에 알프스 산맥을 지나 밀라노까지 갈 수 있는 세계이다. 이렇게 대단한 업적을 이룬 현대는 어디로 가고 있을까? 불과 10년 전보다 훨씬 더 빨리 변화한 것처럼 보이는 세상, 훨씬 더 작아지고 부서지기 쉬운 세상, 현대의 성공이라는 무게에 눌려 신음하는 세상, 게다가 미래가 불투명한 젊은이들로 가득 찬 세상에서 무엇을 할 수 있을까?

지평의 확장

미래를 좀더 잘 볼 수 있도록 과거로 향해보자. 활동 영역을 넓혀 광범위한 프레임을 파악하기 위해 과거로 가보자. 우리는 200년보다 더

멀리 과거로 거슬러 올라가야 한다. 물론 현대의 호모 사피엔스는 20만 년 전의 과거로 시선을 돌릴 수 있다. 약 10만 년 전에 그들은 아프리카를 떠나 점차 성공적으로 다섯 대륙에 정착했다. 대략 기원전 1만 2,000년 전에 사멸한 것으로 추측되는 매머드와 달리 대빙하기를 이겨냈고 그다음에 이어진 지구온난화에도 살아남았다. 그들은 어떻게 그런 성과를 이룰 수 있었을까? 어떻게 경제활동을 했고 어떻게 위기를 극복했을까?

다음에서는 18세기 산업혁명 이전 시기인 소위 말하는 전근대에 초점을 맞출 것을 제안한다. 전근대는 사실 어려운 개념이다. 세계사를 근대에 살고 있는 '우리'와 그 이전에 살았던 모든 사람인 '타인'으로 나눈 것인데, 특별히 똑똑한 구분은 아니다. 10만 년이 넘는 인류 역사를 '전근대'로 통일시킨다고 생각한다면 얼마나 잘못된 구분인지 깨달을 수 있다. 따라서 이 개념은 가능한 한 피하고자 한다. 우리는 산업화가 이루어지기 약 2,000년 전, 즉 기원전 5세기 고대 그리스에서 18세기 계몽주의 시대까지 이동할 것이다. 사례의 대부분은 중세 전성기와 중세 후반기, 즉 새천년의 시작부터 16세기까지 해당한다. 여기서는 유럽 대륙의 공동체와 경제 형태를 이야기할 것이다. 그리고 지중해가 경제의 중심이었을 때 문화적, 경제적으로 당연히 지중해 문화권에 속했던 중동과 북아프리카를 포함시킬 것이다. 이런 시대 구분과 지리적인 공간은 장점을 지니는데, 사람들이 놀라울 정도로 상세하게 그들의 삶과 생각의 세계를 비교적 많은 문서를 통해 남겨두었기 때문이다. 이런 문서를 통해 전근대 경제의 규범, 실행방법, 이론 등을 재구성할 수 있다.

나중에 실망할 수도 있을 독자들을 위해 미리 언급해보자면, 이 책에서 중세의 경제 형태로 회귀해야 한다는 구체적인 해결책을 제안하는 것은 아니다. 전혀 그렇지 않다. 조금이라도 그 시기의 역사를 잘 아는 사람이라면 중세로의 귀환을 원하지 않을 것이다. 이 책은 영감을 전달하고 우리의 가능성을 일깨우며 전통적인 사고방식의 한계를 극복하는 데 도움을 주기 위한 것이다.

사람들은 역사를 통해서 무언가 배울 수 있는지 혹은 없는지에 관해 자주 토론한다. 내 경험에 비추면 한 가지는 이론의 여지가 없다. 어떤 과거도 미래를 위해 완벽한 해결책을 제공할 수 없다는 점이다. 모든 시기는 각자 해결해야 한다. 과거가 우리에게 제공할 수 있는 것은 우리 상상력의 지평을 확장시키는 것이다. 지속 가능한 경제모델을 찾는 방법에 자극을 주고, 시대에 맞는 개념을 위해 현재의 상태를 새롭게 해석하려는 노력을 확장시킨다. 만약 우리가 더 이상 오래전부터 전해 내려오는 근대의 잣대를 통해 미래를 보지 않는다면 우리의 미래는 어떤 모습일까? 근대의 가장 중요한 특징에 속하는 규범화, 표준화를 통해 미래를 보지 않는다면? 만약 우리가 이렇게 시대에 맞지 않는 꽉 낀 코르셋을 한번쯤 벗어버린다면 무슨 일이 일어날까? 만약 우리가 과거의 다양성에서 영감을 받고 현재와 과거를 아주 다른 관점으로 볼 여지가 있다면 무슨 일이 발생할까? 만약 우리가 완전히 다르게 할 수도 있다는 사실이 드러난다면 어떻게 될까?

틀에 대한 새로운 시각

이미 다양한 시도들이 진행되고 있다. 예를 들어 전체적이고 미래에 초점을 맞춘 기업 컨트롤을 위한 시도, 증권거래소에 상장된 회사의 새로운 회계표준을 위한 OECD의 비영리 단체 등이 있다. 사유재산의 단점, 책임, 비용, 또한 자유의 유혹 역시 자원의 공동 사용을 위한 새로운 모델을 매력적으로 만든다. 점점 더 많은 사람들이 최대 생산성을 위해 다람쥐 쳇바퀴 돌 듯 일하는 분위기와 가파른 커리어에 반대하는 결정을 내린다. 사람들은 더 적게 일하고 그 대신 더 많은 시간을 자녀들과 함께 보내기를 원한다. 아니면 적은 돈으로 혹은 심지어 여행경비 없이 세계여행을 한다. 그들은 아주 의식적으로 고정 수입을 포기한다. 만약 이것이 너무 오래된 낡은 유산이라고 추측하는 사람이 있다면 이는 완전히 잘못 생각한 것이다. 새로운 미니멀리즘 운동은 오히려 포스트모던하고 디지털 시대에 걸맞다. 우리는 그런 사람들을 TED 강연회나 도서박람회에서 만날 수 있다. 예를 들어 그들은 협소주택을 위한 건축 개념으로 유명한 상을 받는다. 모든 곳에서 물물교환시장이 붐을 이루고 있고 낡은 화물차의 덮개로 존중할 수밖에 없는 가격의 가방을 만들어 낸다. 사용과 소비 공동체의 영역에서 시장거래는 빈티지 온라인 숍에서 최고급 첨단 의상실에 이르기까지 인상적인 속도로 성장하고 있다. 성장 없는 경제의 가능성을 생각하는 사람들의 수도 늘어나고 있다. 주제는 '포스트 성장경제'이며 '더 많은 것에서 더 좋은 것으로'와 같은 슬로건은 그 방향성을 보여준다. 이론 영역에서 경영학의 다원화에 대한 요구는 점점 더 커졌으며 대학생 단체인 '복수 경제학'이나 하랄트 벨처의 '미래 2'와 같은 단체에서 목소리를 내고 있다. 이런 운동을 모두 좋다고 생각할 필요는 없다. 그러나 이들의 관심사는 절박하다. 이들은 시장에 참여하는 사람으로서 시장에 반응하며 관여하고 미래를 형성하는 데 기여하고자 한다. 그러나 이 방식은 대체로 우리가 일상에서 경제를 이해하는 방식인 뒤떨어진 근대의 전통적 일상 이해와는 전혀 다르다.

이 책은 우리의 활동 반경을 확장시키는 데 도움을 주고, 호기심을 불러일으키고 두려움을 줄이고 미래에 대한 흥미를 깨우고자 한다. 또

한 경제활동에 대한 인간의 능력을 새롭게 이해하기 위한 변론이 되고
자 한다. 경제 자체에 문제가 있는 것이 아니라 무엇이 경제인가에 대한
획일적인 이해가 문제인 것이다.

이 책의 구성

1장에서는 우선 과거에 대한 일반적인 개념을 규명하고 메타내러
티브Metanarrativ가 무엇인지, 21세기에 결국 왜 자신의 고유하고 새로운
역사가 필요한지 설명한다. 진보와 발전에 대한 신빙성 있는 이야기는
진보와 발전의 성립 시기인 19세기의 것이다. 그 당시에는 모든 것이
점점 더 좋아지고 있었고 현 상태를 더 밝게 비추기 위해 과거는 그만
큼 더 어둡게 표현되어야 했다. 오늘날까지 우리가 가진, 과거 사람들
의 끝없는 빈곤의 이미지는 완전히 자명한 것이 되었고 거의 본능적인
생각이 되었다. 그러나 정말 우리 조상들이 아침부터 저녁까지 뼈 빠지
게 일해야만 했을까? 정말 성당의 쥐처럼 가난했을까? 매우 가난하다는 독일
격언–옮긴이 비인간적인 조건하에 오물 속에서 살았을까? 이 장에서는 좀
더 정확한 방향을 제시하기 위해 신화 대신 중세 전성기와 중세 후기 유
럽에 대해 역사적으로 증명된 데이터와 숫자를 제시한다.

그리고 난 후 산업혁명 이전의 유럽 경제에서 다양성의 흔적을 찾기
위해 과거로 시간여행을 할 것이다.

공유경제: 2장에서 중세의 수도원은 공유경제에서 1,500년의 경험
을 가진 공동체로 소개된다. 수도원의 역사에서 사람들이 자원을 집단
적으로 사용할 수 있고 귀중한 재화를 성공적으로 지속 가능하게 관리
할 수 있음을 증명할 것이다. 이 장에서는 공유지Commons의 역사도 조

명할 것이다. 어떻게 수 세기 동안 공유자원을 지속 가능하게 경영할 수 있었을까? 어떻게 우리 조상들은 외적인 것을 자기 것으로 내면화할 수 있었을까? 1713년에 출간된 한스 카를 폰 칼로비츠의 《삼림 경제학》은 오늘날 지속 가능성의 '출생증명서'로 간주된다. 그렇다면 그 이전에는 지속 가능성이라는 개념이 존재하지 않았다는 뜻일까? 독일 호수인 보덴호의 어업과 남부 프랑스 농부 이동목자의 원거리 목장경영의 사례를 통해 이 질문을 따라가본다. 공유공동체의 또 다른 예는 13세기 이래 플랑드르의 경제중심지에서 생겨났던 여성들의 거주공동체이다. 이 여성들은 매우 상이한 직업을 가지고 있었다. 안트베르펜과 브뤼헤 같은 도시들은 무척 아름다운 도시정원을 자랑하는데 이는 모두 그 여성들 덕분이다.

리사이클링: 3장에서는 자원의 신중한 사용에 중점을 두는 생태학적인 지속 가능성을 다룬다. 20세기에 이르러서야 '쓰레기'라는 개념은 오늘날 우리가 가장 많이 사용하는 의미인 '더 이상 재활용할 수 없는 나머지'라는 뜻으로 사전에 등장했다. 전근대에는 이 개념이 없었다. 그때는 단지 순환경제만 존재했고, 재활용은 당연했으며, 중고품이 시장을 지배했고, 재활용 제품이 표준이었다. 첫 번째 연구에서는 중세 도시 프랑크푸르트를 예로 들어 수선직업을 다룬다. 중세 프랑크푸르트에서 수선공 알트레퍼와 알트플레커의 가게는 무역박람회나 도시의 거리풍경에 늘 있었다. 파리의 중고품시장에 대한 묘사에서 그 당시 유행이 업사이클링과 중고의류를 통해 이루어졌음을 짐작할 수 있다. 종이의 역사라는 사례를 통해서는 넝마로 만들어진 중국의 재활용품이 어떻게 글로벌 시장을 정복했는지를 보여준다. 또한 전통의 수호자로서 새로운 기술과 자료를 회의적으로 대하는 전문가의 혁신에 대한 적대 문제

도 다를 것이다. 마지막 사례는 중세시대 건축자재의 재활용이다. 고대 건축의 일부분을 재활용하는 것은 그 당시에 당연한 일이었다. 실용적인 측면 외에도 과거의 부가가치가 중요한 역할을 했다. 그 예로 아헨의 돔에서 보이는 것처럼 아상블라주와 브리콜라주에 대한 열정을 들 수 있다.

마이크로크레디트: 4장은 사회적인 지속 가능성에 대해 질문하며 15세기 북부 이탈리아의 소액대출은행의 역사로 시작한다. 몬테 디 피에타로 알려진 지역의 대출기관은 도시 주민들이 주도하여 설립되었으며 가난한 도시 주민들에게 자본을 제공했다. 도시의 부유한 시민들은 특히 더 가난한 수공업자와 농부들과 일일노동자들이 투자 자본에 접근할 수 있도록 자본을 내놓았다. 그래서 도시 교외지역에서 일하는 농부는 봄에 겨울 외투를 담보물로 잡아 그 대가로 파종용 씨앗을 살 돈을 빌렸다. 농부는 가을에 추수를 하고 난 후에 그 수확의 이익으로 그가 맡겼던 겨울 외투를 되찾았다. 이 모델은 가장 짧은 시간 안에 유럽 전체에 퍼졌다. 대출을 통한 자금 조달은 중세시대에 일상적인 일이었으며, 게다가 대출은 모든 사회적 영역에서 이루어졌다. 여기서는 스위스의 도시 바젤을 예로 들어 설명한다. 바젤에서는 공공의 부채기록부를 작성해서 시민들을 위한 대출에 안전장치를 마련했다. 이 장부들은 오늘까지도 바젤의 시립 문서보관소에 보관되어 있으며 동시대인들의 대출관행과 도시 공동체 안에서 사회적 접착제로 작용하는 부채의 기능을 통찰하게 해준다. 농촌과 도시 경제의 지속 가능한 네트워크화는 가축 임대 사례를 통해 설명한다. 도시인들은 가축 임대 형태로 농촌 사람들에게 대출을 해준다. 농부들은 가축을 키우고 돌보며 또한 이용한다. 번식의 위험과 수익, 즉 송아지, 망아지, 새끼 돼지는 소유주와 농부

들이 나누어가졌다.

기부와 재단: 중세에는 기부를 통해 프로젝트의 자금을 조달하는 것이 당연했다. 사회단체나 자선단체뿐 아니라 더 규모가 큰 공동 프로젝트를 위해서도 기부가 이루어졌다. 그 결과 중세시대에는 다리 건설이나 도로 건설이 자선사업의 작품이었다. 5장에서는 기부 캠페인이 정확히 어떻게 작동했는지에 대해 아비뇽의 론강에 있는 유명한 다리를 예로 들어 설명한다. 두 번째 사례 연구에서는 면벌부免罪符도 중세의 크라우드 펀딩의 한 모델로 볼 수 있는지 질문을 던진다. 이 모델에서는 이런 재정지원 형태가 지닌 기회와 위험 부담이 드러날 수 있다. 이 경우는 할당액으로 재정을 지원하는 문화진흥과 관련되는데, 다리, 제방, 교회건축뿐 아니라 오늘날까지도 르네상스 예술가로 가장 유명한 라파엘로, 브레만토에서 미켈란젤로에 이르기까지 예술가들도 지원했다. 그러나 이 사례는 대중크라우드의 인내가 무한하지 않다는 점도 아주 잘 보여주는데, 면벌부는 종교개혁의 결정적인 성공 이유 중 하나가 되었다. 또 여기서는 기업의 사회적 책임이라고 부르는 영역에서 지속 가능한 투자에 대한 인상적인 사례를 하나 소개한다. 푸거라이로 더 잘 알려진 독일 아우크스부르크의 사회임대주택은 1521년에 거상巨商 야코프 푸거가 만들었다. 푸거라이를 아주 특별하게 만드는 특징이 바로 지속 가능성이다. 이 서민주택은 오늘날까지도 죄 없이 곤궁에 빠진 도시의 시민들을 위해 저렴한 주거공간을 제공하고 있다.

미니멀리즘: 6장은 소비를 포기하는 것에 뿌리를 둔 해결책을 모색한다. 자발적으로 돈과 고정 수입 없이 살았던 사람들은 수 세기 동안 모든 주요 도시의 확실한 구성원이 되었고, 정치적이고 사회적인 삶을

형성하는 데 결정적인 기여를 했다. 이 장은 우리를 좀더 먼 세상, 즉 기원전 4세기 고대 그리스 철학자인 항아리 속의 디오게네스에게로 이끈다. 그는 견유학파의 창시자이며 이 철학은 자유와 더 좋은 삶을 위한 방법으로 실용적인 포기 der pragmatische Verzicht를 설명한다. 다음 사례는 중세 후기를 다룬다. 기후변화와 인구폭발로 12세기 이후 유럽의 도시화가 점점 증가하면서 갑자기 미니멀리스트들이 모인 수많은 공동체가 생겨났다. 그 공동체는 탁발 수도회로 '적을수록 더 좋다'라는 원칙에 따라 사회적, 경제적인 삶에 지속 가능한 영향을 끼쳤고 무엇보다도 당시 가장 독창적인 경제이론가들을 배출했다. 그중에서도 급진적 미니멀리스트인 남프랑스 세리냥 출신의 피에르 드 장 올리비는 시장 성립에 미래지향적인 분석을 내놓았다. 그는 계약에 관한 글을 통해 카를 마르크스보다 500년 앞서 자본이라는 개념을 규정했다.

마지막 장에서는 미래를 위한 과거로부터 결론을 이끌어낸다. 경제는 대안이 없는 것이 아니다. 우리는 다르게 행동할 수 있고 변화할 수 있다. 인간은 단지 사리사욕만을 원하지 않고 그 이상의 것을 하길 원하고 또 할 수 있다. 또한 협력해야만 비로소 개인의 목표와 전체의 목표를 실행할 수 있다. 그렇게 하기 위해서는 인간이 지금보다 더 어리석게 행동하지 못하도록 하는 규칙이 필요하다. 이 책은 대안 없음에서 벗어나는 방법을 제시할 수 있는 조언으로 끝을 맺는다. 인간은 역사를 통해 개인의 이익을 취하는 것보다 훨씬 더 많은 것을 할 수 있다는 사실을 배우기 때문이다. 역사는 우리가 아주 다르게 할 수 있다는 사실을 일깨워준다. 우리는 다만 그렇게 하길 원하기만 하면 된다.

1장

자본주의 이전에
우리는 가난했을까?

WIR KONNTEN
AUCH ANDERS

1 진보의 역사와 그 함정

    진보와 발전의 역사로 인류사를 설명하는 것은 우리에게 어려운 일이다. 그리고 인류의 역사가 항상 진보와 발전으로 이루어진 것도 아니다. 역사를 다른 식으로 생각했던 시대들도 많았다. 예를 들어 순환하는 것처럼 항상 다시 반복하는 리듬 속에 역사가 있다고 생각하거나 혹은 최후의 심판을 향해 나아간다고 생각하거나 때에 따라서는 몰락의 역사를 생각한 적도 있었다. 18세기가 진행되면서 비로소 진보가 높은 가치를 지니게 되었다. 이른바 계몽주의 시대였고 그때는 이성의 불빛이 유럽을 밝게 비추고 임마누엘 칸트는 인간이 스스로 부과한 미성숙에서 벗어나는 발전의 역사를 새롭게 설명했다. 그렇게 진보는 19세기가 진행됨에 따라 과학, 정치, 경제에서 풍성한 결실을 맺은 근대의 성립 신화를 이루어냈다. 찰스 다윈의 《종의 기원》1859은 진보를 자연의 영역까지 확장시켰다. 종의 생물학적 진보가 기술되어 있는 '진화의 계통수'에서 호모 사피엔스는 맨 꼭대기를 차지하고 있다. 생존을 위한 생물학적 싸움의 승리자인 셈이다. 자본주의가 방해받지 않는 욕구충족의 세계에서 진보의 동인으로서 기술과 경제를 설파하는 동안에, 카를 마르크스와 프리드리히 엥겔스는 끝내 억압에서 벗어나서 계급 없는 사회로 오르도록 프롤레타리아 무산 노동자 계급를 자극했다. 진보의 계몽주의적 역사에서 특별히 추악한 부분은 바로 인간을 '우리'와 '타인'으로 나눈 것이다. 서구의 백인 남자가 역사를 발명했고 이 발전을 주도했기 때문에 그들은 지구상의 나머지 사람들보다 우월하다는 인식과 함께 부지런함과 효율성, 합리적 사고방식과 행동으로 정상에 올랐다. 인종의 발명과 함께 18세기에도 이런 생각은 소위 학문적인 논거들과 함께 기초가 세워졌다. 그 결과는 잘 알다시피 오늘날까지도 우리에게 무거운 과제로 남아 있다. 노예제도, 인종차별, 식민주의 그리고 대부분의 지역에서 행해지는 자연과 인간에 대한 착취는 되돌리기 어려운 전 세계적인 불공평을 고착화시켰다. 발전의 원동력이 자신의 이익을 추구할 것이라는 신화에서 비롯된 장기간에 걸친 피해와 파괴 역시 비슷하다. 이런 신화는 아마도 지난 200년 동안 가장 견고한 내러티브에 속할 것이다. 사람들은 신화의 창시자로 애덤 스미스를 이야기한다. 애덤 스미스는《국부론》1776 의 분업에 관한 장에서 빵 굽는 사람이 그가 만든 빵을 파는 것은 이웃을 사랑해서가 아니라 당연히 자신의 이익을 위한 행동이라고 지적한다. 그럼에도 빵 굽는 사람은 빵을 구워 팔면서 대중의 안녕을 돌본다는 것이다. 이 지점에서 생각을 전환시키는 결론이 나왔다. 개인의 이익추구가 사회구성원 모두를 위해 그리고 혁신과 발전을 위해 가장 좋은 것이며 그 결과 인류가 발전한 것은 자본주의 덕분이라는 것이다. 자본주의의 시작과 초기 형태, 선구자를 살펴보려면 저 멀리 고대까지 거슬러 올라가야 한다.

　200여 년 전 근대의 시작과 함께 미래의 바람이 유럽 사람들을 사로

잡았고, 진보의 역사는 그 시대에 적합했을 뿐만 아니라 아주 놀라울 정도로 오랫동안 유지되어 오늘날까지 집단의 기억 속에 고착되어 있다. 이를 메타내러티브라고 하는데 본래 의미에서 역사를 뜻하는 것은 아니다. 역사 잡지에서 읽거나 역사 선생님들에게서 듣는 그런 역사가 아니라 명료한 설명이 필요하지 않은, 그 자체로 존재하는 이야기들이다. 역사 내러티브라는 표면 밑에서 이루어지는 본래의 이야기, 우리에게 확신을 주고 의미를 만들어내는 이야기인 것이다. 그런 메타내러티브는 수많은 세대의 경험 지식을 저장하고 있으며 현재를 스스로 이해하기 위한 방향성을 제공한다. 이처럼 메타내러티브는 무척 중요하고 유용하다.

물론 우리가 설명해야 하는 현실에 적합한 경우에만 그렇다. 문제는 오늘날에도 여전히 서구사회의 진보를 설명하는 이야기들이 필요한지의 여부이다. 이런 내러티브는 고도의 산업화시대와 식민주의 시대에 잘 어울렸다. 1769년 증기기관 발명, 1825년 9월 스톡턴-달링턴 철도 구간의 최초 증기기관철도 개통에서 시작해서 1954년 여름 러시아 오브닌스크의 최초 원자력발전소 시운전을 거쳐 1969년 7월에 최초로 달에 착륙할 때까지 인간은 혁신과 기술을 통해 자연을 점점 더 많이 지배했다. 그렇지만 이런 오래된 이야기가 21세기에도 적합할까? 세계는 아주 많이 변했다. 인간이 200년 동안 무자비하게 자연을 착취한 결과를 모든 영역에서 맞이하고 있다. 지구를 '우리'와 '타자'로 나눈 것은 파괴를 불러왔고 그 결과 이런 메타내러티브를 시험대에 세우게 되었다. 그중 어떤 것이 여전히 유용할까? 우리는 어떤 내러티브와 작별을 고할 수 있을까?

모든 것이 예전에는 더 좋았을까, 아니면 더 나빴을까?
낭만주의자 vs. 모더니스트

"옛날에는 우리 모두 가난했다. 그다음에 자본주의가 왔다. 그리고 지금 우리는 모두 부자이다." 이 짧은 문구로 미국 시카고 일리노이대학교 경제학과 교수 디어드리 맥클로스키는 자신의 많은 동료들이 지닌 단순한 세계상을 비판했다. 자본주의는 여전히 많은 사람들에게 행복의 열쇠로 간주된다. 오늘날 가난이 지배하는 곳에서는 아직도 자본주의가 제대로 기를 잡을 수 없다. 그러나 언젠가 자본주의가 아프리카, 동남아시아와 남아메리카에서도 우세할 것이고 그 결과 그곳 역시 발전할 것이다. 이것은 암묵적인 가정이다.

이 견해에 따르면 예전에는—그때가 중세이든 19세기이든 2차 세계대전이 끝난 몇 년 후이든 상관없이—모든 것이 더 나빴다. 이런 생각은 마치 핵심처럼 우리의 집단적인 역사 판타지를 관통하고 있다. 그런데 이와 전혀 반대의 이야기가 있다. 예전에는 모든 것이 더 좋았고 더 단순했으며 더 자연스러웠고 덜 복잡했으며 어찌됐든 더 인간적이었다는 것이다. 이상하게 서로 모순되는 두 개의 이야기가 우리의 뇌에 동시에 저장되었고 필요에 따라 서로 방해하지 않으면서 각각의 이야기를 소환할 수 있다. 논쟁은 '낭만주의자 vs. 모더니스트'라는 상위개념으로 진행된다. 모더니스트가 근대의 축복을 찬양하는 반면에 낭만주의자는 몰락한 세상을 애석하게 생각한다. 그러나 이 두 진영에게는 한 가지 공통점이 있다. 그들은 과거에 살았던 사람들의 세계를 '이국적으로 본다.' 낭만주의자는 소박함의 상실, 대가족이라는 연대의식의 상실, 자연과 하나 되어 소외나 소비 없이 사는 삶을 상실했다는 점을 슬퍼한다. 모더니스트는 과거의 원시적인 생활조건을 극복한 것에 기뻐한다. 두 진영은 동일한 맥락으로 다음과 같이 주장한다. 과거의 사람들은 세계관과 토론의 관점에 따라 우리와 달리 더 폭력적이었거나 더 평화적이었으며, 더 행복했거나 더 불행했다. 그렇지만 모든 경우에 그들은 우리와 '달랐다.' 사람들은 과거의 사람들을 이방인으로 만들어 거리를 두며, 자신을 부각시키기 위해 그들과 비교한다. 낭만주의자들처럼 희생자라고 하든 모더니스트들처럼 근대의 승자라고 하든 상관없다. 이를 일종의 역사적 '타자'라고 할 수 있겠다. 타자란 사람들을 '우리와 다른 사람들'로 나누는 인간의 경향을 파악하기 위해 사회심리학에서 사용하는 개념이다. 타자 설정은 근대라는 신화를 구성할 때 현대인의 자기 확신을 위한 동력으로 중요한 역할을 한다.

해충과 뼈를 자르는 톱 그리고 지루함

이에 대한 예시로 폭력적이고 어두운 과거에서 평화를 사랑하고 폭력이 적은 현재로 이행한다는 인류의 발전논제를 대변한 스티븐 핑커의 저서 《우리 본성의 선한 천사The Better Angels of Our Nature: Why Violence Has Declined》의 일부 내용을 살펴보기로 하겠다. 그의 관점에서 보자면 과거의 삶은 다음과 같이 기술할 수 있다.

"우리의 조상들은 해충과 기생충에 감염되어 자신들의 배설물로 뒤덮인 지하실 위에서 살았다. 그들의 음식은 맛이 없고 단순했으며 그마저도 불규칙적으로만 먹을 수 있었다. 의료 기구는 뼈를 자르는 톱과 치과의사의 의료용 집게로 이루어져 있었다. 남녀 모두 해가 뜨고 질 때까지 뼈 빠지게 일했고 그러고 나면 어둠에 휩싸였다. 겨울은 여러 달 동안의 배고픔과 지루함, 눈으로 뒤덮인 농가에서의 고통스러운 외로움을 의미했다. (…) 그들에게는 또한 지식, 아름다움, 사람 사이의 관계와 같은 삶의 좀더 높고 고상한 무언가가 부족했다. 얼마 전까지만 해도 대부분의 사람들은 결코 자신이 태어난 곳에서 몇 킬로미터 이상 떨어져 본 적이 없었다. 우주의 엄청난 광활함에 대해 조금이라도 아는 사람이 없었다. (…) 자녀들이 다른 곳으로 이주하면 부모들은 아마도 자녀들을 결코 다시 보지 못했을 것이고 더 이상 그들의 목소리를 듣지 못했을 것이고 그들의 손주들을 결코 알지 못했을 것이다. 그다음에 삶 자체에 근대의 선물이 찾아왔다. 추가적인 수십 년의 삶. 살아 있는 엄마는 갓 태어난 아이를 보았고 자녀들은 생후 1년을 무사히 살아남았다. 오늘날 뉴잉글랜드의 공동묘지를 거닐다보면 항상 너무도 작은 무덤들과 눈물 나게 하는 묘비명에 당혹감을 느낀다. '엘비나 마리아, 1845년 7월 12일 4년 9개월의 나이로 사망, 나의 눈물을 용서해주세요. 한 어머니가 여기에서 웁니다. 시든 꽃 하나가 여기에 잠들다.'"

1845년 4살 소녀의 무덤에서 이처럼 감동적인 장면을 보여주면서 적어도 핑커는 우리를 자기편으로 만들었다. 과거는 분명히 끔찍했을 것이다. 사람들의 형편이 어려웠기 때문이다. 당연히 아무도 그의 말에 반박하지 않을 것이다. 심지어 역사를 어느 정도 잘 아는 사람들조차도 말이다. 그렇지만 모든 극적 감흥 중에도 이 이야기가 말하는 과거가 언제인지는 완전히 열려 있다는 사실이 눈에 띈다. 정확하게 언제 어느 지역에서 우리의 조상들이 오물 덩어리 바로 위에서 살았을까? 뼈를 깎는 톱 외에는 다른 치료수단을 알지 못했던 의사는 몇 세기에 있었을까? 태어난 곳을 결코 떠나지 않았던 사람들은 어느 시절 사람일까? 그렇다면 그 사람들은 순례여행을 하는 중세 기독교도들의 의무를 어떻게 수행했을까? 과연 역사 속에 존재했던 수많은 이주를 어떻게 설명할 수 있을까? 기원후 4~5세기의 민족대이동, 5세기에 영국으로 이주했던 앵글족과 색슨족, 8세기부터 대서양 연안에서 키예프까지, 스코틀랜드에서 시칠리아에 이르기까지 유럽 전역에 살았던 노르만인들의 이주는 어떻게 가능했을까? 또 예약을 초과했던 많은 배들과 12세기부터 규칙적으로 거룩한 땅으로 출발했던 수많은 사람들은? 가난한 조상들이 절대적으로 기동성 없이 살았다는 것과, 그들이 이주할 때 겪었던 온갖 종류의 고통을 어떻게 연결시킬 수 있을지 마지막으로 자문하게 된다.

여기서 우리는 수백 년을 가로질러 오면서 사이비학문과 뒤섞인, 마치 여름 샐러드처럼 가벼운 사실과 만난다. 이는 우리의 집단 무의식 속에 있는 '과거'에 대한 일반 상식을 거의 완전하게 요약하고 있다는 점이다. 그런데 과연 맞는 이야기일까?

2 우리 조상들은 아침부터 저녁까지 뼈 빠지게 일해야 했을까?

우리 조상들이 해가 뜨고 질 때까지 끈기 있게 중노동을 했고 그 후에는 어둠 속에서 아무것도 하지 않고 앉아 있었으며 예술도 아름다움도 인간 사이의 관계도 알지 못했다는 핑커의 주장을 가정해보자. 과거 수 세기 동안 인간의 노동시간에 대해 우리는 얼마나 알고 있을까? 그들의 주당 노동시간은 얼마였을까? 일 년 동안 얼마나 일을 했으며 공휴일은 며칠이었을까?

우리는 직관적으로 핑커가 옳다는 가정에서 출발한다. 그리고 본능적으로 자본주의가 노동생활의 고난을 축소시켰다고 생각한다. 사람들은 현대의 주당 40시간이라는 노동시간을 19세기 주당 80시간의 노동시간과 비교하면서 과거에는 항상 그랬다고 가정한다. 매일같이 밭에서 일해야만 했던 중세 농부들의 고된 삶을 기억하고, 춥고 습기 찬 작업실에서 종종 늦은 밤까지 주문량을 채워야 했던 가난한 수공업자들을 기억한다. 이런 이미지는 현재에서 과거로 투사投射된 추측이다. 잘못된 이미지라는 것이다. 대부분의 사람들은 자본주의 발명 이전에 특별히 긴 시간 일하지 않았다. 삶의 리듬과 속도가 지금과 달랐다. 분명 그들에게는 돈은 적었지만 그 대신 더 많은 시간이 있었다.

주 5일 근무, 쉬는 월요일 그리고 수많은 휴일

영국 노동자의 생활에서 근무일은 반나절이었고, 만약 노동자가 하루 종일 일을 했다면 그것은 이틀 동안 일한 것으로 계산되었다. 미국 경제학자이자 사회학자인 줄리엣 B. 쇼어는 20세기 노동자들의 노동시간 전개를 연구했고 이를 전근대의 역사적 데이터와 비교했다. 쇼어는 중세 영국의 여러 도시와 지역에 대한 연구에서 얻은 메타데이터 대량의 정보를 구조화한 데이터-옮긴이로 연구했는데, 이에 따르면 수공업자, 건설노동자, 목수 혹은 가구공의 하루 평균 노동시간은 8~9시간이었다. 휴일의 수는 지역마다 교구마다 차이가 있었다. 예를 들어 옥스퍼드 교구에서는 122년에 52번의 일요일 외에 40일 이상 일을 하지 않았으며, 그중 5일은 크리스마스 휴일이었고 부활절과 성령강림절에 각각 3일의 휴일이 있었다. 프랑스의 많은 지역에는 90일 이상 휴일이 있었고 스페인에서 보고된 내용에 따르면 일 년에 거의 다섯 달 정도 휴일이 있었다고 한다. 또한 노동자들에게는 협상의 여지가 있어서 노동자 자신이 그들의 작업시간을 함께 정했는데—비록 늘 고용주의 의견과 같지는 않았지만—예를 들어 주말을 연장해서 월요일에 작업을 하지 않았다. 16세기 이후에야 월요일 휴무금지가 확장되었다. 독일 북부의 항구도시 킬

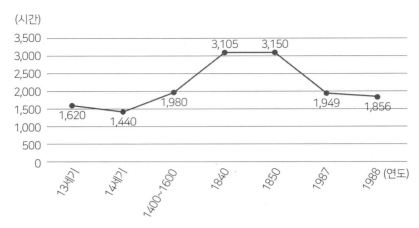

그림 1.1 13~20세기 연평균 노동 시간

출신 경제역사학자인 게르하르트 푸케는 이와 관련해 다음과 같이 간결하게 말한 적이 있다. "종교개혁은 '중세 후기의 주 5일 근무라는 오래된 관습'에 비로소 마침표를 찍었다." 중세 노동자의 연간 노동시간은 평균 약 2,000시간 정도로 이는 오늘날 연간 노동시간의 평균에 대략 일치한다고 양심껏 말할 수 있다. 19세기가 되어서야 노동시간이 급격하게 늘어났고 아이들을 노동에 끌어들이는 등 모든 비인간적인 노동조건이 도입되었다. 찰스 디킨스의 여러 소설에서 그 당시의 슬픈 기억을 떠올릴 수 있다. 그리고 우리는 19세기가 중세의 끝이 아니라 근대의 첫 번째 전성기라는 사실을 완전히 잊어버렸다.

세탁기 없는 인생은 살 가치가 있을까?

중세 이후로 노동시간이 개선되지 않았음을 확인할 수 있다. 주 5일 근무뿐 아니라 연간 2,000시간의 노동시간도 근대의 산물이 아니다. 그와는 정반대이다. 이 두 가지는 근대와 산업혁명의 시작과 함께 우선적으로 폐지되었다. 그렇다면 생활수준은 어떤 모습이었을까? 이 부분에서 상황은 명백해 보인다. 14세기 인류의 삶은 오늘날 우리의 삶과 비교해보았을 때 의심의 여지없이 훨씬 더 불안정했다. 생필품의 불안정한 공급, 위기에 대한 취약함, 불확실성은 가장 중요한 구조적인 특징에 속한다. 그러나 일반화된 고통의 이미지는 허용될 수 없다. 바로 주민 수가 가장 적었던 시기에 상대적으로 공급을 가장 잘 받았기 때문이었다. 그럼에도 오늘날의 관점에서 보자면 그 당시 사람들은 매우 가난했다고 묘사할 수밖에 없다. 최소한 그들에게는 우리가 당연하게 누리고 있는 편의시설이 없었다. 세탁기도 냉장고도 전화도 없었으며 기술적 혜택을 누릴 수 있는 그 어떤 것도 없이 살았다. 후판단 편파 사건 전에는 알 수 없었던 징조 같은 것은 결과를 알고 난 다음에 쉽게 알 수 있는데, 이것이 판단에 오류를 불러일으키는 것-옮긴이의 위험은 분명하다. 우리는 과거의 사회를 현재 관점에서 평가하려는 경향이 있으며 '세탁기 없는 삶도 살만한 가치가 있지 않을까'와 같은 중요한 질문을 생각해내지 못한다. 이런 도발적인 질문이 우리가 과거를 미화하도록 만들어서는 안 된다. 완전히 정반대이다. 이 질문은 항상 과거가 더 좋았는지 혹은 더 나빴는지 토론만 하도록 하는 것이 아니라 그저 '다르다'고 생각하도록 우리를 자극해야 한다.

식단과 생활수준

식단은 어땠을까? 고기를 먹는 날은 드물었다. 금요일과 토요일 그리고 주간 금식일에는 일반적으로 채식을 했다. 심지어 많은 곳에서 고기를 먹을 수 있는 날은 3일뿐이었다. 물론 부활절 전의 6주간에 걸친 금식일, 많은 지역에서 행하는 크리스마스 전 28일에 걸친 금식일 강림절을 고려하면 고기를 먹는 날은 1년에 138~230일 사이로 계산된다.

고기 먹는 날의 제한은 전 계층에 해당되었다. 엄격한 금욕생활을 하지 않았던 15세기 프랑스 아를의 주교 생활을 정확하게 기록한 가계부를 근거로 고기 먹는 날은 214일로 산출되었다. 1449~1450년 뉘른베르크의 배급량 기록을 통해 뉘른베르크에서 구하기 어렵고 고액의 보수를 받는 스위스 용병은 고기 109kg를 배급받았음을 알 수 있다. 에거의 기사 시종은 54.3kg, 명시적으로 최소한의 식사를 제공받아야 하는 전쟁 포로는 32.7kg를 배급받았다. 슈트라스부르크의 연대기 학자인 허그 빌링거는 1527년 《연대기》에서 고기 가격이 오르고 있다고 적으면서 그 이유를 종교개혁이라고 간결하게 언급했다. 종교개혁으로 도시 거주민들이 금요일과 토요일에도 고기를 먹게 되었기 때문이었다. 19세기에 평균 육류소비는 오히려 줄어들었고 1890년 평균 육류소비는 37.7kg이었다. 오늘날 독일인들은 한 해 평균 60kg의 고기를 먹는다.

확실히 수업료 액수는 생활수준을 조사하기 위한 이상적인 척도는 아니었다. 수업료에는 장인匠人이 견습생에게 투자한 것에 대한 보상이 함께 포함되어 있기 때문이었다. 수업료들은 회계장부마다 상이하게 나타났다. 뉘른베르크의 상인 한스 프라운은 1472년 자기 딸을 비단 재봉사에게 도제로 보냈고, '숙식과 가르침'에 대한 비용으로 일 년에 7,5굴덴 14~19세기 독일의 금화와 은화─옮긴이 을 지불했다. 가난하지만 재능 있는 학생들을 위한 장학금도 그와 비슷한 액수였다. 하이델베르크에서는 1496년에 8,75굴덴을 지불했다. 모든 비용을 충당하기는 어려운 금액이었겠지만 그 돈으로 최소한 소박한 생계를 보장할 수 있었다고 가정할 수 있다. 슈트라스부르크에서는 비슷한 시기인 1482년에 고아 한 명을 한 가정에 유숙시키는 데 드는 비용을 5,7~7,6굴덴으로 평가했다. 뉘른베르크에서는 1496년에 가족 중 한 사람을 하숙집에 보내는 데 연간 대략 14,5굴덴을 지불했고, 반면 소박하고 검소한 가정에 보내는 경우 연간 29굴덴에서 31굴덴 정도가 필요했다. 슈트라스부르크의 백화점 점장 서기의 보수는 백화점의 규정에 따라 1450년에 19,4굴덴으로 계산되었다. 뉘른베르크의 슈탕크트 로렌츠 교구의 회계장부에는 1448~1449년도에 고용된 오르간 제작자의 비용으로 '식비와 와인'을 위한 31,5굴덴을 포함하여 산정되어 있다. 그는 이 돈으로 아주 편안한 삶을 살 수 있었다. 비록 지역적인 차이와 환율변동으로 유로화로 산정하기는 어렵지만 이런 수치와 사례들은 해충이 들끓고 지루하며 외로운 중세 사람들의 신화에 의문을 제기하는 데 충분할 것이다.

3 데이터로 본 중세의 유럽

기후변화 - 인구증가 - 도시화

다음 사례들의 대다수는 중세 전성기와 중세 후기, 즉 1000년에서 1600년 사이에 집중되어 있다. 이해를 돕기 위해 사회적, 경제적, 기후적 조건에 대한 몇 가지 기초적인 숫자와 데이터를 언급하겠다. 이 데이터들은 20세기 사회에 대한 자료처럼 기반이 튼튼한 데이터는 아니지만 대부분 학문적으로 입증된 평가에 토대를 두고 있다.

대략 기원후 1000년에서 2000년으로 가는 새천년의 전환기 초반에는 근소하게 진행되었지만 이후 매우 분명하게 인구가 증가한 것을 관찰할 수 있다. 1000년경 유럽 대륙에는 대략 2000만 명이 살았고 1200년에는 약 6000만 명이 살았다. 1300년경에는 인구가 계속 증가해서 약 7300만 명으로 늘어났다. 14세기 중엽에는 인구증가 곡선이 극적으로

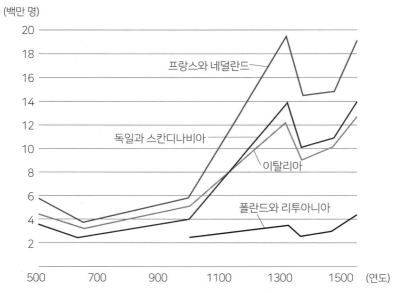

(백만 명)

20

18

16   프랑스와 네덜란드

14

12   독일과 스칸디나비아

10

8   이탈리아

6   폴란드와 리투아니아

4

2

500   700   900   1100   1300   1500   (연도)

그림 1.2 중세 유럽의 인구 전개

떨어지고 15세기 중반부터야 비로소 다시 5300만에서 5500만 명으로 안정화되었다. 이는 1200년대보다 거의 1000만 명이 줄어든 것이었다. 인구변화의 이유 중 가장 중요한 것은 아마도 기후변화일 것이다.

　새천년으로 전환된 이래 연평균 기온이 가볍게 상승했다. 기후는 더 부드러워졌고 점점 더 살기 좋아졌다. 이 시기의 기후를 중세 전성기 기후의 최적기라고 하는데 이 표현은 때때로 오해의 소지가 있다. 이 기간은 11세기에서 13세기 말까지 지속되었다. 그 후 유럽의 기온은 더 차가워졌고 날씨는 급격하게 나빠졌다. 그러자 악천후와 전염병으로 농업수확량이 감소했다. 1342년에는 더 습하고 더 추운 여름이 시작되었다. 1347년 여름 추위는 지난 700년의 기후 역사에서 전무후무한 일로 간주된다. 1320년대부터 1330년대까지 여름이 따뜻하기는 했지만 주로 건조해서 이 역시 식량부족으로 이어진 바 있다. 따라서 페스트가

1347년 흑해 연안의 카파 크림반도에 있는 도시-옮긴이에서 출발하는 상선을 통해 메시나 시칠리아의 도시-옮긴이를 거쳐 유럽으로 들어오고 난 후에 상황은 걷잡을 수 없이 전개되었다. 수천 년 동안 페스트는 끊임없이 인류와 함께했다. 그러나 14세기 중엽, 페스트가 유럽 전역에 창궐하고 유럽 주민의 약 1/3이 사망한 것은 무엇보다도 사람들이 약해져서 몸의 저항력이 별로 없었기 때문이었다. 따라서 중세 후기의 이른바 소빙하기 14~16세기에는 페스트가 급격한 인구감소의 원인이었다.

이런 기후변화는 알프스 지역과 북부 해안에서 가장 잘 느낄 수 있었다. 산에는 눈덩어리와 얼음덩어리 때문에 산길이 때때로 폐쇄되었다. 빙하의 선단이 12세기 중엽 이래 천천히 골짜기 지역으로 밀려들어왔고 해수면은 13세기 이래로 급격하게 상승했다. 넓은 면적의 땅이 바다 속으로 사라졌고 1362년에 발생한 마르첼루스 홍수 1219년과 1372년 북해에서 발생한 두 번의 홍수를 일컫는 말, 두 번 모두 1월 16일에 발생했는데 이 날이 성 마르첼루스의 기념일이었음-옮긴이가 최초로 질트와 푀르를 섬으로 만들었다. 밀려들어오는 바다에 대응하기 위해 사람들은 이미 10세기 초부터 제방 건설을 강화했다. 그래서 플랑드르 해안 협동조합들은 해안을 따라 수문이 있는 제방 시스템을 구축했다. 네덜란드에서는 13세기와 14세기에 7만 헥타르 이상의 땅이 개간되었다. 운하 시스템 또한 증가했다. 예를 들어 잉글랜드의 도시 브리스틀은 1247에서 1248년에 광범위한 운하 체계에 따라 직접 바다로 연결되었고 잉글랜드에서 두 번째로 큰 항구도시로 성장했다. 사람들은 롬바르디아에 티치넬로 운하를 건설했다. 이 운하는 관개 목적으로 포강 지류의 물을 밀라노로 흐르게 했고 나중에는 배가 운행할 수 있는 운하로 확장되었다. 수많은 다리 건설 계획이 수립되었다. 아비뇽에서 론강을 지나는 다리는 12세기 후반에 착수되었는데 이에 대해 뒤에서 자세히 다룰 것이다. 또 다른 유명한 예는 프라하의 몰다우강을 지나는 카를스브뤼케로, 이 다리는 1357년 독일의 보헤미안 건축가 페터 파를러의 주도하에 건설되었다. 산에서도 골짜기 사이를 다리로 연결했는데 고트하르트 패스에 있는 쉘레넨 협곡을 들 수 있다. 보첸 남부 티롤의 도시-옮긴이 의 상인 하인리히 쿤터는 브레너루트에 아이자크 협곡을 통과해 클라우젠 남부 티롤 아이자크 협곡 중간에 위치한 이탈리아의 도시-옮긴이 까지 짐을 운반할 수 있는 도로를 건설했다. 유럽 전체에서 토지가 경작되었고 산은 개간되었다. 그때까지 접근이 불가능했고 별로 열매가 열리지 않던 지역, 예를 들어 비옥하지 못한 프랑스의 마시프상트랄 프랑스 중부와 남부에 걸쳐 있는 산맥-옮긴이 에도 지금은 사람들이 살고 있다. 점점 더 많은 사람들이 알프스의 북쪽 지방에서 거의 인적이 없었던 동쪽 지역으로 이주했다. 새로 건설된 뤼베크는 동부 지역 확장의 중심이 되었다.

인구증가의 결과로 사회가 도시화되었고 새로운 도시가 건설되었다. 새로운 도시들은 가장 부유한 농촌지역에서 생겨났는데, 이미 11세기 중엽부터 주변 지역 농부들의 경제활동에 의지해 살아가면서 그 수가 증가했다. 13세기에 메겐베르크의 콘라트는 "이미 한번 '도시생활'을 알게 되었다면 자발적으로 시골로 되돌아가지 않았다."라고 기술했다. 도시는 더 높은 임금과 더 좋은 음식을 약속했다. 아마도 그 당시 도시들은 오늘날 못지않게 사람들에게 매력적이었을 것이다. 이 시기에 농촌의 25퍼센트에 해당하는 지역 사람들이 농촌을 떠났다. 대규모의 사람들이 도시로 이동했기 때문에 사람들이 떠난 농촌을 황폐한 마을, 작은 마을이라고 불렀다.

도시 건설은 13세기에 정점을 경험했다. 약 1250년까지 이른바 신도시들이 많이 생겼다. 킬 1242, 로스토크 1218, 슈트랄준트 1234, 베를린 11230 이 군주에 의해 새로 건설되었다. 그리고 13세기 후반기에는

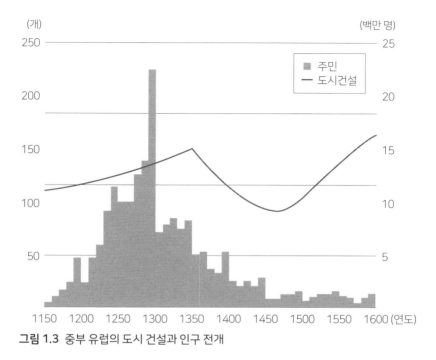

그림 1.3 중부 유럽의 도시 건설과 인구 전개

이미 존재하는, 확장 중인 주거지에 도시권한이 부여되었고 그 결과 많은 수의 소도시와 주민 수가 종종 800명을 넘지 않는 난장이도시가 생겨났다. 13세기 말 즈음에 도시 건설 붐은 다시 잠잠해졌다. 난장이도시는 유럽 전역 도시 수의 약 18.5퍼센트를 차지했고 대도시는 불과 1.5퍼센트에 불과했다. 쾰른은 독일에서 가장 큰 대도시였으며 14세기 초에는 인구가 약 3만 5,000명에 달했던 것으로 추정된다. 벨기에의 겐트와 브뤼헤에는 어림잡아 대략 5만 명의 주민이 있었고, 아주 상위에 놓인 도시들은 북부 이탈리아에 위치한 밀라노, 피렌체, 베네치아로 각 도시마다 대략 10만 명의 주민이 있었다고 추정된다.

도시가 크면 클수록 사회적인 차이는 더 뚜렷하게 드러났다. 비록 도시 주민을 계층별로 구분하는 것이 논란의 여지가 있지만 사람들은

3개 층위로 도시 주민을 구분했다. 우선 첫 번째 상위층에는 도시의 지도적 엘리트에 속하는 도시 귀족과, 정치적으로 특권이 덜했던 부유한 계층이 해당된다. 두 번째는 중위층으로 부유한 상인과 수공업자로 구성되었다. 세 번째는 하위층인데 어림잡아 중세 도시 인구의 절반을 훌쩍 넘었다. 여기에 속하는 사람들은 도시의 징세대장에 이름이 올라 있지 않거나 최하위의 세율만 부담했다. 예를 들어 아우크스부르크에서는 소위 말하는 최소세금만 지불하면 됐다. 이런 사람들이 최저생계비로 비참하게 살았던 것은 아니다. 그들은 작은 중소기업에서 일했거나 작은 상점 또는 작업장을 경영했거나 아니면 일당을 받는 노동자로 일했다. 아주 근소한 일부만 정말 가난한 사람에 속했는데, 도시나 교회의 자선에 의지해 살았다. 계층의 구분과 경계는 유동적이어서 항상 사회적으로 신분이 상승하는 사람과 낮아지는 사람이 있었다.

중세 도시의 다양성에는 당연히 항상 '외국인'이 있었다. 낯선 곳에서 온 외국인들은 한 도시에서 평생을 살기도 했고 혹은 일정 기간만 살기도 했다. 국제적인 무역관계는 상공업에서 모두 중요했고 다른 도시나 다른 나라 출신의 사람들과 함께할 때만 작동할 수 있었다. 사람들 또한 이동했다. 이탈리아 프라토 출신의 상인이 십 년 혹은 그 이상을 아비뇽에 살다가 그 후 피렌체로 가서 사는 것은 아주 평범한 일이었다. 학생이 볼로냐, 파리, 옥스퍼드에서 대학을 다니기 위해 자기 고향을 떠나는 것도 흔한 일이었다. 노르망디에 사는 아버지가 자신의 딸을 파리에 있는 삼촌에게 보내 교육 받게 하는 것은 12세기에 특별한 일이 아니었다. 거의 모든 대도시와 중간 규모의 도시에서 인종적, 종교적 소수집단 중 가장 규모가 큰 공동체는 유대인 공동체였다. 에르푸르트와 뉘른베르크에는 약 1300년경에 유대인이 대략 1,000명 살았고 그들은 전체 도시 주민의 5~10퍼센트를 차지했다. 그러나 대부분의 도시에서는 100명이 채 되지 않는 유대인이 살았는데 도시 주민의 0.5~0.8퍼센트에 해당되었다. 1300년경 중세 독일 제국 지역에서 유대인은 대략 10만 명 살았다고 추정된다. 위기로 뒤흔들린 14세기가 진행되면서 무엇보다 유대인을 희생양으로 삼은 음모론이 확산되었다. 많은 곳에서 페스트에 대한 책임을 유대인에게 돌린 것이었다. 14세기에 대규모의 끔찍한 추방과 살인이 진행되면서 유대인의 수가 급속하게 줄어들었고 최근 가장 신빙성 있는 계산에 따르면 1400년경 유대인의 수는 약 4만 명으로 줄어들었다.

마지막으로 무역과 금융제도의 확산에 따라 중세의 상업혁명 R. 로페즈이 일어났다. 이 논제에 따르면 무역에 지지기반을 둔 경제의 시작은

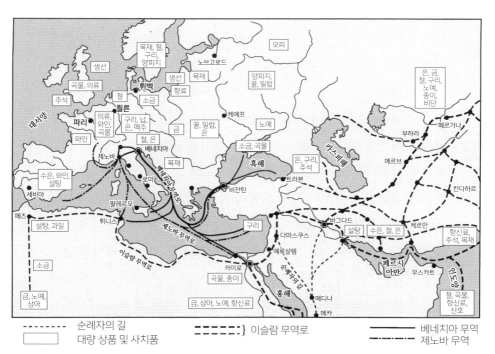

그림 1.4 지중해 무역과 아시아의 대상(隊商) 경로(12~13세기).

중세 유럽의 가장 위대한 업적 중 하나였다. 이 혁명은 11세기 비잔틴 제국의 지중해 지역에서 시작해서 그 후 몇 세기에 걸쳐, 처음에는 이탈리아에서 시작해 점점 유럽 전역으로 번졌다. 로페즈에 따르면 15세기 르네상스와 함께 경제적인 쇠퇴기가 시작했다.

21세기는 새로운 메타내러티브가 필요하다

자본주의가 발명되기 이전에 우리는 가난했을까? 조상들은 해충과 기생충에 감염된 채 자신들의 오물로 뒤덮인 지하실 위에서 살았을까? 이에 대한 답은 분명히 '아니오'이다. 혹은 더 정확하게 표현하자면 그렇게 살아야만 했던 사람들도 있었지만 그런 사람들이 오늘날보다 많지 않았다는 것은 확실하다. 자본주의 발명 이전에 사람들이 가난했을 것이라는 생각은 근대의 신화에 속한다. 근대의 신화는 자본주의 이전의 원시적인 시기로 회귀하지 않으려면 지금까지 해 온 대로 계속 하라고 우리를 설득한다. 합리적인 결정권자에 관한 이야기, 교환경제라는 낮은 곳에서 발전하여 현재의 높이에 이른 이야기, 개인적인 이익추구의 축복에 관한 이야기 들은 어쨌든 여전히 맞는 말이다. 완전히 틀린 말은 아니다. 그러나 이런 이야기로는 새로운 일을 시작할 수 없다. 우리에게 필요한 것은 19세기의 도전이 아니라 21세기의 도전을 극복하는 데 도움이 되는 이야기이다. 예를 들어 개인적인 이익을 최대화하려는 사람이 이제 지구라는 행성에게 자신이 맡았던 주인공 역할을 넘겨주어야 하는 최적의 시기가 왔다. 자연이 우리의 메타내러티브에 다시 나타날 때가 온 것이다. 단지 이론적 모델뿐 아니라 살과 피로 이루어진 인간이 우리의 메타내러티브에 나타날 시간이 되었다. 우리에게는 수요와 공급만 기능하는 시장이 아니라 사람들이 서로 만날 수 있는 시장이 필요하다. 필요 이상으로 많은 것을 줄이고 재화의 분배를 생각해야한다. 위기와 도전에 대처했던 역사적 경험을 미래를 만들어가는 자원으로 사용할 때이다. 지속 가능성의 이야기는 근본적으로 회복력에 대한 이야기이다. 거기에는 잘못을 통해 배우는 인간의 능력이 내포되어 있다.

다음 장에서는 창의적으로 사고하기 위해 몇 가지를 언급한다. 아마도 거기서 보고 듣는 모든 것이 지금과는 맞지 않을 것이다. 어쩌면 사람들은 다음에서 언급하는 내용을 모두 믿으려고 하지 않을 것이다. 그리고 모든 것을 믿을 필요도 없다. 만약 호기심이 생기고 곰곰이 생각해보고 싶은 마음이 든다면 그것으로 충분하다. 우리는 아주 다른 이야기를 하는 사람들을 만날 것이다. 그들은 자기만의 방법으로 경제활동을 했고 위기를 극복했다. 어떤 사람들은 부를 쌓았지만 또 다른 사람들은 부를 '행복의 토사물'이라 칭하며 돈 없이 살았다. 그렇게 세계의 역사를 지나왔으며 거주공동체와 노동공동체를 세웠다. 또한 채식을 했으며 서로에게 대출을 제공했다. 매일 재활용을 중요하게 생각했던 사람, 공동선共同善이 중요했던 사람, 성장도 대량소비도 합리적 선택이론도 없이 포기를 일종의 경제 형태로 간주했던 사람들을 만나볼 것이다. 그렇지만 그런 이유로 그들을 덜 발달된 사람이라고 표현할 수 있을까? 가난했다고? 마침내 자본주의가 와서 그들의 곤궁한 삶이 끝났을 때 그들은 기뻐했을까? 아마도 그들은 전혀 그렇게 곤궁하지 않았을 것이고 자기 삶에 만족했을 것이다. 어쩌면 그들은 우리를 많이 비웃을지도 모르겠다. 근대의 시작과 함께 경제학은 결핍의 요구에 종속된 잿빛의 우울한 학문이 되었다. 그리고 근대와 함께 끊임없는 성장을 향한 중독이 시작되었다. 어쩌면 우리는 과거 경제의 다양함을 되돌아보면서 미래를 위한 아이디어를 발견할 수 있지 않을까?

2장

공유경제

WIR KONNTEN
AUCH ANDERS

나누면 더 쉽다

"(…) 믿는 무리가 한마음과 한뜻이 되어 모든 재물을 서로 통용하고 자기 재물을 조금이라도 자기 것이라 하는 이가 하나도 없더라. (…) 그중에 가난한 사람이 없으니 이는 밭과 집 있는 자는 팔아 그 판 것의 값을 가져다가 사도들의 발 앞에 두매 그들이 각 사람의 필요를 따라 나누어줌이라."

사도행전 4:32-35

"(…) 모든 물건을 서로 통용하고 (…) 집에서 떡을 떼며 기쁨과 순전한 마음으로 음식을 먹고."

사도행전 2:44-46

마치 동화 속 이야기처럼 들린다. "그리고 그들은 끝까지 행복하고 평화롭게 살았다." 바울의 사도행전 사도행전의 저자는 누가임-옮긴이 에 나오는 초기 그리스도인이 함께 사는 모습은 포근한 감정을 불러일으킨다. 사심 없이 좋은 사람들이 촛불 아래 먹을 음식과 마실 것을 함께 나눴다.

밤낮으로 서로에게 친절했던 사람들이 살았고, 모든 것은 모두에게 속했다. 이 말은 귀가 솔깃하면서도 다른 한편으로는 세상과 동떨어진 것처럼 들린다. 게다가 사람들은 이 개념이 사회주의에서 어떤 결과를 이끌어냈는지도 보았다. 사람들의 개인 소유가 맞는 것처럼 보이고, 경제의 경우에도 마찬가지인 것처럼 보인다. 초기 기독교에서 재화 공유에 대한 목가적 표현을 대할 때 대부분의 사람들은 대략 즉각적으로 그렇게 반응한다. 그리고 그다음으로 회의적인 생각이 뒤따라오는 것처럼 보인다. 그러나 그런 생각이 과연 맞을까?

역사적으로 볼 때 다른 사람들과 물건을 공유하는 인간의 능력은 동화 속 이야기와 성격이 전혀 다르다. 공유는 호모 사피엔스에게 성공의 열쇠였고, 다른 영장류들과 달리 호모 사피엔스는 공유라는 아주 까다로운 문화기술을 습득했다. 그들은 자신에게 즉각적인 이익이 없는 상황에서도 가치 있는 물건을 공동체에 속한 다른 사람들과 함께 공유했다. 사람들은 함께 나누면서 살기 위해 태어났다. 그렇게 하기 위해서는 따로 교육을 받을 필요가 없었다. 영장류학자 마이클 토마셀로는 유인원과의 수많은 비교연구에서 이와 같은 사실을 찾아냈다. 비록 유인원들이 상대방의 개인적인 의도를 이해하고 그에 반응할 수 있다 해도 공유는 공유된 의도성을 요구한다. 이는 공동의 의도이며 공동의 목적이다. 사람만이 정보를 공유하고 목적을 조정하기 위해 의사소통을 한다. 그럼으로써 협력과 집단 결속의 형태를 향상시킬 수 있으며 그 결과 생존에 유리해진다. 그들의 스프 ─ 비유적 의미에서 포획물, 화덕, 사냥터, 연장 혹은 잠자리 ─ 를 다른 사람들과 공유했던 사람들은 음식을 더 쉽게 얻었을 뿐 아니라 성생활도 더 쉬웠다. 그렇게 공유했던 사람들은 자녀들도 더 많이 낳았다. 그리고 협력하는 능력은 아이들을 키울 때도 많은 도움이 된다. 이 외에도 공유는 값을 매길 수 없는 또 다른 부수적인 효과를 지니고 있었다. 포획물을 나누고 요리하고 함께 음식을 먹는 과정에서 서로 대화를 나눌 기회가 생긴다. 대화를 통해 공동의 계율과 규범을 규정할 수 있었다. 영국의 심리학자 로빈 던바는 대화를 통해 이를테면 음식물이라는 자원을 공유할 때 나타날 수 있는 집단 내 갈등을 사회적으로 용인할 수 있는 선에서 해결했고, 그럼으로써 집단의 생존 가능성을 높일 수 있었다고 설명했다. 따라서 공유에 대한 긍정적인 기억은 인류의 집단기억 속에 분명하게 새겨져 있다.

경제적 인간 vs. 협력적 인간

근대의 단기적인 관점에서 보면 비록 공유가 교회와 다른 도덕적인 기관에서 권장하는 바람직한 덕목이지만, 공유는 인간의 본성에 역행하며 인간에게는 낯선 것이라는 인상을 받는다. 사실은 그 반대인데 자기이익을 극대화하는 시대에 사람들 사이에서 잊히고 말았다. 만약 우리가 경제적 인간 대신에 협력적 인간을 다시 좀더 중요하게 여긴다면 어떻게 될까? 여기에는 보충해야 할 것이 많이 있다. 역사학을 포함한 학문들은 오랫동안 자본주의의 발전에만 집중하면서 공유경제가 지니는 핵심 의미를 시야에서 놓쳤기 때문이다. 협력의 경제 형태, 집단적인 공급전략과 자원의 공동사용이 오늘날에 이르기까지 모든 시대에 걸쳐 사유경제에 따라 조직된 경제 형태를 보완하기 위해 존재해왔다는 사실을 잊고 있었다. 여기에는 이유가 있다. 무엇보다도 실패한 계획경제 — 공산주의건 파시즘이건 혹은 이상주의건 — 의 트라우마가 공유경제의 긍정적인 경험에 대한 집단의 기억을 희미하게 만들었기 때문이다. 그리고 공존하는 경제 형태의 역사적 다양성을 배우기 전에 실제적으로 단지 계획경제와 자본주의만 있었다는 생각이 지배하게 되었다. 한 가지 시스템이 기능하지 못했기 때문에 어쩔 수 없이 다른 하나를 취해야 한다는 것이다. 물론 새로운 공유경제 역시 이와 같이 '대안 없음'이라는 사실에 잠식되고 말 것이라는 몇 가지 조짐이 있다. 예를 들어 에어비앤비 Airbnb 와 우버 Uber 와 같이 세계의 공유경제를 선도하는 기업의 실리콘 밸리 성공 역사가 5년이 지나자 벌써 신자유주의의 악몽으로 드러났다. 신자유주의에서는 자유시장의 힘이 근로자의 권리와 국가 규제를 넘어서 거침없이 질주한다. 어느 정도 현실감각을 가지고 이 문제에 접근하면 여기에서 곧 '대안 없음'에 대한 또 다른 증거를 발견하게 된다. 그러나 현실감각이 있는 곳에는 가능성에 대한 감각 또한 있어야만 한다고 언젠가 로베르트 무질이 말했다. 대안이 없다고 주장하는 사람들은 대부분 이미 곤경에 처해 있고 수세에 몰려 있으며 변화를 두려워한다. 자신의 지평을 넓히는 것은 대안이 없다는 두려움을 제거하는 데 도움을 줄 수 있다. 과거가 바로 그 부분에서 몇 가지 방법을 제공할 수 있다.

1 공유하면 부유해진다: 수도원의 경제학

자원을 공동으로 사용하면 모두 부유해진다. 이는 수도원의 역사에서 확실히 배울 수 있다. 수도원에서는 공유의 원칙과 사유재산 포기의 원칙이 옛날부터 유효했다. 수도원공동체는 공유공동체이며 수천 년 동안 공동사용 모델을 경험한 생활공동체이다. 다양한 특징을 지닌 생활 모델들이 — 시간적으로 한정되든 혹은 평생 동안이든 — 불교, 힌두교, 기독교 그리고 또 다른 종교에도 있었으며, 좀더 정확하게 말하자면 오늘날에 이르기까지 모든 시기에 걸쳐 존재해 왔다. 아슈람, 하레 크리슈나 공동체, 불교의 선禪 공동체가 전 세계적으로 확장되는 시기인 20세기처럼 그렇게 많은 종교적인 생활공동체가 존재했던 시기는 아마도 없을 것이다.

'소유 대신 사용' 베네딕트 수도회의 규율

"사유재산은 없다. 소유의 악습은 공동체에서 근절되어야 한다." 누르시아의 베네딕트는 540년경 로마의 남쪽 몬테 카지노에 정착한 자신의 수도사공동체를 위한 수도회 회칙에 이렇게 썼다. 매일 일상을 함께하는 데 필요한 영적이고 실제적인 주요 관점이 짧은 문단 73개로 규정되어 있다. 그는 33장章에서 누구든 그 어떤 것도, 심지어 책 하나, 칠판 하나, 석필 하나라도 개인이 소유할 수 없다고 규정했다. 그 대신 필요한 모든 것을 수도원장이 각자의 개인적인 필요에 따라 모든 형제들에게 나눠주었다. 그런데 이 말은 누군가 명성이 있다는 이유로 남들보다 더 나은 대접을 받아야 한다는 의미가 아니다. 오히려 자신만의 약점을 고려해야 한다는 뜻이다. 덜 필요한 사람은 하느님께 감사하고 슬퍼하지 말아야 한다. 더 많이 필요한 사람은 자신의 연약함 때문에 겸손해지고 주제넘지 말아야 한다. 투덜거리며 불평하는 행위는 금지되었다. 식사 당번과 같이 일상생활에 필요한 모든 실제 임무들은 모두 함께 분담했다. 몸이 아프거나 장애가 없는 한 어느 누구도 예외가 될 수 없었다. "이런 임무는 커다란 상급을 가져다주며 사랑이 자라도록 하기 때문이다."라고 베네딕트는 35장에서 썼다. 과제를 분명하게 파악하지 못한 사람은 좌절하지 않도록 옆에서 도와주었다. 근무일은 토요일부터 토요일까지였고, 하루 일을 마치면 모든 기구를 깨끗이 청소하고 형제들이 손과 발을 닦았던 수건을 빨아야 했다. 그러고 난 후 모든 것을 깨끗이 정리하고 처음 상태 그대로 수도원에서 재정과 인력을 책임지는 관리인에게 돌려주었다. 관리인은 다음 주에 일하는 사람에게 다시 모든 것을 넘겨준다. 그래서 관리인은 항상 그가 준 것과 되돌려받은 것을 파악했다.

수도원의 공유경제는 놀라울 정도로 자세하게 규정되어 있다. 베네딕트가 기초로 삼았던 이전의 규칙에 비해 베네딕트의 양식은 본질적인 내용을 짧고 간결하게 요약했다는 것이 큰 장점이다. 그래서 그 규율은 설립문서로서 수도원의 역사로 편입되었고 그 내용은 정당했다. 여기에 소개된 생활모델과 경제모델은 절대적으로 혁신적이기 때문이었다. 지금까지 이와 같은 것은 없었다. 할 일을 분배하고 철저하게 조직된 재화 공동체 속에서, 각자의 몫에 분명한 책임을 지고 의무적으로 부여된 일에 노예의 도움 없이 참여했다. 베네딕트의 모델은 9세기 이후 전 유럽에서 널리 퍼졌고 공유공동체의 가장 안정적인 생활 형태로 발전했다. 이들은 경제적으로도 아주 성공적이었고 장기간에 걸쳐 지속되었다. 또 당대의 민간기업보다 훨씬 우월했다고 할 수 있다. 한 세대에서 다음 세대로 사업을 위임할 때 예외적인 경우에만 상속분쟁을 수반했기 때문이다. 프랑스 혁명이 진행되면서 18세기 후반과 19세기 초반에 유럽 전역에서 교회 재산의 국유화가 이루어졌고 모든 교회와 수도원은 소유권을 박탈당했다. 가장 중요한 이유는 이 기관들이 수 세기 동안 소비공동체와 생산공동체로서 획득했던 부유함과 압도적인 경제력 때문이었다. 수도원의 경제력은 수도원이 해체된 가장 큰 이유 중 하나였다. 무엇보다 수도원의 경제력 규모가 수 세기에 걸쳐 성공적으로 노동했던 공유공동체가 일구어낸 성과라는 사실은 종종 주목받지 못했다.

수도원에서 이루어진 의복 순환

사유재산에 관해서는 모든 규칙이 동일하게 엄격하다. 개인 소유는 없고 옷, 음식, 침구류 등을 집단적으로 공급했다. 또 다른 수도회의 창시자인 아우구스티누스는 밀라노에 있는 자신의 수도사들에게 개인적인 소유는 그들에게 해당되지 않는다고 했다. 그 대신 모든 것이 모두의 것이 되도록 하라고 했다. 상급자가 각자에게 음식과 옷을 공급하는데 각 개인에게 동일한 양을 줄 필요는 없다고 했다. 모든 사람의 건강상태가 동일하지 않기 때문에 각 형제는 개인적으로 필요한 물건을 더 많이 받을 것이라고 했다. 여기에서 공동체가 사회적으로 매우 이질적인 사람들이 모여 이루어졌음을 분명히 알 수 있다. 오늘날 말하는 사회적 다양성이라고 할 수 있다. 다양성에 대해 아우구스티누스는 몇몇 형제들이 수도원에 들어오기 전에 호화로운 생활방식에 익숙했다는 점을 언급했다. 따라서 그들에게 우선적으로 좋은 음식이나 의복을 용인해주어야 하며 좀더 좋은 침대나 추가적인 이불을 승인해야 했다. 필요한 것이 적어서 더 건강하고 더 행복한 사람들은 주로 무욕無慾의 사다리에 오른 사람들이므로 이런 것이 필요하지 않았다.

의복은 중요한 문제이다. 아우구스티누스는 심지어 수도원 내에서 일종의 '의복 순환'을 제안한 것처럼 보인다. 그의 계율에서 사람들은 비싼 의복을 통해서가 아니라 오히려 좋은 태도로 평온하게 눈길을 끄는 것에 가치를 둔다고 말했다. 그래서 말 그대로 옷이 공동의 소유로서 한 사람 혹은 여러 사람을 통해 관리되어야 한다고 썼다. 그들의 과제는 옷을 널어 말리고 깨끗이 털어서 좀이 먹지 않도록 관리하는 것이다. "여러분이 음식을 공동 부엌에서 얻는 것처럼 여러분의 옷 역시 공용 옷장을 통해 얻어야 한다. 어떤 여름옷이나 겨울옷을 얻든 여러분에게 정말 아무런 상관이 없어야 한다. 여러분이 반납한 옷과 동일한 옷을 다시 받든, 다른 사람이 이미 착용했던 옷을 받든 아무런 문제가 되지 않아야 한다." 예를 들어 한 수도사가 부모님이나 친척에게서 옷이나 다른 중요한 물건을 받았다면 그 물건을 자기 자신을 위해 몰래 가지고 있을 것이 아니라 공동체에, 자신의 상급자에게 넘겨야 한다. 한번 공동의 소유가 되면 상급자는 그 물건을 필요한 사람에게 주어야 한다. 옷의 세탁에 책임을 지거나 부엌을 책임지거나 도서관의 책을 책임지는 사람은 불평 없이 맡은 일을 수행해야 한다. 예를 들어 책을 위임받은 사람은 매일 합의된 시간에만 책을 교부해야만 한다. 그러나 그에 반해 옷이나 신발을 책임지는 사람은 원하는 시간에 필요한 사람에게 주는 일을 주저해서는 안 된다. 좋은 시절이나 나쁜 시절도 함께했다. 아픈 사람을 잘 배려해야 한다는 경고는 어느 계율이건 빠지지 않았다. 환자는 고기를 먹어도 되며 금식에서 제외되고 다른 이들의 돌봄을 받으며 병동에서 의학적인 치료도 받았다. 아마도 수도원 밖에 사는 많은 사람들이 병이 났을 때 요구할 수 있던 것보다 훨씬 많은 것이었다.

근본적으로 보자면 베네딕트는 모방할 가치가 있는 이전의 엄격한 모범들을 모두 그의 규율에서 통합했다. 성공 비결은 간결함과 분명함이었다. 분명한 책임, 분명한 역량 배분, 분명한 원칙이 있었지만 항상 각 개인의 이해를 고려했다. 모든 사람이 모든 것을 주관하지도 않았다. 그래도 공동체의 관점에서 최종적으로 책임을 지는 한 사람이 있었는데 바로 수도원장이었다. 논쟁이 있는 경우 수도원장의 말이 유효했고 수도원장의 결정은 모든 사람들이 받아들여야 했다. 이런 공동체는 풀뿌리 민주주의에 바탕을 둔 우리 시대의 생활 형태와는 아주 동떨어져 있지만, 베네딕트의 글을 한번 읽어 보는 것은 그럴 만한 가치가 있다. 개인의 안녕과 공동체의 안녕 사이의 조화로운 균형을 얻기 위해 투쟁하면서, 아주 풍부한 경험과 함께 나아갈 방향과 취해야 할 행동에 대한 지식을 제공하기 때문이다.

자급자족이 경제성장을 이끈다

베네딕트는 수도회 회칙 66장에서 수도원은 가능한 한 물, 물레방아, 정원 등 필요한 모든 것이 있고 또한 다양한 수공업을 할 수 있는 곳에 세워야 한다고 썼다. 수도사들이 늘 이리저리 다니느라 정신을 빼앗기면 안 되기 때문이다. 또한 그들은 자선에 기대지 않고 그들 스스로 노동해서 살아야 한다. 스스로 채소를 경작하고 빵을 굽고 신발을 만들어야 한다. 채소를 경작하는 밭, 빵을 만드는 데 필요한 곡물, 미사용 포도주를 만들기 위한 포도밭, 옷을 만드는 재료인 아마亞麻와 울, 가죽을 얻기 위한 가축들! 이 모든 것을 얻으려면 땅과 밭, 초원, 작업장, 연장 그리고 생산수단이 필요하다. 이것은 모두에게 공동으로 속했는데 이런 형태의 소유는 허용되었다. 무소유라는 이상은 공동체에 해당되는 것이 아니라 단지 개개의 수도사와 수녀에게 해당되었기 때문이었다. 집단 소유를 인정하는 개인의 무소유 원칙은 여러 문화의 많은 종교적인 공동체에서 관찰할 수 있다. 그러나 물론 다른 방향의 공동체도 있다. 13세기 초에 전 유럽에서 집단 무소유까지 선택한 새로운 공동체들이 설립되었다. 소위 말하는 탁발 수도회가 그것이다. 성 프란체스코는 이런 태도를 견지한 가장 극단적인 대표자로 간주된다. 아시시의 시민들이 그와 그를 따르던 형제들에게 그들이 살 집을 선물하려고 했을 때 프란체스코는 직접 지붕 위로 올라가서 손수 벽돌 하나하나를 아래로 던졌다. 비록 공동체를 위한 것이라 하더라도 모든 형태의 소유를 받아들일 수 없다는 거부행위였다. 수도회의 생활방식으로 베네딕트 수도회가 엄청난 경제적인 성공을 이루었기 때문이다. 베네딕트회 수도원의 공유경제는 아주 탁월하게 작용했고 그 결과 그들은 실제로 점점 더 부유해졌다. 기도와 노동은 보람이 있었다. 성공에 대한 또 한 가지 중요한 점은 옷이나 연장같이 일상생활에 필요한 물건만 공유하는 것이 아니라 하루의 일과를 공유한다는 것이었다. 공동의 리듬, 의식儀式, 일상의 일이 매일 8번의 성무일도 매일 정해진 시간에 하느님을 찬미하는 교회의 공적(公的)이고 공통적인 기도-옮긴이에 확실하게 자리 잡고 있었다.

수도원의 규칙적인 일상 업무는 과제 수행을 수월하게 만들었고 경제적 안정에 크게 기여했다. 기도는 노래로 드렸다. 수도원들이 성무일도의 일과로 인류를 타임레코더 출퇴근 시간 기록기-옮긴이에, 나아가 현대 공장의 노동 일정에 적응시켰다고 주장하는 연구도 있다. 물론 그 주장에는 논쟁의 여지가 있다. 그러나 수도원의 공유공동체가 그들의 공동생활과 공동작업을 철저하게 잘 조직했고 이때 다양한 임무가 수도회에 소속된 각각의 필요한 영역에 맞게 구성되었다는 것은 의심의 여지가 없다. 이상적인 수도원의 모습을 그린 9세기 초의 설계도를 보면 이 점이 분명하게 드러난다. 이 설계도에는 이상적인 수도원 도시가 나와 있다. 중앙에는 의사소통과 이동을 위한 회랑回廊이 있다. 설계도는 동쪽을 향하고 있는데 수도사들의 영적 욕구를 위한 성당은 회랑의 북쪽에 있고, 회랑의 남쪽에는 육체에 음식을 제공하는 식당, 그다음에는 공동 침실과 수도원의 회의실, 사무실과 성기실聖器室이라고 부르는 도서관이 있다. 도서에 담긴 지식이 수도사들의 무기였기 때문에 도서관은 수도원의 무기실이라고도 불렀다. 부엌, 화장실, 난방이 되는 따뜻한 방, 세탁실, 욕실, 세면실도 있었다. 수도원의 핵심 공간은 밀실이었다. 밀실은 수도원의 수도사와 수녀들을 위해 마련된 공간이었고 수도원에 속하지 않은 사람들에게는 엄격하게 폐쇄된 공간이었다. 남쪽에

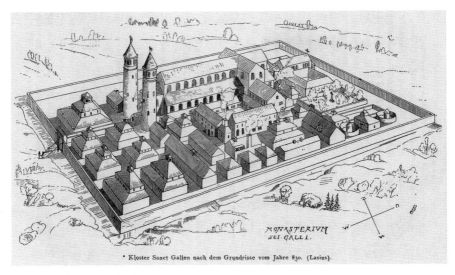

*Kloster Sanct Gallen nach dem Grundrisse vom Jahre 830. (Lasius).

그림 2.1 성 갈렌 수도원의 조감도

는 관리실, 가축우리와 작업장이 있었고 일꾼들과 손님들이 묵는 방은 북쪽에 있었다. 병동, 약초용 정원, 학교 건물, 야채용 정원, 과일정원, 묘지와 더불어 부엌과 양조장도 수도원의 부지 여기저기에 나뉘어 있었다.

　이 시스템은 11세기 말에 창설된 시토 수도회와 더불어 최적화되었다. 클레르보의 베르나르는 시토 수도회의 가장 유명한 수도자 중 하나였다. 시토 교단은 급진적으로 검소할 것, 육체노동으로 귀환할 것, 그리고 수도사들이 영적 임무에 집중할 것을 요구했다. 은둔하기 위해 수도원을 가능한 한 멀리 떨어진 골짜기에 세웠으며 생활을 기부에 의존하지 않기 위해 가능한 한 자급자족했다. 그래서 시토 교단의 수도사들은 평신도 형제들과 함께 일했다. 평신도 형제들은 수도사들은 아니었지만 수도원 소속이었다. 규칙적으로 머리를 자르고 _{가톨릭에서 수도사의 머리 중앙부를 삭발하는 것-옮긴이} 면도를 해야 했던 수도사들과 달리 평신도 형제들은 수염을 길렀다. 또한 그들은 수도원 내에 그들만의 거주 지역이 있었으며 수도원의 살림살이를 책임졌다. 수도원에서 필요한 모든 것은 수도원이 자체적으로 공급해야 했다. 그래서 자신들의 영지에서 생산된 상품을 식품으로 가공하기 위해 제분소, 제빵소, 양조장, 포도압착 공장이 수도원 내에 포함되었다. 예를 들어 옷과 신발은 그들이 키운 양의 털과 가축의 가죽으로 만들었다. 무두장이는 가축의 거죽으로 가죽을 만들었고 제화공은 모든 수도사들의 신발을 만들었다. 그렇게 해서 수도원에 사는 모든 거주자들에게 일 년에 한 번씩 신발을 제공했다. 가죽 신발은 낮에 일할 때 신는 신발이었다. 그리고 수도사들에게는 추가적으로 밤에 신는 펠트 신발이 제공되었는데, 밤에 기도를 드릴 때 따뜻한 신발이 필요하기 때문이었다. 사람들의 예상처럼 이는 과잉생산으로 이어졌다. 게다가 수도원에서 생산된 물건은 아주 질이 좋아서 수도원 밖에 사는 사람들도 기꺼이 주문하고 싶어 했다. 신발뿐 아니라 천, 연장, 농기구, 벽돌도 판매되었다.

협력 파트너인 자연

시토 수도회의 수도사들은 통합적으로 농사를 짓기 위해 특히 수력을 이용했는데, 그들은 탁월한 수리공학자로서 유명했다. 모든 시토 수도원에는 수로가 있었다. 식수 공급, 폐수 방출, 정원 급수, 수도원 자체의 양어장 급수, 곡식 빻기, 무두장이의 무두질, 수도원의 물레방아에 물이 사용되었다. 13세기 초 베르나르의 전기를 쓴 작가는 시토 교단의 수도사들이 물을 마치 '협력 파트너'처럼 대하는 모습을 물에 대한 찬사로 아름답게 묘사했다. 수도원은 오브강의 지류 옆에 세워졌는데 저자는 오브강의 지류가 수도사들의 작업을 지원하기 위해 대수도원의 수많은 작업장을 통과해 지나가는 방법에 감동했다. 이때 그는 강을 거의 지나치게 열심히 일하는 동료처럼 묘사했다. "수도원 안으로 들어온 강은 우선 격렬하게 물레방아로 돌진한다. 거기에서 강물은 매우 바쁘게 쉼없이 움직이는데 밀을 맷돌 사이에서 빻기 위해서뿐 아니라 섬세한 체가 밀가루를 밀기울에서 분리하기 위해서이다. 물은 더 나아가 그 옆에 위치한 양조장으로 들어가 큰 솥을 채우고 나서 천을 생산하는 마전 공장으로 간다. 그리고 무거운 절굿공이를 번갈아가면서 올리고 내려서 유피공의 작업을 수월하게 만든다. 그리고 연이어 무두질용 수피 가공 물레방아의 바퀴도 작동시켜서 무두장이를 돕는다. 그러고 난 후 거품을 일으키며 물레방아의 바퀴를 떠나 잔잔해지고 약해져서 여러 개의 작은 지류로 나뉜다. 강물은 지나는 동안 수도원 안에서 벌어지는 다양한 일을 관찰하고 도움이 필요한 곳이 있는지 유심히 살펴본다. 요리를 위해서든, 체를 통해 거르는 일이든, 가루로 빻는 일이든, 물을 뿌리는 일이든, 세탁을 위해서든, 분말로 만들기 위해서든 강물은 도움의 손길을 내미는 일을 결코 거부한 적이 없다. 마지막으로 강물은 쓰레기를 모두 가지고 가서 지나간 자리를 아주 깨끗하게 만든다." 자연은 이런 식으로 파트너로서 한 배를 탔다. 수도원에서는 왕성한 건설 행위가 이루어졌는데 예를 들어 밭을 개간하거나 늪지대를 매립하거나 혹은 댐이나 제방을 건설하면서 토지 개발에 중요한 역할을 했다.

공유공동체와 시장 참여

수도원 공유공동체의 다양한 경제행위에도 불구하고 혹은 어쩌면 이런 경제행위 때문에 경제적 자급자족의 이상은 실현될 수 없었다. 소금을 배급하기 위해서나 혹은 도구를 만드는 철을 조달하기 위해 사람들은 불가피하게 시장 활동에 참여해야 했다. 게다가 수도원에서 생산된 물건들 역시 어디에선가 판매되어야 했다. 시토 수도원은 명실공히 성공한 생산·소비 공동체가 되었고 재정이 풍부한 대기업이 되었다. 보덴호 독일, 오스트리아, 스위스 세 나라에 걸쳐 있는 호수—옮긴이에 있는 살렘 수도원에는 1311년에 310명이 소속되어 있었고 그중 130명은 수도사, 180명은 평신도 형제들이었다. 베벤하우젠 수도원에는 1262~1281년 사이에 수도사 60명과 평신도 형제 130명이 있었다. 그보다 훨씬 더 작은 쉔탈 수도원에는 1330년에 수도사 45명과 평신도 형제 35명이 있었다. 각 수도원마다 수도원의 가족에 속한 사람들이 몇 배나 더 많이 있었다. 오늘날 아마도 그들을 '연합 회원'이라고 부를 수 있을 것이다. 그리고 수도원에서 거주할 권리를 샀던 양로원 수용자들이 있었고 손님들과 임금노동자들, 수도원의 하인들이 있었다.

중세 수도원에서 공유공동체의 경제적인 성공 역사는 공동체의 고유한 이상을 배반했다는 비난을 받으며 그 의미가 퇴색되었다. 놀라운 경제 성공과 관련하여 그들이 자발적으로 행한 청빈서약은 어디에 있나? 동시대의 사람들, 특히 다른 수도원에 있던 사람들은 이 경쟁자들을 끊임없이 비난했다. 원래의 신념은 어디에 있나? 그렇게 뚱뚱한 배를 가진 사람이 자기 자신을 수도자라고 부를 수 있을까? 기본적으로 이 비판은 단지 공유경제의 딜레마를 확인해줄 뿐이다. 공유경제는 분명히 기능하고, 단지 비용만 충당한 것이 아니라 이익도 분명히 창출했다. 그런데 바로 이 경제적인 성공이 공동으로 경제활동을 했던 중세의 수도사와 수녀들에게 점점 더 큰 재앙이 되었다.

2 공유지 그리고 외부효과를 내면화하는 기술

공유공동체는 환경에 이로울까? 협동조합은 더 지속 가능한 경영을 할까? 사용자 공동체는 민간경제보다 지구를 덜 착취할까? 이 질문의 시급함은 1987년 세계환경개발위원회 World Commission on Environment and Development, WCED 가 〈우리 공동의 미래〉라는 보고서를 발표했을 때 처음으로 대중의 관심을 받았다. 이 보고서는 브룬트란트 보고서로 알려졌는데 그 이유는 전직 노르웨이 수상이자 당시 WCED의 의장이었던 그로 할렘 브룬트란트의 이름에서 따왔기 때문이다. 그 시대에 '지속 가능성의 발견'이 이루어진 셈이다. 위원회는 심각한 지구 환경문제가 남쪽의 극심한 빈곤, 북쪽의 지속 불가능한 소비와 생산 패턴의 결과라고 확인했기 때문이다. 그래서 발전과 환경을 연결시키는 전략이 필요해졌다. 이는 보고서에서 오늘날 통용되는 개념인 지속 가능한 발전으로 표현되어 있다. 보고서에서는 지속 가능성을 미래 세대의 필요를 충족시키면서도 현재 세대의 필요를 충족시키는 능력으로 정의했다. 이때 우선적으로 중요한 것은 전 세계적인 공유자원인 물, 대기층, 토지, 숨 쉬기 위한 공기 등 인류 전체의 생존에 필수적인 모든 종류의 재화이다. 생태적이고 경제적인 연결고리가 점점 더 늘어남에 따라 국가 통치권의 전통적인 형태는 점점 더 그 한계에 부딪혔다. 해양오염, 대기오염, 토양오염은 국경선에서 멈추지 않고 모든 나라에 해당되기 때문이다. 미래는 단지 함께할 때만 존재한다. 이런 관점에서 보자면 전 세계는 범세계적인 공유공동체이다. 그 결과 보고서가 제안하는 행동방식을 인식하긴 했지만 범세계적인 공유재화를 지켜야 하는 필요성을 밀어내거나 계속해서 도외시해왔다.

숲속에서 발견된 지속 가능성

브룬트란트 위원회보다 오래전인 18세기 초에 생존과 경제 원칙으로 지속 가능성이 이미 언급되었다. 더 정확히 말하자면 한스 카를 폰 칼로비츠의 《삼림 경제학 Sylvicultura oeconomica》 1713”에서 나온 단어 그대로 번역하자면 '경제적인 조림 造林'에서 표현되었다. 저널리스트 울리히 그로버는 지속 가능성의 '출생증명서'라는 명예 칭호를 이 작품에 주었다.

칼로비츠는 독일 작센 주에 있는 도시이자 그 당시 은 광산의 중심지였던 프라이부르크의 작센 주 삼림청장이었다. 작센의 숲은 그 당시 무엇보다도 광물철, 석탄, 은을 채취하기 위해 집중적으로 이용하던 숲 중 하나였다. 불은 없어서는 안 되는 필수품이었기 때문에 작센 광산업의 확장과 함께 목재 수요가 늘어났다. 칼로비츠는 그의 글에서 목재 부족을 극복하는 방안을 생각해냈는데 계획에 따라 숲을 재조림 造林 하는 방법을 추천했다. 더 나아가 나무의 소비가 숲의 재생능력과 건강하게 균형을 이루어야 한다는 생각을 발전시켰다. 사람들이 숲을 '조심스럽게' 사용해야만 나중에도 숲이 영구적으로 존재할 수 있고 어린 나무가 성장할 수 있다는 것이다. 중심 개념인 숲을 세심하게 다루는 것은 사용 가능성의 장기적인 지속성을 표현했다. 이 맥락에서 칼로비츠는 나무를 보존하고 심는 과정은 '지속적이고 영구적이며 지속 가능한 사용'이어야 한다고 설명한다. 지속 가능한 사용이라는 개념이 이 책에서 처음 문서로 나타난 것이다. 칼로비츠의 구상은 브라운슈바이크 볼펜뷔텔의 안나 아말리아 1739~1807년 에 의해 구현되었다. 작센 바이마르와 아이제나흐의 공작이자 아들의 섭정으로서 안나 아말리아는 세계 최초로 삼림개혁을 관철했다. 이 삼림개혁은 1775년 바이마르의 임업 규정의 법령에 수용되었다. 그 안에는 숲의 '보호'와 '부족해진 목재 조절'이 "자손들을 위하여 (…) 당연한 배려를 하기 위하여"라는 목적과 함께 규정되어 있었다. 벌목은 더 이상 단순한 판단이나 현재 세대의 목재 필요에 따라 실행되어서는 안 되며 후손들의 권리도 고려되어야 한다. 작센의 숲에서 새로운 생각이 길을 냈는데 이는 21세기의 지속 가능한 발전이라는 생각에 앞서 등장한 것이었다. 오늘날과 같은 의미의 수요나 시장 혹은 엘리트들의 호화로운 요구가 경제의 척도가 되어서는 안되며 '삼림의 진정한 힘', 생태계의 회복력이 척도가 되어야 한다.

왕립 작센 임업아카데미의 설립자인 하인리히 코타 역시 1790년에 독일 드레스덴 근방의 타란트에서 "그 어떤 법도 규정할 수 없는 자연을 따르라. 우리에게는 자연을 뒤따르고 자연 고유의 것을 탐사하는 일이 허용되었다."라고 표현했다. 마찬가지로 18세기 말에 마르부르크대학의 재정학 교수인 하인리히 융 슈틸링이 지속 가능성이라는 개념을 매슬로의 욕구피라미드의 전前 형태에 이미 분류해 넣었다. 집, 옷, 가구가 속하는 기본 욕구에서부터 '즐겁고 쾌활하게 만드는' 모든 것, 예를 들어 음악이나 미술이 '과잉' 욕구와 잘못된 욕구가 있는 피라미드의 맨 꼭대기로 간다. 이 욕구는 공동체와 후손을 고려하지 않고 단지 자신에게 가장 좋은 것만을 목표로 한다. 융 슈틸링은 오히려 다른 사람들의 해익에 대비하는 것을 인간의 기본 욕구로 넣었다. 숲과 관련된 구체적인 내용은 다음과 같다. "매년 나무가 성장하는 양보다 더 많게도 더 적게도 벌목하지 않는다. 그래서 그 결과 후손들에게도 역시 필요한 만큼의 목재 사용이 보장된다." 칼로비츠, 안나 아말리아, 코타 그리고 융 슈틸링은 지속 가능한 임업을 위해서 그들의 요구와 척도를 주장하며 그 당시의 폐해에 반응을 보였다. 칼로비츠는 또한 그의 《임업 경제학》에서 그 폐해를 그림으로 분명하게 설명했다.

그림 2.2 한스 폰 칼로비츠의《임업 경제학》에 묘사된 1700년경 삼림의 남벌.

이 그림을 보면 사람들이 마음대로 모든 나무를 벌목했다는 인상을 받는다. 그러나 누가 정말 이 부분에 관여했는지는 분명하지 않다. 벌목꾼들은 누구에게 위임받아 이 일을 했을까? 언제부터 이런 개간지가 생겨났을까? 이 그림은 이런 종류의 벌목이 작센의 에르츠 산맥의 광산에서 목재의 수요가 증가한 결과 중 하나라는 사실은 드러내지 않는다. 이 벌목은 주로 국가 측인 당시 작센 바이마르 공작이 운영하고 강행했다. 그래서 18세기 초 작센 숲에서 발견한 지속 가능성에 대한 아름다운 이야기는 산림 황폐화에 대한 소개로 전해지고 있다. 그 당시에는 도처에서 남벌과 벌목이 횡횡되었는데 조림에 대한 규정이나 법률, 생태계의 표준 혹은 녹화를 위한 증명서가 없었기 때문이었다. 그렇지만 이것은 맞는 말일까? 칼로비츠가 이에 대한 자신의 생각을《임업 경제학》에서 명문화하기 훨씬 오래전에 지속 가능한 임학을 위한 규정들이 당연히 있었다. 오히려 이 규정들은 17세기가 진행되면서 작센 지역에 은광산이 많이 늘어남에 따라 잊힌 것처럼 보이며, 칼로비츠도 최초로 다시 규정을 발견해야만 했던 사람 중 하나로 여겨진다. 칼로비츠가 반응했던 산림 폐해는 스스로 만든 것이며 게다가 매우 '근대적'이라는 사실이 종종 간과되는데, 이는 농부나 전통적인 임업이 숲을 망가뜨린 게 아니라 산업적으로 숲을 점점 더 많이 이용했기 때문이었다. 작센의 에르츠 산맥은 중세 후반부터 북잉글랜드와 함께 유럽의 가장 중심이 되는 광산지역 중 하나였다. 17세기 후반부터 광산과 금속 제련이 활발해지면서 목재 수요가 가파르게 증가했고 숲은 전반적으로 국가 주도로, 당시 작센의 선제후^{황제를 선출할 수 있는 권한을 가진 제후-옮긴이}의 주도로 벌목되었다. 따라서 작센의 숲에서 이루어진 남벌은 전통적인 의미에서 숲을 사용한 결과가 아니라 오히려 발전이 가져온 의도하지 않은 부작용이었다.

지속 가능성 발견 이전의 지속 가능한 임업

이에 대한 적절한 예는 오늘날 알자스와 쥐트팔츠에 있는, 하인게라이덴이라는 이름의 중세 임업조합이다. 이 개념은 숲을 자원으로뿐만 아니라 숲을 사용하는 사람들의 공동체로도 표현한다. 이는 숲을 지속 가능하게 공동으로 사용하기 위해 공동규칙을 만들었던 마을 공동체와 관련이 있다. 사람들은 숲에서 장작, 건축용 목재, 가축들을 위한 방목장 등 생활에 필요한 거의 모든 것을 찾았기 때문이었다. 또한 숲은 중간 중간 주기적으로 경작지로 사용되었다. 사람들이 제한된 구역에서 벌목을 하면 아주 가치 있는 건축용 목재를 얻었다. 그리고 나서 나머지 목재는 불태웠다. 타고 남은 재는 거름으로 사용하고 땅에 몇 년 동안 곡식을 경작했다. 그 후에는 숲이 다시 자라도록 땅을 그대로 두기 전에 일 년 동안 가축을 방목했다. 나뭇잎 역시 유용한데 가축우리의 짚으로 사용하거나 침대의 충전재로 사용할 수 있었다. 견과류, 다양한 베리류, 버섯, 열매 등은 사람들의 식단에 유용하게 쓰였다. 침엽수로 송진을 모았고 나무껍질은 치즈를 포장하는 데 사용했으며 떡갈나무 껍질은 무두장이들의 일에 필수적이었다. 마지막으로 숯장수들은 못, 칼, 말굽 등을 생산해내는 마을 대장간에 필요한 원료를 제공했다. 임업조합은 고도로 조직화되었다. 이 공동체의 수장은 게라이데슐트하이스였다. 그는 조합에 소속된 지역의 12명의 대표와 숲 마이스터, 게라이데슈라이버와 이사진을 구성했다. 슐트하이스와 '12명의 대표'는 선거를 통해 뽑혔고 위원회는 최소한 일 년에 한 번 '탄넨하르트'에서 회의를 위해 모였다. 여기서 오래전부터 공동체의 용건을 의논했고 갈등을 해결했으며 규칙을 어긴 사항에 대한 제재가 이루어졌다. 자료에는 '게라이데키스테'도 나오는데 이는 일종의 공동체 기록으로서 증명서, 서류, 현재의 문서 등이 보관되어 있다.

이와 같은 임업조합은 잘 기능하는 공유지 Commons 의 수많은 역

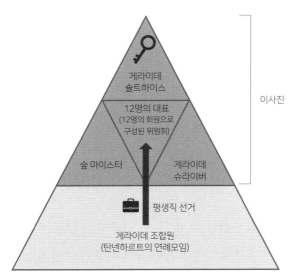

그림 2.3 알자스와 팔츠의 중세 임업조합의 조직

사적 사례 중 하나이다. 독일어에서는 말 그대로 고고지 古高地 독일어 'alagimeinida =All(ge)mende'에서 유래한 'Allmende 공유지'라는 개념이 더 유명하다. 사람들은 역사 속에서 아주 놀라울 만큼 다양한 영역으로부터 공유지 기관을 발견한다. 거기에는 개인과 가계 그리고 법인이 협력하는데 예를 들어 방목권, 공동목장으로 가축을 몰아갈 권리, 공동 숲에서 모일 권리 등이 있다. 그뿐만 아니라 함께 관리하는 부동산과 기계창고, 짐승의 우리 혹은 곳간도 있다. 또한 제분소, 대장간, 세탁실, 욕실, 제빵소, 마을 화덕, 기름 압착기, 치즈 저장고, 헛간, 곡물 창고, 작업용 오두막, 도공 陶工 오두막, 벽돌 오두막 등이 많은 곳에서 공동으로 관리되었다. 또한 늪지대 간척, 하수관, 다리, 도로와 관개시설의 이전과 수리 등이 공동으로 조직되었고 재정적인 지원을 받았다. 우리는 대체 이 모든 것을 언제 잊어버렸을까? 왜 오늘날에는 '공유지의 비극'이라는 이미지가 지배적일까?

'공유지의 비극'

자원을 공동으로 사용하는 일은 미래의 중요한 주제이다. 숲, 물, 대기 등은 모두 공동으로 사용하기 때문에 모두에 의해 공동으로 관리해야 하는 재화이기 때문이다. 생물학자인 개릿 하딘은 1968년 세인의 주목을 끌 만한 그의 논문에서 자원의 공동사용은 결코 잘 될 수 없다고 말했다. 다음과 같은 사고실험을 예로 들어 자신의 논제를 설명했다.

고산지 목장을 생각해 보자. 모든 사람이 자유롭게 목장을 사용할수 있다. 지적이면서도 이성적인 계산이 가능한 마을의 농부들은 가능한 한 가축을 많이 몰고 공동 목장으로 갈 것이다. 아무런 비용이 들지 않고도 이익을 낼 수 있기 때문이다. 농부는 사료를 절약하면서도 판매할 우유를 얻을 수 있다. 과도한 방목으로 유발된 뜻밖의 손실에 대한 비용은 그의 몫에 비례해서 일부분만 부담하면 된다. 공동체가 책임을 지기 때문이다. 게다가 사고실험에 따르면 이 비용은 목장이 정말 황폐해진 후에야 뒤늦게 발생한다. 결론은 자기 가축을 가능한 한 많이 공동 목장으로 몰고 가지 않는 농부는 어리석다는 말이다. 그렇게 해야만 개인적인 이익을 최대화할 수 있기 때문이다. 우리는 모두 이런 시스템의 포로이다. 공동재화의 자유를 믿는 공동체는 필연적으로 파멸한다. "공유지의 자유는 모두에게 파멸을 가져온다."

사람들은 이 말에 동의하면서 본능적으로 고개를 끄덕인다. 그와 같은 시나리오는 우리의 일상 경험과도 잘 들어맞는 것처럼 보인다. 모든 사람이 자유롭게 이용할 수 있는 간이 부엌을 보면 알 수 있다. 접시와 쓰레기더미가 쌓이고 아무도 수도꼭지를 수리하지 않는다. 모든 사람이 공동으로 사용하는 물품은 모든 사람이 공동으로 등한시한다. 이미 아리스토텔레스가 말한 내용이다. 따라서 하딘의 '공유지의 비극'이 성공한 것은 놀랄 만한 일이 아니다. 하딘의 글은 거의 모든 학문 분야에서 가장 많이 인용되는 20세기 학술논문에 속하며 오늘날까지 공유지를 연구한 수많은 논문의 기초가 되고 있다. 하딘은 어떤 해결책을 제시할까? 기술적인 혁신은 거의 기대하지 않는다. 그가 생각하는 유일한 길은 강력한 국가가 번식에 대한 자유를 제한하면서 공동 자원에 참여하는 개인의 권리를 규제해야 한다는 것이다. 다른 모든 것은 필연적으로 파멸로 이끈다. "번식의 자유는 모두에게 파멸을 가져올 것이다." 이와 같은 문장으로 그는 인종주의와 외국인혐오증이라는 비난을 받았다.

정치경제학의 목소리

하딘의 '비극이론'에 반대 의견을 표명한 가장 저명한 사람은 2009 년에 노벨상을 수상한 미국의 경제학자 엘리너 오스트롬이다. 공동자 원공유지 재화을 공동으로 사용하는 것은 가능하다. 오스트롬은 국가와 시장 외에 세 번째 단위를 연관시켰다. 바로 자율적으로 조직하고 협력 하는 인간의 능력이었다. 생산자이자 동시에 소비자인 사용공동체의 회원들은 경제적, 사회적인 생존의 기본조건을 유지하는 데 관심이 많 다. 구체적인 조건을 알고 있고 고유의 이익과 자원의 지속적인 이용 관 점에서 종종 외부 당국이나 시장 메커니즘보다 본질적으로 더 효과적 인 일을 수행한다. 그러기 위해서는 사용공동체의 능력 발휘에 본질적 으로 필요한 전제조건이 있다.

지속 가능성의 법칙: '엘리너의 법칙'

어떤 조건 아래에서 공동자원의 공동사용이 성공할 수 있을까? 오 스트롬과 그의 팀은 공유지의 성공적인 운영을 가능하게 하는 8가지 설 계원칙을 작성했다. 현재 독일의 공공재화 연구의 선도자인 질케 헬프 리히는 이를 '엘리너의 법칙'이라고 표현했다.

1. **경계**: 공공재화는 주인이 없는 게 아니라 정식으로 명확하게 규정 된 사용자 그룹이 있다. 첫 번째 법칙은 지역적으로 분명하게 허 용되는 경계의 필요성과 관련된다. 합법적인 사용자와 그 사용 권 리가 없는 사람 사이의 경계, 특정 공공재화의 시스템과 좀더 큰 사회생태학적 시스템 사이의 경계가 명확하게 정의되어야 한다.

2. **부합성:** 공동재화의 사용과 재생을 위한 규칙들은 지역 조건에 부합해야 한다. 사람들에게 너무 큰 부담이 되어서는 안 되며 서로서로 조율되어야 한다. 비용의 분배는 이익의 분배에 비례해야 한다. 이익은 개인의 것이 되고 손해는 사회의 것이라는 뜻이 아니다.

3. **결정능력:** 공동재화의 시스템에 관여한 사람들은 규칙의 설계와 개정 과정에 참여할 수 있어야 한다.

4. **감시 활동:** 사용자뿐 아니라 자원 보호를 위해서도 감시가 필요하다. 책임자는 스스로도 사용자에 속하며 다른 사람들에게 이를 해명할 의무가 있다.

5. **제재:** 규칙에 저촉되지 않도록 통제하고 규칙을 어기면 단계적으로 강화된 제재를 받아야 한다. 처음에는 낮은 단계의 제재로 시작하고 만약 사용자가 규칙을 반복해서 어길 때는 제재를 강화해야 한다. 제재는 신뢰할 수 있어야 하며 실행 가능해야 한다.

6. **갈등해결 메커니즘:** 공동체 내부의 갈등, 공동체와 지역관청의 갈등을 빠르고 적절하게 직접적으로 해결하는 방법이 사용자 공동체의 규칙에 규정되어 있어야 한다. 이를 위해서는 그때그때 갈등이 해결되는 지역적인 공간이 분명하게 구분되어야 한다.

7. **인정:** 공유지에 대한 사용자 권리와 고유의 법칙을 만드는 과정에서 국가의 법적 인정은 가능한 한 최소로 정한다.

8. **중층의 사용 단위:** 대부분의 경우 공동자원은 좀더 큰 규모의 공동자원 시스템과 가장 밀접하게 연결된다. 오스트롬에 따르면 상이한 영역에서 서로 연결되어 있는 지역 책임센터 — 오스트롬은 이를 다중 중심적인 지배구조라고 불렀다 — 들이 필요하다. 이런 조정은 센터에서 결정하거나 위계적으로 조직되어 있는 것이 아

니라 현장에서 결정된다.

단기적인 이익을 포기하지 않으면 불가능하다

역사학의 관점에서 보면 성공적인 공유지에 대한 다양한 사례를 확인할 수 있다. 물론 이들 사례는 결코 자유방임주의 원칙에 따라 만들어진 것이 아니다. 항상 소속에 대한 분명한 규칙이 있었으며 규칙의 준수는 통제를 통해 감시되었고 처벌을 통해 제재를 받았다. 이 규칙들 중 대부분이 이익을 의식적으로 포기했다. 이는 개인의 이익을 최대화하는 근대 사람들에게는 '타산이 맞지 않는 것처럼' 보였다. 그래서 그들은 지역의 사용자 공동체의 해체를 체계적으로 추진했다. 왜냐하면 공유지는 항상 지역적인 특수성을 지향하기 때문에 19세기에 강행된 것과 같은 국가의 주도적인 개입에 방해가 되었다. 당시에는 경작지를 일정한 간격으로 휴경 休耕 을 한다거나 나무줄기를 이용해서 효율적인 뗏목을 만드는 행위를 원칙적으로 금지하는 것이 더 이상 맞지 않는 개념이었다. 그와 같은 규칙들은 당해 회계연도의 엄청난 손실을 의미하기 때문이었다. 그렇지만 사람들은 예를 들어 휴경을 고집했고 이익을 포기했다. 오늘날 환경정책적인 추가비용을 사전에 포함시킨 것과 같다고 할 수 있다. 사람들은 처음부터 손해를 유발하지 않는 방법으로 환경을 위한 추가비용을 어느 정도 지불한 셈이다. 이런 미래지향적인 계획의 장점은 모든 사람들에게 장기적으로 유익하다. 우리의 후손들에게도 말이다.

1350~1900년의 보덴호(湖) 어업

보덴호에 있는 살렘 수도원의 어부들은 어떻게 보덴호를 파괴하지 않으면서 공유지와 공동재화로 수백 년이 넘게 성공적으로 사용할 수 있었을까? 이는 트리어의 역사학자 미하엘 체에터가 어부들의 규정을 연구한 자신의 박사논문에서 제시한 도입 질문이다. 분명히 오늘날과 유사점이 보인다. 보덴호의 어부들은 스스로 살아남기 위해 어장을 꼭 지켜야 한다는 사실을 알았다. 오늘날의 의미에서 생태학적 동기나 환경보호 동기가 중요했던 것이 아니었다. 이들에게 지속 가능성은 살아남기 위한 전략이었다. 이에 따라 여기서는 현대의 지속 가능성이라는 생각의 흔적을 과거에서 찾는 게 아니라 그 반대로 장기적으로 생각하는 능력, 미래 세대를 염두에 두고 행동하는 능력이 대체 언제 사라져버렸는지 살펴볼 것이다.

보덴호는 오늘날까지도 국제적인 호수이다. 스위스, 독일, 오스트리아 정부는 호수의 국경선을 결정하는 데 도저히 합의할 수 없었다. 그래서 오늘날까지 오버호 보덴호를 형성하는 가장 큰 호수-옮긴이는 인접한 3개국의 공동지배하에 있다. 여기에는 역사적인 이유가 있다. 사람들은 수세기 동안 호수와 호숫가를 서로 공유했다. 성 갈렌 수도원과 라이헤나우 수도원, 콘스탄츠의 후작주교, 시토 수도회의 대수도원 살렘, 넬렌부르크의 백작, 테트낭의 백작 그리고 마지막으로 4개의 자유도시 1806년까지 독일제국 직속의 자유도시-옮긴이 부흐호른 오늘날 프리드리히스하펜, 린다우, 위버링엔과 콘스탄츠 함스부르크 왕가에 의해 정복당할 때까지이다. 그들 모두는 보덴호 호숫가에 토지를 가지고 있었고 어부들에게 소작을 주었다. 그러나 개인적인 청구권을 제외하면 호수는 호숫가 근처에 살고 있는 모든 사람들이 이용할 수 있었고 오버호와 운터호에 모두 동일하게 적용되

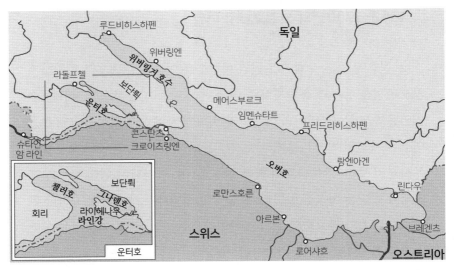

그림 2.4 보덴호와 인접 국가

었다. 물론 실제적으로는 숙련된 어부들만 이 공유지를 사용할 수 있었다. 호수의 깊은 수역에서 어업을 하기 위해서는 분명한 노하우가 꼭 필요했기 때문이었다. 호수에서 일하는 것은 힘들고 위험했다. 농부들은 예망曳網, 정치망定置網, 어살과 낚싯바늘을 사용했다. 보덴호에서는 모든 종류의 생선이 잡혔다. 특히 11월과 12월 산란기에 주로 많이 잡히는 보덴호 연어가 유명했는데, 이렇게 잡은 연어를 건조하고 훈연해서 오랜 기간 단백질 보충원으로 저장했다. 그리고 대부분 낚싯바늘이나 정치망으로 잡는 농어류가 있었다. 강꼬치고기(곤들매기속屬)는 갈대숲에 있는, 날카로운 이빨을 가진 육식어로서 매우 인기 있는 생선이었다. 잉어, 구릿빛 황어, 황어와 유사한 브림, 유럽 잉어, 민물 도미 등도 자주 잡혔다. 이런 종류는 더 좋은 생선을 살 수 없었던 사람들만 구입하고 먹었다. 생선은 그들에게 기초식품이었다. 보덴호 호숫가에 사는 사람들은 중부 유럽의 다른 지역에서 흔한 청어 같은 바다생선 통조림이나 마른 생선에 의존하지 않았다. 물론 그런 식품은 높은 운송료와 세금 때문에 훨씬 비쌌다. 보덴호의 어업은 자급자족 경제가 아니라 끊임없는 순환경제에 연결되어 있었고 쉽게 상하는 상품은 바로 그 지역의 시장에 직접 판매되었다. 가장 중요한 지역이 콘스탄츠와 린다우였는데 그곳에서는 도시인들뿐 아니라 그 근처에 사는 사람들과 수도원에서도 물건을 구매했기 때문이었다. 또한 수산시장의 지속적인 수요를 가능하게 했고 지역의 어부들이 자신들의 이익을 향상시키게끔 자극을 주었다. 그런데 여기에 어업을 더 강화하려는 분위기가 팽배해졌다. 호수를 더 많이 착취하면 할수록 의심의 여지없이 수익을 더 낼 수 있었기 때문이었다. 그리고 보덴호는 공유지였기 때문에 착취를 금지할 상위 당국이 없었다.

만약 개릿 하딘의 의견에 따른다면 이 사례에서 이른바 공유지 비극의 고전적인 결과를 확인하게 될 것이다. 호수 주변에 서로 이웃한 사람들은 개인적인 이익을 끌어낼 수 있었기 때문에 호수를 더 많이 사용하는 데 한계가 없었다. 더 많은 그물, 더 효율적이고 더 촘촘한 그물, 더 많은 어부들이 개별 사용자들을 더 경쟁력이 있게 만들었을 것이다. 어획량을 정해줄 상급 당국이 없었지만 그 대신 사용자들은 스스로 어획량을 결정했다. 호수는 결코 개인 소유가 아니었다. 또한 호수는 국가의 중심 권력에 따라 규정되지 않았고 호수에 자유롭게 출입하던 호수 주변 사람들이 집단적으로 관리했다.

공유지 비극이 나타날 이상적인 조건을 지닌 것처럼 보였지만 보덴호는 공유지 비극을 분명하게 피해갈 수 있었다. 그 이유는 무엇일까? 어떻게 성공할 수 있었을까? 역사학자 미하엘 체에터는 이 사례를 분석했고 어부들의 직접적인 참여가 결정적인 성공요인이었다는 결론에 도달했다. 어부들과 각 지역 당국은 동등하게 참여했고 동등하게 책임졌으며 함께 어획량과 어획방법을 결정했다. 그들은 콘스탄츠와 린다우의 어부 조합중세 말기 독일 도시에서 형성되었던 수공업자들의 동업자 조합-옮긴이를 만들어 협력했다. 그들은 14세기 말부터 명문가로부터 보덴호의 정치적 힘을 넘겨받았다.

조합에서 공포公布한 어업 규정에는 당시에 통용되었던 어업방법이 아주 상세하게 기록되어 있다. 구체적인 폐해 또한 아주 분명하고 강경하게 언급되어 있다. 특정 어종을 보호하기 위한 그물재료에 관한 규칙, 사용 가능한 어살과 낚싯바늘, 금어기禁漁期와 어획량 제한이 규정되었다. 이를 위반하면 벌금으로 시작해서 압류, 징역형에 이르기까지 제재가 있었다. 규정이 상세하게 정해진 것으로 보아 이 규정이 위에서 아래로 무리하게 강요된 게 아니라 거꾸로 아래에서 위로 가는 규정이라는 점을 분명히 인식할 수 있다. 규칙적으로 개최되는 어부의 날에는 끊임없이 규정이 조정되고 개정되었는데 이 역시 이를 뒷받침한다. 여기서 당면한 모든 문제가 논의되었다. 협상은 조합의 마이스터, 즉 연륜이 많은 어부가 이끌었는데 그는 또한 시의회의 대화 파트너였다.

자원의 유한성에 대한 인식

이미 최초의 규정을 통해서도 재생 가능한 자원인 생선이 유한하다는 점을 인식하고 있었음을 알 수 있다. 장기적인 사용을 보장하기 위해서 사람들은 금어기와 어획량 할당을 통해 공공재화인 생선을 보호해야 한다는 사실에 동의했다. 따라서 어류의 남획을 방지하기 위해 구체적인 조치를 새로 합의했다. 1531년에 콘스탄츠의 어부 조합 대표가 위버링겐의 동료에게 보낸 편지에서 어류의 심각한 착취가 유발할 수 있는 잠재적인 결과를 아주 심각한 문제로 인식하고 있음을 알 수 있다.

콘스탄츠의 조합 마이스터는 만약 모든 어부가 규정을 지키고 어린 생선을 잡지 않는다면 비록 지금 생선들이 거의 없는 것처럼 보인다 할지라도 호수는 다시 생선으로 가득 찰 것이라고 썼다. 오늘날 이를 지속 가능성의 조치라고 표현할 수 있다.

그러나 이런 행동의 결정적인 동인은 생태적 이유나 환경보호가 아니라 삶의 토대를 유지하려는 비교적 이기적인 관심이었다. 보덴호의 어부들은 오늘날의 우리보다 결정적으로 한 걸음 앞서 있었다고 볼 수도 있다. 이들은 현실주의자였다. 자연보호의 의미와 무의미를 놓고 토론하는 대신 자신들의 행동이 가져올 결과를 분명하게 이해했고 그에 맞게 장기적인 생존 보장을 위해 관계된 모든 사람들의 행동을 규정했다. 그래서 문헌 자료를 보면 공동으로 공포된 규정을 지키지 않으면 지속적인 생선 수확에 부정적 영향을 미칠 수 있는 보덴호의 무질서가 다양하게 언급되고 있다. 지속 가능성은 아주 분명하게 경제적으로 규정되었는데, 공동의 결정을 지키지 않으면 소득은 장기적으로 볼 때 줄어든다는 것이다. 이때 사회적인 요인도 중요한 역할을 했다. 만약 규정을 지키지 않는다면 주민들의 생선 수요를 감당하지 못한다는 것이었다. 또한 값을 지불할 능력이 적은 고객의 이익에 대해서도 계속해서 분명하게 논의했다. 어업 규정은 생선 판매를 규정하는 보덴호 시장市場 규정으로 보충되었다. 폭리를 막고 더 가난한 고객을 보호하기 위해서 특정 어종에 대해 최고가를 책정했다. 게다가 생선의 질과 신선도에도 최소한의 표준을 정했다. 예를 들어 전날에 잡은 생선은 꼬리지느러미를 잘라서 분명하게 표시했다. 어업 규정과 시장 규정의 결합 덕택으로 콘스탄츠와 린다우의 어부 조합에서 대부분의 보덴호 어업을 조정했다. 그들은 이런 방식으로 표준을 세웠고 어업 규정은 보덴호의 어업방식을 규정하는 데 선호하는 수단이 되었다. 이 과정에서 예를 들어 대수도원 성 갈렌과 같은 지배층은 그들 고유의 어업 규정을 공포했다.

보덴호 어업의 지속 가능성 전략

분명히 보덴호의 어업 규정은 가치를 입증했다. 다른 방식으로는 이 규정이 수 세기 동안 사용된 사실을 설명할 길이 없다. 어부의 날에 지속적으로 협의하면서 어업 규정은 반복적으로 다시 협상되었고 구체적인 기후조건과 경제조건에 맞게 바뀌었다. 체에터는 1350년에서 1774년 사이에 나온 34개의 어업 규정과 어업 계약서 등을 평가했고 규정과 규칙들이 시간이 지나면서 엄청나게 달라진 것을 발견했다. 그러나 그것은 임의적으로 변한 것이 아니라 변화하는 조건에 적용한 결과였다. 만약 규정이 적절하다고 입증되면 수 세기 동안 유효할 수 있었다. 예를 들어 정치망의 그물코 간격에 관한 규정을 들 수 있다. 1455년에 그물코 간격은 37반트 중세 유럽의 길이 단위-옮긴이 로 확정되었다. 기존 그물의 사용은 그다음 해까지 일 년 동안 허용되었다. 그러나 그 후에는 오직 그물코가 성긴 정치망만 사용이 가능했다. 이 규정은 1774년까지 안정적으로 유지되었다. 그러나 예망에 대한 규정은 계속해서 바뀌었다. 그물코가 넓어져서 더 큰 생선도 그물을 피해갈 수 있었다. 그다음 규정에서는 구릿빛 황어에 대한 특별 규정이 도입되었는데, 다시 좀더 좁은 그물코로 작업하는 것을 허용하는 내용이었다. 분명 구릿빛 황어가 충분히 있었고 그 결과 17세기 초에는 어류남획에 따른 위험이 존재하지 않았을 것이다. 이렇게 사람들은 생선의 수요와 호수의 상황에 맞춰 유연하게 현실에 반응했고, 그들의 규정을 정기적으로 바꿔나갔다. 이는 18세기에도 해당되었다. 17세기와 18세기에는 인구가 급격하게 증가해서 지역 농업의 생산능력이 한계에 부딪혔다. 생선은 식량 공급원이었고 집중적인 작업을 통해 생산량을 늘릴 수 있었다. 아마도 어부들이 점점 더 많이 늘어났을 것이다. 이는 어민회의의 토론을 통해 추론할 수 있다. 눈에 띄는 것은 이 시기에 두 가지 상반된 의견이 자주 첨예하게 대립했다는 것이다. 단기적인 이익은 장기적인 이익과 대립했고, 늘어나는 수요를 감당하기 위해 어업 증대와 생선 자원의 장기적인 확보 사이에서 절충안을 찾아야만 했다.

그래서 사람들은 다르게 생각해야 했다. 어업 규정이 규칙적으로 바뀐 것은 그 규정이 제대로 기능하지 못했다는 의미가 아니었는데, 오늘날 그 과정에서 성공의 비밀을 발견할 수 있다. 중세 후기부터 19세기에 이르기까지 보덴호의 어업 발전은 하나의 성공 스토리이기 때문이었다. 수백 년이 지나는 동안 어부들은 생선 자원을 효과적으로 이용해왔다. 생선의 양이 지속적으로 줄어들지도 않았고 주민들에게 심각한 공급위기를 초래하지도 않았다. 공유지의 비극을 피해갈 수 있었던 것이다! 과연 그 이유는 무엇일까? 체에터의 평가에 따르면 거기에는 두 가지 결정적인 원칙이 있었다. 첫 번째, 어부들 스스로 어업을 규제할 수 있었다. 어부들은 경험을 통해 적합한 규정을 만들었다. 어부의 날에 규정을 논의했고 관할 당국은 어부들의 지식을 높이 평가했다. 이런 과정으로 어업조항을 수정할 때 필요한 전제조건을 스스로 만들어냈다. 두 번째, 이 규정을 적용받지 않았던 이방인들은 자원 사용에서 배제되었다. 다른 말로 표현하자면 모든 규정은 호수 부근의 중요한 시장에 접근하려는 모든 어부들을 대상으로 했다. 어부는 어디에서 혹은 누구의 위임으로 일을 하는지와 상관없이 호수의 규정을 따라야 했다. 물론 생선은 쉽게 상하기 때문에 호수의 시장에서만 거래되었다. 보덴호에서 잡은 생선을 멀리 떨어진 시장에서 판매하도록 제공하는 일은 불가능했기 때문에 이 규정을 피해 갈 수 없었다.

알프스의 원거리 목장경영

유사 이래로 산은 공동의 재화이다. 계곡에 사는 사람들은 고산지 목장을 공동으로 사용했다. 공동사용이 이루어졌다는 것은 고고학적 자료를 근거로 상당히 간접적으로만 추론될 수 있다. 예를 들어 고산 지대에 있는 여름용 방목장 오두막 벽의 잔해, 가축이 이동했던 역사 적으로 중요한 길, 계절에 따른 비교를 통해서 변화된 식물, 고산지 목 장경영—고원목장의 낙농업 혹은 알프스 고원의 낙농업이라고도 한 다—이 수백 년의 시간이 흐르는 동안 지형에 남긴 흔적을 통해서 말 이다. 후기 중세가 되어서야 비로소 문서로 된 유의미한 자료들이 발견 되었다. 가장 오래된 자료에 속하는 것으로 14세기 후기부터 일반적이 던 스위스 마을들에서 유래한 〈알프스 문서〉가 있다. 1416년 스위스 내 륙의 알프스 지역인 뮐레바하와 위블리스와 관련된 문서가 좋은 사례 이다. 허용된 가축의 최대 수와 해당 알프스 지역의 사용자 공동체 소속 에 대한 분명한 설명, 알프스로 가축을 몰고 올라가는 시기와 내려가는 시기, 알프스를 정비하기 위한 일정 등에 관한 규정을 찾을 수 있다. 깨 끗이 정돈하기, 벌목과 같은 임무는 필요에 따라 공동으로 수행되었다. 정해진 날에 모든 조합원은 할당된 몫에 상응하는 만큼의 종들과 함께 정리정돈을 할 의무가 주어졌다. 그날 그곳에 오지 않는 사람들은 값을 지불하거나 나중에 그 일을 보충해야 했다. 만약 어떤 사람이 가축을 알 프스 목장으로 몰고 가는 권리를 이용하지 못하면 그의 이자정산의 1/3 이 적립되어야 했다. 이용권 지분은 위임되거나 양도될 수 없다는 것 역 시 규정되었다. 마지막으로 알프스 행정관 5명이 거명되었고, 이들은 규정을 준수하는지 감시하고 규정 위반시 벌금 징수에 책임을 졌다. 이 를 통해 고산지 목장을 공유지로 이용하는 것 역시 규정을 지키지 않고서는 불가능하다는 점을 추론할 수 있다. 현존하는 가장 오래된 규정들 역시 명확한 규칙과 접근 제한을 담고 있다. 규정의 개정은 다수가 필요하다고 인정하는 경우에만 이루어진다는 추가사항도 규칙적으로 발견된다.

고산지 목장의 가장 유명한 몇몇 사례를 간단하게 설명해보았다. 스위스 알프스 공동목장의 예를 통해 다음과 같은 결론이 추론된다. 이와 같은 조합경영 형태는 지역적이며 한곳에 정착해서 살며 숫자상으로 한눈에 파악할 수 있는 규모이고 사회적, 공간적으로도 이동성이 낮은 공동체에 가장 적합하다. 오히려 '시대에 뒤떨어진' 경향이 있는 사회만이 집단경영 형태를 실행할 수 있었음을 의미한다. 그래서 이 모델은 국제적으로 네트워크화되고 고도의 이동성을 보이는 현대 세계에는 맞지 않는다는 결론으로 이어진다. 그런데 여기에는 두 가지 잘못된 평가가 있다. 하나는 마을 공동체의 폐쇄성이 과대평가되었다는 점이며 다른 하나는 그들의 이동성이 과소평가되었다는 점이다. 옛날 사람들 중에서도 특히 시골에 사는 사람들이 평생 한 마을에서만 살았다는 가정은 흔히 알려진 오류이다. 분명히 이 말은 많은 사람들에게 해당되지만 또한 다른 많은 사람들에게는 해당되지 않는다. 예를 들어 스위스 내륙 마을에서 유래한 자료에 따르면 그들의 이동성은 예상했던 것보다 훨씬 높았다. 남자들과 여자들이 일시적으로 이주했다는 사실과 어린 나이에 집을 떠나 밖에서 일했던 목자와 낙농가에 대한 언급이 많았다. 사람들이 종종 추측하는 사회적 안정성조차도 현대의 기대에는 어긋나는 것처럼 보인다. 많은 조합에서 말 그대로 '골짜기의 여성 Talweib'에게 중심 역할을 맡겼다. 골짜기의 여성은 조합의 이해와 관련된 문제에 발언권을 지니고 있었다. 반면에 남자들은 '우유 짜는 사람'으로 손으로 하는 일에 책임을 졌다.

남프랑스 피레네 산맥의 이동방목

프랑스 남부와 스페인 북부의 피레네 산맥에서, 소위 말하는 원거리 목장경영에서 고산지 목장을 공유지로 사용한 사례를 소개한다. 개별 알프스 목장의 여름 경영과 달리 이곳에서는 일 년 내내 가축이 무리지어 이동한다. 목자들은 몇 주 간의 이동을 통해 계절에 따라 수백 킬로미터 떨어진 곳에 있는 다른 목장지대로 가축을 몰고 갔다. 고산지 목장을 공동으로 사용한 역사는 고대까지 거슬러 올라간다. 19세기 말이 되어서야 비로소 토지와 땅에 대한 폭넓은 사유화가 진행되면서 이런 목장은 급속히 줄어들었다. 이동방목Transhumans이라는 말은 단어 그대로 '지역 간 목장경영'이라고 번역할 수도 있다. 고산지의 목장과 유목으로 넘어가는 과정은 유동적이다. 결정적인 것은 저지대의 겨울목장과 고산지의 여름목장 사이를 지속적으로 바꾸는 것이다. 주요 분포지역은 확장된 지중해 지역 중에서도 좀더 높은 지대에 위치하고 여름에는 서늘하고 습하며 겨울에는 춥고 종종 눈으로 뒤덮인 산이 있는 곳이었다. 포르투갈에서 이탈리아와 터키를 지나 아르메니아까지, 남프랑스에서 카탈로니아를 지나 안달루시아까지였다.

몽타유의 이동목자

"그는 발걸음도 가볍게 자신의 유일한 사치품인 코르도바 가죽으로 만든 좋은 신발을 신고 산과 계곡을 넘어 그의 삶을 지나간다." 역사학자 에마뉘엘 르 루아 라뒤리는 이동목자 피에르 모리의 삶의 감정을 이렇게 요약했다. 모리의 생애 이야기를 근거로 이동방목의 목장경영을 소개하겠다. 피에르 모리는 페르피냥에서 서쪽으로 약 100km 떨어진 마을인 몽타유 출신이다. 몽타유는 북쪽의 툴루즈와 남쪽의 바르셀로나 중간쯤에 위치하는데, 주로 양 목장을 경영하고 이들 가축을 일 년 내내 원거리 목장에서 키우는 마을로 이루어진 광범위한 네트워크 지역이다. 이 지역의 이동목자들은 아주 특별한 자기증언을 남겼는데, 아이디어와 생각, 일상생활, 피레네 산맥의 이쪽저쪽에 사는 친척과 친구들에 관해 진술한 내용을 담은 문서들이 바로 그것이다. 이 자료를 통해 믿을 수 없을 정도로 많은 사실을 알게 되었다. 마치 확대경으로 보는 것처럼 이 산간지방의 소우주가 여러 문헌에서 드러났다. 왜 그런 모습이었는지 간단히 알아보겠다.

몽타유는 유명한 마을이다. 어쩌면 프랑스에서 가장 유명한 마을일지도 모른다. 물론 그 마을의 이동목자들 때문에 유명한 것은 아니다. 오히려 소위 말하는 순결파 신자인 이교도로 더 유명하다. 몽타유는 '종교재판관 앞에 선 마을'이었다. 프랑스의 역사학자 에마뉘엘 르 루아 라뒤리는 1975년 이에 대한 연구에 몰두했는데 자신의 저서에서 오로지 1318년부터 1324년까지 이교도를 심문한 기록들만 평가했다. 옥치타니아어 프랑스의 루아르 강 남부에서 사용되는 지방언어–옮긴이로 된 모든 진술을 라틴어로 주해를 달고 그 후에 커다란 양피지에 정서淨書로 옮겨 쓴 법원서기의 기록에는 평범한 상황이라면 결코 문서로 기록을 남길 수 없었던 사람들의 이야기가 담겨 있었다. 기록에는 중세 후기 원거리 목자에 대한 다양한 정보가 담겨 있으며 그들의 일상이 무척 상세하게 기술되어 있었다.

몽타유의 영주는 푸아의 백작이었다. 그는 자신의 관리에게 집사 일을 맡겨서 자신을 대리하게 했다. 그 관리는 높은 곳에 세워진 석조건물 성城에 살았다. 피에르 모리가 있을 당시에는 베아트리체라는 여자가 백작의 대리인이었다. 성 주위에는 테라스 형태로 된 연립주택과 정원이 있었고 더 아래에 교회가 있었다. 주민인 수공업자와 농부는 작은 토지를 가졌다. 고고학적 발굴에 따르면 사람들은 집약적인 농업을 했으며 귀리, 밀, 보리 그리고 특별히 순무를 재배했다. 마을에는 집이 총 55채 있었는데 사람들은 종종 가축과 함께 한 지붕 아래에서 살았다. 거주 공동체의 구성원은 바뀌었는데 때때로 고용된 일꾼들이 집에서 함께 살았다. 농노는 없었지만 하녀와 하인들이 계약관계에 따라 그곳에서 일했고 집에는 항상 손님들이 있었다. 여성들 대부분이 여기저기 옮겨다니며 일하는 노동자였고 여러 세대가 함께 사는 가족은 오히려 드물었다. 마을 주민들의 진술에 따르면 그들의 결속에서 혈통은 그다지 큰 역할을 하지 않았고, 멀리 퍼진 친족 네트워크와 이웃들을 더 중요하게 여겼다.

이동목자인 피에르 모리는 1282년경에 직조공 집안의 아들로 태어났다. 그곳에 살았던 대부분의 가정들이 그랬던 것처럼 피에르 모리의 가족도 양을 치는 동시에 농업에도 종사했고 가축도 길렀다. 그리고 대부분의 마을 사람들이 그랬던 것처럼 그의 가족들도 순결파 교회의 추종자였다. 피에르의 형제 중 한 명은 벌목꾼으로 일했고 두 명의 여자형제는 젊어서 결혼했다. 세 명의 남자형제들도 그와 마찬가지로 목자로 일했다. 피에르가 아주 상세하게 진술한 덕분에 이들 방랑목자들에 대한 매우 다양한 정보를 정확하게 알 수 있다. 1300년경에 피에르 모리는 18살 나이로 몽타유의 공유지에서 목자로 일했다. 오늘날 오드 지역의 더 따뜻한 목장이 있는 계곡에서 일자리를 구하기 위해 가을에 부모 집을 떠났다. 그곳에서 아르크에 있는 사촌 레이몬드에게 목자로 고용되었고 베르나데트라는 여인과 잠깐 동안 관계를 유지했다. 그러나 순결파였던 어떤 '훌륭한 그리스도인'의 딸 때문에 그 관계를 끝냈다. 피에르 모리는 아르크의 부유한 순결파 신자인 레이몬드 모리의 사위가 되기로 약속했다. 그의 딸은 아직 결혼이 가능한 나이가 아니었기 때문에 피에르는 약간 기다려야 했다. 그 사이 피에르는 미래의 장인과 양치기 계약을 맺었다. 법정에서 행한 피에르의 진술을 통해 어떻게 이 마을의 가정들이 끊임없는 이동에 영향을 받았는지도 알 수 있었다. 물론 종교 재판관들은 무엇보다도 의심스러운 대상에 관심이 있었고 주교는 매우 정확하게 질문했다. 그래서 우리는 피에르가 목자로서 고산지 목장에서 일했으며 먹을 양식을 가져오기 위해 일주일에 한 번 계곡으로 내려갔다는 사실을 알 수 있었다. 이런 기회마다 피에르는 정기적으로 고용주의 집에 있는 손님들을 만났다. 다른 목양업자들과 목자들 그리고 순결파의 순회성직자들도 그곳에 있었다. 피에르는 함께 식사를 할 때 그들의 설교를 즐겨 귀담아들었다. 그래서 그는 나중에 개종을 하게 되었다. 피에르 오티에, 프라데 타베르니, 기욤 벨리바스테와 같은 유명한 설교자들이 그의 마음을 사로잡았다. 손님들에게도 숙소가 제공된 것은 당연했다. 피에르는 거듭해서 아침식사로 달걀과 베이컨을 주었다고 언급했고 그의 상세한 진술은 거의 항상 "그리고 나는 다시 양들에게 갔다."라는 간결한 말로 끝을 맺었다. 피에르는 그해—아마도 20살쯤 되었을 것이다—여름의 대부분을 라바솔레라는 지역의 산에서 보냈다. 오두막 혹은 '산장'에 머물렀던 사람들은 피에르와 이름이 꼼꼼하게 기록되었던 일곱 명의 다른 목자들이었다. '산장'이라는 이용어는 양치기들을 위한 숙소뿐 아니라 임시 작업 공동체도 의미했다. 피에르는 "나는 항상 '산장'의 대표 혹은 오두막의 대표였다"라고 종교 재판관 법정에서 진술했다. "나는 치즈를 만들었고 (…) 그곳을 거쳐 순회하는 이교도들에게 삶은 고기와 치즈, 우유 그리고 빵을 주었다." 피에르가 모든 사람들에게 매우 성실한 사람으로 간주되었다는 다른 기록을 볼 때, 알프스 목장에 있는 다른 동료들 사이에서 그가 지도적 위치에 있었음은 전혀 놀라운 일이 아니었다. 그래서 그의 고용주는 항상 피에르를 다른 목자들을 감독하는 목자의 리더로 삼으려고 했다.

또한 피에르는 1305년 여름이 끝날 무렵에 아르크에 있는 그의 고용주를 떠나 바르텔미 보렐이라는 사람을 위해 일했다. 새 고용주는 카탈로니아의 토르토사 근처에 있는 피레네 산맥 너머에서 양떼를 기르고 있었다. 피에르는 두 명의 보조와 함께 남쪽으로 향했고 일을 구하거나 종교 재판관을 피해 도주 중이던 다른 많은 이동목자들과 함께 피레네 산맥을 넘어 카탈로니아로 갔다. 여름에는 푸아 백작령의 북쪽에 있는 초지에서 일하며 피레네 산맥 북쪽에 있는 목장을 사용했던 반면에 좀더 따뜻한 겨울목장은 피레네 산맥의 남쪽에 위치했다. 피에르는 자신의 노동계약을 하나하나 꼼꼼하게 보고했다. 정기적으로 고용주를 바꿨으며 종종 여자고용주도 있었다는 사실이 눈에 띈다. 가축 떼를 소유하고 있는 사람들이 직접 가축들과 함께 이동하는 것은 드문 일이 아니었다. 푸이세르다 프랑스 국경 사이에 있는 스페인의 도시-옮긴이 출신의 레이몬드 부르시에 역시 그런 사람에 속했다. 피에르는 1310~1311년 피레네 산맥의 고지대에서 일했다. 이후 그는 바르텔미 콤파뇨라는 이름의 카탈로니아 사람에게 고용되었다. 고용주에게는 8명의 목자가 있었는데, 그중 두 명은 피에르처럼 몽타유 주변 지역 출신이었다. 피에르는 그 사이 이주한 친척인 기예메트 모리 집에서 얼마 동안 보냈다. 기예메트 모리는 토르토사 근처에서 경제적으로 매우 성공한 상인으로 정착해서 살고 있었다. 때때로 그는 친척 집에서도 살았다. 흥미로운 것은 피에르가 산에서 다른 사람들을 위해 양을 치고 있는 동안 자기 양은 다른 이에게 임대해주었다는 사실이었다. 이익과 손해는 균등하게 정산되었고 계약 파트너들 사이에서 분배되었다. 그렇게 이동목자로서 그의 삶은 지속되었다. 6주 동안 그는 카탈로니아와 루시용 사이에 있는 세르다뉴에 머물렀다. 그 후 여름에 브루니상드라는 여성이 소유한 양을 아리에주 프랑스 남서부 옥시타니 지방에 속한 주-옮긴이 의 고산지 목장으로 몰고 갔다. 이때 그는 항상 조수들과 동행했는데 젊은 친척이거나 부르니상드의 양을 치던 목자들이었다. 피에르는 가을에 카탈로니아의 남쪽으로 되돌아왔다. 그리고 그의 옛 고용주인 아르노 포레의 양떼를 타라고나 에스파냐 카탈루냐 자치지방 타라고나 주의 주도-옮긴이 근처의 세니아 평원에 있는 겨울목장으로 이끌었다. 그는 여름이 되면 다시 북쪽으로 이동하여 그곳에서 몽타유 출신의 다른 목자들과 함께 로스피탈레 부근의 푸이마우렌 파스와 가까운 지역에서 양떼를 돌보았다. 이런 식으로 계속해서 겨울 목장과 여름 목장인 카탈로니아와 세르다뉴, 아라곤과 아리에주 사이를 이동했다.

스위스 중부의 알프스 고산지 목장과 달리 피레네 산맥의 이동목자들은 일 년 내내 이동했다. 이런 방식의 공동자원 이용은 근본적으로 사적인 경제조직 형태를 기반으로 한다. 문헌들은 '보리아'가 이와 같은 이동 원거리 목장경제의 토대라고 말한다. 이 개념은 헛간, 짐승의 우리, 울타리를 표현할 뿐 아니라 목자의 경제적인 사업도 표현한다. 피에르 모리의 사업은 피레네 산맥 여기저기에 넓게 분포한 친족 네트워크를 통해 조직되었다. 예를 들어 피에르 모리의 가장 중요한 사업 파트너 중 한 사람은 카탈로니아에 살고 있는 먼 친척인 기예메트 모리였다. 경제적 관계는 오직 정기적으로 변하는 고용주와의 계약에 근거했다. 대부분의 임금계약은 고정된 금액으로 이루어졌으며 위험부담 여부에 따라 이익분배가 있기도 하고 없기도 했다. 임금노동과 소작의 차이는 유동적이었다. 목자 역시 자신의 양을 소유하고 있었으며 양을 때때로 임대하거나 혹은 지불 수단으로 사용했다. 피에르가 한번 레이몬드 배리라는 사육자에게서 양 100마리를 구입했을 때 그는 자신의 양 30마리를 구매비용의 일부로 저당잡히기도 했다.

목장들이 각각 개별적인 행정구역에 속한다고 해서 목장을 사용하지 않을 이유는 없는 것처럼 보였다. 프로토콜에는 피에르가 두 번의 여름을 바르셀로나 근처 바가 지역에 있는 팔 파스, 카탈로니아 북동부의 헤로나 인근 산지의 호사 지역 카디 파스에서 자신의 양을 치며 보냈다고 언급되어 있다. 영토의 경계에 대한 언급을 볼 때 이런 행정구역들이 그들의 땅을 이용하는 대가로 목자들에게 사용료를 징수했음을 추측할 수 있다. 마을에서 가까운 목장도 있었고 개인 소유나 공유지 목장도 있었으며 혹은 종종 명목상 영주에게 속하지만 사용이 가능한 공유지도 있었다. 어떤 원칙에 따라 목자들이 공유지를 서로 분배하는지는 명백하지 않다. 때때로 공유지는 제비뽑기로 나뉘었다. 예를 들어 몽타유의 목자들은 가축을 아르크의 공유지로 몰고 갈 때마다 제비를 뽑아 결정했다. 피레네 산맥의 카탈로니아 지역에서는 조건이 더 엄격했다. 만약 목자가 그곳에서 마을의 공유지를 사용하려면 시민권을 신청하거나 혹은 그 마을의 소녀와 결혼해야만 했다. 이에 대해서는 피에르의 사촌인 젊은 장 모리의 이야기에서 근거를 찾을 수 있다. 장 모리가 레리다 근처에 있는 카스테이단스에서 자신의 양을 치고 싶어 했을 때 마을 위원회에서는 그에게 결혼을 하든지 아니면 그의 양이 마을 목장을 황폐화시키기 전에 즉시 양을 몰고 떠나라고 명령했다. 장 모리는 그와 결혼하기를 원하는 여성을 찾을 수 없었기 때문에 마을을 떠나야 했다. 이웃마을인 훈코사로 떠났고 그곳에서 그와 결혼하기를 원하는 마테나라는 이름의 여인을 찾았다. 보통 결혼과 함께 정주의 첫걸음이 이루어졌고 이동목자의 삶은 대부분 가정을 이루면서 끝이 났다. 비록 짧은 기간이었지만 피에르 모리 역시 결혼을 했다. 그것도 순결파 성직자인 기욤 벨리바스테의 약혼녀와 말이다. 기욤의 약혼녀가 피에르의 아이를 임신한 것처럼 보인다. 그러자 기욤은 직접 파혼을 결정했고, 파혼은 단 사흘 만에 완료되었다. 피에르 모리의 여자들에 관해 살펴보자면, 그 당시에는 그때그때 한 여름 동안 여자 친구나 혹은 잠자리 파트너를 산에 데려가는 것이 일상처럼 보인다. 그러니까 사람들은 어느 정도 계절에 따라 관계를 맺어왔으며 그런 관계는 빨리 이루어진 만큼이나 빨리 깨졌다.

르 로이 라뒤리는 피레네 산맥의 이동목장에서 일했던 원거리 목자의 삶을 기술하는 데 무척 열광했던 것처럼 보인다. 목자들은 집도 땅도 없이 방랑하는 사람들이었다. 가축 떼와 돈을 통해 상대적으로 유복한 상황에 있었을지라도 재산에 마음을 두지 않았다. 늘 그랬던 것처럼 계속 이동하며 살았기 때문에 부동산이 필요 없었다. 그 대신 피에르 모리는 사람들과 관계가 풍성해지는 것을 중요하게 생각했다. 목장과 선술집에서 그를 기쁘게 했던 애인들과의 일시적인 관계, 그의 형제자매와 사촌들, 이모와 고모, 삼촌, 큰아버지, 작은 아버지, 친구들과의 관계를 중요시했다. 이런 네트워크에서 평안함을 느낀 피에르는 자신의 운명을 기꺼이 받아들였고 자신의 직업과 삶의 방식을 사랑했다. 양떼들은 그에게 자유를 의미했다. 많은 친구들이나 고용주들이 결혼이나 입양, 혹은 집을 제공하는 것 등을 통해 그가 정착에 흥미를 느끼게끔 시도했다. 그러나 피에르는 자유를 이 모든 유혹과 결코 바꾸려 하지 않았다고 한다. 방랑자의 생활을 더 선호했던 그에게는 집이 없었지만 다른 한편으로는 모든 곳이 집이었다. 이동생활을 하는 데 재산은 방해만 되었을 것이다. 피에르는 또한 재물을 다루는 데도 평정을 유지했다. 만약 돈이나 양을 잃어버려도 쉽게 극복할 수 있었다. 스스로 일을 하면서 조금 이르든 늦든 다시 돈을 벌 수 있다는 사실을 알고 있었기 때문이었다.

14세기 피레네 산맥에서 양떼를 위한 목장으로 산을 함께 이용하는 것은 본질적으로 사적경제를 바탕으로 한 계약을 통해 규정되었다. 그 당시에는 대규모의 공동 혹은 지방 단위 목장이 없었고 19세기에 이르러서야 이 지역에 대규모 축사가 나타났다. 피에르 모리가 살던 중세 후기에는 가축 떼가 각 개인이나 혹은 개인들로 구성된 작은 공동체에 속했다.

공동정신이 멀리 떨어진 곳이나 시대에 뒤떨어진 산간지역에나 있는 선사시대 신념의 잔존물이라는 것은 잘못된 가정일 것이다. 사실은 정반대이다. 14세기에 멀리 떨어진 고원지대를 공동목장으로 사용하기 위해 사적인 조직을 만들었지만 협동조합의 원칙은 나중에서야 실행되었다. 또한 목자들의 삶을 위한 마을 공동체의 의미도 과대평가되어서는 안 된다. 그들의 조직 단위는 산장이었고 그곳에서 스스로 책임지는 목자들은 한 시즌 동안 작은 그룹으로 함께 살았다. 산장에서 치즈가 생산되었고 양들을 산지 목장으로 몰고 간 후에 그곳에서 털을 깎았다. 지나가는 여행객들 역시 그곳에서 숙박을 했다. 그러면서 산장은 초지역적인 커뮤니케이션 센터가 되었다. 문화 이동 역시 이곳에서 발생했다. 몽타유 지역의 고고학적 발굴에서 취사도구에 남아 있던 시금치 잔존물이 발견되었다. 시금치는 아랍 안달루시아 지역에서부터 원거리 목장의 목자를 통해 유럽의 중심으로 들어왔다.

피레네 산맥의 원거리 목장경영은 여기에서 개인의 경제적인 계약을 토대로 조직된 공유지 사용 형태로 소개되었다. 스위스 〈알프스 문서〉와 비교할 만한 전승 문서는 없었지만 그럼에도 규정은 분명히 존재했다. 이동목장 형태, 현지 지역상황, 이상적인 체류기간에 대한 자료들이 있었다. 그 결과 목장은 다음 해에도 여전히 이용할 수 있었다. 젊은 목자들이 동료이자 동행인으로 연륜이 많은 목자들과 함께 이동할 때마다 경험을 통한 지식들은 한 세대에서 다음 세대로 전해졌다. 드러나는 갈등은 때때로 삶의 경험을 통해서도 매우 개인적이고 창조적으로 해결되었다. 이 문화가 19세기까지 지속될 수 있었다는 사실은 무엇보다도 이 경제가 성장이 아니라 자기보존에 중점을 두었다는 데 있다. 이것이 르 로이 라뒤리의 결론이었다.

"세상을 개선하는 것보다 아끼는 것이 일이 중요하다" – 오도 마르크바르트

역사적으로 보면 하딘의 주장은 관철될 수 없다. 이에 대해 이 책에서도 동의한다. 물론 하딘이 범세계적인 공유재화에 대한 무자비한 착취 문제보다 역사적인 공유지에 대한 관심이 덜했던 것에 그 이유가 있다. 그리고 개인의 책임 있는 사고와 생태학적인 양심에 의존하면 안 된다는 하딘의 경고는 분명히 옳다.

그러나 누구나 자유롭게 접근할 수 있는 공동 목초지에 대한 하딘의 이미지는 그가 처음부터 공유지 사용의 성공 가능성을 의도하지 않게 배제했기 때문에 오해의 소지가 있다. 그는 두 가지를 잘못 생각했다. 하나는 공유지가 모든 사람이 자유롭게 접근할 수 있는 재화라는 가정이었고 또 다른 하나는 합리적인 사람들은 전적으로 자신의 직접적인 유익만 생각한다는 가정이었다.

그러므로 이 두 가지 전제는 유지될 수 없다. 역사적으로 보자면 공유지에 사용 제한이 없다는 것은 말도 안 되는 과장으로 검은 백마처럼 있을 수 없다. 그런 종류의 공유지는 결코 없었다. 또한 이윤은 사유화하고 손실은 사회화하는 시스템과 공유지를 동일시하는 것 역시 전적으로 잘못되었다. 두 번째 문제는 '합리적 생각'을 개인의 이익추구와 동일시하는 것이다. 미리 예견하고 장기적인 계획을 수립하는 능력은 인간의 지능이 지닌 가장 탁월한 특징으로 간주된다. 고산지 목장의 이미지가 보여주는 것은 합리적인 농부가 자원이자 자신의 자녀들을 위한 생활터전을 자발적으로 파괴하지 않을 것이라는 점이다. 만약 농부가 지금 우유를 많이 팔더라도 공유지가 없어져서 자신의 자녀들이 가난해진다면 무슨 이익이 있을까? 또한 협력행위가 불가능하다는 가정 역시 적어도 오늘날에는 좀더 정확하게 설명해야 할 것이다. 왜냐하면 행동사회학, 행동경제학, 실험심리학의 최근 연구들은 정반대 내용을 언급하고 있기 때문이다. 앞에서 이미 언급했듯이 마이클 토마셀로 역시 반박할 것이다. 자원의 공동사용이 문제가 아니다. 오히려 파멸로 이끄는 것은 경제학자들이 교과서에 기술한 그대로 사람들이 행동할 경우이다.

역사적인 경험에 따른 공유경제의 원리

폭넓은 역사적 스펙트럼의 작은 단면이지만 여기에 소개된 모든 사례들에서 사람들은 일을 수행할 때 분명한 경제적인 논리를 따르고 있다. 그 논리는 수 세기 동안 지속 가능한 사용 형태로 증명되었다. 스위스의 공유지 전문가 다니엘 슐래피는 공유경제의 원칙을 다음과 같이 요약했다. 절약은 자원의 기반을 유지하기 위한 노력이자 중심 계율로서 조직체를 구성한다. 공동선이 끊임없는 경제성장에 좌우된다는 생각은 그 어디에서도 인식할 수 없다. 생활의 토대를 유지하기 위한 걱정이 지배적이었고 항상 장기경제를 추구했다. 장기적 환경파괴와 같은 외부적 요인은 단기적인 손실을 감수하면서도 미리 예측하고 사전에 내재화되었다. 생태학적인 연관성도 사람들에게 늘 현안이었다. 비록 지속 가능성이라는 단어를 알지 못했다 하더라도 그들은 지속 가능성의 전문가들이었다. 그러나 오늘날과 달리 산업화 이전 사람들에게는 자연보호가 아니라 삶의 터전을 유지하는 것이 중요했다.

3   베긴회 수녀원: 여성 주거공동체와 도시정원

공유는 우리를 부유하게 만들고 지속 가능한 발전을 가져다줄 뿐만 아니라 행동할 수 있게 만든다. 수도사들과 수녀들, 스위스 알프스 산맥의 농부들, 피레네 산맥의 이동목자들, 팔츠의 숲만 그 사례는 아니다. 공동의 참여가 있기에 우리 문화의 많은 명작들이 생겨나고 유지될 수 있다. 예를 들어 파리에 있는 노트르담의 성당이나 브뤼셀에 있는 시청과 같은 고딕 건축물 등 유럽의 도시에 있는 사랑받는 관광명소들이 거기에 속한다. 이런 건물들은 지역 프로젝트로 생겨났으며 다양한 도시그룹을 통해 촉진되었다. 이와 같은 대규모 프로젝트는 공유공동체로서 도시의 자아상을 기록으로 남겼다. 이 자아상은 결코 사업 감각이나 경제적인 창의성을 묻어버리지 않았고 오히려 꽃피웠다. 경제적인 번영은 여러모로 공동정신을 장려했고, 반대로 공동정신은 경제적 번영에 유익했다.

이런 흐름은 13세기 유럽 사회에서 특히 분명해졌다. 기후는 온화했고 사람들은 잘 지냈다. 경제는 붐을 이루었고 무역과 도시들은 꽃을 피웠다. 이런 발전을 가장 분명하게 느낄 수 있는 플랑드르의 무역도시이자 항구도시인 브뤼헤, 안트베르펜, 겐트, 뢰벤 등에서 도시 공동생활의 새로운 형태가 발전했다. 바로 여성들의 거주공동체였다. 여성들은 가족을 떠나 익히 알려진 베긴회 수녀원에서 함께 살았다. 베긴회 수녀원은 도시의 군주들, 재단, 교회, 그리고 도시 시민들에게 골고루 후원을 받았다. 오늘날까지 보존되어 있는 베긴회 수녀원은 무엇보다도 유럽의 가장 오래된 도시녹지공간으로 유명하다. 베긴회 수녀원은 개별 후원자들의 주도로 성립되었지만 수녀원이 유지될 수 있었던 것은 세대를 아우르는 도시 주민들과 도시의 아주 다양한 이익단체들의 공동의 노력 덕분이었다. 삶의 형태는 혼자 사는 사람들의 느슨한 이웃관계로부터 다인 가구를 넘어 대규모의 거주공동체에 이르기까지 다양했다. 그들은 일상생활을 공유했고 때때로 기도와 노동도 함께 나누었지만 소유를 공유하는 일은 아주 드물었다. 중세 도시들의 이런 특별한 공유공동체는 그곳에 속한 사람들에게 예상하지 못한 활동의 자유를 허용했다. 이런 역사적인 본보기에서 미래를 위해 잠재적 영감이 큰 '실행을 가능하게 하는 공동체' 모델을 이끌어낼 수 있다.

공유공동체가 세계 역사를 만든다

베긴회 수녀원이란 무엇일까? 도시건축적인 관점에서 보면 주로 벨기에와 네덜란드에 넓게 분포되어 있는 도시 경관의 한 유형이다. 베긴회 수녀원은 많은 집과 광장, 도로, 정원으로 구성되어 있으며 거기에는 또한 교회나 예배당, 병원, 양조장, 방앗간, 제빵소, 광 등과 같은 농장 건물과, 도시에 가까운 식량공급처인 농경지가 있다. 베긴회 수녀원은 보통 두 개 이상의 입구를 지닌 보호벽이 있으며 도시의 운하로 둘러싸여 있다. 몇몇 베긴회 수녀원은 심지어 항구를 소유하거나 경우에 따라서는 부두나 선착장을 가지고 있다. 도시의 건축술은 단면도에 따라 두 가지 유형으로 구분되었다. 하나는 거리형 베긴회 수녀원인데 거기에는 작은 도로나 골목길을 따라 숙소와 농장 건물이 건설되었다. 다른 하나는 광장형 베긴회 수녀원이다. 여기에서 주거단지는 교회나 병원이 있는 하나 혹은 두 개의 더 큰 광장 주위에 세워졌다. 오늘날에는 복합 형태가 더 많이 남아 있는데 이는 수 세기에 걸친 건설 계획에 따라 만들어졌다.

세계문화유산 '베긴회 수녀원'

베긴회는 유럽 전역에 존재했지만 베긴회 수녀원은 네덜란드와 벨기에의 도시들에 한정되어 있었다. 역사적으로 77개의 베긴회 수녀원이 있었고 그중에서 26개는 오늘까지 도시의 건축물로 남아 있다. 그중 13개가 1998년에 유네스코의 세계문화유산에 이름을 올렸다. 등재 이유로는 건축학적 측면에서 보존가치가 있는 건축물, 도시녹지의 성공적인 통합, 플랑드르 유산의 보존이 언급되었다. 오늘날까지도 본래 모습을 그대로 간직하고 있는 베긴회 수녀원의 역사는 17세기와 18세기로 거슬러 올라간다. 베긴회 수도원에는 오래된 나무들, 주거용 연립주택, 꿈꾸는 듯한 광장, 숨 쉬기 위한 공기, 정원과 광대한 녹지가 있다. 이 모든 것은 유서 깊은 역사적인 도시의 한가운데에 있다. 우선 세계문화유산인 몇몇 베긴회 수녀원을 간단하게 둘러보겠다.

벨기에의 최북단 네덜란드와 국경에 인접한 도시 호흐스트라턴에 있는 베긴회 수녀원은 14세기에 이르러서야 시청 바로 옆에 광장형 베긴회 수녀원으로 건설되었다. 17세기에 많은 곳이 개축되었고 확장되었다. 집 62채에 베긴회 수녀 160명이 살았다. 1층 혹은 2층으로 된 하얀 색 건물들은 교회 오른쪽에 있는 넓은 녹지를 빙 둘러 서 있다. 오래된 묘지 또한 여기에 속한다. 전체 시설은 20세기 말에 광범위하게 수

그림 2.5 전형적인 광장형 베긴회 수녀원인 덴데르몬더의 베긴회 수녀원

리되었고 대규모 도시축제와 함께 다시 봉헌되었다. 리르는 전형적인 도로형 베긴회 수녀원으로 간주되며 집이 156채 있다. 소속 병원은 화재 이후 1970년 시에서 다시 건설했고 여기의 집들은 이때부터 사람들이 열망하는 곳이 되었는데, 도시 중심에 있는 주거지로 별로 가진 것 없는 도시의 시민들에게 저렴한 가격으로 임대되었기 때문이다. 메헬런에 있는 큰 베긴회 수녀원 역시 최근에 다시 매력적인 도시 거주시설로 용도가 변경되었다. 이곳에서는 16세기 말에 1,500~1,900명의 베긴회 여성들이 살았다! 이상적이고 전형적인 광장형 베긴회 수녀원은 덴데르몬더의 성 알렉시우스에 보존되어 있다. 집 61채가 광장 주변에 삼각형을 이루면서 건설되었다. 이 시설은 1288년에 세워졌고 원래는 덴드레강으로 완전히 둘러싸여 있었다. 오늘날까지 보존된 이 건물은 비록 17세기에 만들어졌지만 단면도는 중세적이다.

브뤼헤에 있는 베긴회 수녀원의 이름은 신트 엘리자베스 텐 바인하르데이며 13세기에 세워졌다. 그 이름은 말 그대로 '포도밭으로'라는 뜻으로 당시 도시 성벽 밖에 있던 포도밭을 암시한다. 13세기에 도시가 확장되면서 수녀원은 도심의 일부로 편입되었고 도시의 독립적인 거주지로 성장했다. 수녀원은 벽과 도시의 운하로 둘러싸여 있다. 16세기 브뤼헤 도시지도의 단면도를 보면 베긴회 수녀원 내부에 많고 다양한 건축 유형이 있었음을 분명하게 나타난다. 단독주택처럼 세워진 작은 집들과 더 큰 공동건물이 있었다. 넓은 광장 중심에 두드러지게 보이는 교회는 그림에서 42번으로 표시 다양한 베긴회 수녀원의 전형적인 특징이다.

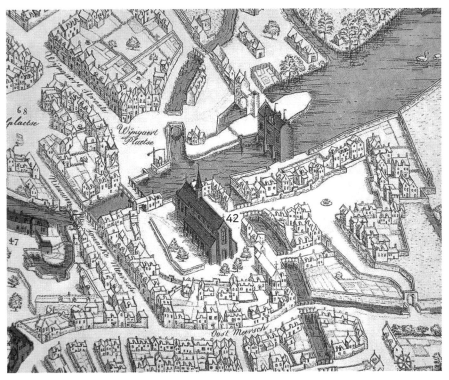

그림 2.6 브뤼헤의 신트 엘리자베스 텐 바인하르데 베긴회 수녀원, 1562

서쪽 정문 옆의 나무 세 그루 너머에는 작은 예배당과 함께 있는 병원이 보인다. 외벽은 동쪽과 남쪽에서 모두 알아볼 수 있다. 그렇지만 북쪽과 북서쪽에서는 수녀원 외부에 인접한 연립주택들로 수녀원이 가려져 있다. 수녀원의 숙소들은 두 개의 광장 주변과 도로를 따라 건설되었다. 거주지의 중앙 출입구는 그림 왼쪽 상단에 있는 교회의 동편에 있다. 포도밭은 운하 위를 지나는 다리를 건너 접근할 수 있고 다른 입구는 오른쪽 하단에 보인다.

운하를 지나 포도밭광장까지 연결되어 있는 이 다리는 17세기에 만들어졌고 오늘날까지 보존되어 있다. 대부분 이층으로 이루어진 하얀색 건물들 한가운데에 있는 광대한 녹지가 수도원에 깊은 인상을 준다. 고딕형식을 유지한 탑이 있는 교회는 여기에서 수도원의 동쪽 가장자리에 어느 정도 숨겨 있다. 문헌에는 오늘날 더 이상 존재하지 않는 농장 건물과 동물 우리, 광이 표시되어 있다. 겐트시에는 베긴회 수녀원이 3개 있다. 작은 베긴회 수녀원인 테르 호예는 랑엔 비올레텐거리를 따라 지어졌다. 17세기 후기로부터 유래한 이 수녀원은 현재 단독주택 80채와 좀더 큰 수녀원 7개로 이루어져 있고 모든 주거시설은 독립적인 시의 한 구역으로 두 개의 커다란 광장 주변에 자리하고 있다. 큰 베긴회 수녀원은 겐트시의 신트 아만즈베르그 구역에 위치하고 있으며 통합된 농업이 있고, 사람들이 거주하는 평온한 도시 공원 같은 인상을 준다. 디스트에 있는 베긴회 수녀원은 17세기 후반에 전성기를 누렸다. 시청 호적계에 따르면 그곳에는 1674년에 베긴회 여성 410명과 아이들 65명이 살았다. 마지막으로 신트 트라위던에 위치한 베긴회 수녀원은 두드러진 특성이 있는데, 그곳에는 넓은 농경지, 허브정원 그리고 오늘날까지 유일하게 보존된 '베긴회 수녀원 농장'이 있다.

여성들의 도시

이렇게 비범한 도시 풍경을 창조한 사람들은 모두 여성이었다. 베긴회 수녀원은 수 세기 동안 거의 전적으로 여성들이 거주하고 여성들이 관리했다. 이미 동시대의 사람들이 베긴회 여성들의 도시라고 말했으며 미국 역사학자인 월터 시몬스는 '여성들의 도시'라는 적절한 개념을 만들었다.

그 뒤에는 무엇이 있을까? 여성들은 혼자나 둘이서 혹은 직원들과 함께 또는 더욱 큰 규모의 그룹으로 개인주택이나 특별히 공동주거용으로 지어진 집에서 살았다. 각 여성들은 스스로 일을 했다. 아주 다양한 사회계층 출신이었으며 재화공동체는 아니었다. 이전에 결혼을 했고 자녀가 있던 여성도 많았고, 젊고 '경건한 처녀'인 여성도 많았다. 이들은 수녀원에 들어올 때 보통 아무런 서약도 하지 않았고, 단지 수녀원의 규칙을 지키고 수녀원장에 순종한다는 약속을 했다. 수녀원에 자유롭게 들어온 것처럼 비공식적으로, 예를 들어 결혼을 하기 위해 다시 수녀원을 떠날 수 있었다. 많은 사람들이 개인적인 가난을 고백했지만 다른 사람들은 자신들의 재산을 그대로 소유했다. 여성들은 상당히 경건하게 살았지만 특정한 종교에 속하지는 않았다. 베긴회 수녀원에서 살아서 수녀로 인식되는 경우가 종종 있었다. 그들이 초지역적으로 조직되어 동일한 생각을 지닌 사람들의 동맹은 아니었지만 다양한 지역에서 만들어진 지부들에서 비슷한 주거 형태가 전개되었다. 그 이유는 확실하지 않다.

거의 모든 베긴회 수녀원은 13세기에 생겨났다. 자본과 토지는 지역 자선가들의 기부를 통해 조달되었다. 기부자들 중 여성의 비율은 45퍼센트였다. 주도적인 여성 기부자들은 요하나 폰 콘스탄티노플과 마르가레타 폰 콘스탄티노플이었다. 이 두 사람은 모녀지간이며 플랑드르와 에노의 백작부인으로 1206년부터 1280년까지 74년이란 긴 시간 동안 통치했다. 프랑스의 여왕도 베긴회 수녀원을 세웠다. 또한 유타와 같은 귀족 여성들, 빌헬름 폰 몽조이의 부인, 유복한 수녀, 이사벨 드 후펠렝스 같은 재단회원, 수도원장인 굴다 폰 레넨베르크 등이 수녀원을 건립했다. 그러나 기부자들 대부분은 세속적인 여성들이었으며 종종 과부도 있었다. 그들은 도시에 있는 자기 땅이나 부동산을 베긴회 수녀원 소속으로 바꾸거나 본인이 사망한 후에 베긴회 수녀원 소속으로 바꾸도록 했다.

오늘날 베긴회 수녀원의 획일적인 모습은 처음부터 그랬던 것은 아니었다. 베긴회 수녀원이 대부분 13세기에 기부와 선물받은 토지로 설립이 가능했지만 어떤 종합설계도 기부와 결부되지 않았다. 단지 시의 농경지와 주거공간 형태로 미래의 발전을 위한 여유 공간일 뿐이었다. 베긴회 시설은 도시의 다른 구역들처럼 점차로 건설되었고 계속해서 개축되었다. 확장의 결정적인 요인은 인구 유입과 여성 시민들의 주도였다. 베긴회 여성들 스스로 자기 재산이나 혹은 재단의 재산을 통해 살 집을 짓도록 했다. 많은 도시에서 지방자치단체나 교회의 지원을 받아 대규모 건설이나 개축 프로젝트가 진행되었다. 함부르크의 베긴회 수녀원은 15세기에서 16세기로 가는 전환기에 수녀원 개축을 진행했는데, 그 재정을 수도원장이 발행한 면벌부를 팔아 조성했다. 함부르크의 가족들과 마찬가지로 함부르크의 푸른 자매회 곤경에 처한 어머니와 자녀를 위한 재단—옮긴이 의 부유한 회원들도 기부를 통해 개축을 지원했다. 그렇게 해서 도시 자금이 베긴회 수녀원으로 흘러들어갔다. 때때로 비회원 역시 그곳의 부동산을 획득하는 방법으로 입주자격을 얻으려고 시도했다. 정관과 법적 소송에서도 많은 베긴회 수녀원장들이 공동체의 선매권先

買權을 관철시키려고 시도했던 것이 분명하게 드러났지만 단지 개별적인 몇몇 경우에만 관철될 수 있었다. 근대에 이르러서야 비로소 개개의 집들이 수도원의 공동소유물이 되었고 나중에 각 여성들에게 평생 동안 임대되었다. 중세에는 부동산이 여성들의 소유로 남아 있었고 그들은 부동산을 다른 베긴회 여성이나 친척들에게 팔거나 혹은 상속했다. 그리고 부동산을 사거나 상속받은 사람들은 다른 베긴회 여성들에게 다시 팔 수 있었다.

발생 역사와 학설들

역사적 연구에서는 베긴회 수녀원에 대해 '반半종교적인' 생활 형태로 특징지었다. 그들이 아주 경건한 생활을 했지만 수녀는 아니었기 때문이었다. 베긴이라는 개념은 라틴어 *beg[u]inae, beguttae*에서 왔는데 13세기 초에 처음으로 나타났다. 그런데 이 단어가 정확하게 무엇을 의미하는지는 분명하지 않다. '세인트 베가 Begga'에서 파생되었다는 의견도 있고 벨기에 리에주 출신의 램버트 르 베그 12세기 중반 벨기에 리에주에서 살았던 사제이자 개혁가–옮긴이에서 파생되었다는 의견도 있다. 또한 *bigin*이 'Albigenser 알비파–옮긴이'의 줄임말이라고 추측하기도 한다. 알비파는 그 당시에 때때로 '사교邪敎를 믿는' 신자를 표현하는 이교도와 같은 의미로 사용되었다. 그러나 12세기부터 유래하는 자료에는 가족 너머 같은 생각을 가진 사람들과 공동체를 이루어 경건한 삶을 영위하는 여성을 표현할 때 사용되었다. 사람들 대부분은 그런 모습이 좋지 않다고 생각했다. 반면에 예를 들어 프랑스 콜마르 출신인 익명의 연대기 작가를 비롯한 다른 사람들은 그 시대에 생겨난 여성공동체가 성격이 다양하고 수가 많다는 점에 기뻐했다. 이런 삶의 형식은 19세기와 20세기의

작은 베긴회 수녀원

베긴회 이름	연도	거주민(명)
브레다	1535	32
저틀레우	1526	36
에댕	1324	38
티넨	1526	39
발랑시엔	1485	49
코르트리크	1526	52
튀른하우트	1480	60
베르헌옵좀	1526	65
리르	1480	69
몽스의 칸팀프레트	1365	84

중간 베긴회 수녀원

베긴회 이름	연도	거주민(명)
두알의 샹플뢰리	1272	100
안트베르펜의 성 카타리나	1526	101
루뱅의 그루트 베긴회	1526	125
디스트의 성 카타리나	1558	144
브뤼헤의 빈가드	1455	153
스헤르토헨보스의 그루트 베긴회	1526	183
롱에런의 성 카타리나	1322	230
헤런탈스	1480	266
겐트의 클라인 베긴회	1500	269
덴데르몬더	1480	275
브뤼셀의 빈가드	1526	326

큰 베긴회 수녀원

베긴회 이름	연도	거주민(명)
겐트의 그루트 베긴회 성 엘리자베스	13세기 말	610~730
리에주의 성 크리스토프	13세기 중반	1000
메헬렌의 그루트 베긴회 성 카타리나	15세기 말	1500~1900

그림 2.7 베긴회 수녀원의 거주민

사고에도 전혀 어울리지 않는 것 같았다. 사람들은 여성과잉을 이유로 들어 반박했고 또는 교회가 여성들을 수도원에 가두어 두었다고 논박했다.

여성들이 독립적으로 거주공동체에서 살았다는 것은 중세의 관례적 관점으로는 여전히 맞지 않았다. '과거에' 무엇이 평범한 일상이었는지 본능적으로 알고 있다고 생각하기 때문이다. 말하자면 한 지역에 거주하는 이른바 전통적인 가족이 평범한 모습이었다. 그러나 베긴회는 바로 근대의 가장 효과가 큰 발명 중 하나이다. 이전에는 다양성이 훨씬 더 컸다는 점을 알려주기 때문이다. 대학의 학문공동체, 장거리 무역에 특화된 상인공동체, 수도원의 종교공동체, 용병들의 무력공동체 혹은 피레네 산맥의 이동목자들 같은 유목민공동체 등과 같이 베긴회 사람들의 거주공동체도 이런 다양성의 사례에 속한다. 숫자로 표시된 현존하는 자료를 활용해보면 그 당시 전체 주민에 대한 이들의 비율은 사례에 따라 1퍼센트에서 8퍼센트로 유동적이었음을 분명하게 알 수 있다. 비교해보면 21세기 초 독일 도시의 전체 주민에 대한 거주공동체의 비율은 5.9퍼센트이다.

도시에서 공유공동체를 어떻게 조직할까?

벨기에 리에주의 주교인 로베르트 폰 투레테는 그 당시 독일의 아헨도 포함한 자신의 교구에서 왜 베긴회 여성들을 보호했을까? 그는 분명 베긴회 수녀원에서 생활하고 있는 '경건한 여성'들에 대한 공격과 모욕을 금지했다. 마치 경찰의 유니폼이나 판사의 법복처럼 수녀원 복장은 공격으로부터 보호받는 역할을 했다. 이 복장을 입은 여성들 뒤에는 강한 공동체가 있고 이들이 교회와 시의 보호를 동시에 누리고 있음을 보여주는 것이었다. 도시에 있는 이 새로운 공동체에서 생활할 때 가장 큰 문제는 바로 개방성이었다. 베긴회 여성들이 가족의 보호를 벗어나 수도원의 담장 안에서 공동체 생활을 시도했기 때문이었다. 따라서 베긴회 수녀원의 거주자 규정에서 당연히 시와 수녀원 사이의 상호작용에 특별한 주의를 기울였다. 어느 베긴회 여성도 허락 없이 수녀원을 떠나면 안 된다는 규정이 규칙적으로 등장한다.

아헨에 있는 베긴회 수녀원의 거주자 규정을 예로 들어 도시와 베긴회 수녀원 사이의 상호작용을 좀더 상세하게 밝혀본다. 그곳에서는 수녀원장—이 규정을 제대로 이해하는 데는 다음에 나오는 추가규정이 결정적일 것으로 보인다—혹은 함께 사는 사람이 허락해야 한다. 아마도 이 규정은 오늘날 다음과 같이 쓰일 것이다. "당신에게 아무 일도 일어나지 않도록 하기 위해 누군가는 당신이 언제 나가고 언제 들어오는지 분명히 알아야 한다." 외박금지 규정에도 앞서 언급한 내용과 비슷하게 부드럽게 표현되었다. 수녀원 밖에서 외박하는 일이 금지된 것은 아니다. 외박을 할 경우 수녀원장이나 신부의 동의를 받아야 한다고 규정되어 있는 것이다. 규제의 한 형태이지만 감시라기보다는 오히려 보호를 의미한다고 볼 수 있다. 수녀원 밖에서 열리는 축제에 참여하는 것에 대한 규정도 동일한 방향성을 가리킨다. "어떤 베긴회 여성도 결혼식, 산욕産褥 파티, 준공식, 만찬 초대에 참석할 수 없다."라는 말은 엄격하게 들리지만 결정적인 것은 "만약 어떤 의혹이 있을 경우에는"이라는 단서 조항이다. 수녀원에서 외부인이 숙박을 할 경우에 이 규정도 처음에는 엄격하게 들린다. 어느 베긴회 여성도 수녀원장이나 신부의 허락 없이 외부 사람을 수녀원으로 데리고 오거나 혹은 8일 이상 수녀원에서 숙박할 수 없다. 밤에 남자들과 말을 하는 것은 금지된다. 남자들과 말을 하려면 문이나 창문을 열어 놓으라는 규정에는 웃지 않을 수 없을 것이다. 그러나 "중요한 이유나 부득이한 필요 없이"라는 결정적인 추가조항에는 다양한 의미가 담겨 있다. 1333년 아헨의 베긴회 수녀원에서는 후기 거주자 규정 개정판에 따라 남자들과 입욕하는 것이 금지되었다. 당시에는 이런 행위가 일상적이었다는 것이 명백하다. 베긴회 여성들은 밤 기도를 하기 위해 교회로 갈 때 저녁 늦게 몰래 수녀원으로 들어오는 남자들을 잘 피해야 했다. 베긴회 여성들이 일요일마다 교회 가기를 바란다는 명시적인 계율은 이조차 당연한 일이 아니었음을 의미한다고 볼 수 있다. 베긴회 수녀원의 일상은 아마도 19세기에서 유래한 하얀 베일을 두른 경건한 여성들의 그림에서 받는 인상보다 훨씬 더 '일상적이고' 세속적이었을 것이다. 그렇다고 해서 경건의 동기가 의문시되어서는 안 되며 오히려 베긴회 여성들이 단지 '경건한 여성' 그 이상이었다는 점이 더 중요하다. 자료에는 베긴회 여성들의 삶의 방식이 획일적이라는 언급이 그 어디에도 없다. 베긴회 여성들의 삶은 오늘날 아래에서 위로의 운동일 것이다. 베긴회 여성들이 모든 시기와 지역에서 드러내는 유일한 특성은 지역과, 사회 그리고 경제적인 기본조건에 너무나 잘 적응했다는 점이다. 쾰른의 베긴회 공동체 전문가의 표현을 따르자면 "이 여성들은 계속해서 자신을 재발명하는 데 정말 능숙했다."

당신들은 말하고 우리는 행동한다

실행을 가능하게 하는 공동체인 베긴회 여성들 중 많은 이들은 자기 생각을 글로 남겼다. 예를 들어 마거리트 포 레테 14세기 프랑스 신비주의자. 프랑스 종교 재판소에서 이단으로 단죄되었고 사형선고를 받아 1310년 6월 1일 파리에서 화형당함—옮긴이 의 〈소박한 영혼의 거울〉 같은 절대적인 파괴력을 가진 시대비판적

작품들이 거기에 속하는데 저자는 장작더미에서 생을 마감했다. 다른 사람들은 예를 들어 설교모음집 같은 상대적으로 덜 주목받은 텍스트 장르에 그들의 흔적을 남겼다. 프랑스 북부의 도미니크회의 한 수도사는 13세기 말에 파리 대학의 박학다식한 교수와 베긴회 여성의 흥미진진한 대화를 설교에 유용한 예화집에 수록했다. 베긴회 여성은 교수에게 끝임없이 연구하는 대학교수와 실제로 행동하는 여성의 차이를 다음과 같이 설명했다.

> 당신들이 말할 때, 우리는 행동합니다.
> 당신들이 가르칠 때, 우리는 뭔가 합니다.
> 당신들이 분석할 때, 우리는 선택합니다.
> 당신들이 씹을 때, 우리는 삼킵니다.
> 당신들이 흥정할 때, 우리는 구입합니다.
> 당신들이 예열할 때, 우리는 불을 지릅니다.
> 당신들이 추측할 때, 우리는 이미 압니다.
> 당신들이 물을 때, 우리는 결정합니다.
> 당신들이 일할 때, 우리는 멈춥니다.
> 당신들이 말라갈 때, 우리는 살쪄갑니다.
> 당신들이 종을 칠 때, 우리는 노래합니다.
> 당신들이 노래할 때, 우리는 춤춥니다.
> 당신들이 꽃을 피울 때, 우리는 열매를 맺습니다.
> 당신들이 여기저기 맛을 볼 때, 우리는 먹습니다.

익명의 도미니크회 수도사가 이런 말을 언젠가 설교에 사용했다고는 좀처럼 상상할 수 없지만 그는 이렇게 기록했다. 아마도 서로 다른 지식의 유형이 대립구문으로 서로 대조된다는 생각에 매혹되었던 것 같다. 대학의 학식 있는 형태와 행동하는 여성들의 직관적인 지식. 베긴회 여성은 신비주의가 가장 사랑하는 문체 스타일인 역설을 사용했는데 당대 대학의 학문 세계보다 그들이 우월하다는 점을 표현하기 위해서였다. 여성들은 어떤 것을 행하는 사람으로 스스로를 경험하는 반면에 남성들은 여기저기에서 연설하고 분석하며 협상을 이끌고 주저하듯 이리저리 프로젝트를 건드려본다. 하지만 여성들은 그와 반대로 행동하는 사람이다. 베긴회 여성들은 무엇인가 할 말이 있는 사람이었다. 이때 그들은 말하는 것은 은이고 행동하는 것은 금이라는 경험을 했다. 그레타 툰베리 스웨덴의 환경운동가, 2003년생-옮긴이 는 분명히 이런 공동체에서 지원군을 찾았을 것이다.

프랑스 두에 지역 베긴회 여성들의 물냉이 정원 가꾸기

오늘날 베긴회 수녀원이 무엇보다도 도시의 녹색 오아시스와 정원으로 깊은 인상을 주고 있지만 유감스럽게도 그들이 일구어낸 역사적인 정원과 농업에 대해 알려진 바가 별로 없다. 이에 대해서는 우회적으로 접근이 가능할 뿐이다. 예를 들어 그 당시 도시에 인접한 농장과 분명한 유사성이 있는 정원의 건축술 등을 통해서이다. 베긴회 수녀원의 벽은 처음에 종종 도시 성벽 바로 바깥쪽에 세워졌다. 이는 도시에 바로 인접한 장원 莊園 의 일반적인 성벽과 일치한다. 아마도 여기서 '호프' 독일어 단어 Beginenhof(베긴회 수녀원), Gutshof(장원)에 모두 '뜰'이라는 뜻의 Hof가 들어감-옮긴이 라는 이름이 유래했을 것이다. 대부분의 베긴회 수녀원이 세워질 당시 도시의 문 앞에 위치했고 장원처럼 조성되었기 때문이었다. 도시의 급속한 성장과 도시 성벽의 확대로 이미 13세기 말에 많은 베긴회 수녀원들이 도시 내부 혹은 가장자리에 위치했다. 수녀원 내부의 농경지들은 당시 수도원이나 장원의 정원처럼 사용되었을 것으로 추측할 수 있다. 수도원들과 마찬가지로 베긴회 수녀원에도 묘지가 포함된 교회를 설립할 권리가 있었다. 이렇게 수녀원에 포함된 묘지는 외형상 녹지였다. 죽은 사람들은 이런 방법으로 도시녹지 조성에 일조했다. 다양한 사례에서 베긴회 수녀원이 부분적으로 자급자족했음을 알 수 있다. 수녀원에 속한 양조장은 내부의 수요를 충당했다. 통게렌에서 오늘날 '다겔릭스Dagelyckx'라는 이름의 맥주를 베긴회 수녀원 맥주라고 광고하지만, 베긴회 수녀원의 양조장에서 생산된 맥주는 아마도 판매용은 아니었을 것이다. 단지 양조를 할 때 나오는 찌끼들을 짐승의 사료나 비료

그림 2.8 벨기에 신트 트루위던에 있던 베긴회 수녀원의 농가

로 판매했다. 많은 베긴회 여성들은 다른 사람들이 재배한 채소와 식료품으로 장사를 했다. 예를 들어 두에의 한 베긴회 여성은 물냉이를 재배하기 위해 습지를 임대했다. 프랑스 발랑시엔에 있는 베긴회 수녀원의 1262년 거주자 규정에는 여성들이 무엇보다도 벌초나, 수확을 통해 그들 자신의 생계를 꾸려나가야 한다고 적혀 있다. 문헌에는 베긴회 여성들이 밭에서 일했다는 사실을 뒷받침하는 자료가 없지만, 사람들은 '안뜰에서'라는 이름의 농장이 발랑시엔의 수녀원의 소유이고 수녀원이 그 농장을 임대했다는 사실을 알고 있었다. 그 농장의 많은 부수적인 일들을 베긴회 여성들이 위임받았다는 사실을 과연 반박할 수 있을까? 수녀원 안팎에 있는 농업용 경작지와 가용 부지가 베긴회 수녀원과 연관되어 여러 번 언급되었다. 예를 들어 브뤼헤와 발랑시엔의 베긴회 수녀원이 여기에 해당된다. 발랑시엔, 통게렌, 덴데르몬더, 신트 트라위던의 자료에 따르면 도시 밖의 들판에서 일하는 베긴회 여성들이 있었다. 그들은 가축을 기르고 가금을 사육했으며 도시 시장에 내다팔기 위해 채소를 재배했다. 그곳에는 또한 유일하게 오늘날까지 보존되어 있는 18세기 형태를 띤 베긴회 여성들의 농장이 있다.

"행복한 사람들처럼 성공한 사업은 역사에 흔적을 남기지 않는다." 페르낭 브로델

신용거래와 달리 농사일은 서류가 필요한 일이 매우 드물다. 아마도 단순히 자연을 다루고 가축을 치는 일, 정원 돌보기, 씨 뿌리기, 수확하기는 당연히 일상생활에 속하는 일이기 때문에 불필요한 야단법석을 떨 필요가 없기 때문일 것이다. 바로 이 부분에 역사학의 일반적인 문제점이 있다. 우리는 단지 기록된 내용만을 본다는 점이다. 무엇보다도 텍스트의 내용은 후세들에게 과거의 사실로 파악될 수 있다. 다른 모든 것은 생각이나 추측으로만 남는다. 여기서 몇 가지 치명적인 결론이 나온다. 일반적으로 갈등이 있을 경우에만 기록으로 남기기 때문이다. 평화로운 경영은 악수를 통해 결정되고 법정으로 가지 않는다. 따라서 과거에 대한 우리의 시각은 편파적으로 어둡다. 그래서 많은 사항을 갈등의 거울을 통해서만 본다. 갈등이 생겨야만 비로소 사람들은 기록했기 때문이다. 누가 누구에게 얼마만큼 빚을 지고 있는지, 무엇이 누구의 소유인지, 누가 옳았고 누가 옳지 않았는지 기록했다. 누가 이겼고 누가 졌는지도 남겼다. 변호사, 공증인, 법률가 등이 고용되었고 증거로 제출하기 위해 서류를 발급했으며 법률이나 혹은 연대기를 작성했다. 상대적으로 조화롭게 진행되었던 많은 사업과 관계, 협상, 소송은 모두 인류의 역사가 진행되는 동안 그냥 사라졌다. 그리고 아무도 그것을 기억하지 않는다! 기록하지 않았기 때문이다. 과거라는 이름의 깊은 우물이 모든 것을 삼켜버려서 다시 세상에 드러날 기회가 전혀 없다! 아마도 베긴회 수녀원의 성공적인 농업 역시 일상적인 일이었기 때문에 문서로 전해 내려올 기회가 아주 드물었을 것이다. 그렇다고 농업과 관련해서 성공한 사람과 성공한 사업만 있었다고 주장하는 것은 아니다. 예측이 불가능한 날씨처럼 자연과의 투쟁이 있었지만 그런 경우 서류나 계약서가 전혀 쓸모가 없었다.

전근대적인 도시 정원인 베긴회 정원

베긴회 수녀원 정원의 원래 모습이나 경작에 대해서도 아는 게 거의 없다. 수녀원의 정원은 고정되어 있지 않았기 때문이다. 베긴회 수녀원이 자리 잡고 있던 도시들과 마찬가지로 수녀원의 정원 역시 끊임없이 변화했다. 도시개발의 희생양이 된 것은 베긴회 수녀원의 경지 면적만은 아니었고 수녀원 시설 자체도 포함되었다. 17세기와 18세기의 도시건축 설계도면이 오늘날 도시 풍경에 남아 있다. 중세 정원에 대한 지식은 대부분 중세의 미술과 문학에서 비롯한다. 예를 들어 재구성된 수도원 마을인 로르쉬처럼 최근 실험고고학 고대 유물이나 유구를 실증적으로 재현하여 그 시대를 이해하려는 고고학의 연구방법—옮긴이 의 연구를 통해 점점 더 많이 보충되었다. 그리고 다행스럽게도 중세 정원들에 대한 일종의 세부 지도가 있는데 바로 성 갈렌 수도원 지도이다. 여기에는 무엇보다도 구체적인 식수植樹에 대한 규정이 포함된 서로 다른 4가지 유형의 정원이 나타나 있다. 사각형으로 된 광장정원, 채소밭, 과수원, 마지막으로 약초정원이다. 수도원문화와 함께 정원 유형 역시 유럽 전역으로 널리 퍼졌다. 그리고 베긴회 수녀원의 정원 역시 이 유형의 틀 안에서 변화했을 것으로 가정할 수 있다. 또한 베긴회 여성들이 정원이나 도시 밖에 있는 밭 혹은 수녀원 내에 있는 그들의 경작지를 수녀원 소재지의 관습에 따라 사용하고 경작했다고 가정할 수 있다.

베긴회 수녀원이 수 세기를 거쳐 다양한 도시에서 견고한 구조로 오늘날까지 보존되고 있는 것은 도시건축술의 뜻밖의 행운이라고 표현할 수 있다. 베긴회 여성들의 엄청난 적응력과 변화능력을 고려할 때 이들의 역사는 공유공동체의 지속 가능한 경제의 역사적 사례로 연구할 만한 가치가 있다. 그렇지만 이때 다양한 기대들이 실망으로 바뀌었다. 베긴회 여성들은 게릴라 정원사가 아니었다. 향기 나는 약초와 약간의 간식용 과일을 플라스틱 큰 통에 재배하는 방법으로 도시공간을 다시 녹색 오아시스로 변모시키려는 목적을 지닌 간문화적 체험정원도 시민운동도 아니었다. 또한 도시에 있는 농업시설의 유적 혹은 도시에 있는 농촌의 모형이라는 낭만적인 의도로 만들어진 것이 아니었다. 오히려 필요에 따라 도시 경제의 한 부분으로 생겨났다. 과거의 연구에서는 공동체 생활을 하는 사람들에게 식량을 공급하기 위한 도시근접 농업과 결합한 현상을 중세 자연과 '소박한 공리주의적' 관계를 맺은 증거로 평가했지만, 오늘날에는 이와 관련해서 많은 내용이 변했다. '도시 농업'은 농촌의 토지 사용의 유물로서가 아니라 도시 경제의 일부분으로 재발견되고 있다.

실행을 가능하게 하는 공유공동체

베긴회 수녀원은 공유공동체였을까? 도시의 거주공간을 공유했고 일상을 공유했으며 생애를 공유했다. 하지만 중세 베긴회 여성들은 단지 예외적인 경우에만 재화공동체를 형성했다. 그럼에도 불구하고 혹은 어쩌면 바로 이런 이유 때문에 베긴회 여성들은 공동체의 삶을 형성하기 위해 놀라운 방법으로 가용 자원을 사용했다.

베긴회 여성들은 자기 재산을 소유할 권리가 있었다. 노동 혹은 연금의 소유, 상속이나 과부 몫의 재산을 통해 자기 소득을 지닐 수 있었다. 도시 법규의 틀 안에서 완전한 경제활동을 할 능력이 있었다. 개개의 베긴회 여성은 또한 건축주도 될 수 있었다. 그리고 각자의 경제적인 능력에 따라 좀더 크거나 작은 건물, 사치스럽거나 소박한 건물을 소유할 수 있었다. 베긴회 여성은 집의 크기에 따라 다른 베긴회 여성이나 친구들 혹은 친척들과 함께 살았다. 그들이 부리는 하녀들도 종종 언급되었다. 가난에 대한 의무가 필수적인 요소가 아니었다는 점은 분명했다. 베긴회 여성은 자발적으로 가난하게 살 수 있었지만 가난하게 살 의무는 없었다. 그렇지만 그들은 자신의 일을 통해서든 아니면 가지고 온 개인 재산을 통해서든 생계를 스스로 해결해야 했다. 따라서 베긴회 수녀원은 평준화된 삶의 형태가 아니었다. "부유한 여성들은 부유한 베긴회 여성이 되었고 가난한 여성들은 가난한 베긴회 여성으로 머물러 있었다." 가난하고 어려운 여성들을 위한 재단이 베긴회 수녀원 안에 있어서 가난한 여성들이 거주지 내부의 수녀원에서 지내도록 해 주었다. 그곳에서 여성들은 숙소와 난방 그리고 건물 유지를 위한 기본적인 것을 제공받았다. 이 여성들 또한 매일의 생계는 스스로 책임져야 했다. 베긴회 여성들의 경제적인 자립은 계속해서 강조되었다. 때때로 베긴회 여성들의 회계장부를 도시 측이나 주교 측에서 검토하긴 했지만, 이들은 경제적인 관점에서 독립적으로 행동했다. 그래서 함부르크의 베긴회 수녀원은 결산자료를 회계연도 말에 시의회가 지명한 회계 검사관에게 제출해야 했다. 그렇다고 해도 회계 검사관은 경제운영에 간섭하지 않았으며 보통 모든 결산에 서명했는데 심지어 분명히 잘못된 결산에도 서명을 했다.

베긴회 여성들은 어떻게 돈을 벌었을까?

베긴회 여성들은 자선에 의지해 살지 않았다. 이들이 어떻게 스스로 재정을 부담했으며 어떻게 경제활동을 했는지는 공동체에 따라 서로 다르다. 이때 가족 배경, 사회적 출신, 벌이의 수단, 소유 구조 그리고 종교적인 성향도 중요한 역할을 했다. 베긴회 여성들은 대부분 자기 살림이 있었고 베긴회 수녀원에 속한 집에서 거의 자급자족하며 살았다. 또 다른 베긴회 여성들은 더 큰 규모의 공동체 일원으로 그곳에서 일상생활과 생필품, 식사시간을 공동으로 조직했다. 함부르크처럼 모든 곳에서 식사 제공과 수리 유지가 공동으로 조직된 것은 아니었다. 분명 겐트에서처럼 모든 곳에서 일상을 함께 하는 것은 아니었다. 심지어 겐트에서는 성가와 기도까지도 일상의 리듬 속에 함께 구성되어 있다. 플랑드르의 큰 베긴회 수녀원의 여성들 대부분이 그 지역의 직물 생산과 가공에 종사했다는 사실을 뒷받침하는 자료도 많다. 베긴회 수녀원을 위한 수많은 도시 규정에서 여성들이 특별히 자주 양모 거래와 직물 생산과 관련된 문제에 집중했다는 사실을 알 수 있다. 플랑드르의 베긴회 여성들은 직물 수공업자였다. 양모를 빗질해서 실을 만들어 직물로 가공하고, 직물을 염색했으며, 아마 재료로 리넨을 완성했다. 베긴회 수녀원 내에 있는, 수로를 포함한 넓은 녹지와 정원은 모직물과 리넨과 완성된 옷을 세탁하고 표백하는 데 적합했다. 이들은 또한 재봉사로, 자수刺繡 놓는 사람으로도 활동했다.

금융시장의 베긴회 여성

유럽 도시의 베긴회 여성들이 일반적으로 간호사로 일했다는 사실을 종종 발견한다. 그런데 최신의 연구에서는 그 사실이 일반적이지 않으며 대부분 근대에 해당되고 중세에는 해당되지 않음을 지적한다. 베긴회 여성들은 대부분 본인이 소유한 재산에서 나오는 소득으로 생활했다. 또 기부자로서 모습을 드러내거나 혹은 예를 들어 함부르크나 하노버에서처럼 도시 금융시장에 나타났다. 마르세유의 공증서류에서는 채권자로서 정기적으로 모습을 드러내는 루보드의 베긴회 여성들이 경제 행위에 놀라울 정도로 능숙했던 모습을 발견할 수 있다. 예를 들어 베긴회 여성들은 빵집이나 제화점을 열 수 있도록 젊은 부부들에게 창업자금을 빌려주었다. 곡물과 부동산에 투자했으며 환전업자인 중세 전당포업자와도 사업을 했다. 베긴회 여성들은 원거리 무역에도 활동적이었다. 그러나 거기에는 위험부담이 컸기 때문에 조심스러웠다.

그래서 니콜라베라는 이름의 베긴회 여성은 샤베르 아이디니라는 사업가에게 돈을 빌려줄 때 그 돈을 해외무역에 투자하지 않는다는 조건을 걸었다. 바다는 위험*risigo maris*이 너무 컸기 때문이었다. *risigo* 혹은 *risques*라는 단어는 원래 해상무역의 위험을 나타내며 아랍어에서 모든 유럽어로 수용되었다. 기록에 따르면 공증인과의 약속은 거의 일상적으로 루보드에 있는 베긴회 여성의 집에서 이루어졌다. 이와 같은 기록은 베긴회 여성들의 경제적 행동반경을 분명하게 드러낸다. 베긴회 여성들이 경제적으로 독립성을 지닌 채 활동했으며 그 독립성은 베긴회의 일원이라는 신분에 의해 비로소 가능한 것이었다. 베긴회 여성들은 의심의 여지없이 자신의 이익을 위해서 행동했고 이익을 얻기 위해 돈을 투자했으며 결국 도시 자본의 흐름을 주도했다. 이는 그들이 베긴회 여성이었기 때문에 가능했는데, 베긴회의 사회자본에 참여한 사람들이었기 때문이다. 베긴회는 실행을 가능하게 해 주는 공동체였다.

요약

여성들의 공유공동체인 베긴회 수녀원은 도시를 더욱 풍성하게 만들었다. 그들의 삶은 가시적인 성과를 이루었다. 베긴회 수녀원은 예를 들어 아우크스부르크에 있는 푸거라이처럼 나중에 나타나는 지역 주택건설 프로젝트와 재단의 모범 사례로 간주되었다. 이 모델은 주변으로 퍼져 영향력을 발휘했다. 베긴회 여성들은 그들이 살고 있던 도시 환경에서 중요한 임무를 수행했다. 이들은 과거에 그렇게 보였던 것처럼 단순히 경건한 신도나 간호사뿐만이 아니었다. 학교의 교사로서 도시의 삶을 풍성하게 했고 지역 재단과 병원의 믿을 만한 관리자였으며 죽음의 문화에 정통했고 세대를 아우르는 사고의 전문가들이었다. 그들

소유의 정원과 정원에 속한 사업장에서 도시근교 농업이 이루어졌다. 그리고 채권자로서 도시 자본의 흐름이 계속 유지될 수 있도록 했다. 개인이라면 이런 성과를 낼 수 없었을 것이다. 당시 일반적이었던 수도원의 모델을 따라 만들어졌던 공유공동체인 베긴회 수녀원의 엄호를 통해 비로소 그들만의 권리능력 행사가 가능했다. 그런 식으로 일정 수준의 독립성을 확보했는데 이 독립성은 베긴회 여성들에게 그때까지 알지 못했던 행동의 자유를 가능하게 했다. 베긴회 수녀원은 아마도 공유하는 삶이 개인의 자유를 얼마나 확대할 수 있는지, 최상의 경우에 공유공동체가 실행을 가능하게 해주는 공동체로서 지금까지 상상할 수 없던 것을 어떻게 현실로 만들어주는지를 보여주는 역사적으로 가장 좋은 사례 중 하나일 것이다.

3장

리사이클링

WIR KONNTEN
AUCH ANDERS

과소비사회는 역사적으로 볼 때 단기적으로 나타나는 예외현상이
다. 물론 지난 20만 년의 인류 역사에서 쓰레기는 항상 있었지만 주어
진 자원을 가능한 한 알뜰하게 사용하는 능력은 오랫동안 인류의 강점
이었다. 버린다는 것은 포기를 의미한다. 기존의 가치를 포기하고 이미
투자한 에너지의 수확을 포기하는 일이다. 우리 선조들은 자신들이 가
진 자원을 더 사용하는 일을 포기하기엔 너무 똑똑했다. 매머드의 뼈와
상아를 그냥 버려둔다고? 체온을 지켜줄 가죽을 쓰레기통에? 거의 모
든 것이 소중했고 버릴 것은 없었다! 뼈로는 거처할 곳을 만들었고, 가
죽으로는 옷과 이불을, 상아로는 심지어 피리와 같은 악기를 깎아 만들
었다. 매머드의 배설물도 말리면 아주 훌륭한 땔감이 되었다. 단지 피
신해야 하는 상황에서만 모든 것을 버려두었다. 무엇이든 넘쳐날 때만
사람들은 쓰레기를 생산한다. 과잉의 시기는 일반적으로 인류 역사 속
에서 그 기간이 매우 짧다. 무엇보다 사람들이 직접 발견했거나 창조했
던 파라다이스를 빠른 속도로 철저하게 파괴했기 때문이었다. 따라서
장기적으로는 가능한 한 완전하게 계속 사용하는 능력이 매우 중요했

으며 리사이클링은 선호되는 선택이었다. 선형경제는 수익성이 없었다. 오늘날 우리가 순환경제 Circular Economy 라고 부르는 것은 역사적으로 수천 년 동안 증명된 성공적인 비즈니스의 황금 표준이었다. 사람들은 고장 난 물건을 수리하고 고쳤다. 중고시장은 번성했으며 수명이 다한 제품은 부품별로 분해해서 개별적으로 재활용되었고, '쓰레기'의 재활용과 재사용은 당연히 경제활동의 자연스러운 부분이었다. 3만 년 된 매머드 뼈 피리는 우리가 오늘날의 '산업쓰레기 재활용'에 대한 적합한 예이다.

쓰레기의 역사

리사이클링의 역사적 사례를 다루기 전에 잠시 단어의 역사를 살펴보는 것이 유용하다. 오늘날 통상적으로 '더 사용할 수 없는 나머지'를 의미하는 단어 '쓰레기'는 20세기 초반까지 사전에 등장하지 않았다. 요한 하인리히 체들러는 1732년 자신의《학문 예술 교양 대백과사전》에서 이 쓰레기 쓰레기라는 뜻의 독일어 Abfall은 다중적 의미를 지닌다-옮긴이 를 '배반'의 의미로 설명한다. 예를 들어 국가를 배신했다거나 믿음을 저버렸다고 말할 때도 쓸 수 있다. 두 번째로 쓰레기는 규칙의 예외를 의미할 수 있으며, 세 번째로는 수위 水位 의 차이를 나타낼 수 있다. 1773년 출간된 요한 게오르크 크뤼니츠의《경제백과사전》에는 그 의미가 '작업 중 떨어져 나가서 부스러기가 된 것'이라고 풀이되었으며, 재사용된다고 부연되어 있다. 이에 대해 크뤼니츠는 경제 쇠퇴의 의미를 다음과 같이 설명한다. "생업, 제조업, 상업의 몰락, 이로 인해 시민들의 재산이 줄어들고 내리막길로 간다." 1870년대 독일에서 고도산업화가 시작되면서 사람들은 — 예를 들어《마이어 백과사전》에서 — 원료품이나 반제품의 기술적 처리를 할 때 발생하는 쓰레기는 계속해서 다른 가공 작업에 제공되고 또 다른 산업부문의 재료가 된다는 구절을 찾을 수 있다. 재사용에 대한 언급이 없는 사전은 없다. 산업쓰레기를 유용하게 재사용하는 현대 기술은 국민경제의 진보를 재는 척도로 간주된다. 쓰레기 사용을 주제로 한 1914년 박사논문의 저자는 이렇게 쓰고 있다. "(…) 현재의 기술 상태에 따라 선진 산업국가에서는 어떤 쓰레기도 쓸모없이 내버려지는 경우가 거의 없으며 심지어 스스로 생산한 제품의 쓰레기를 모으고 사용하는 정도와 양으로 국민들의 문화의 수준을 어느 정도 추론할 수 있다는 주장도 가능하다." 이는 가정 살림에도 적용되었다. 예를 들어 베를린 샤를로텐부르크에서는 1906년 경찰규정에 따라 쓰레기 분리가 도입되었다.

1970년대가 되어서야 가정과 사무실 그리고 생산과정에서 나오는 쓰레기를 '쓸모가 거의 없는 나머지'로 사전에서 설명하고 있다. 재사용에 대한 언급은 더 이상 나타나지 않는 대신 쓰레기 처리가 중심을 차지한다. '쓰레기를 처리하는 행복감'의 시대가 시작된 것이다. 이전에는 아주 귀중했던 플라스틱도 이제는 쓰레기로 분류된다. 여기에 방사능 핵폐기물이 더해진다. 제약 없는 쓰레기 생산은 안으로는 급진적인 폐기물 처리에 대한 분노를 유발시킨다.

다시 말하자면 산업화된 서구 국가의 사람들이 재활용과 재사용 방법을 대부분 잊어버리게 된 것은 20세기 후반이 되어서였다. 2차 세계대전이 끝날 때까지 천연자원은 생산과정에서 가장 귀한 자원이었다.

'50년대 신드롬': 세계의 쓰레기화

베른 대학의 경제사, 사회사, 환경사 교수 크리스티안 피스터는 에너지 소비와 쓰레기 생산이 동시에 급격히 증가했던 이 시기를 '50년대 신드롬'이라는 용어로 설명했다. 값싼 석유가 세계시장에서 범람하고 있었기 때문이었다. '석유 과잉'은 또 다른 원료의 채굴 비용을 낮추었고 이에 따라 원료 가격도 떨어졌다. 원료가 더 이상 귀하지 않으면 원료를 가공해 생산되는 제품도 더 이상 가치가 없어 '버려지는 제품'이 된다. 라인홀트 라이트는 이를 '기본적으로 더 쓸 수 있는 재료들의 경제순환 이탈의 증가'라고 말한다. 자원을 보호하는 소비형태와 행동방식은 그렇게 20세기 후반에 점점 더 의미를 잃었다. 과잉의 절정 단계는 자원을 아껴 쓰는 문화적 기술을 시대에 뒤떨어진 것으로 만들었다. 그런데 오늘날 자원을 아껴 쓰는 문화적 기술은 그 어느 때보다 절실히 필요하다. 리사이클링 기술이 호모 사피엔스의 결정적인 생존전략이 될 수도 있다.

1 수리직업과 중고시장

카를 뷔허와 프랑크푸르트의 직업들

이전에는 수리 관련 직업들이 더 많이 있었다! 국민경제학자 카를 뷔허는 다양한 직업군을 찾기 위해 프랑크푸르트의 시립 기록보관소의 행정문서를 수년 동안 검색한 다음 1914년 이런 결론에 이르렀다. 가장 중요한 출처는 조세문서라고 하는 시의 재산세 목록이었는데 1320년부터 1510년까지 80년 이상의 온전한 기록이 그 당시 아직 보존되어 있었다 2차 세계대전 때 이 기록들은 모두 불에 타버렸다. 그런 다음 시의회의 결의안과 사업에 대한 간략한 정보가 담긴 시장들의 문서인 업무일지 수첩에서 정보를 보충했다. 카를 뷔허는 더 나아가 개별 소송의 사건 정황이 요약되어 있는 프랑크푸르트 법원 문헌에서 정보를 가져왔다. 여기 기록된 송사를 통해 종종 프랑크푸르트의 직업 일상에 대한 통찰력을 얻기도 했다. 마지막으로 시의 모든 장부, 특히 시가 위임자로서 수행한 작업에 대한 모든 지불내용을 기록해놓은 배달부 소송서류의 송달을 담당하는 법원 직원-옮긴이 의 문서와 건축가의 서류를 샅샅이 살펴보았다. 또한 1438년의 가옥명부와 1387년과 1440년의 시민명부도 자세히 조사했다.

중세 프랑크푸르트의 다양한 직업

이 연구를 통해 전혀 뜻밖의 놀라운 사실 세 가지를 발견했다. 첫째는 방대함이었다. 중세 프랑크푸르트에는 1,500개 이상의 다양한 직업들이 있었다. 여기에는 제분소 의사, 자루 운반자, 제과업자, 양모 중개 상인에서부터 가위 상인, 구두창 제작자, 직조용 양털 생산자에 이르기까지 놀랍도록 다양하게 직업이 분류되어 있었다. 그런 다음 각 직업은 높은 수준으로 세분화되어 있음에 놀란다. 예를 들어 서로 다른 종류의 대장장이가 45개 존재했다. 철물공이 되기 위한 대장장이에서 편자 대장장이, 칼 만드는 대장장이, 빗 대장장이, 빗장 제작자, 가위 대장장이, 칼 벼리는 대장장이, 석궁 제작자, 활 제작자 그리고 금세공사, 은세공사, 벨트 제작자에 이르기까지 자세하게 나뉘어 있었다.

놀랍도록 다양한 여성 직업

두 번째 놀라운 사실은 징세대장 어디에서나 여성들이 등장한다는 점이었다. 뷔허는 중세시대 생계활동에 참여하는 여성의 비율이 높다는 점을 당시에 — 가설적으로 — 여초현상으로만 설명할 수 있었다. 최근의 연구는 이 가설을 반박했다. 쾰른의 역사가 사비네 폰 호이징거는 중세 여성들이 프랑크푸르트에서도 조합의 정회원으로 한결같이 나타났다고 주장했다. 그들은 단지 조합원의 병역 의무에서만 자유로울 뿐이었다. 현존하는 가장 오래된 조합 규정은 1355년경으로 거슬러 올라간다. 어디에서나 여성들은 정회원으로 등록되었고, 선장들은 구체적으로 여성회원에 대해 언급했고, 통장이 와인 통 등을 제작하는 장인-옮긴이 들 사이에서도 여성들은 완전한 조합원의 권리를 가졌다. 도축업자조차도 1355년 과부들에게 장사를 계속할 수 있도록 허용했다. 규정을 보면 여성들은 고기를 팔았을 뿐만 아니라 직접 도축도 했다. 백색 무두질 장인들은 남자 견습생과 여자 견습생을 두었고 대장장이들 사이에서 여성들은 심지어 완전한 조합원 권리를 얻을 수 있었다. 모자 제작자들은 남자건 여자건 상관없이 모든 조합원들에게 특정한 입학 조건을 요구했다. 1377년 한 규정에는 어부 조합이 장인匠人 딸과 장인 아들을 동등하게 대했으며 딸들이 조합 밖에서 결혼할 가능성도 내다보고 있었다. 1388년 수산시장 협의회 규정은 '여자든 남자든 모든 어부'에 대해 공급자당 두 개 이상의 통발을 놓아서는 안 된다고 규정했다. 오늘날 우리가 가장 먼저 공감할 수 있는 부분은 섬유산업에서 여성이 의상 제작자이든, 모직 직조공이든, 비단 직조공이든, 원단 검수자이든 조합의 정회원으로 활동했다는 점이다. 오늘날 점차 다시 수용되고 있는 성평등적 표현이 중세시대에는 일반적인 일이었다. 중세 조합 규정에는 정기적으로 '남자든 여자든'이란 문구가 나타난다.

프랑크푸르트의 수리직업

카를 뷔허를 놀라게 만든 세 번째 발견은 수리직업인 수선 직업 또는 재활용 직업의 명성이었다. 루첸, 레퍼, 플레커 또는 종종 알트루첸, 알트레퍼, 알트플레커라고도 하는 수선공은 각 전문성에 따라 특정한 제품에 지정되었던 직업그룹의 상위 개념이었다. 수선공은 돌아다니면서 직업을 영위했던 것처럼 보인다. 무역박람회나 시장에서 노점을 열고 신발, 칼, 냄비 또는 옷을 현장에서 고쳤다. 이렇게 돈을 벌 수 있었다는 사실은 수선공이라는 직업이 처음 재산세 목록을 작성한 1320년 이후 정기적으로 프랑크푸르트시의 재산세 목록에 등장하는 데서 알 수 있다. 14세기에는 평균적으로 매년 10~16명의 구두 수선공이 재산세를 냈다. 이 직업이 절정에 이르렀던 때는 1372년으로 26명의 구두 수선공이 프랑크푸르트에서 활동했다. 15세기에는 단어 사용이 달라졌는데 이전의 직업 명칭이었던 루첸은 사라지고 레퍼가 통용되었다.

수리직업의 불편한 경쟁

새 상품을 만드는 구두장이 또는 제화공과 달리 구두 수선공은 주로 낡은 신발이나 장화를 수선하거나 변형하는 일을 했다. 구두 수선공과 제화공 사이의 경쟁에 대한 언급은 끊임없이 찾아볼 수 있는데, 고객은 둘 사이를 크게 구분하지 않았고 경우에 따라서는 구두 수선공에게도 새 신발을 구입했기 때문이었다. 이런 갈등을 조정하려고 시도했던 시의회 결의안과 조항들이 조합 규정에 자주 나타난다. 하지만 수리직업 또한 조합으로 조직되어 있었기 때문에 이 갈등은 조합 규정을 근거로 재구성해볼 수 있다. 1386년 카를 4세가 조합 제도를 재편할 수 있는 권한을 의회에 부여한 결과 모든 조합 규정들이 수정되었다. 예를 들어 시의회는 구두 수선공 조합 회원들에게 신발수리 서비스뿐만 아니라 새 신발을 제공하는 일도 허가했는데 이는 선택된 장날에만 가능했다. 이를 통해 제화공들이 이 권리에 의문을 제기했을 것으로 추정할 수 있다. 이런 종류의 갈등은 근대 초기까지 프랑크푸르트 수리직업의 역사 속에서 계속되었다. 1500년도 의회결의안은 구두 수선공도 슬리퍼와 밑창을 생산할 수 있지만 오직 프랑크푸르트 박람회 기간에만 새 제품을 제공할 수 있다고 명시했다. 더 나아가 구두 수선공이 직원을 고용하기 위해서는 반드시 허가가 필요했다. 규정의 내용을 살펴보면 다음과 같다. "구두 수선공은 예전처럼 신발, 장화, 밑창과 그밖에 다른 것을 수선만 할 수 있다. 그리고 지금 일감이 없는 시기에는 슬리퍼와 밑창을 만들 권리를 가지지만 프랑크푸르트 박람회 기간에만 슬리퍼와 밑장을 판매할 수 있다. 또한 일을 시키기 위해 일꾼을 고용할 수 없으며 일꾼을 두려면 허가를 받아야 한다."

수리 서비스가 전문화되어 있었던 것은 인상적이었다. 신발과 마찬가지로 모든 다른 일상용품도 정기적으로 수리를 맡길 수 있었다. 남녀 자루 수선사는 자루를 다시 반듯하게 만들어 주었고, 칼 수리사는 칼과 부속물을 다시 사용할 수 있게 다듬어 주었으며, 주전자 수리사는 금속 주전자와 냄비 수리를 전문으로 했다.

건물도 정기적으로 수리해야만 했다. 훔펠러 비숙련 건축 직공-옮긴이가 이 일을 담당했으며 15세기 이후로 그들 역시 알트플레커라고 불렀는데 이 경우 석공업과 건축업의 수선공을 의미했다. 1498년 목수 조합 규정에는 지붕의 뼈대와 가옥의 신축을 담당하는 목수들이 훔펠러와 알트플레커의 일을 방해하지 말고 더 이상 공구를 숨겨서도 안 된다고 정하고 있다. 이 두 직업 그룹이 계속해서 서로를 방해했던 것은 분명했

그림 3.1 18세기 후반 밀라노의 의자 수리사, 여성 가위 수리사 그리고 칼 수리사

다. 그리고 목수들은 가격이 더 싼 경쟁자들에게 공구를 숨기는 방법으로 스스로를 방어했다. 동일한 조합 규정에서 담당 영역이 다시 한번 명시적으로 규정되어 있다. 플레커는 수리를 담당하고 새로운 건축물을 지을 수 없다. 구두 수선공과 제화공처럼 건축업에서도 전문적인 장인들과 아마도 교육을 제대로 받지 못했을 수리공들이 계속해서 서로의 영역을 침범했다.

당시에나 오늘에나 문제는 수선하는 일이 신상품 생산자의 관심 밖의 일이라는 것이다. 새로운 신발을 팔아서 살아가는 제화공은 자기 제품을 매번 수선해서 자신의 매출을 감소시키는 구두 수선공의 일에 관심을 두지 않았다.

중고시장

비슷한 경우가 중고매장에도 해당되었다. 알트게벤더 또는 알트벤더레란 명칭의 중고 의류 상인들이 등장했다. 라틴어 설명에 따르면 이들은 중고 의류 또는 중고 생활용품을 판매하는 사람으로 번역할 수 있다. 이들은 수리직업만큼이나 정기적으로 재산세 목록에 등재되어 있어 프랑크푸르트의 직업 활동에서 중요한 부분을 차지한다고 볼 수 있다. 1361년과 1362년에는 중고 의류 상인 6명이 동시에 언급되었고 대부분 여성이었다. 그들은 모두 시의 시장법 규정에 따라 세금을 납부했다. 여기서도 재단사들은 중고거래를 통한 경쟁을 두려워했다. 그래서 1440년 시립 재단사 규정이 다시 한번 개정되었다. 외부 재단사와의 경쟁을 다루는 부분을 보완하면서 그 당시 알트플레커라 불렸던 중고재단사의 권한 또한 조정했다. 알트플레커는 단지 자기 가게에 실제로 적합한 상품만 제공할 수 있으며 상품을 준비하는 데 가족구성원이나 하인 외에 다른 동업자를 고용할 수 없다고 확정하고 있다.

그리고 명백히 거의 여성들만 활동했던 직업인 클라이더호케 또는 클라이더호킨이 있다. 1428년 겔레라는 이름의 클라이더호킨이 여성 납세자로 언급되어 있다. 때때로 중개상이란 직업 명칭이 나타나기도 했다. 중개상 역시 중고시장 분야에서 활발하게 활동했으며 부동산, 공구, 실내장식, 가구 또는 옷 등 온갖 다양한 부문에서 중개상인과 중개인으로 일했을 것이다. 되팔기 위해 중고 가구를 구입하는 사람은 필연적으로 좋은 장인을 알고 있어야 했다. 재판매를 하기 위해서는 그 물건을 수리하고 개조해야 했기 때문이다. 1485년 규정에는 중개상이 오직 위탁 상품만 받을 수 있고 자신의 상품을 "마구이건 침구이건 생활용품이건 그 어떤 중고물품을" 사거나 제공할 수 없다고 명시적으로 언급되어 있다. 소유자와 구매자 간에 성공적인 중개가 이루어진 후에 중개비가 지불되었다. 또한 유산 분배, 경매 또는 압류 시 감정인으로 이 여성들이 등장한다. 이 경우 각각 최대 2명의 호킨이 감정사로 지정되어야 한다고 정확히 규정되어 있다. 그들의 일당은 식비와 숙박비를 포함해서 3실링으로 책정되었다. 비교 가능한 뉘른베르크에 대한 연구에서도 매우 유사한 결과가 나온다. 퓌어코이펠른 또는 운더코이펠른은 15세기 뉘른베르크에서 외부 상인의 물품을 재판매하는 상인으로서 도시를 기반으로 활동했다. 코이펠 또는 그 직업의 여성형인 코이플린은 중고품 상인에 대한 뉘른베르크식 명칭이다. 시의 행정 문서와 법률 텍스트, 그리고 법원 기록에 선서하는 퓌어코이플린이 계속해서 등장하는데, 이들은 명백히 독자적인 중고품 상인과 감정사인 동시에 시에서 위임한 중고품 시장의 중개인이었다. 운더코이펠른은 오직 곡물과 의류, 향신료 거래, 부동산 판매를 위한 중개자 역할만 했고 자체적으로 거래를 할 수 없었던 반면, 퓌어코이펠른들에겐 자신의 사업이 허용되었다. 발렌틴 그뢰브너는 여성형 직업 명칭인 퓌어코이플린이라고 말할 것을 권장했는데, 15세기 말에는 오로지 여성들만 이 직업을 가졌기 때문이었다. 이들은 일정 수준의 운영자금만 증명하면 활동할 수 있었다. 그러나 수리직업의 역사에 대한 연구는 매우 드물었고, 박물관에서 수선과 재활용의 문화적 기술 연구를 진척시키는 중이다.

연구의 맹점

역사적 연구에서 여성이나 수리직업처럼 중고시장 역시 주목을 받지는 못했다. 더욱이 중고물품의 유통이 시장의 중심적인 구성요소였음을 보여주고 있는데도 말이다. 섬유와 가구 산업에서 중고품 사업은 19세기까지 성행했다. 사람들이 오랫동안 이 점을 간과했던 이유 중 하나는 생산, 무역, 상업 분야에만 집중했기 때문이었다. 프랑스 여성 역사가 로랑스 퐁텐에 따르면 또 다른 이유는 18세기 후반 국가 경제의 등장이었다. 국가 경제와 함께 시장 개념이 축소되었고 직접적인 의미에서 공식적인 통화를 통해 진행되지 않는 모든 사업은 신흥 근대 경제의 원시적인 초기단계 영역으로 추방되었다. 최근 중고시장 연구가 붐을 이룬 것도 퐁텐 덕분이다. 로랑스 퐁텐의 책에는 소설가 루이 세바스티앙 메르시에가 아주 훌륭하게 묘사한 시장 활동의 모습이 나온다. 그는 자신의 〈파리 그림〉에서 1781년부터 1789년까지 시내 중심에 있는 파리 중앙시장의 기둥 아래서 번성하는 중고시장을 묘사한다. 5만 명의 사람들이 집을 새로 꾸미기 위해 오늘 당장 파리에 온다 할지라도, 이 시장에서 침대, 찬장, 의자, 테이블 등 지하실에서 창고까지 집을 꾸미는 데 필요한 모든 물건을 찾을 수 있다고 설명한다. 일주일에 한 번 도시 외곽의 그레브 광장에서 열리는 장터는 더 굉장해 보인다. 그곳 생 에스프리에는 중고거래상들의 부인, 자매, 사촌, 딸과 이모들이 모였다. 주중에는 이곳에서 공개적인 처형이 이루어졌는데 사형집행인이 쉬는 월요일마다 이 광장은 여성복과 아동복을 판매하는 장터로 이용되었다. 메르시에는 이곳에서 어떻게 쁘띠 부르주아, 매춘업소 소유자, 엄격하고 검소한 주부들이 두건에서부터 드레스, 블라우스, 침대 시트, 신발에 이르기까지 필요한 모든 물건을 구입하기 위해 만나는지 묘사했다. 단골손님은 사복 경찰관들이었는데 훔친 물건을 돈으로 바꾸려는 도둑들 또한 이곳을 배회하고 있었기 때문이었다. 메르시에는 이 시장을 주 전체의 공공 중고의류매장이라고 불렀다. 고인이 된 영부인의 드레스가 마담에게 팔리고, 가난한 노동자의 자녀는 후작의 하녀가 쓰던 두건으로 치장한다. 루이 세바스티앙 메르시에에 따르면 사람들은 그 옷이 어디에서 왔는지 알고 싶어 하지 않는다. 순진한 소녀는 어제만 해도 오페라 가수가 입고 춤추던 속옷을 입고 있다. 저녁이 되면 이 모든 마술이 끝나고 물건들은 마술처럼 사라진다. 작은 외투 하나 남지 않는다. 이 무궁무진한 풍부함은 다음 주 월요일이 되어서야 다시 나타날 것이다.

수리는 미래의 문화기술

수리직업과 중고시장은 전근대 도시경제의 중심 영역이었으며 중고품 사업은 가난한 사람들의 전담 분야가 아니었다.

사람들은 대체 수리하는 것을 언제 그만두었을까? 왜 오늘날 구두 수선공과 휴대폰 수리 외에 다른 수리직업이 눈에 띄지 않는 것일까? 이 질문에는 다양한 답변이 가능하다.

1. 수리하는 일은 수지가 맞지 않는다! 새 스웨터가 너무 싸기 때문에 낡은 옷을 수선 집에 가져가 맡기는 일은 돈이 더 들 수 있다.

2. 계획된 노후화란 제품의 개발과정에서 빠르게 마모되는 소모품 등을 사용해서 특정 시기가 되면 제품을 더는 사용할 수 없게 만든다는 뜻이다. 1932년 부동산 중개인 버나드 런던이 경제 불황에 대한 대책으로 이 아이디어를 공식화했다. 이미 생산할 때부터 공구, 가재도구, 생활용품에 재료 관련 만료날짜를 표시해서 일정 시간이 지나면 제품을 사용할 수 없도록 만들어야 한다는 것이다. 이 방법으로 경제는 다시 제대로 작동할 것이라고 했다. 런던의 평가에 따르면 오래 지속되는 제품은 경기가 좋을 때만 구입할 수 있다. 불황기에는 지속적인 수요가 필요한데, 어떤 기기의 기계장치나 의류의 재료에 내장되어 있는 계획 단면 퓨즈와 같이 과부하가 일어날 때 파괴되도록 역학적으로 미리 계획된 부분. 이를 통해 더 큰 손해를 피할 수 있음-옮긴이을 통해 사람들이 스스로 이 수요를 만들어야 한다는 것이다.

3. 수리하기 곤란한 디자인으로 만들어서 점점 더 수리가 불가능하게 만든다. 휴대폰, 전자제품, 주방용품뿐만 아니라 텔레비전, 프

린터, 컴퓨터, 자동차도 이에 해당된다.

하지만 여기에도 뚜렷하게 트렌드의 전환이 일어나고 있다. 소비자뿐만 아니라 생산자도 점점 더 자기결정과 독립성을 중요시한다. 수리와 재활용 가능성을 우선시하는 디자인 학과목도 있다. ifixit.com과 같은 운동들은 "수리는 제조업체에 좋고, 경제에 좋고, 우리 모두에게 좋습니다."라는 슬로건으로 광고한다. 설립자 카일 윈스는 수리 가능한 제품에 대한 소비자의 권리를 요구하며 이를 고객이 자신의 이익을 스스로 대변하는 행위로 본다. 수리 가능한 휴대폰이 점점 더 많이 시장에 나오고 있다. 수리라는 문화적 기술이 되돌아오고 있는 것이다. 점점 더 많은 사람들이 기기의 유지 관리와 복원에 더 많은 돈을 기꺼이 지출하려 하지만 이를 수용할 수 있는 서비스가 아직 부족하다. 제조업체는 신제품 판매에 더 많은 관심을 가지고 있으므로 우리는 수리의 바늘귀를 통과하려고 싸우고 있는 셈이다. 검사를 위해 자동차를 맡기고, 망가진 토스터를 다시 전자제품매장에 가져가고 접속 불량 휴대폰을 보내면서 말이다. 하지만 꼭 이렇게 해야 할 필요는 없을 것이다. 이전에도 이미 다르게 했고 다시 다르게 할 수 있을 것이다.

어쨌든 이는 고객들에게 꿈같은 이야기일 것이다. 그냥 한번 생각해보자. 수리할 물건이 없는지 확인하기 위해 정기적으로 수선서비스가 방문한다면 망가진 토스터, 휴대폰, 오래된 협탁 조명 또는 드라이기는 더 이상 지하실에 오래 방치되지 않을 것이다. 이는 이동식 수리서비스와 재활용서비스로 시장을 점령하는 새로운 직업상職業想이 될 것이다. 직업상은 날마다 변한다. 지금은 잊어버린 수리직업을 새롭게 재발견할 수 있는 최상의 시기이다.

2 종이: 재활용 제품이 세계의 역사를 만들다

19세기에 나무종이를 사용하기 전에 종이는 2,000년이 넘도록 리사이클링 제품이었다. 그 전에는 넝마, 즉 헌 옷, 헝겊, 낡은 선박 밧줄, 재단사의 폐기물로 종이를 만들었다. 폐품 리사이클링의 고전적인 사례이다. 그러다가 근대의 시작과 더불어 200년 전 나무종이가 유행했을 때 종이 역사에서 전 세계 나무의 존립에 치명적인 새로운 장이 열렸다. 이제는 반드시 다시 닫혀야 하는 장이다. 종이를 생산하기 위해 대체 원료를 사용하는 기술적 가능성이 오늘날만큼 저렴했던 적이 없었다. 새로운 자원으로 전환이 가능한데 그저 원하기만 하면 된다. 하지만 디지털화에도 불구하고 제지산업은 여전히 호황이다. 전 세계적 종이 수요는 거의 40년 동안, 1980년 1억 7000만 톤에서 2017년 4억 2300만 톤으로 증가했다. 현재 펄프 소비가 향후 40년 동안 다시 두 배가 될 것으로

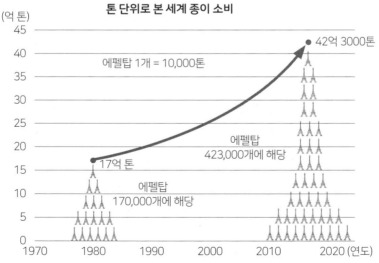

그림 3.2 디지털 시대의 세계 종이 소비의 증가(1980~2020년)

추정된다.

이에 대한 책임은 붐을 이루는 온라인 거래에 있는데 포장재에 대한 수요를 증가시켰기 때문이다. 디지털화의 의도하지 않은 부작용이다. 세계적으로 숲의 면적은 증가하는 가뭄, 산불, 개간 캠페인으로 급격히 감소했고, 원료인 목재는 점점 더 부족해지고 있다. 숲을 계속 파괴하지 않고도 종이 수요를 충족시킬 방법이 있을까? 종이를 아끼는 것? 기술을 발전시키는 것? 더 적은 목재로 더 많은 종이를 만드는 것? 종이의 역사에서 대안을 찾을 수 있다.

종이의 짧은 역사

DIN 6730 독일표준협회는 DIN 규격 제정 및 표준화 활동을 수행하고 있으며 6730번은 종이에 해당됨-옮긴이 에 따르면 종이는 "평평하며 대체로 거의 식물에서 얻은 섬유로 이루어진 재료로, 펄프 현탁액을 체 위에서 탈수하여 만들어진다." 이때 압축과 건조만 하면 되는 섬유 펠트가 생성된다. 이 공정은 기원전 2세기에 중국 북서부에 위치한 현재 위구르의 자치주 신장 지역에서 처음 개발되었다. 그곳에서 고고학자들은 당시 잘 알려진 나무속껍질 가공방법과 펠트 생산방법을 결합한 공정으로 만든 종이를 발견했다. 식물성 섬유를 으깨고 불려서 만든 묽은 반죽을 평평한 체 위에 펼친 다음 탈수하고 건조하는 공정이었다.

중국의 전승에 따르면, 이 기술은 서기 1세기 말 당시 후한의 수도였던 뤄양에 살았던 채륜또는 카이 룬 이라는 사람이 발명했다. 채륜은 황실의 기술자로 당시 많은 고위 관리들과 마찬가지로 환관이었고, 황실의 병기고와 도구를 책임지고 있었다. 그가 종이를 발명했다는 사실은 그의 사후 400년이 지난 5세기에 쓰인 연대기에서 발견할 수 있다. 연대

그림 3.3 중국인 제지업자, 1637년 삽화

기에는 고대에 일반적으로 대나무 판으로 책과 문서를 만들고 귀한 비단 천으로 묶었던 방법이 기록되어 있다. 천은 매우 비쌌으며 대나무판은 무거워서 그다지 실용적이지 않았다. 그래서 채륜이 생각해낸 방법은 나무껍질, 대마 조각, 섬유 폐기물, 헌 어망을 종이를 만드는 데 사용하는 것이었다. 그 방법이 입증되자 황제는 감격했고 이 새로운 제품을 도입했으며 채륜을 귀족으로 승격시켰다.

종이: 재활용 혁명의 산물

채륜의 발명은 가장 놀라운 혁명 중 하나이다. 다른 발명과 마찬가지로 하늘에서 뚝 떨어진 것이 아니었다. 그리고 대부분의 발명과 마찬가지로 단 한 사람에게서 기원했다기보다는 아마도 기존의 아주 다양한 영역과 분야의 지식을 연결한 어떤 사람 혹은 팀의 능력에서 비롯되었을 것이다. 채륜의 경우 중국 북서부에서 이미 오래전부터 잘 알려진 제조공정을 섬유 폐기물이라는 새로운 원료로 체계적으로 바꾸는 일과 연결시킨 것이었다. '비단' — 아마도 닥나무껍질로 만든 종이를 의미할 것이다 — 대신 오로지 재활용 섬유만을 사용했다. 이렇게 원료의 기반을 단번에 넓힌 결과 처음에는 중국 전역으로 그리고 3세기와 4세기를 지나면서 한국, 일본, 중앙아시아, 동남아, 네팔과 인도에도 널리 퍼질 수 있을 정도로 종이 생산량이 증가되었다. 8세기에는 중동의 종이 생산 중심지에도 재활용 제품이 자리 잡았다. 시리아 다마스쿠스, 이란 바그다드, 이집트 카이로, 그리고 비잔틴 제국에도 탁월한 수공업자들이 있었다. 오늘날 이스탄불인 비잔틴 제국의 수도 비잔티움에는 문자 그대로 '제지업자의 장소'라는 의미의 카이탄 지역이 있는데 이곳에 제지업자의 흔적이 남아 있다.

유럽의 뒤늦은 종이 도입

유럽에서 종이 생산의 첫 흔적은 10~11세기 무어인이 정복했던 스페인에서 나타난다. 자비타 발렌시아 근처, 코르도바, 톨레도, 발레아레스 제도에서 종이 생산의 증거를 찾을 수 있다. 종이는 이전에 아랍, 제노바 또는 아말피 이탈리아 남부의 도시-옮긴이 선박들의 카이로 이집트, 카이로우안 튀니지, 발렌시아 스페인 항로를 통해 수입되기도 했다. 그러나 유럽의 종이 역사는 13세기가 되어서야 시작된다.

유럽에서 종이의 시장진출이 늦어진 이유는 아주 간단했다. 사람들은 양피지가 있기 때문에 종이가 필요하지 않다고 생각했기 때문이다. 양피지는 털을 제거하고 팽팽하게 펴서 말린 동물의 가죽이다. 8세기 이후로 이 서사재료書辭材料는 서유럽에 자리 잡았고 대부분 이전에 통용되던 파피루스를 대체했다. 양피지는 파피루스보다 내구성이 강하고 구하기도 쉬웠다. 어떤 의미에서는 축산업의 부산물이었다. 양이나 소 또는 염소의 가죽에 실제로 글씨를 쓰기 위해서는 비용과 시간이 많이 드는 작업 단계인 부식처리, 무두질, 석회 칠하기, 당겨서 펴기, 건조하기, 연마하기 그리고 다시 무두질이 필수적이긴 했지만, 파피루스와는 달리 이집트로부터 수입에 의존하지 않았다. 공증 사무소, 관청, 법정과 수도원 내부의 보수 세력들도 혁신을 불필요한 것으로 간주했다. 우선 잘 알려져 있듯이 무언가 바꾸려면 비용이 들어가고 사람들은 기존의 입증된 기술과 방식을 쉽게 포기하려 하지 않았다. 하지만 장기적

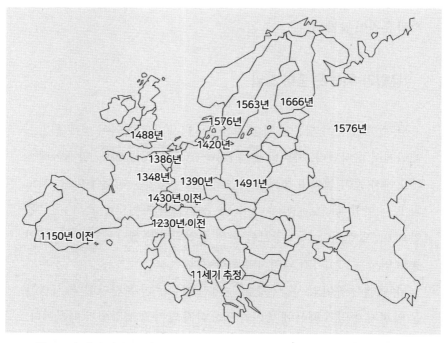

그림 3.4 유럽의 제지기술 확산

으로 종이혁명을 막을 수는 없었다. 유럽 사람들도 어느 시점에서 양피지 문서 이상의 것을 원했다. "하얀 마법 종이의 시대" 로타르 뮐러를 위한 시간이 무르익었다.

종이는 어떻게 유럽으로 왔을까?

아마도 아말피 혹은 제노바의 영리한 상인이 카이로에 있는 작업장에서 종이 노동자들을 부추겨 데려왔을 수도 있고, 또 이집트의 유능한 사업가가 종이제작의 비밀을 이탈리아에 팔았을 수도 있다. 또 시리아나 이집트에서 아랍의 포로로 갔다가 제지공이 된 십자군이 유럽으로 돌아온 후 이 기술을 도입했을 가능성도 있다. 정확히 알 수 없지만 분명한 사실은 다만 13세기쯤 제지기술이 이탈리아에 정착했다는 것이다.

오늘날까지 제노바, 마르케 주 안코나의 파브리아노, 나폴리 지방의 아말피, 이 세 도시는 서양의 종이 발명의 명성을 놓고 논쟁하고 있다. 전승에 따르면 아말피에서는 13세기 훨씬 이전에 종이가 생산되고 수출되었다고 전해지기 때문이다. 불행히도 화재로 도시의 기록보관소가 소실되었지만, 비잔틴 제국과 아라비아의 영향을 많이 받은 시칠리아 왕국이 일찍부터 종이를 수입했을 뿐만 아니라 직접 생산도 했다는 점은 전적으로 납득할 만하다. 11세기와 12세기 이탈리아 기록보관소에 있는 수많은 초기 종이문서를 통해 이 정도만 추측할 수 있다. 아말피 설을 지지하는 주장은 많지만 유감스럽게도 역사적으로 설득력 있는 증거는 부족하다. 아말피 설에 대해서는 13세기 초반의 증거가 가장 오래되었는데 1235년 제노바에서 나온 제지업자와 시의회 간의 계약이다. 반면에 파브리아노는 동시대 사람들에게 새로운 종이기술의 출발점으로 여겨졌다. 파브리아노의 종이 생산에 대한 가장 오래된 문서가 1283년부터 전해지고 있다. 확실한 것은 13세기 말부터 이탈리아 북부와 중부에서 종이 생산이 성행했다는 것이다. 정식 제지공장 지역들이 생겨났고 마르케 주의 파브리아노가 그 중심에 있었다. 파브리아노 종이는 곧 육로와 아드리아해 연안의 파노 항구를 통해 활발하게 수출되었으며, 오늘날 가장 오래된 유럽 종이기술의 흔적을 파브리아노에 있는 '종이와 워터마크 박물관'에서 확인할 수 있다.

제지기술은 이탈리아에서 유럽 전역으로 퍼져 나갔고 곳곳에 제지공장이 우후죽순처럼 생겨났다. 가장 유명한 곳은 1390년 뉘른베르크의 페그니츠에서 가동을 시작한 울만 슈트로머의 제지공장이다. 15세기 마인츠의 요하네스 구텐베르크에 의해 책 인쇄술이 발달하면서 종이 생산은 유럽 전역에서 호황을 누렸다. 종이 수요와 함께 넝마 수요도 증가했다.

새로운 넝마 재활용 제품

섬유를 재활용한 종이의 성공적인 정착을 위해서는 먼저 지속적으로 상품의 생산을 최적화하고 재활용 제품이 점점 더 향상되도록 관리하는 사람들이 필요했다. 이 혁신에 관해서는 간략하게 설명해보려고 한다. 개혁 교육가 코메니우스의 작품 《세계 도해》는 17세기 그림으로 된 교과서로, 너무도 생생한 설명을 제공한다. 이 책은 현존하는 가장 오래된 어린이 백과사전으로 한편으로 교수법을 잘 사용한 교재의 초기 사례이며, 다른 한편으로 만화의 초기 형태를 보여주는 사례이기도 하다.

이 그림에는 숫자가 쓰여 있고 첨부된 설명에서 각각의 숫자의 의미

그림 3.5 요한 아모스 코메니우스의 《세계 도해(Orbis sensualium pictus)》에 나오는 제지공장, 뉘른베르크 1658년.

를 다음과 같이 가리키고 있다. 이전에는 사람들이 가문비나무판(1), 잎(2), 나무껍질(3) 또는 파피루스를 서사 재료로 사용했던 반면 오늘날에는 종이가 일반적이다. 이것은 종이제작자들이 제지회사(4)에서 생산하며, 낡은 헝겊(5)으로 만드는데 짓이겨서 걸쭉한 죽 상태로 만들고(6), 그런 다음 제지용 통에서 떠낸다(7). 전지(8)는 바깥에 널어 건조시킨다. 이로부터 하나의 책 여기서는 종이 한 겹을 의미 이 만들어지고(9), 25겹은 1연(10)이고 10연은 1꾸러미 종이(11)이다. 오래 보존되어야 할 것은 양피지에 기록된다(12).

중세 후기의 재활용 혁신

세 가지 기술 혁신을 통해 재활용 제품은 광범위한 성공을 이루었고 기존의 양피지보다 뛰어난 성과를 냈다.

첫째, 넝마분쇄 기술은 스탬핑 밀의 도입으로 효율성이 높아졌다. 스탬핑 밀은 섬유 생산에서 이미 일반적으로 사용되는 풀링 밀의 원리에 따라 작동하는 것으로 그림의 왼쪽 아래 직사각형에서 이 절구압착기 메커니즘을 볼 수 있다 17세기 버전. 당시 엔지니어들은 여러 개의 강력한 해머를 가진 스탬핑 밀을 제작했다. 이 해머들이 가느다란 홈이 있는 금속 바닥판을 내리친다. 넝마는 서로 나란히 놓여 있는 4~6개의 큰 통에서 처음에는 거친 망치 머리로, 그다음에는 점점 더 정교한 망치 머리로 완전히 분쇄되었다. 스탬핑 밀은 그림에서도 볼 수 있듯이 물레방아의 동력으로 가동되었다. 큰 물레방아는 스탬핑 밀이 지속적으로 작동할 수 있게 해주었다. 또한 물레방아는 박자와 함께 고정된 작업리듬을 정해주었다.

두 번째 큰 변화는 이전에 팽팽하게 편 천으로 된 틀 혹은 대나무나 짚으로 만든 잘 휘어지는 매트로 된 틀 대신에, 철사로 만든 더 단단한 체를 사용한 것이었다. 여기에는 철사제조기술의 최신 발명이 통합되었다. 종이를 뜨는 체는 가장 가는 철사로 만들어져서, 더 미세한 종이 구조와 시트의 밀도 조절이 가능했다. 정밀하고 단단한 금속 체에 얇은 구리선으로 만든 미리 성형된 문양을 꿰매거나 납땜해서 완성된 종이 시트에 워터마크를 넣었다. 이는 특정 공장의 원산지표시 또는 특정 종류의 품질표시로 기능했다. 막 떠낸 종이는 바로 체 위에서 물기를 빼는 것이 아니라 펠트압착기 위로 옮겨 건조시켜서 작업단계가 추가되었다. 압착공이 막 떠낸 시트의 물기를 빼고 '공중에 걸어' 말리고 압착할 준비를 하는 동안 떠내는 작업자는 체를 곧바로 다시 사용할 수 있었다.

셋째, 아교가 더해졌다. 이렇게 해서 낱장의 종이들이 잉크를 잘 흡수하게 만들었다. 이미 아랍의 공장에서는 이런 목적으로 전분을 쓰고 있었다. 유럽의 공장에서는 14세기 후반부터 종이에 내구성과 안정성을 주는 가죽아교 동물성 폐기물로 만든 젤라틴아교 를 점점 더 많이 사용했다.

기술과 함께 운영구조도 바뀌었다. 유럽의 넝마재활용 사업은 분업화된 공장제 수공업이 되었고 다수의 직원과 엄격하게 짜인 작업방식으로 운영되었다. 지정된 종이생산구역의 생산량도 증가했다. 그리고 넝마수집에서 가죽아교 제작자에 이르기까지 일련의 관련 업종들과 하청업체들이 여기에 포함되었다. 제품의 품질을 향상시키기 위한 작업도 부단히 이루어졌다. 표면을 화학적으로 후처리해서 작가와 인쇄업자들이 사용하기에 더 편리하도록 만들었다. 넝마의 전처리작업도 지속적으로 개선되었는데 선행된 부식과정과 스탬핑 전 석회유 처리를 통해 더 섬세한 종이품질을 얻을 수 있었다. 유럽의 인쇄공장은 15세기에 최고 수준에 도달했는데 이는 무엇보다 양피지에 인쇄된 모습을 최대한 똑같이 재현하려고 노력했기 때문이었다.

재활용 원료인 넝마 또는 누더기

동전, 쇠사슬, 맷돌에 비해 중세의 셔츠나 페티코트는 박물관에서 거의 볼 수 없다. 섬유는 특별히 반감기 半減期 가 길지 않다. 누렇게 바래고 부서지기 쉽게 되므로 보존 가능성이 무기보다 훨씬 낮을 수밖에 없다. 그런데 바로 이런 섬유의 특성이 과거에 대한 우리의 생각을 결정적으로 왜곡시키고 또 과거를 매우 호전적으로 보게 만들기도 한다. 중세를 생각할 때 왜 다른 무엇보다도 전쟁을 떠올릴까? 무기는 예나 지금이나 내구성이 강한 재료로 만들어졌고 오늘날까지 비교적 많은 양이 보존되어 있기 때문이다. 반면에 장바구니에서 해먹에 이르기까지 사람들이 일상에서 사용하는 수많은 물건은 부패하기 쉬운 재료로 만들어져서 흔적도 없이 과거의 쓰레기더미에서 썩어버렸기 때문이다.

중세 의류가 거의 남아 있지 않은 또 다른 이유는 섬유제품이 13세기에서 19세기까지 재활용 순환 고리 안에 단단히 묶여 있었던 사실에서 찾을 수 있다. 사람들은 속옷에서 망토까지 모든 낡은 옷은 물론이고 침대시트, 식탁보, 벽걸이 양탄자까지 버리지 않고 팔았다. 모든 종류의 천이 귀했기 때문에 팔아서 돈을 벌 수 있었다. 아무리 작은 조각이라도 새로운 직물이나 종이 생산을 위한 재활용 원료로 수요가 많았기 때문이다. 넝마시장은 각각 넝마를 조달하기 위해 소규모 하청업체를 고용한 종이 생산자와 판매상들이 지배했다. 그들은 악명 높은 넝마수집상 또는 넝마주이였는데 말 그대로 '마을을 샅샅이 훑고' 갔고 헌옷은 모조리 사들였다. 대부분 넝마수집상은 일반적으로 제지업자나 인쇄업자와 같은 고용주를 위해 일했다. 또한 시장에서 경쟁이 치열해서 '수집을 위한 라이선스'가 필요했다. 종이 생산을 위한 원료인 헌옷은 증가하는 종이 수요와 함께 점점 더 가치가 올라갔다. 가장 비싼 것은 아마포로 만든 흰색 천과 면/린넨의 혼방인 퍼스티언이었는데, 처음에는 이탈리아에서 생산되다가 14세기 후반부터는 라벤스부르크, 울름, 비버라흐, 레겐스부르크, 아우크스부르크와 같은 남부 독일에서 생산되었다. 어두운 천과 모직물은 가치가 낮았는데 동물성 섬유의 길이가 식물성 섬유보다 훨씬 짧아서 생산된 종이의 질이 좋지 않았기 때문이다.

넝마수집특권과 넝마수출금지

린넨 천이든 퍼스티언 천이든 넝마는 누구나 앞다투어 원하는 재활용 원료였다. 그런데 이 원료는 종이 제작자들에게도 매우 제한적이었다. 18세기가 되어서 상황이 진짜 심각해졌지만, 사업자들은 이미 중세 후기부터 넝마부족을 호소했고 제지업자와 넝마수집상 사이에 격렬한 분배싸움이 일어났다. 당시 규정에 따르면 운영인가와 함께 각 제지공장에 넝마수집을 위한 구역이 지정되었다. 넝마를 특정 지역 밖으로 반출하는 행위를 금지하는 당국의 규정이 계속해서 발견되었는데, 두 가지 조치 모두 원료의 출처를 확보하기 위한 목적이었다. 가장 오래된 넝마특권은 스위스에서 유래하며 1467년 베른의 제지업자에게 발행되었다. 1490년 제국의 도시 뉘른베르크는 넝마수출금지령을 내렸다. 제지업자들은 또한 나름대로 넝마시장을 규제하려고 시도했던 제지판매상들과 긴밀하게 협력했다. 15세기 후반부터는 인쇄소가 새로운 주요고객으로 종이시장에 등장했다. 책 인쇄업자들은 당연히 최고 품질의 신뢰할 수 있는 종이 공급에 의존했기 때문이었다. 예를 들어 프랑크푸르트나 라이프치히의 박람회에서 대량구매를 통해 또는 제지공장과의 계약을 통해 아니면 공장의 지분을 얻거나 임차인으로 기존 공장을 위임받는 방법을 통해 안전하고 확실하게 종이를 공급받았다. 또 다른 전략은 17세기 초부터 전해진다. 도시와 대학 또는 주 정부의 위탁을 받아 일했던 인쇄업자들은 도시나 주권자들로부터 넝마수출금지를 통해 또 궁극적으로 넝마수집특권을 통해 종이 공급을 보장받았다.

라이프치히의 넝마밀수

　18세기에 상황은 극적으로 첨예화되었는데 책의 은밀한 수도였던 라이프치히의 사례에서 알 수 있다. 라이프치히에서는 아주 규칙적으로 넝마수출과 관련된 당국의 규정이 발견된다. 1785년 5월에는 넝마를 수출하다가 적발된 사람을 가혹하게 처벌하겠다고 위협하는 규정이 하나 전해진다. 말, 마차, 마구를 포함한 화물이 몰수되었고, 공식적으로 발급된 증명서 없이 넝마를 수집한 사람은 누구든지 같은 처벌을 받았다. 그러나 1785년 이후에도 작센 국경을 넘는 불법 넝마수집상과 넝마밀수에 대한 불만이 끊이지 않았기 때문에 이 규정은 별로 도움이 되지 않았다. 사실상 경쟁자였던 라이프치히의 인쇄업자와 제지업자가 동맹을 맺었던 사실에서 그 상황이 얼마나 심각했는지 알 수 있다. 그들에게는 생존이 달린 문제였다. 지금까지 작센은 종이생산과 인쇄시장의 선두주자였고, 프로이센 전역과 브란덴부르크 지역, 심지어 오스트리아에서도 작센에서 생산된 종이가 인쇄에 사용되었다. 그리고 보헤미아와 모라비아도 작센의 에르츠 산맥 지역에서 종이를 제공받았다. 넝마밀수를 통제하지 않으면 작센의 제지산업은 실질적으로 붕괴될 위험에 있었다. 라이프치히 사람들은 베를린에서 종이판매상 에베르트가 작센의 모든 제지공장에서 종이가 채 완성되기도 전에 대대적으로 종이를 사들인다는 소식을 듣고 행동을 취했다. 그들은 동맹을 맺었고 시의회에서 그중 한 명인 종이판매상 고트로프 레베레흐트 렌에게 독점 수집특권을 주도록 했다.

　렌은 1790년 초 시의회 앞에 출두해서 넝마 사재기 문제를 제기했다. 외부의 짐마차꾼들과 다른 사람들이 '이곳 라이프치히에서 넝마를 사재기하고 그로 인해 발생한 원자재 부족으로 현재의 종이가격 폭등이 초래되었다는 것'이다. 그런데 그가 제안한 해결책이 무척 흥미로웠다. 그는 자신에게 '라이프치히와 주변 지역 넝마수집 독점권'을 부여해줄 것을 요구했다. 그 대가로 연간 일정량의 현금을 지급하거나 연간 일정량의 종이를 무료로 공급할 것이라고 제안했다. 요한 크리스티안 하르트만과 라이프치히 서적인쇄업자인 브라이트코프와 같은 동료들이 그를 후원했다. 종이판매상인 렌도 결코 결백한 사람은 아니었고 이미 브란덴부르크 공장에서 넝마밀수사업에 연루되어 있었지만, 수집 독점만이 유일하게 시장을 통제할 수 있는 가능성을 제공했다. 그리고 계획대로 일이 진행되었다. 그로부터 3개월 후인 1790년 3월 31일 라이프치히와 주변 지역 넝마수집 독점권이 렌에게 넘어갔다. '수집 허가'는 판매시장을 라이프치히로 제한하는 것과 결부되어 있었다.

라이프치히 제지업자와 인쇄업자들은 두 번째 조치를 취했다. 그들은 정부에 청원서를 작성하여 ① 작센 종이에 40%의 수출세를 부과하고 ② 프랑스, 네덜란드, 스위스로부터 더 좋은 종이를 수입하는 일을 용이하게 해줄 것을 요구했다. 약간 지연되기는 했지만 이 청원서도 반응을 얻었다. 1793년 1월 29일 '작센 선거구에 도착하는 모든 종이에 대해 관세를 완전히 폐지하고 넝마수집에 대한 통제도 건의되어야 한다'는 명령이 내려졌다.

이들 문서는 제지산업의 일상적인 갈등에 대한 생생한 통찰력을 제공하며, 시장을 규제하는 일이 얼마나 어려운지, 원료 문제가 인쇄업자, 출판업자, 제지업자에게 얼마나 위협이 되었는지 명확하게 드러낸다.

"정말 넝마가 더 이상 없단 말입니까?"

18세기 종이에 대한 과도한 수요의 가장 중요한 원인은 의심할 여지 없이 계몽주의였다. 18세기는 책과 전단, 신문의 시대였다. 계몽주의의 유명한 철학자들은 넝마 부족으로 타격을 입었고 당연히 그들의 책을 읽는 독자들의 증가 추세도 마찬가지였다. 초판이 거의 800페이지에 달하는 《순수 이성 비판》이 종이 또는 넝마가 부족해서 인쇄될 수 없었다고 상상해보라. 아니면 종이가 할당제로 공급되었기 때문에 오케스트라가 모차르트의 레퀴엠을 연주할 수 없었다고 상상해보라. 모차르트의 아버지 레오폴트가 1755년 7월 7일 아우크스부르크에 있는 자신의 출판업자 야코프 로테에게 쓴 편지는 이런 생각이 전적으로 타당함을 보여준다.

친애하는 친구여!
(…) 종이 문제로 당신과 내가 서로 흥미를 잃으면, 이는 유감스러운 일이 될 것입니다. 예전에도 항상 그랬고 지금도 그렇게 생각해왔지만, 힘들게 완성해낸 작품을 멋진 종이에 옮기지조차 못하는 일이 있어서는 안 됩니다. 종이를 충분히 공급할 수는 없습니까? 세상에 제지업자가 한 명만 있는 것은 아닐 것입니다. 넝마재고가 더 이상 없다고요? 우선 재고를 확보해야 한다고요? 됐습니다! 차라리 좋은 종이가 나오기를 기다리십시오. 그렇지 않으면 당신의 수고가 유감스러울 수 있습니다. 왜냐하면 나는 내가 들은 소식과 같은 기이한 일을 결코 원하지 않아서입니다. 즉 함부르크와 라이프치히 외의 그 어떤 곳에서도 멋진 책이 나올 수 없다는 소식 말입니다. (…)
귀하의 가장 충직한 레오폴트 모차르트

만약 18세기의 사람들이 해법을 찾아내지 못했다면 어떻게 되었을지 상상하기 어렵다. 이 시대의 예술적이고 정신적인 창의성을 종이에 남기지 못했다면? 넝마 부족으로 모차르트의 〈마술피리〉가 탄생하지 못했다면, 인쇄가 안 되었다면, 상연되지 못했다면! 바흐, 헨델, 하이든을 포함한 다른 모든 18세기의 위대한 작곡가들의 작품이 인쇄될 수 없었다면! 계몽주의자들의 작품들, 프로이센의 프리드리히 2세에게 쓴 볼테르의 편지들, 루소의 《에밀》, 아담 스미스의 《국부론》 등 계몽주의 프로젝트는 중단되어야만 했을 것이다. 바로 넝마 부족 때문에 말이다.

원자재 부족과 혁신에 대한 압박

다행히도 그런 일은 일어나지 않았다. 당연히 당시의 제지업자, 과학자, 기술자 들도 창의적이었기 때문이다. 그들은 넝마의 대체물을 얻기 위해 매우 놀라운 실험을 했다. 모험적인 기업가들은 오늘날에도 예외 없이 혁신상을 받았을 것이다. 그들의 강점은 옛 경험을 되살린 것이었고 뭔가 새로 발명할 필요가 없었다. 옛날부터 넝마 첨가제에 대한 실험이 있었다. 1672년 보고서에 따르면 츠비카우 근처의 룽크비츠 공장에서 '넝마 외에 다른 재료들의 적합한 부분'으로 종이를 만들었다고 한다. 1695년 게오르크 발타자르 일리는 슐로이징겐의 제지공장에서 폐지와 제조 폐기물로 종이를 생산했다. 엥겔베르트 캠퍼의 조언은 1712년으로 거슬러 올라간다. 그는 일본의 제지작업은 넝마 없이 이루어지며 그 대신 나무속껍질을 사용한다는 내용을 언급한다.

"제지업자에게 나무와 식물로도 종이를 만든다고 하면 믿는 사람이 거의 없을 것이다."

레겐스부르크의 만능 천재 야코프 크리스티안 셰퍼는 종이제조 시 대체원료의 가능성에 대해 매우 생산적인 연구를 시작했다. 1718년 작센안할트의 크베어푸르트에서 태어난 셰퍼는 아버지가 사망한 후 매우 가난한 환경에서 다섯 명의 형제자매와 함께 자랐지만 크베어푸르트에서 글라우하할레와 붙어 있는 지역 이름-옮긴이와 또 할레의 프랑케 재단글라우하의 어린이들을 위해 아우구스트 헤르만 프랑케 목사가 세운 재단-옮긴이에서 좋은 교육을 받았다. 할레에서 대학을 다녔으며 1741년 23세 때는 레겐스부르크에서 목사 안수를 받았다. 1790년 사망할 때까지 목사뿐만 아니라 자연과학자, 의사, 곤충학자, 발명가로서 지칠 줄 모르고 일했다. 셰퍼는 국제회의에서 강의를 했고 덴마크 왕에게 명예교수직을 하사받았으며 후세에 '크베어푸르트의 다빈치'로 임명되었다. 그는 저술에서 자신의 다재다능하고 실용적인 재능을 고스란히 보여준다. 장례 설교와 새해 연설 외에도 그는 특히 《약초학》1759과 《곤충 이론》1766을 집필했고 〈양의 간에 있는 거머리 달팽이〉1762와 〈치아에 붙은 상상의 벌레와 그것을 막을 수 있는 보조제〉1756에 대한 논문을 썼다. 그의 수많은 발명품에 대한 설명을 보면 근대 초기의 실험실을 떠올릴 수 있다. 그는 당시 만연했던 목재 부족에 대처하고 숲을 보호하기 위해 저에너지 난로를 발명했다. 가장 유명한 것은 1766년에 만든 '편리하고 매우 유익한 세탁기'인데 현재 현대 세탁기의 원형으로 귀터슬로의 밀레 박물관에 전시되어 있다. 그리고 당시의 종이 부족에 대한 대안으로 셰퍼는 《넝마 없이 또는 약간의 넝마를 추가하여 종이를 만드는 실험과 견본》을 완성했다. 두 권으로 된 이 작품은 1765년 출판되었고 5년 후에 네덜란드어로 번역되었다. 셰퍼는 단순히 경제적인 이유로 종이를 만들기 위한 대체원료를 찾아야 한다고 주장했다. 그는 직접 검은 포플러의 씨앗 솜털과 풀 솜털로 실험을 시작했다. 이를 위해 그는 지역의 제지업자인 메켄호이저와 협력했다. 그러나 일을 시작하기도 전에 셰퍼가 포플러 씨앗을 11kg 정도 달라고 했을 때 모든 게 실패할 위기에 처했다. 가벼운 포플러 씨앗을 그만큼 얻는 게 당연히 불가능했기 때문이었다. 그래서 최소한의 양으로 프로젝트를 시작했고 결과는 실망스러웠다. 솜털을 이용해서 만든 종이는 '매우 나빴고' 구부리고 접을 때마다 부서졌다…. 그의 노력과 비용이 헛수고가 된 것처럼 보였다. 포플러 솜털로 만든 종이는 그나마 나아서 넝마로 만든 진짜 종이 같았지만 하얀 종이 색을 낼 수 없었다. 또한 그렇게 만든 다양한 전지는 천차만별의 결과를 보여주었다. 제지업자가 원료를 석회 용기 안에 담가둔 시간이 각각 달랐고 또한 몰래 넝마를 섞기도 했다는 사실이 드러났다. 그래서 셰퍼는 자신이 쓸 종이 압착기를 사비로 구입했고 직접 자기 밑에서 일할 종이 기능공을 고용했다.

자연에서 배우는 18세기 바이오닉스

그에게는 자연 속의 종이제작자처럼 보이는 말벌의 경우가 더 가능성이 있어 보였다. 이런 이유로 셰퍼는 말벌의 둥지를 매우 주의 깊게 조사했다. 말벌 둥지 자체를 종이의 잠재적인 원료로 간주한 것은 아니지만, 말벌이 자기 둥지에 종이와 유사한 성질의 벽과 벌집을 나무에서 추출한 물질로 만들었다는 사실은 이미 여러 번 언급되었다. 결과적으로 말벌이 '말벌종이'를 생산한 바로 그 원료를 나무에서 뽑아내는 기술을 개발하려고 했던 것이다.

그림 3.6 씨에 붙어 있는 풀 솜털.《넝마 없이 또는 약간의 넝마를 추가하여 종이를 만드는 실험과 견본》1권, 1765

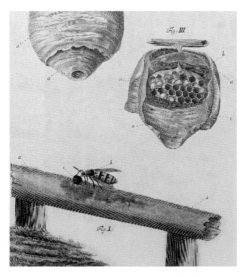

그림 3.7 나무종이에 대한 아이디어를 제공한 말 벌둥지.《넝마 없이 또는 약간의 넝마를 추가하여 종이를 만드는 실험과 견본》2권, 1765

혁신에 대한 전문가의 냉소

셰퍼의 실험에 대한 반응은 엇갈렸다. 종이제조 전문가들은 회의적이었다. 그들은 기존 방식의 효율성을 높이기 위해 노력했지만 대체원료를 사용하는 것은 상상조차 할 수 없었다. "제지업자에게 나무와 식물로 종이를 만든다고 하면 믿는 사람이 거의 없을 것이다." 할레 근처 크뢸비츠의 제지업자인 게오르크 크리스토프 케퍼슈타인 사례를 보면 알 수 있다. 그는 셰퍼의 제안에 화가 난 것으로 보인다. 그는 1766년 자기 아들 15명을 위해 수준 높은 제지기술에 대한 지침서를 썼는데 거기에는 레겐스부르크 딜레탕트 전문가 의식 없이 단지 애호가(愛好家)의 입장에서 예술 제작을 하는 사람-옮긴이의 신식 발명품을 경고하는 내용이 포함되어 있다. 그는 셰퍼와 그의 부류들에 반대하면서 6가지 주장을 제기했다.

1. '그것은 불가능하다!' 귀리로 밀을 만들 수 없고 쇠로 금을 만들 수 없는 것처럼 종이는 삼으로 만들어야 한다. 숙련된 제지공이라면 아마포는 삼으로 만든다는 점을 알아야 한다.
2. '그것이 무슨 소용이 있는가?' 마른 잎사귀도 으깨지면 부적합한 더러운 종이로 변할 수 있다는 걸 세상이 안다고 해도 별로 소용이 없다.
3. '우리는 대안이 필요 없다!' 넝마는 항상 존재할 것이다. "그러니까 우리는 옛 방식대로 넝마로만 종이를 만들 것이다. 사람들이 독일 땅에 사는 한 같은 옷을 입기 때문이다. 한 사람이 매년 2벌의 셔츠를 소비한다면 바로 이 옷들은 내가 조바심을 내며 걱정하지 않아도 제지공장으로 들어온다.
4. 시장은 알아서 조정될 것이며, 기술은 존재하고, 수요와 공급이

무엇을 생산할지 결정한다. 그러므로 '나는 상인들과 내 비축 물량에 따를 것이다.'

5. '그런 생각은 단지 겁을 주기 위한 것뿐이다!' 종이부족 현상은 전적으로 과장되었다. 경제위기는 항상 있어 왔고 당시의 위기는 7년 전쟁에서 비롯된 것이다. 케퍼슈타인은 종이에 대한 수요가 머지않아 감소할 수도 있다는 점을 배제하지 않았다.

6. 망상가들에게 일단 공급하라고 하라. 노련한 사업가는 항상 기발한 생각을 가진 '재미난 두뇌들'이 있다고 말한다. 다만 우선 쓰고 인쇄할 수 있는 쓸모 있는 제품을 생산해야 할 것이다. 그런 일이 일어나지 않는 한 '이 발명품에 대한 나의 불신 또한 지속될 것이다.'

반면에 셰퍼의 실험을 지지하는 사람들도 있었다. 그의 작품은 저널 《독일일반총서》에서 매우 긍정적인 평가를 받았다. 넝마 없이도 종이를 만들 수 있음을 입증하고자 실험했던 그의 지칠 줄 모르는 열정은 찬사를 받았다. 평론가는 이 시도를 받아들이고 전문적인 제조 공정을 개발하라고 동시대의 산업에 권하면서 끝을 맺는다. "작가의 노력은 모든 칭찬은 물론 제지업자들의 지원을 받을 자격이 있다. 그가 소규모로는 완벽하게 입증할 수 없었지만 만약 대규모로 하면 어떤 부분에서는 더 나은 결과를 얻을지도 모른다."

종이 제작을 위해 18세기에 실험되었던 원료

말벌 둥지: 셰퍼 이전에 프랑스 학자 르네 레오뮈르는 1719년 파리 과학아카데미의 강연에서 종이와 유사한 말벌 둥지에 대해 보고했다. 그 이후 다양한 종류의 목재로 실험이 진행되었지만 이 아이디어가 19

세기 후반에 생산 가능한 상태로 무르익기까지 100년 이상 걸렸다.

폐지: 역시 넝마 대체물로 유력한 후보였다. 이미 사람들은 소량의 폐지를 넝마와 섞어 사용했지만 폐지재활용 방법이 제 기능을 다하기 위해서는 인쇄된 종이의 효과적인 탈색이 전제되어야 했다. 이에 상응하는 공정은 1744년 괴팅겐의 유스투스 클라프로트가 제시했는데, 산성 백토로 폐지를 씻어내는 방법으로 잉크 제거 문제를 해결했다. 흥미로운 것은 장기적인 전망이었다. 오늘날 폐지는 종이원료의 80% 이상을 차지한다. 이미 20세기 중반에 미국은 폐지재활용의 선두주자가 되었다.

들판종이, 숲종이, 초원종이와 독창적인 마케팅 전략: 프랑스의 대규모 제지사업가인 임프리메리 로얄의 책임자 아니송 뒤페롱과 파리 남쪽에 위치한 몽타르지 근처 랭글리의 제지공장 관리자인 레오리에 들릴은 쐐기풀, 이끼와 같은 대체원료를 실험했고 동시에 혁신적인 마케팅전략을 고안해냈다. 오늘날 사람들은 그들이 새로운 종이를 라이프스타일 상품으로 마케팅하려고 했다고 볼 수도 있겠다. 이를 위해 레오리에 들릴은 다양한 작가의 작품을 두세 가지 종류의 종이에 소량으로 인쇄했다. 1784년에는 플레 드 바렌느의 《루앙 강둑에서의 여가 Les loisirs des bords du Loing》가, 1786년에는 《빌레트 후작의 작품 Œuvres du Marquis de Villette》이 출간되었다. 비록 회사가 원하는 성공을 이루지 못했고 단지 소수의 주문만 있었지만, 개별 유형의 종이에 놀랍도록 아름답고 호화롭게 인쇄된 이 간행물은 오늘날 책 역사상 가장 위대한 보물 중 하나가 되었다.

짚: 몽타르지의 레오리에 들릴이 인쇄했던 종이 중에는 다양한 곡물의 짚으로 만든 종이도 있었다. 짚 종이는 18세기에서 19세기로 넘어갈 때 함부르크 출신으로 추측되는 제지업자 마티아스 코프스에 의해 영

국에서 적극 장려되었다. 1800년 짚 종이에 인쇄된 최초의 책《가장 오래된 시점부터 종이의 발명에 이르기까지 사건 설명과 아이디어 전달용으로 사용된 물질들의 역사적 기술記述》이 출간되었다. 코프스는 짚 종이를 생산하는 방법에 대한 특허를 취득하고 현재는 런던의 서더크에 있는 버몬지에 제지공장 네킹거 밀스를 설립했다. 또한 하이브리드 에디션을 통해 새 종이의 마케팅을 촉진하려고 노력했으며 자신의 책을 두 종류의 종이에 인쇄했다. 발행된 책의 첫 부분은 이전에 인쇄된 옛 종이에, 두 번째 부분은 짚 종이에 인쇄했다. 1950년도 연구에서는 그 책이 실제로 넝마가 소량 첨가된 짚 종이임을 보여주었다. 공장 건설에는 비용이 많이 들어갔는데 특히 스코틀랜드에서 수입한 주춧돌만 해도 150파운드로 엄청난 액수였다. 그러나 회사는 시작한 지 불과 2년 만에 10,500파운드의 막대한 부채로 파산했다. 종이가 팔리지 않았기 때문이 아니라 과도하게 큰 공장을 계획했기 때문이었다. 비록 이 프로젝트는 실패했지만 1800년도 그리고 네킹거 밀스에서 짚으로 종이를 생산한 것은 현대 종이산업이 탄생한 시점으로 간주할 수 있다. 짚 종이가 19세기에 국제적으로 매우 성공적으로 생산되었다는 사실은 오늘날 완전히 잊혔다. 유럽과 미국 전역에서 짚 공장이 운영되었다. 20세기 1950년대에 짚 종이는 다시 한번 부각되었는데 2차 세계대전 이후 숲의 남획이 주요 문제로 떠올랐기 때문이다. 그런데 이런 우려는 경제기적의 시대에 사라져버렸다. 목재 종이는 생산비용이 가장 저렴했기 때문에 '대안이 없었다.' 적어도 산림벌목으로 발생한 환경오염 비용과, 목재에서 리그닌과 수지를 용해하는 데 드는 어마어마한 양의 아황산으로 생기는 환경오염 비용을 문제로 보지도 않고 비용요소로 계산에 포함시키지도 않았던 때까지는 그랬다.

전문가의 저항에 직면한 연구

우리는 종이의 역사에서 한 가지 배울 수 있는데, 바로 실험은 성과를 낸다는 것이다! 대안이 없다고 강조되는 바로 그곳에서 말이다.

크뢸비츠의 제지업자 케퍼슈타인처럼 행동할 필요가 없다고 말하는 목소리가 늘 있는 것은 사실이지만 흔히 그렇듯 결정은 역사가 내렸다. 1766년 케퍼슈타인이 넝마 이외의 다른 것으로 종이를 만들 수 있다는 사실을 상상할 수 없었던 것과 유사하게, 1943년 최초의 대형 컴퓨터가 개발된 이후 IBM의 이사진 또한 상당한 실수를 저질렀고 회사의 미래 발전을 완전히 오판했다고 한다. "나는 세계에 아마도 컴퓨터가 다섯 대 정도 필요할 것이라 생각한다(토마스 왓슨, 1943)." 어떻게 그런 오판에 이를 수 있을까? 케퍼슈타인이나 왓슨이 아는 것이 너무 적었거나 자기 분야에 정통하지 못해서인 것은 분명 아니다. 오히려 지나친 자신감과 입증된 기술에 대한 맹목적인 신뢰 때문에 때때로 현재의 발전, 현재 세대와 미래 세대의 요구사항을 보지 못했기 때문이다. "(…) 이 사람들은 타성에 젖어서 스스로 발견하지 않은 신지식에 대해 아무것도 알고 싶어 하지 않는다." 17세기 셰퍼의 지지자였던 한 친구는 종이의 생산원료실험에 대한 저항을 이렇게 표현했다. 만약 케퍼슈타인이 자기 아들들에게 교화적인 연설을 보내는 대신 셰퍼의 시도를 진지하게 받아들여 그의 지식을 사용했더라면, 아마도 케퍼슈타인은 실험을 좋아하는 셰퍼 목사와 협력해서 목재 종이의 발명가로서 명성을 확보했을 것이다. 하지만 당시 대부분의 제지업자들처럼 그는 냉담했다.

"하루아침에 성공을 이루는 일은 20년이 걸린다."

이 시나리오가 반복되지 않기를 바란다. 종이생산에서 목재를 대체할 재료를 찾는 일이 최고조에 달해 있다. 짚 종이는 다시금 성공적으로 생산, 출시되고 있다. 엘름스호른 근처 토르네슈에 있는 멜도르프 제지공장은 풀을 원료로 종이와 판지를 생산한다. 그리고 풀을 함유한 포장재가 점점 더 많이 사용되고 있다. 최근 안나 존스의 영어 요리책《현대식으로 먹는 방법 A Modern Way to Eat》은 사과로 만든 종이에 인쇄되어 출간되었다. 인내는 그만한 가치가 있고 "하루아침에 성공을 이루는 일은 20년이 걸린다." 이는 미래의 리사이클링 제품 개발에 시간과 돈과 에너지를 투자하는 모든 사람들에게 격려가 되는 말이다.

3 중세의 고대 유물 재사용: 브리콜라주와 아상블라주

역사상 세 번째 재활용사례는 옛 것의 마술, 과거의 부가가치에 관한 것이다. '빈티지' 패션은 이 원칙에 따라 작동한다. 사람들은 희소성이 있고 선별되어 희귀해진 오래된 옷을 재수용해서 가치를 올리는 작업을 한다. 세월의 푸른 녹은 역사적 이야기를 더하고 스타일을 혼합하면서 대량생산제품을 아주 새롭고 고유한 가치를 지닌 유일한 물건으로 만든다. 이 방법은 의류, 패션, 가구뿐만 아니라 창의적인 개념, 비즈니스 아이디어 또는 정치에도 적용된다. 카를의 동전은 중세의 대표적인 예이다. 카를은 800년 로마에서 황제로 채 등극하기도 전에 이제 막

도입된 은화를 새로 주조하도록 했다. 자신의 초상화를 기획할 때 주저하지 않고 과거의 도구상자를 이용하고, 로마 황제의 프로필을 재활용했다. 머리에는 월계관을 쓰고 어깨에는 로마의 토가_{고대 로마 남자들의 외출}용 긴 상의-옮긴이를 두른 모습을 그리게 하고, 옛 동전 글에 적힌 카를 프랑크왕국의 왕 CARLUS REX FRANCORUM을 로마 전통에 따라 카를 황제 아우구스투스 KAROLUS IMP[ERATOR] AUG[USTUS]로 바꾸게 했다. 말하자면 재활용은 더 아름답게 만들 뿐만 아니라 새로운 의미를 부여할 수도 있다. 물론 역사책에서 이 모든 것이 리사이클링과 관련이 있다는 내용은 거의 나오지 않는다. 과거를 재활용하는 방식으로 현재를 향상시키는 주제를 곳곳에서 다루고 있음에도 제국의 재건 로마 제국을 복원하거나 부활하려는 의도를 선언함-옮긴이, 카롤링거 왕조의 르네상스 또는 통치권 합법화와 같은 개념은 얼핏 보면 현재와 거의 무관한 것처럼 보인다.

이 업사이클링은 미술사에서만 고대 건축물의 일부를 이차적으로 사용하는 행위, 소위 약탈품 또는 전리품 연구라 하는 고유한 연구 전통을 낳았다. 유감스럽게도 이런 건축물 일부에 대한 전통적인 표현 스폴리엔 Spolien은 문자 그대로 '약탈물'을 뜻하는 이탈리아어 spoliare에서 온 것으로 항상 약탈된 미술품을 연상하게 만든다. 그리고 어떤 경우에는 사실이기도 하다. 예를 들어 1204년 베네치아 사람들이 비잔티움을 약탈할 때 가져와서 승리에 취해 성 마르코 대성당 정문 위에 세웠던 베니스의 산마르코의 말이 그 경우이다. 또한 톱질로 4등분되어 닳아빠진 지하실 계단으로 전락한 로마시대 기둥의 슬픈 운명을 볼 때면 종종 과잉 착취와 중세 건축업자에 의한 고대 로마의 파괴를 거론하기도 한다. 하지만 여기에는 오해의 소지가 있다. 대부분 스폴리엔은 예술품보다는 오히려 고대 후기와 중세의 건축업에서 리사이클링 기술을 다루는 탁월한 능력을 더 많이 보여주기 때문이다. 고고학자들도 발굴 중에 항상 고대의 건축물과 장신구의 부품을 보관하는 중세의 자재창고를 발견한다. 여기서 기존 자원인 로마 유적의 건축자재를 계획적이고 신중하게 사용했음을 알 수 있다. 이에 따라 최근 연구에서는 스폴리엔에 부정적으로 함축된 개념을 없애버리고 '리사이클링'으로 대체할 것을 제안했다.

고대 후기 이후의 건축자재 재활용

4세기 콘스탄티누스 황제 치하에서 기독교 금지령이 해제되면서 이 새로운 종교는 로마제국 전역으로 급속히 확산되었다. 이와 함께 매우 느리기는 했지만 제 기능을 잃어버린 사원의 숫자도 늘어났다. 또한 콘스탄티누스 황제 치하에서 콘스탄티노플은 황실 거주지가 되었다. 콘스탄티노플에서 건축업이 호황을 누리고 도시가 다섯 배로 확장되는 동안 로마의 호화주택들은 쇠퇴했고 더 나빠질 전망이었다. 4세기 말 로마제국이 테오도시우스의 두 아들에 의해 둘로 나뉘어졌기 때문이다. 콘스탄티노플이 수도인 동로마제국은 아르카디우스가 다스렸고 로마에 자리를 잡고 있던 서로마제국은 호노리우스가 다스렸다. 서로마제국은 404년에 정부 소재지를 로마에서 라벤나로 옮기기로 결정했고, 서기 410년에 알라리크 휘하의 고트족이 비교적 적은 노력으로 쉽게 로마를 약탈했을 때 이전의 위대함은 완전히 사라져버렸다. 필연적으로 인구감소와 공실 그리고 건축물의 노후화가 뒤따랐다. 다양한 세속 건물, 개인주택 또는 시의 건물, 행정부 궁전, 극장, 큰 경기장 등 이 모든 것을 누가 유지할 수 있었을까? 수많은 건물이 사용되지 않은 채로 황폐해져갔다. 어떤 로마인이 인프라 문제에도 불구하고 새로운 건물을 짓고 싶을 때, 황폐해진 도시구역의 건축자재를 재활용하는 것보다 쉬운 방법이 있었을까? 채석장에서 새로운 돌덩어리를 캐는 것보다는 기존의 돌을 재사용하는 편이 훨씬 더 저렴했기 때문이다. 그러나 이 과정은 아주 점진적으로 일어났고 이 시기 로마는 무정부상태가 아니었다는 점을 잊어서는 안 된다. 당시 건축권리에 해당하는 수많은 법적 규정이 전해 내려오는데, 규정에는 빈 건물을 임의로 철거하는 행위에 제제를 가하려고 했다는 점이 분명하게 명시되어 있다. 따라서 장식용 부품, 문, 기와, 대들보, 문틀과 심지어 책꽂이까지 허가받지 않은 판매를 금지하는 법이 분명히 존재했다. 물론 그런 법이 생겼다는 것은 무엇보다 이 모든 것을 판매하는 일이 관행이었음을 암시한다. 여기에는 또한 사원들과 로마의 다른 공공건물의 보호와 유지보수를 위한 법도 포함되어 있다. 특히 로마 관리들에겐 엄격한 처벌로 협박하면서 건축자재 거래를 금지했다. 이 자료를 통해 로마시 행정부에서 일하면 수익성 있는 건물유적에 쉽게 접근하고 정보를 얻을 수 있기 때문에, 관리들이 특히 스폴리엔 거래에 적극적이었음을 추론해낼 수 있다. 장식품은 완전히 황폐해져서 철거 준비가 완료된 건물에서만 떼어낼 수 있었다. 그리고 적어도 공식적으로 대리석과 기둥은 새로운 공공건물에 사용할 경우에만 철거가 허용되었다. 마지막으로 로마에서 다른 도시나 지방으로 고대의 건축자재를 수출하는 것 또한 금지되었다. 단지 철거할 건물과 신축 건물의 소유주가 같을 경우에만 수출허가를 받을 수 있었다.

고대 사원의 부품들은 매우 다양한 곳에 쓰였다. 예를 들어 계단의 절단석은 넓은 면적의 벽이나 담을 쌓기에 아주 적합했고, 기둥의 밑받침은 종종 속을 둥글게 파내어 분수대로 사용되었다. 기둥은 그대로 다른 곳에 설치되거나 톱으로 나뉘어 통치자의 좌석 등으로 변형되었다. 또는 속을 비워 관으로도 사용했고 심지어 몸통은 잘라서 정원 롤러로 사용하기도 했다. 흔히 주두株頭라고 하는 화려하게 장식된 기둥의 머리 부분은 재활용 가능성에서 단연 1위였다. 간단하게 속을 비워서 세례반洗禮盤이나 분수로 바꿀 수 있었고, 또 새로운 기둥의 바닥으로 흔히 재사용되었기 때문이다. 역사가 아놀드 에시는 고대 기둥으로 사료용 절구, 문장의 받침대, 해시계를 제작했던 또 다른 사례들을 발견했다. 결국 고대의 대리석 대들보는 세워졌고, 벽기둥으로 벽에 붙여졌고, 속을 비워 석관으로 만들어졌다. 그리고 르네상스의 조각가들 또한 고대 건축물 부품의 열렬한 사용자였다. 1555년경 미켈란젤로 학교 출신의 한 예술가가 만든 팔라에스트리나의 피에타 왼쪽 발에 아칸서스 잎 모양 장식이 남아 있는 것을 보면, 그 조각이 거대한 고대의 대들보로 만들어졌음을 알 수 있다.

이탈리아의 세사 아우룬카에 있는 한 교회의 담벼락에 쓰인 절단석에는 말판 놀이판이 새겨 있다. 세로로 세워진 놀이판으로 게임을 할 수 없으니 아마도 고대의 건물에서 가져온 바닥 타일이 이곳에서 벽돌이 되었을 것이다. 그리고 비슷한 방식으로 고대 후기와 중세의 교회 벽에는 고대의 사원과 세속 건물의 건축자재가 아낌없이 풍부하게 사용되었다. 피사의 대성당을 둘러보면 일반 사람들도 건축물에 남아 있는 특이한 얼룩을 알아볼 것이다. 천장 아치 3개, 글씨가 새겨진 석판 5개, 부조 5개, 고대 지붕 마룻대의 돌 7개 등 20개 이상의 스폴리엔을 발견할 수 있다. 스폴리엔이 중세 교회의 모습에 너무나 자연스럽게 속해 있었기 때문에 석공들은 그것을 때때로 모방하기도 했다. 그래서 건축을 할 때 고대의 유물이 필요한 사람은 고품질로 새로 제작을 의뢰할 수도 있었다. 예를 들어 루카시 포로에 있는 산 미켈레 성당의 지하실에서 고대의 장식 아치처럼 보이는 창틀이 발견되었다. 하지만 이는 분명 중세의 예술가가 단순히 고대의 스폴리엔을 모방해 제작한 것이었다.

14세기 로마 건축자재의 재활용

중세 건축에서 재활용사업을 어떻게 실제적으로 상상해 볼 수 있을까? 이탈리아의 도시 오르비에토에서 생생한 예를 볼 수 있다. 1300년경 그곳에서 고딕 양식의 대성당 건축이 시작되었다. 겉으로 볼 때 이 건물은 고딕 양식의 서쪽 외관을 제외하고는 전체적으로 매우 일정하며 무미건조한 디자인이었다. 아무도 재활용을 이용해 성당의 벽이 건설되었다고 생각하지 못할 것이다. 하지만 대성당 공장Domfabrik 이라는 해당 건설회사의 부기를 보면 이 거대한 성당을 짓기 위해 로마에서 스폴리엔을 대량으로 수입했다는 사실이 분명히 드러난다. 1321년 청구서에는 대리석을 구입하기 위해 로마의 석공들과 거래했던 사람들의 지불 내역이 기재되어 있다. 로마의 석공사업가들은 계속해서 대리석 블록 공급에 대해 급여를 받았다. 또한 적합한 스폴리엔을 선별하는 임무를 지닌 대리인들이 로마에 파견되기도 했다. 이를 위해 지역 사정에 밝은 로마 동료들의 지원을 요구했던 것 같다. 그래서 4일 동안 적합한 돌을 찾을 때 함께 다니며 도움을 준 것에 대해 한 로마 석공에게 보수가 지급되었다. 또 다른 청구서에는 '스폴리엔 탐색' 때 도움을 준 것에 대한 지출이 명시되어 있다. 또한 대안으로 로마의 건축물을 현장에서 바로 철거하고 개별 부품을 판매용으로 제공하는 석공과 사업가들과 직접 협력했다. 1354년 9월 10일자 대성당 공장의 회계장부에는 주피터 신전또는 옥타비아의 현관으로 추정의 대리석 블록에 대해 알렉시우스 마테리라고 하는 사람에게 상당한 금액인 피렌체 금화 45개가 지불되었다고 나와 있다. 그 블록은 로마의 대리석 노동자가 현지에서 톱으로 잘랐다. 알렉시우스는 주피터 신전에 대한 채굴권을 확보하고 그곳에 석공작업실을 만들었던 사업가 중 한사람이었을 것이다. 대성당 공장 회계장부에 있는 이와 유사한 항목들은 로마의 스폴리엔 사업가와 오르비에타의 수입업자 사이에 활발했던 비즈니스를 입증해준다. 로마 신들의 조각상도 인기가 있었는데 몇 번의 끌 작업만으로도 기독교 성인 聖人으로 바꿀 수 있었기 때문이었다. 대성당 공장의 회계장부에는 가능하다면 건축 전면 벽감에 세울 성인 조각상을 만들 수 있도록 두세 개의 대리석 조각상을 함께 실어달라는 주문이 기록되어 있었다. 석공인 마기스터 라파엘은 이미 그런 성인 조각상을 여럿 제작했는데 대리석 조각상의 계속적인 보급을 요청했다고 부언되어 있다.

다음 청구서는 상품 운송에 관한 내용을 담고 있다. 비테르보의 두 남성은 대리석 블록 4개를 소에 싣고 오스티아고대 로마에 속한 항구도시로 로마 시대 고급 빌라가 현존해 있음-옮긴이에서부터 10마일 이상 도시를 통과해 운반한 명목으로 임금을 지급받았다. 여러 개의 대리석 블록을 티베르강 항구에서 적재한 일에 대한 지급확인서도 보존되어 있다. 항구에서부터는 계속 강을 따라 올라갔다. 물론 그 전에 로마시의 스폴리엔 수출허가가 필요했고 여기에도 돈이 들었다. 또한 폰테 몰레, 갈레세, 오트리콜리에서 납부해야 하는 관세도 있었다. 라티움과의 경계에 있는 작은 도시 오르테에서 티베르강은 수심이 너무 낮아져서 스폴리엔을 배에서 내려 소가 끄는 수레로 옮겨 싣고 육로를 통해 오르비에토로 운송했다. 그들은 기술적인 보조 장비를 사용했고, 스폴리엔 중 특히 기둥을 해체, 운송, 재설치할 수 있는 크레인과 기계를 발전시켰다.

재활용 건축자재의 실용적인 측면을 보자면 오르비에토의 사례는 그럴듯했다. 스폴리엔을 분리하는 비용과 특히 운송하는 비용이 아주 많이 들기는 했지만 새로운 건축부품을 생산하는 것보다는 여전히 저렴했다. 그러나 로마에서 멀어질수록 운송비용이 계속 증가했기 때문에 가격 대비 성능은 크게 달라졌다. 이제 마지막으로 이와 관련된 사례를 8세기 아헨에서 살펴볼 것이다.

카를 대제가 자기 대성당에 고대 기둥을 '덧붙인' 이유

"아헨에서 나는 완벽하게 균형 잡힌 기둥을 보았다 (…) 로마의 카를로스가 그 기둥을 가져와 이렇게 덧붙였다."

1520년 알브레히트 뒤러가 아헨 대성당을 방문했을 때 반암과 화강암으로 된 기둥을 단번에 알아보았다. 그는 분명히 '덧붙였다'라는 단어를 경시하는 어조로 쓰지 않았다. 옛 건축 자재의 재사용은 당연한 것처럼 보였는데, 기둥들이 이미 기원전 1세기에 비트루비우스가 되살렸던 고대의 이상과 정확히 일치했기 때문에 더욱 더 그랬다. 기둥들은 아름다웠고 오래되었으며 분명히 인기가 있었다. 이는 기둥이 지닌 다사다난한 역사에서도 알 수 있다. 아헨 대성당에서 천년을 보낸 후 1795년 나폴레옹이 파리로 옮겼다. 총 38개 기둥 중 5개는 운반 중 부서졌고 8개는 루브르 박물관에 사용되었으며 나머지 25개 기둥은 1815년 다시 아헨으로 옮겨졌다. 그동안 나폴레옹은 세인트헬레나 섬에서 조용히 망명생활을 하고 있었다. 왜 이렇게 비용을 들였을까? 왜 이들 기둥은 이리저리 옮겨졌을까? 이 질문에 답하기 위해서는 아헨 대성당의 역사를 좀더 이해할 필요가 있다. 처음에 이 웅장한 교회는 770년에서 790년 사이에 지어진 단순한 팔츠 _{왕이나 황제가 지방 순시 때 일시적으로 머물던 성이나 궁전을 뜻함-옮긴이} 예배당이었다. 당시 아직 프랑크 왕국의 왕이었던 카를은 아헨뿐만 아니라 잉겔하임, 네이메헌, 프랑크푸르트에도 팔츠라고 불리는 요새화된 성을 건설하도록 했다. 800년 성탄절에 교황 레오 3세가 성 베드로 성당에서 프랑크 왕을 황제로 즉위시킨 이후에 로마제국 전통의 예를 기반으로 아헨은 황제의 궁전이, 팔츠 예배당은 황제의 대성당이 되었다. 중세 초기 연합된 프랑크 왕국의 이 프로젝트는 오늘날까지 제국 재건이라는 키워드와 연결되어 있다. '재건 계획'의 모델은 로마제국이었는데, 더 정확히 말하자면 476년 마지막 황제인 로물루스 아우구스툴루스와 함께 멸망한 서로마제국이었다. 400년도 더 지난 지금 프랑크 왕국에서 서로마제국이 부활할 예정이었다. 카를은 이 프로젝트를 매우 진지하게 생각했다. 황제의 대관식 이후 그는 로마식으로 집정관의 임기에 따라 제국의 문서에 날짜를 기입하게 했고, 그때부터 제국의 인장에는 로마시의 이미지를 새겨 넣었다. 이미 언급했듯이 동전은 로마 모델에 따라 주조되었으며 아헨은 두 번째 로마로 개축되어야 했다. 801년 황제즉위식에서 돌아오는 길에 그는 예루살렘에서도 아헨에서 사용할 건축자재를 수입해올 것을 지시했다. 실물보다 더 큰 고대 후기의 기마상이 아헨으로 보내졌다. 또한 서기 2년의 암컷 늑대 동상도 영원한 도시에서 아헨으로 수입되었고, 이로써 로마의 건국신화를 떠올리게 했다. 심지어 당시 50세 정도였던 카를은 황제의 마지막을 준비하기 위해 고대 후기의 대리석 관을 로마에서 가져오게 했다.

이렇게 다양한 일을 처리할 때 사소한 실수는 피하기 어려운 법이다. 로마의 위대함을 찬양할 목적으로 아헨에서 부활한 기마상이 사실 로마의 황제가 아니라 로마제국의 몰락에 어느 정도 책임이 있던 동고트족의 통치자 테오도리쿠스로 밝혀지자 황제는 난감했다. 이 동상은 카를의 후계자인 루드비히 시대에 파괴된 것으로 추측된다. 그리고 청동 암컷 늑대 동상은 암곰으로 판명되었지만 이는 받아들일 만했다. 또 고대 후기의 대리석 관에는 멋진 부조가 새겨져 있는데 좀더 자세히 살펴보면 거기 묘사된 이야기가 기독교 황제에게 그다지 적합하지 않은 내용임을 알게 된다. 플루토 하데스가 지하세계로 납치해서 어쩔 수 없이 지하세계를 다스리는 여신이 된 주피터의 딸 페르세포네 신화에 관한 이야기였기 때문이다. 그러나 이런 사례는 전체 프로젝트에 조금도 해를 끼치지 않는 사소한 것이었다. 카를의 제국 재건은 통치자가 자신의 권력을 주장하고 그것으로 현재를 자기 생각에 따라 새롭게 만들기 위해 어떻게 과거를 사용하는지 보여주는 대표적인 예시이며 앞으로도 그럴 것이다. 천년 후 나폴레옹은 자신의 새로운 황제의 도시 파리를 위해 그 기둥을 무조건 갖기 원했고 또 그렇게 할 수밖에 없었다.

재활용이 인상적인 장소를 만들다

아헨의 건축자재 재활용에 대한 지금까지의 서술에서 작지만 중요한 세부사항이 하나 간과되었는데 바로 연대기이다. 800년은 아헨 성의 건설이 시작된 지 30년째 되는 해였다. 당시 카를은 아직 프랑크 왕국의 통치자였으며 큰 성공을 거두긴 했지만 미래는 불확실했다. 그리고 그는 아헨에 자기 성을 짓기 위해 무조건 북이탈리아에서 고대 건축자재들을 수입하고 싶었다. 당대의 막강했던 다른 정치가들과 그 계획에 대해 논의했기 때문에 오늘날 이 프로젝트에 대해 알 수 있게 되었다. 787년 교황 하드리아노 1세가 프랑크 왕에게 건축자재, 모자이크, 대리석과 라벤나의 옛 황궁의 바닥과 벽에서 나온 예술작품의 수출 계획을 허가한 서신이 전해 내려오고 있다. 또한 카를은 로마와 트리어의 고대 후기 황실 거주지와 쾰른의 고대 후기 교회 성 게레온 교회의 대리석 기둥과 모자이크를 아헨으로 가져오게 했다. 우리가 알고 있듯이 카를은 목욕을 열정적으로 좋아했다. 그래서 아헨에 로마식 목욕탕을 재건하도록 지시했다. 이 또한 건축 재활용의 한 형태라고 볼 수 있다. 고대의 목욕탕이 생기자 아헨은 휴식의 장소로 인식되었고 북부 스페인에서 북해까지 점점 팽창해가는 왕국 통치자의 고된 노정과 대비되는 장소가 되었다.

카를의 왕좌는 목욕탕인가 놀이 공간인가?

유서 깊고 존귀한 카를의 왕좌가 실제로 카를 시대에 만들어졌는지에 대해서는 오랫동안 논쟁이 있었다. 최신 연구에서는 카롤링거 왕조의 기원을 입증해주고 있다. 그러므로 이 왕좌는 이제껏 아헨 대성당에서 거행된 왕 32명의 대관식에서 미래의 통치자에게 앉을 기회를 제공했다고 추측해도 무방하다. 이 왕좌는 대리석 판으로 만들어졌는데, 흔히 곱게 연마된 재료와 최상의 품질을 기대하겠지만 이 대리석 판에서 확인할 수 있는 것은 낙서뿐이다. 카를 왕좌의 측면과 등받이에도 카롤링거 시대 이전의 낙서들이 있다. 십자가, 순례자 표시, 심지어 고대 조지아어로 된 비문도 있다. 이 대리석의 원래 기능에 대한 수수께끼는 여전히 풀리지 않았다. 예루살렘에 있는 성묘聖廟 교회의 기둥에 있는 것과 유사한 수많은 성 요한의 십자가가 있다는 점에서 이 판들이 예루살렘이나 예루살렘 주변 지역에서 아헨으로 수입되었음을 추정할 수 있다. 어쩌면 오른쪽 판에 새겨진 말판게임에서 구체적인 단서를 얻을지도 모른다. 이는 로마 목욕탕에서 잘 알려진 놀이판 중 하나로 과거를 유추할 수 있게 해준다. 이 주장이 사실이라면, 유명하고 유서 깊은 카를의 왕좌는 사실 로마 욕실의 바닥 판으로 조립된 것이다. 그 의외의 평범함이 우리에게 즐거움을 준다. 그런데 현재 더욱 관심받고 있는 것은 다음과 같은 주장이다. 왕좌의 측면 판은 두께가 2센티미터로 매우 얇기 때문에 바닥재로는 부적합해서 아마도 바닥재보다는 과거에 탁상으로 쓰였을 가능성이 높다는 것이다. 말판놀이는 아마도 나무 테이

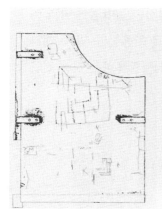

그림 3.8 아헨 대성당에 있는 카를의 왕좌 (측면) 팔걸이. 팔걸이의 외부 벽에 새겨진 말판놀이를 통해, 왕좌의 재료가 이전에 놀이판이었다가 아마도 로마 목욕탕의 바닥판으로 사용되었다고 추측할 수 있다.

블 위에 놓았던 놀이판이었을 수 있다. 이 경우 아헨의 유명한 카를의 왕좌는 고대 놀이 공간의 실내장식을 재활용한 제품이 된다.

브리콜라주와 아상블라주

이 사례에서는 리사이클링의 일상적인 성격이 매우 생생하게 보인다. 바닥재이든 테이블 상판이든 상관없이 아헨에 있는 카를 대제의 왕좌는 로마의 카피톨리노 언덕 위에 있는 주피터 신전의 잔해로 만들어지지 않았다. 그 대신 사람들은 자신이 가지고 있던 재료를 사용했다. 19세기와 20세기에는 이런 식으로 고대 건축자재를 사용하는 방식을, 결코 도달할 수 없는 과거를 재창조하려는 서투른 시도로 폄하하는 시각이 많았다. 반면에 오늘날 우리는 전혀 다른 측면을 떠올린다. 브리콜라주, 아상블라주, 리사이클링은 새로운 키워드이다. 21세기는 20세기 초반 고전적 모더니즘보다 훨씬 더 특별히 '스폴리엔에 친화적이다' 브루노 클라인. 따라서 오늘날 생태학에 대한 인식이 높아짐에 따라 이 현상이 다시 부각되면 여기에서도 풍부한 경험을 이용할 수 있다. 재사용이 가능한 건축물 일부를 새롭게 사용하거나 재활용하는 것은 전근대의 일상 건축양식에서 황금 표준이었다.

2006년 12월 10일 오슬로에서는 알프레드 노벨의 서거 120주기를 맞았다. 스웨덴의 군수업자였던 노벨은 다이너마이트와 무연 화약의 발명을 통해 막대한 부를 얻었고 살아생전에 이미 '죽음의 상인'이라는 회의적인 명성을 지니게 되었다. 그는 노벨상, 특히 노벨 평화상을 제정하면서 자신만의 방식으로 보상을 시도했다. 2006년 노벨 평화상은 마이크로크레디트 저소득층을 대상으로 하는 무담보 소액대출제도-옮긴이 를 고안한 무함마드 유누스에게 돌아갔다. 위원회의 견해에 따르면 인류의 이익에 기여한 유누스의 업적은 새로운 금융상품을 고안해낸 것으로 이 상품이 지속적인 평화를 구축하는 데 유용하다고 보았다. 수많은 주민집단이 마이크로크레디트의 도움으로 빈곤에서 벗어나는 기회를 얻었기 때문이다. 미국에서 공부한 후 방글라데시 치타공대학교에서 교수로 재직한 경제학자 유누스는 마이크로크레디트의 효력과 작동 방식을 전 세계에 보여주었는데, 바로 1983년 극빈층을 위해 그가 설립한 그라민 은행을 통해서였다. 상을 수여하면서 노르웨이 노벨위원회는 '아래로부터의 경제와 사회 발전'을 이루어낸 유누스의 노고를 치하했다.

무함마드 유누스는 경제적으로 사회의 지속 가능성을 연구한 선구자 중 한 명으로 알려져 있다. 이 주제는 이미 아리스토텔레스도 제기한 적이 있었다. 그에게 시장 참여는 사회적 결속의 전제 조건이었다. "교환 없이 공동체가 있을 수 없고, 평등 없이 교환이 있을 수 없고, 통약 通約 가능성 모두가 인정하는 동일한 척도로 잴 수 있음-옮긴이 없이 평등이 있을 수 없기 때문이다." 아리스토텔레스는 《니코마코스 윤리학》의 교환의 정의에 관한 장에서 이렇게 말했다. 여기서 통약 가능성이란 비교를 가능하게 하는 어떤 형식을 의미한다고 추측된다. 아리스토텔레스는 서로 다른 시장 참여자들 사이에서 어떻게 평등을 확립할 수 있는지 묻는다. 이때 화폐가 중요한 역할을 하지만 아리스토텔레스는 '욕구'라는 개념을 더 중요하게 보았다. "욕구는 사람들을 하나의 단위인 양 결속시킨다. 우리는 이 사실을 서로에 대해 욕구를 갖지 않는, 쌍방이 서로를 필요로 하지 않거나 어느 한 쪽이 상대를 필요로 하지 않는 사람들 사이에서 교환이 수행되지 않는다는 점에서 알 수 있다." 교환이 이루어질 때 비로소 결속이 생긴다. 더 이상 아무것도 필요하지 않은 부자는 아무것도 제공할 수 없는 가난한 사람과 마찬가지로 이 결속에서 제외된다. 이런 의미에서 교환은 결정적인 것이며 보다 정확하게는 교환 체계 안의 일부가 되는 것을 말한다. 사회적, 경제적 수준과 상관없이 무언가 제공할 것이 있는 사람만이 장기적으로 그 일부가 될 것이다. 그러므로 시장 참여가 곧 소비 능력으로 축소될 수 없다. 여기에서 무조건적인 기본소득 정책이 불평등을 극복하는 데 적합한지, 아니면 복지급여를 받는 사람들을 점점 더 사회 변두리로 내몰고 있지는 않는지에 대한 의문이 제기된다. 이 장에서는 지역 차원에서 사회적으로 지속 가능한 금융 정책을 위해 노력했던 세 가지 역사적 사례를 살펴본다.

1 　이탈리아 도시의 소액대출은행: 몬테 디 피에타

　　지역 차원에서 경제적, 사회적 지속 가능성을 보장하기 위한 한 가지 조치는 소액대출은행의 설립이었다. 이 조치는 르네상스 시대인 15세기 말과 16세기 초에 이탈리아의 수많은 도시에서 받아들인 방식이었다. 이때는 자치도시가 성장하던 시기였다. 도시들은 번성했고, 독립을 위해 싸웠으며, 새로 얻은 자유에 자부심을 갖고 있었다. 회사와 은행을 설립했고 정치적으로 협력해서 경제력을 규합했다. 1494년 피렌체는 도시의 지배층을 몰아내고 도시공화국을 세우는 데 성공했다. 바로 이 시기에 예술 역사상 가장 유명한 조각품인 미켈란젤로 부오나로티의 '다비드'가 탄생했다. 이 조각품은 젊고 자신감 넘치는 도시공화국의 상징으로 시뇨리아 광장에 세워졌다. 바로 이 시대에 도시들은 도시금융시장이 어떤 모습이어야 하는지 고심했다. 그때도 지금처럼 고금리의 대출 문제가 불규칙한 소득, 부족한 대출담보와 맞물려 있었기 때문이었다. 그 당시에도 가난한 사람들은 금융서비스에 거의 또는 전혀 접근할 수 없으며 신용도가 낮아 가장 높은 이자를 부담했다. 사람들은 이런 문제를 해결하고 싶었다. 이탈리아의 르네상스 도시에서는 도시금융시장에서 재정적으로 불리한 소외계층을 보호하고 돕기 위해 광범위한 조치를 시행했다. 대기업뿐만 아니라 소시민에게도 은행이 필요하다는 점을 인식하고 담보대출은행 형태의 지역대출기관인 '몬테 디 피에타몬테'를 설립했다. 이 새로운 금융 기관은 대출 서비스를 도시 주변 지역으로까지 확장했다. 대출담보로 사람들은 자기 물건을 저당잡혔다. 예를 들어, 도시 근교의 농부는 3월에 겨울외투를 몬테에 저당품으로 맡기면서 현금을 대출받아 씨앗을 구입했고, 9월에 수확 후

대출금을 갚으면서 겨울외투를 다시 찾아올 수 있었다. 이 담보대출은행은 이익을 지향하지 않고 엄격한 윤리적 규칙에 따라 일했다. 수수료와 이자는 대출받는 사람에게 부담이 되지 않도록 매우 낮았지만 또 적자를 내지 않고 사업을 지속할 수 있을 만큼 높았다. 1462년 페루자를 시작으로 오르비에토, 구비오, 스폴레토와 움브리아 주, 마르케 주, 에밀리아로마냐 주의 다른 도시들이 뒤를 이어 소액대출은행을 설립했다. 그 후 30년 동안 몬테 디 피에타는 50개가 설립되었으며, 1500년에는 130개, 17세기 말에는 500개가 이탈이아 전역에 설립되었다. 특이하게 베니스를 제외하고 몬테가 없는 이탈리아 도시는 거의 없었다. 피렌체의 몬테는 1496년 설립되었고 이는 미켈란젤로가 '다비드' 제작을 주문받은 때와 거의 같은 시기였다. 원칙적으로 몬테는 국채와 마찬가지로 도시 수준에서만 기능했다. 몬테는 이탈리아의 많은 도시에서 다른 이름으로 존재했는데, 피렌체의 몬테 코뮌 외에도 밀라노의 반코 디 산탐브로조, 베니스의 몬테 베키오, 제노바의 카사 디 산 조르지오와 몬테 데이 파스키 디 시에나가 있었다. 비슷하게 기능했던 이른바 몬티 프루멘타리는 돈이 아닌 곡식으로 자본 출자가 이루어졌다. 여기서 자본은 공급 부족 시 곡물 시장의 인플레이션에 대응할 수 있도록 자연농산물의 형태로 '입금'되었다. 또한 흔히 몬테 델레 도티라 불리던 은행은 아버지가 딸이 태어날 때 예금을 한 후 나중에 이자를 포함하여 결혼 적령기 딸의 지참금으로 사용되었다. 다양한 지역에서 장례비용을 마련하기 위한 은행인 몬테스 모르투오룸도 만들어졌다.

몬테 디 피에타는 정확히 무엇인가

몬테 디 피에타 montes pietatis 는 문자 그대로 번역하면 '자비의 산'이다. 엄밀히 말하면 가난한 사람들을 위해 대출의 형태로 자비를 베푸는 사업을 재정적으로 지원하는 자본의 산이다. '몬테' 몬테는 단수 형태이고, 복수 형태는 몬티-옮긴이 라는 개념은 당시 은행에서 다양한 형태의 자본 형성에 쓰는 일반적인 개념이었다. 특히 자본금이 부유한 시민들의 의무채권을 통해 형성되었던 일종의 시립 은행에서 사용되었다. 이런 방식으로 '축적된' 자본은 지역공동체의 문제에 자금을 조달할 목적으로만 엄격하게 투자될 수 있었다. 가장 잘 알려진 사례 중 하나는 이미 13세기 후반에 설립된 피렌체의 몬테 코뮌이었다. 몬테 코뮌은 꾸준히 증가하는 공공업무를 처리하고 전쟁이 나거나 물자보급이 어려울 때 위기를 극복하기 위해 마련한 지역적인 재정조치였다. 모든 자금은 도시의 부유한 시민들의 돈으로 조달되었는데, 이들은 피렌체시 세무서의 정기적인 자산평가에 따라 일정 금액을 지불해야 했다. 이런 자본투자의 이자는 일반적으로 약 5%였다. 차입금은 반환되지 않았지만 이자수익으로 거래를 하거나 이자수익을 파는 것이 허용되었고, 결국 장기적으로는 안정적인 연금소득의 한 형태였기 때문에 곧 투기성 거래 또한 이루어졌다.

중세 소액대출의 신비

오늘날 중세 후기의 소액대출은행은 왜 널리 알려지지 않았을까? 그 이유 중 하나는 출처인데, 문제가 되는 것은 출처의 부족이 아니라 과잉이었다. 이 자비의 '산들'인 몬테는 정관, 회계 장부, 수많은 부기 기록부, 법적 의견, 전당포 목록, 기타 관리 문서와 같은 출처를 태산처럼 남겨놓았다. 아직도 많은 자료들이 이탈리아 도시의 기록 보관소에서 처리되지 않고 있다. 설상가상으로 이런 은행을 관리하는 일은 매우 복잡했다. 토스카나를 제외한 대부분의 몬테에서는 복식부기를 사용했다. 각각의 소액대출금액 관련 정보는 계속해서 회계장부에 기록되었고, 그런 다음 금전 등록부나 담보담당관의 등록부, 또는 일반 분개장 모든 거래내용을 차변과 대변으로 분리해서 발생순으로 기록하는 장부-옮긴이과 같은 여러 다른 부기 등록부에 옮겨 적었다. 그러나 몬테의 회계는 상업회계와 달랐다. 상인들은 자산가치의 변동을 추적해야 하지만 몬테의 관료는 안정성과 연속성을 보장하기 위해 수입과 지출 사이의 균형을 추구했다. 또한 전승된 자료에서는 일관성 있는 조직구조를 찾아볼 수 없다. 중세는 현대처럼 일률적으로 규정된 세계가 아니었다. 사람들은 지역적으로 주어진 상황에 반응하면서 행동했고 규칙을 그 지역의 조건에 따라 조정했다. 따라서 행정절차, 은행에서 일하는 관료의 수와 직위는 도시마다 달랐고 대출금액과 기간, 조직구조와 관리 또한 달랐다. 이 모든 것을 연구하기에는 어려움이 있어서 자료의 구조와 내부 논리에 익숙해지려면 수년간의 훈련과 인내가 필요했다. 이렇게 납득할 만한 이유로 오늘날까지 수많은 사람들이 이 소모적인 연구를 진행하기를 주저했다. 20세기 초 경제사 연구에서 이 분야에 진척이 있었고 이탈리아 지역 역사가들도 세심한 주의를 기울여 그들 지역의 몬테 역사를 연구했지만, 이탈리아에서만 이들 연구에 주목했고 다른 지역에서는 그렇지 못했다. 따라서 중세 소액대출은행은 상대적으로 알려지지 않았다. 경제사학자들 또한 오랫동안 이 주제를 부당하리만치 무시해왔는데 아마도 소액대출의 역사가 학문적 월계관을 얻어다줄 전망이 거의 없었기 때문일 것이다. 그들은 위대한 은행 가문의 역사, 영주와 왕의 대출사업을 연구하는 것을 선호했다. 금융자본가의 화려함은 소액대출 일상의 열악한 환경보다 더 많은 명성과 명예를 약속했다. 2001년 마리아 주세피나 무자렐리, 베라 자마니, 마우로 카르보니가 의장을 맡고 있는 볼로냐의 학문연구센터 '센트로 스투디 몬테 디 피에타'가 설립된 후에야 소액대출은행에 대한 관심이 지속 가능한 개발 목표와 도덕적 경제의 중요성과 함께 역사적 연구에서뿐만 아니라 더 넓은 대중적 관점으로 확대되었다.

"부자가 되면서 점점 더 많은 빈곤을 낳는 것은 부끄러운 일이다."

중세 소액대출은행의 설립 동기는 당시의 경제적·사회적 불균형, 고리대금, 빈곤퇴치 노력이라고 추론할 수 있다. 또한 중세 후기에 북부 이탈리아 도시들이 이른바 상업혁명 로버트 로페즈 의 중심이었다는 점도 중요하다. 더 큰 무역 회사가 출현했고 상업회계가 확산되었으며, 경제생활의 모든 영역에서 전문화가 이루어졌다. 화폐경제가 확장되었고 새로운 금융 상품과 은행이 발전했다. 로페즈에 따르면 상업혁명은 400년 후 산업혁명을 통해 전 유럽에 일어났던 방식으로 중세 도시들을 변화시켰다. 대성당 대신 시장 광장이 도시생활의 가장 중심으로 자리 잡았다.

진보와 함께 부효가 생겼지만 이는 일부 사람들만을 위한 것이었다. 무역이 번성하고 사업이 번창했으며 수많은 사람들이 성장의 혜택을 받았다. 반면 다른 사람들은 낙오되어 빈곤에 빠질 위기에 처했다. 그들에게 시장 참여는 점점 더 어려워졌다. 그 이유 중 하나는 자본에 접근하기 어려웠기 때문이었다. 돈을 빌려주던 지역금융가들은 주로 유대인이거나 기독교도였는데, 수익성 있는 비즈니스 모델을 위한 대출기관으로서 도시경제 성장의 주요 동인이었다. 모두 그 사실을 알고 있었다. 자금 대출이라는 금융시장의 기능은 호황을 위해 필수적이었다.

그리고 자금 대출은 대부분 유대인의 금융기관을 통해 운영되었기 때문에 대부분의 도시는 유대인의 금융기관을 유지하는 일에 큰 관심이 있었고 이를 계약서에 대출조건을 규정했다. 업계 이자율은 상인과 대규모 투자자의 요구에 부합했으며 종종 위험한 거래의 환상적인 매매차익에 따라 매우 높았다. 일반적으로 이자율은 10~40% 사이였는데 항상 채무 불이행이 있었기 때문이었다. 그런데 이 조건은 소액 차용인에게는 해당되지 않았다. 그래서 재단사나 제빵사는 직물이나 밀가루를 대량으로 구매하기 위해 대출을 받을 수 없었다. 경제적, 사회적 쇠퇴라는 다모클레스의 칼 절박한 위험을 상징함-옮긴이 이 이전에 독립적이었던 도시의 수많은 시민들을 위협하고 있었다.

일반적으로 증가하는 불균형에 대응을 시도했던 것은 도시 자체였다. 자부심을 가진 공동체라면 계속해서 이런 불균형을 허용하지 않았을 것이며 허용할 수도 없었을 것이다. 부자가 되는 과정에서 점점 더 많은 빈곤을 낳는다면 이는 부끄러운 일이었다. 당시 전문적인 대부업체의 이자율 관행에 대한 대규모 공격과 함께 빈곤층도 대출을 받을 수 있어야 한다는 목소리가 점점 커져갔다. 이런 환경에서 부를 갖지 못한 도시 시민을 위해 소액대출금융이라는 새로운 개념이 생겼다. 한편에 시의회가 있었고, 또 다른 한편에 새로운 형태의 저렴한 소액대출을 주도하고 오직 별로 가진 게 없는 사람들에게만 시장 참여를 보장하기 위해 '자본의 산' 형성에 첫 발을 내디뎠던 주교가 있었다. 대출담보로 저당물을 잡히는 것은 전혀 불명예스러운 일이 아니었다. 저축이 쉽지 않고 은행조차도 저축을 위한 매력적인 상품을 내놓지 못했던 사회에서는 일상적으로 사용하는 물건이 흔히 '가치저장 수단'의 역할을 했기 때문이다. 옷, 가정용품, 장신구, 가구를 사는 것은 비상시를 위한 예비자금을 마련하는 저축의 한 형태였다. 필요한 경우 이 물건으로 장사를 하거나, 물건을 현금 대신 사용하거나 매매계약, 혼수, 유산, 담보로 맡겨 현금으로 전환할 수도 있었다. 따라서 가정의 물건들은 '이중 정체성'을 지니고 있었다. 매일 사용하는 물건이었지만 비상시에는 재산 저장 수단이었다. 몬테는 다양한 물건을 대출담보로 받아들이는 방법으로 가치 저장 수단의 현금화를 용이하게 만들어 자본시장의 유통을 보장했다. 독일 동화의 난장이가 '짚을 금으로' 만든 원리에 따라 이곳에서는 '물건을 현금으로 만드는 것'이 어느 정도 통용되었고 이는 매끄럽게 작동했다. 현금이 다시 생기는 즉시 가치저장 수단인 옷, 냄비 등으로 전환할 수 있었기 때문이었다.

고전적 성공모델 볼로냐의 사례

1473년 4월 첫 번째 몬테가 볼로냐에서 문을 열었다. 그런데 자금조달이 확보되지 않았고 대중의 지지도 미미한 탓에 1474년 12월 다시 문을 닫아야 했다.

1504년 12월, 30년이 지나서야 두 번째 시도가 감행되었는데 이번에는 변화된 정치적 분위기 덕분에 이전보다 성공적이었다. 새로운 도시군주인 교황 율리우스 2세는 가난한 사람들을 위한 시립은행을 지원했으며 1507년 새로운 후견인으로서 운영 허가증을 발급했다. 도시대출시장의 하한선을 조절해서 가난한 사람들의 필요를 충족시켰다. 그래서 사람들은 몬테에 '시립은행'의 지위를 부여했고 공적자금으로 몬테를 지원하면서 개인 기부금을 유치했다. 그렇게 은행의 자본금이 증가되었다. 더 나아가 도시는 조합과 형제회가 몬테를 통해 사업을 하고 그곳에 자본을 예치하도록 장려했다. 이 두 번째 시작은 매우 성공적이었다.

그림 4.1 볼로냐의 산 피에트로 대성당 옆에 있는 몬테 디 피에타

몬테의 발전은 특히 그들이 앞지르기 원했던 오랜 전통의 유대인 담보대출은행과의 경쟁을 차단하면서 진행되었다. 1504년에서 1519년 사이에 담보로 소액대출을 받은 건수가 연간 5,000건에서 20,000건으로 증가했다. 16세기 중반에는 그 수가 거의 40,000건으로 두 배가 되었다. 16세기 말에는 70,000건, 그리고 설립 후 1세기 후인 17세기 초에는 담보 건수가 100,000건으로 증가했다. 이 시기에 볼로냐의 인구가

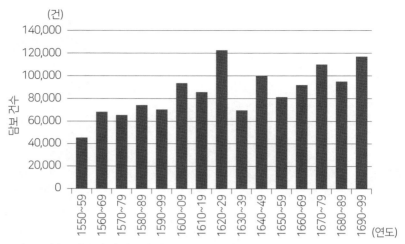

그림 4.2 볼로냐 몬테 디 피에타의 담보 건수

60,000~70,000명 사이였으므로 담보대출 건수는 16세기 초 주민 4명
당 1건에서 17세기 초에는 주민 1명당 2건으로 증가한 셈이다.

　15세기부터 17세기까지 볼로냐 몬테의 발전은 다른 많은 몬테와 마
찬가지로 20세기까지 계속되었다. 수 세기 동안 이 은행은 빈곤층부터
중산층까지 광범위한 고객을 위한 상담기관으로 남아 있었다. 몬테의
모델이 장기적으로 지속 가능한 재정적 성공을 이룬 것은 무엇보다도
더 부유한 고객을 대상으로 서비스를 확장했기 때문이었다. 은행 관리
자는 고객의 다양한 요구를 능숙하게 결합하는 법을 잘 알고 있었다. 부
유층을 위한 금융서비스는 수익성이 낮고 규모가 작은 소액대출사업
을 탁월하게 보완하고, 운영비용과 가난한 사람을 위한 낮은 이자율을
유지하는 데 기여하는 사업 분야가 되었다.

변화를 두려워하지 않았던 파도바 몬테

파도바 몬테의 설립은 아주 다르게 진행되었다. 1469년 첫 번째 시도가 실패한 후에 1491년 두 번째 몬테가 설립되었다. 이때 회사를 발전시키는 데 핵심 역할을 한 사람은 지역 주교의 지원을 받는 설교자 펠트레의 베르나르디노였다. 두 달 동안 그는 몬테를 위해 시내와 주변 지역에서 쉬지 않고 설교했을 뿐만 아니라 새로운 은행을 설립하기 위해 지칠 줄 모르고 기부금을 모금했다. 몬테를 설립한 후에도 프로젝트를 계속 지원했다. 1492년 소액대출은행의 지원기관으로서 형제회인 콘트라테르니타 델 몬테를 설립할 목적으로 그는 파도바로 돌아왔다. 정관과 규칙을 현재의 필요에 맞게 정기적으로 조정한 것 또한 성공에 결정적인 역할을 했다. 변화를 두려워하지 말라! 1522년에 정관이 개정되었고, 1534년에는 행정구조에 근본적인 개혁이 이루어졌으며, 도시의 귀족들 또한 빈민을 위한 은행 설립에 의무감을 느끼고 은행 관리에 참여했다. 향후 수십 년 동안 몬테는 식량공급 영역에서 자선활동을 수행했으며 도시가 위기상황에 처했을 때도 대출금을 보장했다.

프란체스코 수도회 설교자들의 '인플루언서 마케팅'

이미 언급했듯이 소액대출은행의 설립자로 활발하게 활동했던 사람들은 보통 시의회, 시 군주, 주교였으며 때로는 형제회나 도시 귀족과 같은 개인들이었다. 하지만 그 어느 곳에서도 몬테를 쉽게 설립하지 못했다. 시민의 동의와 더불어 무엇보다도 자본금이 필요했고 그들의 지지와 후원이 필요했기 때문이었다. 이제 여기에 탁월한 언어 구사력을 지닌 프란체스코 수도회가 등장한다. 이 교단의 수많은 설교자들은 카리스마적인 인물이었고, 설교자로서뿐 아니라 '공익과 재정관리 분야에 지식이 풍부한 전문가'스캄브릭스로서도 명망이 높았다. 재정문제에 관한 전문지식과 당시 일반적인 경제이론에 대한 정통함은 역설적이게도 가난이라는 프란체스코회의 이상에서 비롯되었다. 그들은 미니멀리스트로서 가장 단순한 삶의 방식을 추구했고 도시에서 설교하는 것을 그들의 임무로 여겼기 때문이었다. 프란체스코 수도회는 '꼭 필요한 것의 경제'에 특화되어 있었다. 그리고 몬테와 관련해서 활동하는 설교자들은 대부분 수도회에 새로 설립된 헌신적인 개혁 분파의 회원이었는데, 이 분파는 기독교의 원래 이상으로 복귀를 촉구했다. 순회설교자로서 이들은 사람들과 정기적으로 만났기 때문에 '서민들'의 상황을 잘 알고 있었다. 그들은 직물을 살 자본이 없는 '1인 자영업' 재단사를 알고 있었고 이들이 고리대금으로 생긴 빚의 소용돌이에서 벗어나는 것이 얼마나 어려운지 알고 있었다. 설교자들은 또한 가난한 사람들 역시 저축한다는 것도 알고 있었다. 하지만 어떤 은행에서도 계좌를 개설할 수 없었다! 따라서 금고, 겨울 코트, 고급 의류, 냄비, 연장, 보석 같이 오래 보관할 수 있고 값비싼 일상용품을 구입해서 저축했다. 그러므로 문제는 빈곤이라기보다 오히려 사회적으로 용인되는 조건의 금융서비스인 자본순환의 기회가 가난한 사람들에게 부족했다는 것이다. 프란체스코회 설교자들은 이 모든 것을 알고 있었기 때문에 도시의 일차적 의무인 서민들을 위한 은행 설립을 목표로 전력을 다했다. 그들의 메시지는 증가하는 빈곤과 싸우려면 부자뿐만 아니라 모든 거주자가 자본에 접근할 수 있도록 해야 한다는 내용이었다. 프란체스코회 설교자들은 시민의 대변자로서 도시의 시민 단체들을 지원했고 기금 마련 캠페인을 조직했으며 투자자를 동원해서 몬테 디 피에타의 설립을 촉진했다. 이는 서민을 위한 은행이라는 새로운 개념을 실행에 옮기는 과정에서 중요한 역할이었다. 이 설교자 중 한 명이 사회정의, 사망에 이르는 탐욕, 인색함이라는 죄에 대해 설교한 후 이어서 기부를 호소하거나 행렬을 조직했을 때 이는 설립 추진자들에게 엄청난 도움이 되었다.

오늘날 이 사람들을 '인플루언서'라고 부를 수 있겠다. 설교자 중에서 140명 이상의 이름이 잘 알려져 있다. 밀라노의 미켈레 카르카노는 페루자1462년, 볼로냐1473년, 파도바1491년에서 가장 오래된 몬테를 설립하는 데 핵심 인물로 간주된다. 특히 펠트레의 베르나르디노는 만투아, 나르니, 파르마 등 20개 이상의 도시에서 몬테 설립에 결정적으로 기여한 영향력 있는 사람이었다. 다른 사람들은 페루자의 포르투나토 코폴리, 몬테갈로의 마르코, 또는 아퀴의 미켈레였다. 이 모든 사람들이 은행 설립자로 등장하지는 않았지만 아이디어 제공자와 분위기 메이커 역할을 했다. 그들은 설교를 통해 도시 주민들에게 새로운 개념의 목표와 이점을 강조하면서 끊임없이 홍보했다. 또한 정관 작성에 참여하고 시민들에게 전당업의 규칙을 설명했다. 마지막으로 모금 캠페인을 성공적으로 조직하고 후원자를 많이 모았다.

몬테 디 피에타와 유대인 추방

가난한 사람들을 위한 소액대출은행은 기존의 대부업자, 담보대출은행과 경쟁하면서 거의 모든 곳에 설립되었다. 기존의 경쟁 은행은 기독교 롬바르드 은행과 카베르첸 은행이었지만, 몬테의 설립과 관련된 사회적 분위기는 오직 유대인 금융기관에만 적대적이었다. 그러면서 많은 곳에서 도시의 유대인 거주자들을 향한 대규모 폭력적인 공격이 있었다. 여기에서도 프란체스코회 설교자들은 '인플루언서'로서 매우 중요했다. 그런데 이번에 그들은 불명예스러운 역할을 했다. 고리대금에 반대하는 설교를 하면서 유대인 대부업자들을 정기적으로 비방했고 모든 악에 대한 책임을 그들에게 전가했기 때문이다. 오늘날 이런 설교를 읽으면 소스라치게 놀라게 된다. 어떻게 빈곤을 물리치려는 투쟁과 진정한 사회 개혁적 이상주의가 유대인 거주자들을 향한 그토록 비인간적인 선동과 손을 잡을 수 있을까? 프란체스코회 설교자들은 가난한 사람들을 위한 싸움을 같은 시민인 유대인에 대한 싸움으로 바꾸었다.

유대인 은행가들이 빈민을 위한 은행에 자금을 지원하다

이에 대한 대표적인 사례가 페루자이다. 1462년 초, 성지 순례에서 막 돌아온 프란체스코회 미켈레 카르카노가 페루자에 도착했다. 그는 설교에서 공개적으로 시 정부에게 유대인 대부업자들과 계약을 해지하고 즉시 몬테를 설립할 것을 촉구했고 그렇지 않을 경우 파문을 당할 것이라고 협박했다. 시의회가 소집되었고 카르카노의 제안을 따르기로 결정했다. 유대인 금융기관과 맺은 계약은 단기간에 해지되었다. 하지만 불행히도 자본이 부족해서 새로운 은행 설립은 진전을 보지 못했다. 교황의 독촉으로 유대인과 계약을 갱신하게 되었고, 1463년 3월 이들을 도시로 다시 불러 몬테 설립에 필요한 1,200플로린을 대출받고서야 상황이 다시 움직였다. 이 일이 있기 얼마 전 교황은 이미 유대인 은행가들이 페루자에 인접한 마을 데루타에서 사업을 재개할 수 있도록 승인했다. 이에 대해 유대인들을 시기했던 도시 사람들은 가장 큰 적대감을 드러냈고, 조직적으로 가짜 뉴스를 퍼뜨렸다. 시 법원에 유대인 동료 시민을 고소했을 때 모든 고발이 신뢰할 수 없다는 이유로 기각되었다. 모든 피고인들 또한 무죄를 선고받았지만 비난은 세간에 남아 있었고 당연히 고소인들은 이제 법원의 신뢰성에 의문을 제기했다. 비슷한 시기에 몬테는 유대인 대부업체에 2,000플로린을 추가로 대출받았다. 어쨌든 몬테가 사업을 시작하는 데 필요한 자금을 유대인 자본에 의존한 것이다. 더 나아가 유대인 거주자들 또한 몬테의 현금 장부에 고객으로 등장해 신용거래와 이체거래를 한 것으로 드러났다. 16세기 중반에 작성된 도미니크회의 법률학자 시스토 데 메디치는 소견서에서 도시의 공동선은 이성에 기반을 둔 법률에 따라 보장된다고 했다. 그리고 유대인의 존재는 기독교 도시의 공동체를 위해 유익하므로 그들과 공존하는 것은 합리적이라고 논증했다. 분명히 유대인과 기독교인 도시 주민들 사이의 상호작용 형태는 다층적이고 복잡했다. 협력과 경쟁 사이에 있는 양면적인 관계였고 거의 모든 도시에서 유대인 기부자의 재정적 도움으로 몬테가 설립되었다.

유대인 은행가의 '침묵의 동업자' 교황

1468년 페루자 출신 프란체스코회 수도사인 포르투나토 코폴리와 자코모 델라 마르카의 주도로 아시시에 몬테가 설립되었다. 이곳에서도 설립과 함께 지역에 거주하는 유대인을 반대하는 대규모 캠페인이 일어났다. 포르투나토는 지역 군주들이 유대인 금융기관과 체결한 기존 계약을 해지하지 않으면 파문을 당할 것이라고 위협했고 이내 사람들은 계약을 해지했다. 그런데 얼마 지나지 않아 로마에서 직접적으로 해지를 즉시 철회하라는 경고 형태의 제재 반응이 나왔다. 이 설립 과정에서도 교황청은 명백하게 도시의 유대인 은행가 편에서 행동했다. 1469년 7월 16일 도시의 원로들은 교황 바오로 2세로부터 교황청 회계 책임자와 교황청 대심원장이 서명한 서신을 받았다. 이 두 명의 교황청

고위 관리는 유대인 주민들과 맺은 계약을 파기한 것에 교황의 유감을 표명하며 시장과 시의회에 유대인들을 존중해줄 것을 촉구했다. 이 서신에는 프란체스코회 설교자들에 대한 경고도 포함되어 있었다. 그들이 그리스도인들의 행동을 개선하고 싶다면 설교를 해야 하겠지만 그렇다고 궁극적으로 그들의 법을 존중했던 유대인들에게 해를 끼쳐서는 안 된다는 내용이었다. 유대인이 기독교인과 다른 습관을 가지고 있다는 사실이 유대인을 해칠 이유는 되지 않기 때문에 도시 원로들이 설교자들을 훈계해야 한다는 내용도 포함되었다. 물론 설교자들은 죄를 정죄하고 가능한 한 죄를 근절해야 하지만 유대인들은 그들의 방식대로 살도록 허용해야 한다는 것이다. 교회법에 따라 그리스도인들 사이에 유대인이 있는 것이 허용되기 때문이었다. 이 편지를 근거로 아시시의 수도원장들은 유대인 주민 조약을 갱신했다. 10년 후, 나중에 교황 율리우스 2세가 된 추기경 줄리아노 델라 로베레는 시(市)에 편지를 써서 유대인과 맺은 계약의 승인을 재확인하고 파문의 위험이 없음을 명시적으로 강조했다.

경쟁과 협력 사이에서

최근 몇 년 동안의 연구에서는 유대인 은행, 교황, 시 당국 간의 실질적인 협력이 많이 있었음을 확인했다. 1470년 역시 포르투나토 코폴리의 주도로 몬테가 설립되었던 아멜리아에서 유대인 은행가들은 공식 승인을 얻어 중단 없이 사업을 계속 이어갔다. 그들의 고객에는 시민들뿐만 아니라 페루자의 시장과 주교도 포함되었다. 스폴레토1469년에서도 유대인 은행들은 공식 승인을 받아 계속 운영되었다. 자코모 델라 마르카의 주도로 몬테가 설립되었던 폴리뇨에서는 반복적으로 몰아냈음에도 불구하고 여전히 유대인 은행들이 존재했다. 펠트레의 베르나르 디노는 1480년 사순절 기간에 큰 소리로 도시에 거주하는 유대인을 반대하는 설교를 했다. 그래서 결국 밀라노 공작의 사절이 편지를 갖고 파비아에 도착했는데, 편지에는 설교자에게 혐오 연설로 도시가 완전히 파괴되기 전에 즉시 도시를 떠날 것을 촉구하는 내용이 담겨 있었다. 트레비에서는 유대인 은행가들을 결국 쫓아내지 못했다. 그 대신 시의회는 적절한 계약을 협상하는 일을 프란체스코회의 발기인 페루자의 아고스티노에게 위임했다.

앞서 살펴본 사례에서 알 수 있듯이 로마의 교황청은 이미 13세기 중반부터 많은 경우 유대인 은행의 파트너였다. 페루자와 같이 도시가 일방적으로 유대인 은행가들에게 해지 통보를 해서 계약을 복원할 수 없는 경우, 교황은 종종 다른 방법으로 유대인들을 보호했다. 예를 들면 가능한 한 지장 없이 금융사업을 계속할 수 있는 가까운 장소에 새로운 거주지를 허락하는 일이었다. 주어진 예시에서도 알 수 있듯이 시 당국은 유대인 거주자들에 대한 혐오 연설에 관심이 없었으며 심지어 설교자들을 반복적으로 추방시켰다. 마지막으로 가장 중요한 발견 중 하나는 가난한 사람들을 위한 중세 소액대출은행이 대부분 유대인 은행의 상당한 기부 — 일반적으로는 강요된 대출 — 덕분에 탄생했다는 점이다. 유대인 은행은 새로 설립된 기독교 소액대출기관에 대부분의 자본을 제공하면서 중심적인 역할을 했다. 회계장부에 대한 최근의 경제사적 평가에서도 기독교와 유대교 대출기관이 실제로 얼마나 오랫동안 긴밀하게 협력하면서 서로 보완했는지 드러난다. 유대인 거주자들은 몬테의 고객이었고, 몬테에 돈을 투자하고 대출을 받았으며 일반경매에서 구매자로 활동했다. 그러나 지금까지는 이런 측면을 알 수 없었다. 프란체스코회 설교자들의 도를 넘은 유대인 혐오 설교에 집중한 나머지, 협력과 경쟁 사이를 오가던 그들 사이의 실제적 관계를 제대로 볼 수 없었기 때문이다.

위기 속에서는 해결책을 찾는 것보다 책임질 사람을 찾는 것이 더 쉽다

경제사적 평가에서 기독교와 유대교 대출기관의 긴밀한 협력이 있었다고 해도, 소액대출은행이 설립되면서 북부 이탈리아 도시에서 매우 강화된 반유대주의가 발생했다는 역사적 사실은 없어지지 않는다. 유대인 거주자와 사업가에 대한 적대감과 폭력은 가난한 사람들을 위한 은행이 설립되면서 치러야 했던 대가였고, 그 값은 유대인이 치러야 했다. 이런 연관성을 설명하는 일은 쉽지 않다. 아마도 프랑스의 민족학자 르네 지라르가 전형적인 위기현상으로 묘사했던 소수자, 이방인, 사회의 구성원과 다른 종류의 사람들에 대한 집단적인 폭력분출의 한 형태로 이해할 수 있을 것이다. 지라르는 그의 책 《희생양》에서 재난, 역병, 전쟁의 시기 또는 경제적 성장과정이나 쇠퇴과정 시기에도 공동체의 존립에 대한 두려움이 어떻게 퍼질 수 있는지 재구성했다. 여기서 위기의 시기에 마치 집단 반사처럼 기능할 수 있는 사회적 방어기제의 기능방식에 대한 도식을 개발했다. 사람들은 공동의 해결책을 찾는 대신 존재 자체로 위기의 이유가 되기에 충분해서 죄를 물을 사람들을 찾는 방법을 선택했다. 이른바 희생양의 표식을 지닌 자들을 알아본 것이다. 모반母斑에서 초인적인 신체능력에 이르기까지, 절름발이에서 동정녀 탄생에 이르기까지 무엇이든 희생양이 될 수 있다. 카리스마적인 손가락으로 '우리와 다른' 누군가를 가리키는 것만으로 충분하며, 곧 희생양은 정해지고 적이 되고 괴롭힘을 당하고 처형된다. 지라르의 논제에 따르면 피비린내 나는 집단폭력을 분출하면서 위기에 처한 공동체는 새로운 힘과 안전을 발견한다고 한다. 이 연구는 심지어 항상 일시적으로만 효력이 있는, '통합을 부추기는 폭력의 양극화'라고 표현하기도 한다. 마리아 주세피나 무자렐리는 비교적 평화로운 공존 속에서 북부 이탈리아 도시의 확고한 구성요소였던 유대인 시민을 향한, 15세기 후반부터 시작된 격렬한 공격을 양극화된 폭력의 과잉형태로 이해할 것을 제안했다. 경제적 호황의 시대는 도시에 거대한 도전을 안겨주었고 사람들은 무엇보다도 소액대출은행을 설립하는 방법으로 이에 대처했다. 이로써 중세의 명령이었던 이자대출 금지는 마침내 해제되었다.

중세 소액대출은행의 자본은 어디에서 왔을까?

여기서는 중세 담보대출은행의 실제 운영방식을 자세히 살펴본다. 대출은 정확히 어떤 과정으로 이루어지는지, 누가 담당했는지, 담보물은 어디에 보관했는지, 어떤 물건을 맡길 수 있고 자본은 어디에서 오는지 등에 대해서 말이다. 먼저 마지막 질문에 대답을 해보자면 원칙적으로 자본 출처는 4가지로 구분할 수 있다. 첫 번째 자금 출처는 기부금이었다. 기부금은 교회의 헌금 주머니에서부터 부유한 시민들의 막대한 기부금과 유언에 따른 유산에 이르기까지 증여에 대한 호소를 통해 거두어들인 것이다. 일부 도시에서는 몬테 앞에 기부함을 놓아두고 저녁마다 함을 비웠다. 두 번째 자금 출처는 공유지 임대나 곡물 판매를 통해 시에서 벌어들인 돈이었다. 많은 도시는 거리에서 도시 공동체의 연대감을 공개적으로 연출해 보여주는 행렬로부터 기부금을 걷기도 했다. 로마에서는 5,000명 이상 회원을 가진 일종의 협회 또는 조합인 형제회compagnia가 몬테를 조직했는데, 각 회원은 은행의 준비금을 확충

하기 위해 기부금을 냈다. 부부는 한 사람으로 계산되었다. 중요한 수입원은 형제회가 조직한 연례행사인 성령강림절 행렬이었다. 이 행사는 3주 전부터 목사들이 교회에서 미리 알렸다. 로마의 도시 엘리트인 시 참사회 의원, 귀족과 모든 시의원, 피렌체와 제노바의 주요 대표자, 수도원장, 대학 교수 등 지역의 모든 유명 인사들이 초대되었다. 참여한 모든 사람들은 교황의 면벌부를 약속받았고, 이에 대한 보답으로 후한 기부금을 냈다. 세 번째 자금 출처는 시 소송의 수익금으로서 벌금, 배상금 또는 몰수된 장물이었다. 그리고 마지막 네 번째 자금 출처는 앞서 자세히 설명했듯이 가난한 사람들을 위해 설립된 새로운 담보대출은행의 자본금이 나온 기존의 금융기관, 특히 유대인 은행의 금고였다.

나팔수, 담보물 관리자와 쥐를 잡는 고양이

소액대출사업을 원활하게 진행하기 위해서는 담당 직원들이 필요했다. 주요 책임자는 사업의 합법성을 나타내는 이름인 '수탁자'였고 오늘날 은행장이라고 할 수 있다. 두 번째로 중요한 직책은 담보물에 대한 모든 일을 책임지는 담보물 관리자였다. 담보물을 제대로 등록하고 보관하는 일은 은행 시스템이 제대로 돌아가기 위한 전제 조건이었기 때문에 중요했다. 이 일에는 깨끗하고 건조한 창고가 필요했다. 정관을 보면 선반 크기에서 정기적인 청소에 이르기까지, 매달 시행해야 하는 재고조사에서 쥐를 잡기 위해 고양이를 둘 것까지 자세한 규정들이 나와 있다. 담보물 관리자 곁에서 일을 돕는 조수들은 고객의 담보물을 받아서 포장한 뒤 창고에 가져가기 전에, 감정 평가를 위해 담보물을 회계 책임자에게 보여주었다. 고객에게는 담보물의 감정된 가치가 무엇보다 중요했다. 상당수 정관에는 회계 책임자로 금 세공사를 우대해야 한다고 규정하고 있다. 회계 책임자가 담보물의 가치를 결정한 후에 고객의 이름과 성, 담보물의 가치와 품질에 대한 설명, 승인된 대출금액을 장부에 옮겨 적고 채무증서에도 기재했다. 이 채무증서에 서명하면 대출계약이 체결되고 대출금액은 담당 관리 또는 일부 은행에서는 수탁자가 지급했다. 담보로 허용되는 품목과 허용되지 않는 품목에 대한 명확한 규정도 있었다. 옷과 가정용품은 허용되었고 성경이나 십자가와 같은 종교적인 물건은 허용되지 않았다. 은행은 도난당한 물건도 받아서는 안 되었다. 담보물이 상환되지 않을 경우 손실을 피하기 위해 대출금액은 일반적으로 실제 담보물 가치의 2/3까지만 해당되었다. 돈을 지급받을 때 고객은 대출 금액과 기간에 대해 합의된 조건을 포함하는 채무증서도 함께 받았다. 이런 관리 절차의 일환으로 상세한 회계장부를 작성했다. 예를 들어 레지오 에밀리아 몬테의 담보물 목록으로 기재된 것만 7권의 방대한 묶음으로 보존되어 있다. 이를 통해 몬테의 정확성과 투명성에 대한 의무가 어떻게 상세한 부기를 통해 실행되었는지 알 수 있다. 몬테는 공립은행으로서 본분을 지켰으며, 종종 거래와 관련된 문서를 의도적으로 폐기하거나 처음부터 만들지도 않았던 사립은행의 관행과 대조를 이루었다. 일반적으로 6개월에서 18개월의 대출기간이 만료된 후, 고객은 대출금과 채무증서를 넘겨주고 담보물을 되찾았다. 되찾아가지 않은 담보물은 담보물 담당 판매자가 공매에 붙였고 전령인 나팔수는 이를 도시 전역에 알렸다. 해당 고객에게도 담보물을 되찾을 기회를 주기 위해 곧 치러질 경매 정보를 제공해야 했다. 경매에서 대출액보다 더 높은 가격을 달성했다면 그 차익은 담보물의 원래 소유자인 고객에게 직접 반환되거나 자선기관으로 보내졌다.

다음 그림은 파엔차의 몬테 디 피에타의 일상 업무를 생생하게 보여준다. 아래쪽에 보석, 냄비, 프라이팬, 물렛가락과 같은 담보물을 받는 조수들을 볼 수 있다. 앞쪽에는 붉은 옷을 입은 다소 키가 작은 두 사람이 여성 고객 5명을 돕고 있다. 이들은 몬테의 엄선된 사환으로 1년 동안 적은 임금을 받고 그들을 지원하기 위해 고용되었던 젊은이들이었

그림 4.3 조반니 바티스타 베르투치의《압류(Il pignoramento)》에 나오는 16세기 파엔차의 몬테 디 피에타

다. 오늘날로 보면 아마도 '자발적인 사회복무의 해'라는 틀에서 근무하는 직원일 것이다. 카운터 뒤에서 흰색 깃이 달린 검은 옷을 입고 고객의 담보물을 받는 관리는 아마도 담보물 관리자 또는 그의 부하직원 중 한 명일 것이다. 담보물은 감정인 앞에 놓이는데 감정인은 아마도 카운터 뒤 그림의 왼쪽에 검은 옷을 입고 있는 관리가 아닐까? 그런데 이 사람은 그보다는 대출금 지급에 더 몰두하고 있는 것처럼 보인다. 첫 번째 카운터 뒤의 긴 테이블에 있는 두 명의 서기는 실물 가치와 지급된 금액을 회계장부에 옮겨 적고 채무증서를 발행한다. 검은 옷을 입은 세 번째 관리는 아마도 방금 작성된 채무증서를 받아서 지급할 수 있도록 출납계에 전달하는 것 같다. 그림의 우편에는 세심하게 끈으로 묶어 놓은 담보물이 놓여 있다. 보관할 때 손상을 방지하려는 조치이다.

도시의 소액대출사업을 관리하고 조직하는 데 많은 직원이 필요했다는 것은 분명하다. 적은 금액의 대출과 짧은 상환기한으로 매출은 점점 더 높아졌고 업무량은 더욱 더 늘어났다. 이를 통해 인건비와 복합적인 조직구조를 설명할 수 있다.

이사회: 로마의 사례

각 은행에는 도시의 중요한 인물들로 구성된 이사회도 있었다. 맨 위에는 '명예 회장'과 감독 위원교구 법무관 3인이 있었다. 그리고 16세기에는 매우 특이한 경우로 여성 이사수도원장 3인과, 로마 도시 귀족 또는 명문가의 구성원들이 있었다. 또한 의원하원 4인, 시장신디치 2인, 로마의 13개 구역 대표로 구성된 평의회 13인이 이사회에 포함되었다. 명단을 보면 이 프로젝트의 운영자들은 은행이 도시의 정치적, 사회적 엘리트 안에서 가능한 한 폭넓게 정착되기를 원했음을 분명히 알 수 있다.

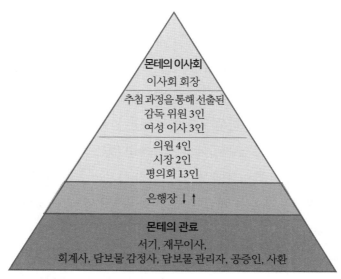

그림 4.4 1557년 법령에 근거한 로마 몬테의 조직도

은행의 관리자들과 달리 모든 이사회 구성원들은 무보수로 일했다. 또한 은행과 이사회의 접점에 있는 수탁자는 가장 큰 부담을 안고 있었는데, 직원들을 관리하고, 체계적인 절차를 책임지며, 임금을 지불하고, 돈을 관리하고, 담보물 목록을 감독하고 이를 매월 이사회에 보고할 의무가 있었다. 게다가 이 모든 일이 자원봉사였다! 이 직책은 매년 도시 지도층의 구성원이 돌아가며 맡았다. 분명 지역의 소액대출은행 설립을 위한 봉사는 로마 엘리트의 당연한 의무 중 하나였다.

고객들은 누구였을까?

도시와 도시 주변 지역에 사는 가난한 사람들만 몬테에서 대출을 받을 수 있었다. 문헌에 따르면 반복적으로 힘 있는 가난한 사람들, 문자 그대로 번역하면 '기름지게 가난한 사람들pauperes pinguiores'의 이야기가 나온다. 그들은 스스로 일을 해서 생계를 유지할 수 있었고 사업을 유지하는 데 유리한 대출이 필요했다. 대부분 처분할 수 있는 과세대상 재산이 거의 혹은 전혀 없었다. 최근의 역사적 연구에서 이 그룹은 종종 '소시민'이라는 용어로 요약된다. 하위 계층이라는 용어는 오해의 소지가 있는데 아마도 중세 도시사회의 90% 이상이 하위 계층으로 전락될 수 있기 때문이다. 중세시대 사람들은 다른 범주를 사용했다. 기름지게 가난한 사람들은 가진 것이 거의 없지만 무기력하지는 않았다. 상대적인 무소유의 삶의 형태가 반드시 무가치한 삶의 형태는 아니었다. 오히려 정반대였다. 합법적인 삶의 방식이었고, 사회의 생존에 중요했기 때문에 필요하다면 지원받을 자격이 있었다. 소액대출은 가난한 사람들 중에서도 너무 가난해서 생계를 꾸릴 수 없는 사람들, '자립을 위한 지원'은 꿈도 꾸지 못하게 가난한 사람들을 위한 것이 아니었다. 이들은 장애인, 만성질환자, 거렁뱅이 등으로 시와 교회의 네트워크를 통해 정기적으로 구호를 받았다.

따라서 중세 몬테의 고객은 가난한 사람들 중에서도 가장 가난한 사람들, 비참할 정도로 가난한 사람들이 아니었다. 예비금이 거의 없었고 현금도 없어서 세금을 내지 않았지만 의복, 가구, 도구, 장신구 형태의 소유물은 있었다. 이 점에서 자연스럽게 대출수단으로서 담보대출의 원리가 발생한다. 근본적으로 저축이 지금보다 어려웠고 은행이 저축을 늘릴 기회를 거의 제공하지 못했던 사회에서 저당잡히는 행위는 절박한 행동도 근시안의 표시도 아니었다. 완전히 그 반대였다. 오히려 일상적인 물건을 획득하는 일은 단지 사용하기 위해서뿐만이 아니라 필요할 때를 대비한 저축 수단이기도 했다. 그러므로 좋은 옷을 사는 것은 미래에 대한 투자가 되었고, 필요한 경우 현금으로 전환할 수 있어서 비상사태를 위한 예비금이 되었다. 일상에서 사용하는 물건은 동시에 가치저장 수단으로 필요할 때 깨뜨려 쓸 수 있는 비축물이었다. 소액대출은행의 고객 중에는 가난한 사람들 외에 더 나은 계층의 사람들도 있었는데 그들에게도 일상의 물건은 사용 수단과 가치저장 수단이라는 이중적 기능을 지녔다. 이는 앞에서 언급한 볼로냐의 사례에서 아주 분명해진다. 17세기 볼로냐의 담보대출사업은 성공적으로 확장되어 몬테는 도시에 있는 창고를 포함해서 총 5개 지점을 갖게 되었다. 마우로 카르보니는 고객의 혼합을 통한 금융서비스의 확장이 사회적 대립의 균형에도 기여함을 보여주었다.

양말, 벨트, 오븐 문에 대하여

차용인들은 보석, 도구, 침대시트, 벨트 등 모든 물건을 저당잡혔지만 그중 가장 많은 물건은 의류였다. 은행은 상세한 담보물 목록을 작성했기 때문에 상당히 정확한 정보를 제공해준다. 마리아 주세피나 무자렐리는 페루자 1469년, 피스토이아 1491년, 우르비노 1492~1493년의 담보물 목록을 평가하고 광범위한 스펙트럼을 밝혀냈다. 페루자와 피스토이아의 목록은 상환되지 않은 담보물 경매를 계기로 작성되었다. 우르비노의 문서에는 대출금 대신 은행에 예치된 담보물이 기재되어 있었다.

그림 4.5 담보물로 쓰였던 도구, 의류, 장신구

피스토이아에서는 주로 생활용품을 담보로 받았다. 담보물의 절반 이상인 680개 중 399개가 식탁보, 침대보, 손수건이었다. 그 외에 의류 164개와 장신구 52개가 있었다. 이와 대조적으로 우르비노에 맡겨진 목록에서 옷은 몇 벌에 불과했다. 화려하게 수를 놓은 벨트로는 60볼로냐 페니히를 대출받았는데 이는 잘 유지된 린넨 코트 가격과 비슷했다. 이 목록에서 가장 적은 액수의 담보물은 막달레나라는 이름의 하녀가 6볼로냐 페니히를 대출받은 낡은 양말 한 켤레였다. 다른 고객은 베개로 8볼로냐 페니히를 받았고 빵틀로는 14볼로냐 페니히를 받았다. 페루자의 경매 목록은 담보물 총 703개를 포함하고 있다. 여기서도 의류가 가장 큰 부분을 차지했으며 수건, 침대보, 두건, 벨트, 속옷, 직물이 그 뒤를 이었다. 금반지, 산호 목걸이, 원석과 같은 몇 가지 장신구도 이 목록에서 발견되었다. 보석을 저당물로 잡힌 사람이라면 대출금을 상환하고 담보물을 되찾아갔을 가능성이 크다고 추측할 수 있다. 실제로 정관에 따라 허용되지 않았던 무기와 오븐 문도 이 목록에 있었다. 덧붙이자면 오븐 문은 제빵사가 낙찰받았다. 이런 물품의 판매가는 식탁보나 침대보 1플로린으로부터 완성된 여성의류 몇 벌 가격인 14플로린까지 다양했다.

기록에 나타난 채무자와 구매자의 직업으로 고객들의 사회적 구조를 추론할 수 있다. 면직조공, 재단사, 재봉용품 상인, 대장장이, 양모 상인, 염색공, 이발사, 벽돌공, 향신료 상인, 도축업자, 가금 사육자, 제빵사, 제화공, 모피 가공업자와 같은 수공업자와 상인이 주를 이루었다. 채무자 중에 여성이 6명 등장하는데 구매자 중에는—적어도 페루자 몬테의 초기 단계 목록에는—여성이 전혀 없었다. 이 결과를 중세 후기에도 여성들이 더 신뢰할 수 있는 차용인이었다는 증거로 해석해야 할까? 이미 말했듯이 페루자 목록은 찾아가지 않은 담보물의 목록이다. 어쩌면 여성들은 대출금을 상환하고 담보물을 되찾아갔기 때문에 여기에 나타나지 않는 것일 수 있다.

금리는 어느 정도였을까?
수수료는 무엇이며 고리 대금은 무엇일까?

21세기와 마찬가지로 15세기 후반에도 소액대출은행의 설립은 엄청난 비난을 받았다. 이자를 받는 것이 적법한지 아닌지의 문제가 큰 쟁점이었다. 오늘날 고리대금은 과도하거나 불법적인 이자수령을 지칭하지만 중세 교회법에 따르면 돈이나 물건을 빌려주고 받는 수수료는 모두 일종의 고리대금으로 간주되었다. 고리대금 금지는 고대 후기에 시작되었지만 수백 년 동안 문제가 되지도 않았고 지켜지지도 않았다. 12세기에 상업혁명이 시작되고 이에 따라 대출사업이 확장되면서 비로소 이자의 정당성에 대한 논의가 시작되었다. 이자놀이를 통한 투기는 유례없는 이익을 가져다주었고 사회적 불평등을 악화시켰기 때문이었다. 교회는 이런 문제에 대책을 강구했다. 12세기 후반에 이자 금지가 종교회의 결의안에 등장한 이후로 고리대금업자에게는 이자 이익을 채무자에게 모두 돌려주기 전까지 기독교식 장례가 거부되었고 도시는 대부업 허가를 금지했다. 교회의 이자 금지는 실제로 지켜지지 않았지만 중세 전성기와 후기 경제활동에 다양한 영향을 끼쳤다. 예를 들면 간단한 소비자 금융대출부터 비즈니스 동반관계, 무역협력 또는 몬테 코뮌에서 일반적이었던 도시채권 이자 등이다. 그래서 12세기 이후의 계약서에서는 일반적으로 '이자'라는 용어 대신 다른 표현을 사용했다. 그런데 신학자들과 교회법 변호사들도 의견이 나뉘었다. 토마스 아퀴나스 같은 근본주의자들은 아리스토텔레스의 '화폐불임설' 아리스토텔레스는 화폐란 거래에 쓰이도록 만들어졌지 이자를 불리기 위한 용도가 아니며, 화폐가 화폐를 낳는 이자는 가장 비자연적이며 혐오스러운 형태의 교환이라고 보았다-옮긴이을 인용했다. 13세기 후반의 가장 유명한 교회법 학자 하인리히 폰 수사는 반대의견을 피력했다. 그는 예를 들어 대출업자가 상인이고 자신이 빌려준 돈으로 달성할 수 있는 이익을 대출을 통해 얻지 못했다면, 이에 대해 보상을 받을 권리가 있으므로 대출에 대한 이자는 적법하다고 결론지었다. 또한 이자 금지는 임종을 앞둔 일부 선량한 도시 시민들도 양심의 가책을 느끼게 했다. 예를 들면, 피렌체 몬테 코뮌의 강제 공채에 대한 이자가 고리대금이었기 때문에 천국으로 가는 길에 걸림돌이 된다는 말인가? 자신의 구원을 도박에 걸어야 할 만큼 이자가 가치가 있을까? 실제로 이런 생각으로 괴로워했던 피렌체의 상인 안젤로 코르비넬리는 만약 교회가 대출로 받은 이자를 고리대금으로 결론 내릴 경우, 자신의 상속자들은 미래에 대출을 받아서는 안 된다는 조항을 유언장에 포함시켰다. 몬테의 반대자들과 지지자들은 이자의 합법성과 불법성에 대한 신학적 궤변을 놓고 열띤 논쟁을 벌였다. 일부 몬테는 처음에 이자를 전혀 받지 않고 일했지만, 다른 몬테는 처음부터 당시에 매우 낮은 이자율이었던 5%를 요구했다. 이는 처리 수수료와 담보물의 보관비용, 공간 임대료와 은행 직원들의 급여와 같은 비용을 충당하기 위해서였다. 극단적인 이자 금지는 가난한 사람들을 위한 금융 서비스의 실질적인 시행과 배치되었다. 소액대출은행에도 급여를 받아야 하는 직원이 필요했고, 업무를 처리할 사무실과 담보물을 보관할 창고 등이 필요했기 때문이었다. 이에 따른 비용은 어떻게든 충당해야 했고 필요한 돈은 어디서든 들어와야 했다. 그렇다면 '비용 충당'과 이자 사이의 경계는 어디에 있었을까? 일부는 5%의 온건한 요구조차도 지출 경비로 위장된 이자와 고리대금이라고 생각했다. 다른 일부는 위협적인 빈곤에 직면해 조치가 시급하다는 점과, 만약 모든 수수료를 포기할 경우 담보대출은행의 자본금은 아주 짧은 시간에 임금과 임대료 등으로 소진될 것이므로 지속 가능성 측면에서 이자의 필요성을 변호했다. 초기에는 소액대출은행의 합법성을 확인하거나 또는 의문을 제기하기 위해 각계각층에서 수많은 보고서를 수집했다. 이때 교회는 이자에 반대했고 도시는 찬성했다고 일괄적으로 말할 수는 없다. 오히려 정반대였다. 실용적인 면에서 온건한 이자를 받을 것을 주장했던 목소리는 종종 로마에서 나왔다. 그러나 카리스마적인 몬테 옹호자들인 프란체스코회 설교자들 사이에서도 의견은 엇갈렸다. 가장 오래된 페루자 소액대출은행의 창시자 중 한 명인 밀라노의 미켈레 카르카노는 급진적 근본주의자로서 이자를 엄격히 반대했으며, 설교를 통해 이자를 받거나 이자 받는 행위를 묵인하는 모든 사람을 정죄했다. 여기에는 기독교 담보대출은행의 운영자, 유대인 대부업자, 아우구스티누스회의 엄수파, 시의회 의원, 기독교 상인이나 가난한 과부를 막론하고 모두 예외 없이 해당되었다. 심지어 미켈레는 이자 받는 것을 용인한 교황의 처사를 두고 여러 번 비판했다. 파도바의 갈바노나 펠트레의 베르나르디노와 같은 저명한 프란체스코회 설교자들과 몬테 지지자들은 지역 사회의 이익을 위해 적당한 이자를 옹호했다. 이들은 은행이 최소한 경비를 충당하면서 운영되어야만 가난한 사람들을 지속 가능하게 도울 수 있다는 입장을 분명히 했다.

몬테 디 피에타의 도덕적 경제

요약하자면 이탈리아 르네상스 도시에 소액대출은행을 설립한 것은 공동선에 크게 기여했다고 할 수 있다. 은행은 유리한 조건으로 대출을 제공할 수 있었는데 이익 지향적이 아니라 비용을 충당하는 방식으로 작동했기 때문이었다. 수많은 은행들은 20세기까지도 유지되었고, 수 세기 동안 사회의 소외된 사람들에게 소액대출을 제공했다. 재정적 지원 외에도 수많은 도시의 가난한 사람들에게 추가적으로 원조를 제공했다. 몬테의 건물들은 교회와 유사한 특권을 누렸는데, 말하자면 망명 장소로도 사용되었다. 예를 들어 페루자에서는 담보물을 손에 들고 몬테로 가는 중이거나 대출금을 갖고 몬테에서 나오는 사람은 어떤 경우에도, 예를 들어 이전에 도시에서 추방당했던 사람이라도 체포할 수 없다고 공표되었다. 비첸차 몬테 앞에 있는 돌판에는 "당신이 누구이든, 법원의 기소나 원수를 피해 도망치고 있든, 이 성스러운 문지방에 닿기만 하면 안전하다."라는 글이 적혀 있다. 비슷한 것이 피스토이아에서도 전해 내려온다. 피스토이아의 몬테에서도 몬테 문턱을 넘어서는 즉시 그 사람은 법원의 기소로부터 안전했다. 상업혁명 동안 위협에 처한 사람들에게 제공되었던 아주 실질적인 도움에서, 소액대출은행의 운영 목적이 이윤 극대화만은 아니었음이 분명해진다. 이런 역사는 롤 모델과 사회적, 경제적 지속 가능성에 대한 비즈니스 모델을 제공한다. 이 모델은 수 세기 동안 기능했으며, 위기와 파산, 혁명과 심지어 나폴레옹까지 극복하며 살아남았다. 사회적, 경제적으로 약자인 도시 사회의 구성원들을 위해 금융서비스를 제공하겠다는 단 한 가지 중심 기능을 수행했기 때문이었다. 이를테면 그들이 모든 접시닦이를 백만장자로 만들려고 한 것은 결코 아니었다. 중세 소액대출은행의 모델에서는 접시닦이를 품위 있는 접시닦이로 만들어주는 것이 중요했다. 돼지치기, 하녀, 접시닦이의 경제적 수준에서도 시장에 참여할 수 있는 길이 보장되어야 했다. 중세 후기 소액대출은행을 설립했던 사람들에게는 이런 생각이 분명했던 것처럼 보인다. 그리고 그들이라면 확실히 무함마드 유누스를 소액대출은행의 이사회에 포함시켰을 것이다.

2 중세 도시의 P2P 대출

소액대출은행은 주로 이탈리아 르네상스 도시에 있었지만 사실 소시민은 어디에나 있었다. 런던에서도 제화공이 신발을 만들려면 먼저 가죽을 구입해야 했고, 바르셀로나의 재단사는 어쩌면 새로운 직물 대금을 지불할 현금이 거의 없었을 수도 있다. 문제는 이 사람들이 아무리 소액이라 해도 필요한 자금을 어떻게 충당했는가 하는 것이다. 그런데 역사학자들은 오랫동안 이런 생각을 거의 하지 않았고 상인과 은행가의 사업에 집중했다. 왜냐하면 상인과 은행가는 최초의 근대적이고 시장 지향적인 사람들로 근대 금융제도와 은행제도의 개척자로 여겨졌기 때문이었다. 이런 전통적인 견해에 따르면, 중세의 나머지 지역은 시장과 멀리 떨어져 있고 경제 개발이 덜 된 상태였다. 그들은 기껏해야 물건을 교환하거나 친척들에게 돈을 빌리거나 군주에게 빚을 졌는데, 마침내 근대적 대출수단의 발달을 통해 소시민들도 재정적으로 더 자립하게 되었다는 것이다. 그러나 이런 평가는 이제 시대에 뒤처진 것이 되어버렸다. 최근 몇 년 동안 새로운 세대의 역사가들이 새로운 가설과 경험적 문헌연구를 통해 아주 놀라운 사실을 발견했기 때문이었다. 그들의 연구 목표는 소시민들의 자금 수요를 조사하는 것이었다. 금융 자본가와 진보 위주의 서사와는 거리가 먼 사람들이 어떻게 일상생활에 필요한 자금을 조달했는지 집중적으로 연구했다. 이를 위해서 잘 알려져 있지만 종종 간과되었던, 개인 가구의 자금 조달 모델이 기록되어 있는 출처를 조사했다. 결과를 간단하게 미리 말하자면, 전근대와 마찬가지로 신용거래는 소시민 사이에서도 널리 보급되어 있었다. 사람들이 이와 관련된 많은 내용을 기록으로 남겨두었고 게다가 현금보유고가 오늘날보다 훨씬 더 제한적이었기 때문에 소액대출이 매우 널리 퍼져 있었다고 할 수 있다. 오늘날 이 사실을 어떻게 그렇게 정확히 알 수 있었을까? 사람들이 신용거래의 안전대책으로 모든 사항을 서면으로 기록했기 때문이었다. 알프스 북부 대부분의 지역에서는 분쟁을 피하기 위해 신용거래와 합의된 상환방식을 기록해놓는 도시의 채무기록부를 운영했다. 알프스의 남쪽, 확장된 지중해 지역에서는 돈을 빌릴 때 공증인을 찾아갔다. 흥미로운 점은 아무리 적은 금액이라도 공증인이나 시 법원 앞에서 확증 받을 수 있었다는 것이다. 페니히 단위의 돈이나 신발 한 켤레의 돈을 시 법원이나 공증인에게서 서면으로 확인받은 경우도 있었다. 소비자 금융대출이 역사적으로 믿지 못할 만큼 다양한 형태로 나타났다는 사실은 매우 흥미롭다. 우리 선조들이 경제적으로 발전하지 못했다고 판단한 우리의 생각과 다르고, 자본주의와 19세기 저축 은행과 라이파이젠 은행 농업 신용 조합, 창시자 F. W. 라이파이젠의 이름에서 유래-옮긴이 의 발명으로 비로소 '가난한 사람들'이 계좌를 개설하고 금융시장에 참여하게 되었다는 가정과도 다르다. 그런데 이와는 정반대의 경우가 있을 수도 있다면? 자본주의가 오히려 대다수의 주민을 지역금융시장에서 밀어냈던 것은 아닐까?

"방대한 소액대출연구를 감히 시도한 사람은 거의 없다" 가브리엘라 시뇨리

무엇보다도 이런 문서 작업은 전혀 즐겁지 않기 때문이다. 소송기록, 회의록, 법원 판결, 미지급된 부채로 인한 추방 판결, 공증 사무소의 등기부, 기타 행정서류를 읽고 평가하는 것은 쉬운 일이 아니다. 그런데 일단 작업에 몰두하면 전 계층을 초월해서 널리 퍼져 있는 도시 신용시장에 대해 놀라운 통찰력을 얻게 된다. 취리히의 역사가 시몬 토이셔가 툰시市에 대해 말했듯이 "거의 모든 사람이 모든 사람에게 빚을 지고 있다는 인상을 받는다." 여기서 모든 사람이란 최하위 계층 사람들부터 지역의 지도층, 공직자, 시의회 의원에 이르기까지 모든 계층을 아우른다. 여성 포도주 상인들은 하녀들에게 대출을 해주었고, 농부는 목장주인에게 빚을 졌고, 상인들은 마부들에게, 수공업자는 그들의 하인에게, 하인은 그들의 집주인에게 그리고 시민들은 아마도 소유권 증서 발급을 위해 시 서기에게 빚을 졌다. 부채관계의 네트워크는 소도시 사회 전역에 걸쳐 형성되어 있었다. 또한 대출이 가족 구성원이나 친척과 같은 가까운 관계를 훨씬 넘어 규칙적으로 이루어졌다는 것이 분명해진다. 이는 다양한 유럽 도시의 구체적인 사례를 통해 다음에 제시할 것이다. 15세기 말 바젤을 먼저 살펴보겠다. 콘스탄츠의 여성 역사가 가브리엘라 시뇨리는 바젤시市가 개인 신용거래인 P2P 대출이 이루어질 때 배심 재판소에 있는 시의 채무 기록부에 거래내역을 기재하게 함으로써 안전성을 확보했던 방법을 연구했다. 시의 주도적인 대처 덕분에 오늘날 우리는 중세 소시민의 대출경제에 대해 더 자세히 알 수 있다.

어느 돼지치기의 죽음

1478년 2월 초, 돼지치기 안토니우스가 바젤 병원에서 사망했다. 우리는 그가 몇 살이고 어디에서 일했으며 무엇 때문에 죽었는지 모른다. 하지만 1478년 2월 10일 바젤 배심 재판소의 관리가 작성한 다음 목록

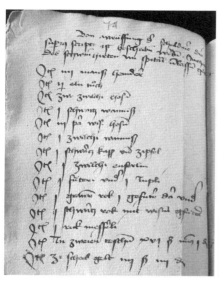

〈재산 목록〉

안토니우스의 채무자들이 항소했기 때문에 위에 언급된 날 기록됨.
안토니우스의 병원에 남겨진 물건: - 남성 셔츠 4벌   - 1 1/2 엘레(독일의 옛 치수 이름-옮긴이) 천   - 아마로 만든 바지 2벌   - 검은색 재킷 1벌   - 흰색 바지 3벌   - 아마로 만든 조끼 1벌   - 끝이 뾰족한 검은색 모자 1개   - 아마로 만든 소매 1쌍   - 사료 통 1개와 나무통 1개   - 안감이 있는 회색 치마 1벌   - 흰색 안감이 있는 검은색 치마 1벌   - 주머니칼 1개   - 두 개의 주머니 안에 1페니히가 모자란 16실링   - 그중 서기가 받을 대서료 4실링 4페니히

그림 4.6 1478년 2월 10일에 작성된 돼지치기 안토니우스의 재산 목록

을 바탕으로 사망 당시 그의 재산에 대해서는 모든 것을 알게 되었다.

돼지치기의 소유물은 예상대로 소박했고 대부분 의류였다. 외투 2벌, 셔츠 4벌, 겉옷, 속옷, 그런 다음 큰 통과 칼 같은 도구와 16실링에서 1페니히가 모자란 현금이 있었다. 분명히 가난한 사람이었다. 그가 병원에서 죽었다는 사실이 이를 뒷받침해줄 뿐이다. 그 당시 입원 기준은 질병보다는 오히려 숙소의 필요성이었기 때문이다. 장애인, 노인, 가난한 사람 그리고 노숙자와 거지도 병원에서 잠자리를 구했다. 부유한 사람도 노년에 보살핌과 부양을 받기 위해 병원에 들어갈 가능성이 있었겠지만 그런 사람은 양로원에 수용되었고, 안토니우스는 의심의 여지없이 부유한 사람에 속하지 않았다. 그는 생전에 파산했고 병원에서 가난하게 사망했다.

그렇다면 왜 군이 가난한 돼지치기의 소지품을 조사해서 시의 문서에 기록한 것일까 의문이 생긴다. 그 이유는 목록의 처음 세 줄에서 알 수 있다. 이 일은 '안토니우스의 채무자들이 항소했기 때문에' 이루어졌다. 돼지치기가 죽은 후 채권자들이 최소한 안토니우스에게 제공했던 대출의 일부라도 그의 유품을 통해 되찾기 위해 시에 이의를 제기했던 것이다. 바로 이런 경우를 대비해서 바젤에서는 15세기 초부터 상속인이 없거나 생전에 파산했던 사람들의 소유물 목록을 작성하기 위해 소위 기술서記述書를 도입했다. 아마도 안토니우스는 두 경우에 모두 해당되었을 것이다. 따라서 미지급된 채무를 일부분이라도 채권자에게 돌려주기 위해 관청에서 그의 소유물을 기록했다. 발생한 처리 수수료는 간단히 총액에서 제외되었다. '대서료' 4실링 4페니히는 배심 재판소에 의해 공제되었다.

1478년 2월의 이 짧은 기록에서 두 가지 결론을 내릴 수 있다. 첫째는 도시 빈민 구호시설에서 죽은 돼지치기도 바젤 배심 재판소의 시각에서는 미지급된 대출 빚을 갚지 못할 정도로 너무 가난하지 않다는 것이다. 둘째로 15세기 후반 바젤에서는 명백히 돼지치기라도 대출을 받을 수 있는 신용이 있었다는 점이다. 안토니우스에게 신용이 없었다면 채권자도 없었을 것이다. 어쩌면 안토니우스가 이전에 부자였는데 빚을 많이 져서 병원까지 오게 되었을 수도 있었겠지만 그럼에도 그는 부유한 바젤 시민이 아니었을 가능성이 크다. 돼지치기들은 승진도 강등도 되지 않았기 때문에 신분상 항상 가난한 사람들이었다. 그러나 분명히 대출을 받을 수 있는 신용이 있었다.

이런 점을 자세히 이해하려면 좀더 거슬러 올라가야 한다. 파산한 채 사망한 사람의 유산을 조사해서 기록하는 '기술서' 외에 곧 또 다른 독립적인 책이나 연속 간행물이 시 법원에 도입되었기 때문이다. 첫 번째는 체결된 대출계약의 기록대출기록부 용도, 두 번째는 담보로 압류하는 용도, 세 번째는 공개 법원 절차에 따라 징수하는 용도였다. 이 문서는 모두 바젤시의 기록보관소에 보관되어 있다. 가브리엘라 시뇨리는 믿을 수 없을 만큼 많은 양의 데이터가 있다고 말한다. 화폐와 상품 거래 확대에 대한 반응으로 신용 설정에서 압류를 거쳐 강제경매에 이르기까지 대출의 다양한 단계를 규제하려는 시도가 분명히 존재했다. 이런 관리 도구는 오늘날 P2P 대출이라고 부르는 일상적인 대출 관행도 함께 문서화했다. 시 당국은 대출거래 내역을 시의 법원 기록부에 기재하는 방법으로 특히 대출거래의 법적 안전성을 확보하려고 했다.

15세기 말 바젤의 P2P대출

채무자는 법원 직원과 고위 관리, 시장 또는 행정관 앞에서 합의된 지불 방식을 준수할 것을 엄숙하게 '서약'해야 했다. 서약은 바젤 출신이 아닌 채무자에게 특히 중요했다. 이들은 채무 지급이 연기되면 즉시 바젤을 방문해 채권자와 새로운 합의에 도달할 때까지 그곳에 머무를 것을 추가적으로 약속해야 했다. 마르틴 켐프, 라르의 야코프 슈푸리의 사례는 계약 기간이 만료되어 1480년 1월 11일 바젤의 관리들이 이의를 제기한 것이었다. 그들은 계약을 2주 연장했는데, 3주도 더 지난 2월 9일 두 당사자는 기한이 지났음에도 여전히 채무를 갚지 않아 법원에 다시 출석했다. 이번에는 1480년 7월 25일로 새로운 지불 날짜가 합의되었다. 그때까지 미지급된 채무가 해결되지 않으면, 채무자들은 금액을 상환하거나 적절한 담보를 제공할 때까지 지정된 장소에 구류되어야 했다. 타지에서 온 채무자에게는 종종 담보로 '말과 수레'를 받았고 부채가 많은 경우에는 채무증서, 즉 채무자의 재산에 대한 저당권도 받았다. 바젤의 기록부에는 보증인이 담보로 언급되는 경우는 거의 없었으며 15세기를 지나면서는 완전히 유행에서 벗어났다. 빚을 제때 갚지 않는 사람은 도시에서 추방될 것이라는 위협을 받았다. 즉시 최종 판결을 받으러 출두해야 했으며, 벌금과 부채를 갚을 만큼 충분한 돈이 있을 때만 다시 도시에 발을 들여놓을 수 있다는 조건으로 추방되었다.

말, 빵 그리고 신발:
바젤 시민들은 무엇을 위해 대출을 받았을까?

대출기록부에는 예외적인 경우에만 사람들이 빚을 진 이유가 언급되었다. 이따금씩 말 구입이 대출 사유로 나타나기도 하고 빵, 목재, 가죽, 침대 시트 또는 신발 관련해서 미지급된 청구서들이 드문드문 발견되었다. 제화공인 콘라트 올팅거와 그의 아내 카타리나는 무두장이 안토니우스 슈미트에게 '가죽으로' 35파운드를 대출받았다. 이는 현물대출이다. 쿠텔브뤼케에 있는 '춤 슈바르첸 뤼덴' 여관의 주인 부부는 정기적으로 빵을 공급받으면서 제빵사 한스 툼링거에게 빚을 지게 되었다. 주인 부부는 침대 18개를 포함한 여관 전체를 담보로 맡겼다! 성문 바로 앞에 있는 마을 휘닝겐의 페터 퀼러는 시 구역인 성 마르틴의 여관 '춤 코프'에 1,000묶음의 나뭇가지를 빚졌다. 그렇다면 집은 담보물이자 동시에 부채의 원인이었다. 종종 구매자는 구매 비용을 지불할 수 없었다. 1480년 5월 4일 마구 제작자 한스 브룬과 그의 아내 에넬린이 배심 재판소에 출두했다. 이들은 정육업자 린하르트 자일러에게 바젤의 슈팔렌포어슈타트에 있는 작은 집을 20굴덴에 구입했다. 일주일 후 두 당사자는 다시 법원에 출두했다. 그 부부에게 돈이 없었기 때문이었다. 그래서 매년 1굴덴씩 할부로 지급할 것을 합의했고 첫 번째 지급 기한은 7월 25일로, 두 번째는 크리스마스로 확정했다. 합의에 따르면 부채

그림 4.7 대출기록부에 나타난 이름 또는 직업에 대한 식별 표시

상환은 청산 시점까지, 즉 20년 동안 지속되어야 했다. 이 사례는 특별한 경우가 아니었다.

누가 대출을 받았고 누가 대출을 제공했을까? 1488년의 리뷰

간단히 답하자면 '누구나!'이다. 바젤 시장市長이 의장이 된 법정에서 부채가 기록된 사람들 대부분은 바젤 출신으로 재단사, 어부, 정육업자, 남성, 여성, 수도원 사람들 또는 성직자였다. 그들은 채권자와 채무자로 등장했다. 법원 서기는 한눈에 알아보기 쉽게 페이지 가장자리에 채권자의 직업이나 이름에 맞는 식별 표시를 사용해 기록했다. 대장장이는 말굽, 정육업자는 도끼, 한스 기거 Giger는 바이올린 독일어로 바이올린은 가이게(Geige)로 발음이 이름과 비슷함-옮긴이, 베른린 하펜기서 Hafengießer는 삼발이 항아리 항아리의 독일어인 하펜(Hafen)이 이름에 들어 있음-옮긴이, 어부는 물고기를 식별 표시로 사용했다.

소액대출시장의 여성: 엘지 티어링거

여성들은 도시 소액대출시장에 아주 자연스럽게 등장했다. 그들은 채무자뿐만 아니라 채권자로도 자주 등장했다. 1427년에 여성은 총

689건 중 206건, 1480년에는 총 360건 중 82건에 포함되어 있었는데 그 수가 약간 감소된 것을 알 수 있다. 대부분 스스로를 위한 것이었으며 남편의 빚을 변상하기 위한 것은 거의 없었다. 15세기 전반기에는 거래의 1/3 이상에 한 명 또는 여러 명의 여성이 참여했다. 1480년 여름에 파산한 고위 관리 엥겔하르트 티어링거의 부인 엘지 티어링거는 생생한 사례를 제공한다. 엘지의 사건은 법원 재판 서류에 기록되었고 그 재산은 압류되었는데, 이 사건을 통해 도시기업의 세계에 대해 놀라운 통찰력을 얻을 수 있다. 이 여성은 과세대상이 되기에는 너무 가난했고 도시 조합에 가입한 적도 없어서 징세대장에 기록된 적이 없는데, 잘 돌아가는 섬유회사를 운영했던 것이 명백했기 때문이었다. 엘지는 눈에 띄게 많은 코트와 치마를 소유했고, 옷감, 실, 직조용 빗도 공급받고 있어서 직접 옷을 생산했거나 혹은 옷으로 거래를 했거나, 아마도 두 가지를 다 했을 것으로도 추측된다. 엘진 프랑켄이라는 동료가 있었고 도시 안에서 특히 도시의 엘리트들과 탄탄한 네트워크를 형성하고 있었다. 대성당 사제에서 시장까지, 주요 상인들에서 도시의 유명한 제지업자 장인에 이르기까지 명망 있는 시민들이 모두 엘지의 사업 파트너였기 때문이었다. 불행히도 우리는 이 네트워크를 실패의 관점에서만 알고 있다. 그러나 바로 이러한 이유로 역사의 어둠 속에 묻히고 말았을 이 바젤 여성의 다양한 사업 관계에 대해 매우 잘 알게 되었으니 운명의 아이러니라 할 수 있겠다. 1480년 11월 초에 남자 30명, 여자 20명 총 50명의 사업 파트너가 그들의 권리를 정당화하기 위해 시 법원에 출두했다. 엘지는 자신이 빚을 갚을 수 없다는 점을 잘 알고 있어서 그 사이에 도주했다.

투명성이 신뢰를 만든다

공개적으로 빚이 있음을 알리는 바젤시의 해결책은 과연 대출을 보호하는 효과적인 방법이었을까? 권력의 횡포 혹은 신뢰 구축의 조치였을까? 다양한 모순에도 불구하고 시의 채무기록부에 기재하는 것은 사회적으로 폭넓게 이용되었던 소액대출의 유용한 보호조치였음이 아주 명백하다. 오늘날처럼 당시에도 대출은 사회적, 경제적 종속상태를 만들었지만 역설적이게도 도시의 경제적 약자와 강자 사이에 다리를 놓기도 했다. 그리고 대출기록부에 기입하면 부담이 줄어들었다. 법원에서 인정한 부채는 상환이 지연되더라도 일단 힘들게 증명할 필요가 없었기 때문이었다. 결과적으로 바젤시의 절차는 매우 효율적이라는 것이 증명되었다. 공개적으로 알려진 거의 모든 부채가 제때에 상환되었다. 대출기록부 기입을 요구하는 사람은 지급 불이행으로부터 자신을 보호하기 원했고, 어떤 위험도 감수하지 않으려 했기에 의심하는 사람이었다. 그러나 동시에 대출기록부 기입은 대출에 필요한 신뢰를 형성해 도시 사회의 자본순환을 촉진시키는 역설적인 결과를 낳았다.

셈 막대: 전근대의 비트코인

각각의 셈 막대 나무막대에 금을 새겨 주고받은 금액을 표시한 뒤 나누어가져서 후일의 증거로 삼은 것-옮긴이 에는 무언가 새겨져 있다. 모두들 누군가에게 무언가를 빚지고 있다. 이는 앞서 언급한 사례에서 설명했다. 소액대출 거래는 모든 유럽 도시에서 가장 일상적인 사회적, 경제적 교환 형태였다. 다시 한번 파리로 되돌아가보자. 파리에서는 임금 노동자의 65%와 급여 노동자의 60%가 사망할 때 빚을 지고 있었다. 18세기 리스본과 암스테르담에 대한 연구에서도 비슷한 결과가 나왔다. 17세기 중반 리옹에는 도시의 제빵사들이 받았던 소비자 금융대출의 수치들이 존재했다. 이 정보는 유산, 더 정확히 말하자면 제빵사가 죽은 후 그의 후계자주로 고인의 아내가 작성한 청산서淸算書에서 나온 것이다. 이 청산서의 특별한 점은 재료이다. 종이와 잉크가 아니라 나무막대인데, 표면에 미지급 금액에 따라 눈금이 새겨져 있었다. 이런 셈 막대들은 제빵사의 1/5이 1,000 파운드리브르, livres, 옛 프랑스의 화폐 단위-옮긴이 이상의 빵과 하드롤을 외상으로 판매했음을 보여준다. 제빵사 중 한 명은 셈 막대를 158개 갖고 있었고 거기에는 3,000파운드리브르 이상이 기록되어 있었다. 정육업계에서도 비슷한 결과가 나왔다. 리옹의 한 정육업자는 수천 파운드의 미지급금이 표시되어 있는 셈 막대를 유산으로 남겼다.

셈 막대는 정확히 무엇일까? 중세의 비트코인이라 할 수 있을 것이다. 아날로그 서명과 분산 부기 시스템을 기반으로 하는 암호화폐인 것이다. 화폐이지만 실제로 화폐가 아니다. 지불 수단인 셈 막대는 실제 가치의 거래를 '가상' 매체나 상징 매체에 저장하기 때문이다. 이 매체

그림 4.8 결합과 분리가 간단한 셈 막대

는 동등한 사용자의 네트워크 peer-to-peer, P2P를 통해 유효성을 보장받는다. 구체적으로 어떤 물건이나 서비스의 판매가에 상응하는 눈금이 새겨져 있는 나무막대기이다. 거래가 체결되면 이 막대기는 세로로, 눈금들 가운데를 기준으로 반으로 나눠서 한쪽은 판매자 채권자가, 다른 한쪽은 구매자 채무자가 갖는다. 청산할 때 두 부분을 다시 맞추어보는 방법으로 두 사람 모두 이후에 지불 금액을 조작하지 않았음을 확인할 수 있었다. 또한 이 막대는 유효성이 보장되는 동등한 사용자의 네트워크 내에서 지불 수단으로 사용할 수 있었다. 예를 들면 정육업자는 한 고객이 그에게 구이용 고기 한 덩어리를 빚지면서 나눠가진 셈 막대로 제빵사에게 매주 빵을 살 수 있었다. 도시 시장의 동등한 사용자인 제빵사가 정육업자뿐만 아니라 정육업자의 고객도 신뢰할 수 있음을 알았기 때문에 가능했다. 통상적으로 고객의 유동성에 대한 신뢰라고 한다. 그에 따라 소비자 금융대출을 위한 이 화폐는 지불 능력이 있고 오랫동안 친분이 있는 고객들과 거래할 때 사용되었다. 모든 유럽 국가뿐 아니라 다른 곳에서도 셈 막대가 보편화되어 있었다는 사실은 ① 부채와 신용거래의 일상성과 ② 동등한 사용자에 의해 조직된 분산 부기 시스템의 자명성에 대한 구체적인 증거를 제공한다. 이런 사실은 이제서야 연구의 초점이 되었다. 셈 막대를 표현하는 단어가 없는 언어와 문화는 거의 없는 것처럼 보인다. 라틴어로 이것은 tessera, talia이고 프랑스어로 baton du comptage, 이탈리아어로 taglie de contrasegno, 영어로는 tally sticks이며 오스트리아에서는 Raitholz로, 스위스에서는 Alpscheit 또는 Tesseln으로 쓰였다. 더구나 이런 암호화폐는 많은 지역에서 20세기까지 널리 사용되었다. 프랑스 민법 Code Civil 의 마지막 개정판에 따르면 셈 막대는 2016년까지 결산방식으로 인정되었다.

소액대출이 잊힌 것은 부분적으로 역사가들의 책임

역사학은 주로 19세기의 의미에서 진보의 역사에 관심을 가졌다. "찾는 이가 찾을 것이요"라고 성경에서도 말하고 있듯이 여러 세부 사항들이 뒷전으로 밀려나야 했음에도 불구하고 진보를 찾았던 곳 어디에서나 사람들은 진보를 발견했다. 셈 막대의 역사는 이에 대한 훌륭한 사례이다. 독일어 참조 자료 중 하나인 중세사전에는 셈 막대의 역사적 의미를 대략 다음과 같이 설명하고 있다. "아주 오래전 셈 막대는 계산하고 부채를 기록하는 데 사용되었다. 13세기 문자 사용이 증가하고 종이가 도입되면서 셈 막대는 점차 뒤로 밀려났고 보다 근대적이고 신뢰할 수 있는 증명 수단인 문자와 인장으로 대체되었다." 이 부분 외에는 매우 발전된 광산업에서 그리고 영국에서 예외적으로 사용되고 있음이 짧게 언급되어 있다.

존재하는 역사적 인공물을 있는 그대로 기재한 자료를 통해, 심사숙고하지 않고 내린 기본 전제가 역사적 발견과 그 해석을 얼마나 은폐할 수 있는지를 분명히 보여준다. 이 경우 사전事典에 셈 막대에 관해 기술한 저자의 생각은 분명히 문자가 없어서 부채의무를 기억하기 위해 나무 막대에 눈금을 새겨 넣었던 원시적인 초기로부터, 종이와 문자를 사용해서 제대로 된 청구서와 채무증서를 작성하는 더 발전된 시대로 경제가 진보했다는 것이다. 막대기에서 회계 장부로, 그리고 곧바로 현대적 신용 경제로 말이다. 이것이 중세에 이미 진보의 뒤로 밀려날 수밖에 없었던 원시적인 경제형태의 도구인 셈 막대에 대한 이 사전의 내용 이면에 있는 생각이다. 그러나 역사적 자료에서 확인한 사항은 이 가정과 완전히 반대이다. 고고학자와 역사가는 고대에서 20세기에 이르기까지, 키예프에서 브르타뉴까지, 스톡홀름에서 튀니스까지 유럽 전역

어디에서나 셈 막대를 발견했다. 대출담보 수단으로 셈 막대를 사용할 때 빚을 갚으면 셈 막대를 없애버리는 논리를 생각한다면, 셈 막대들이 이렇게 많이 남아 있다는 사실이 더욱 더 놀랍다. 예를 들어 손님이 정육점 주인에게 매년 4분기마다 고기값을 지불했다면, 외상으로 빚진 빵 값을 갚았다면 셈 막대를 부러뜨리거나 불태웠기 때문이었다. 그러나 이렇게 많은 셈 막대가 여전히 보존되어 있다는 사실은 P2P 대출의 자명성에 대한 또 다른 증거일 뿐만 아니라 부채가 항상 상환되도록 만들어진 것은 아니라는 사실에 대한 명백한 증거로도 볼 수 있다. 의문은 단지 언제 그리고 왜 우리가 이 모든 것을 잊어버렸나 하는 것이다. 근대에 책임이 있을까? 아니면 세계화에 책임이 있을까? 역사가 루돌프 쿠헨부흐는 '소비자의 은행화'라는 개념으로 표현한 다른 이유를 찾았다. 개인 사업을 포함한 모든 사업이 점점 더 은행을 통해서만 이루어지면서 P2P 대출은 유행에서 멀어졌다. 이 지점에서 우리는 다시 한번 생각하게 된다. 만약 이런 발전이 역사적으로 얼마 지나지 않은 것이라면 마찬가지로 빠르게 다른 것으로 대체될 수 있기 때문이다. 그러면 오늘날 지역통화에 대한 다양한 운동들 또한 글로벌 금융시장에서 급격한 가격상승을 기록하고 있는 암호화폐만큼 지속 가능하다는 아이디어를 얻을 수 있다.

3 　 도시 근교의 농업: 중세시대의 '소 임대'

마지막으로, 현물 대출 금융의 한 형태인 중세의 '암소 임대' 형태를 들여다보고, 또 수 세기 동안 실행되었던 도시와 농촌의 협력을 통해 농업의 위험부담을 줄이고 공동자금을 조달한 전통적인 모델을 살펴보고자 한다. 이것을 전문용어로는 가축 임대 또는 가축 공유라고 한다. 계약 파트너인 '가축 임대인'은 상대방 '가축 소작인'에게 일정 기간 한 마리 또는 여러 마리의 동물을 돌보고 사용하도록 맡긴다. 이익과 손실은 고정 비율에 따라 나뉘는데 대부분은 절반으로 나눈다. 이런 계약 모델의 확장으로 가축 소작인은 추가로 자기 소유의 동물도 가축 공유에 포함시킬 수 있었다. 가축 임대는 아마도 유럽 전역으로 널리 퍼졌을 것이며, 이와 관련해서 주로 이탈리아, 프랑스, 스페인, 독일, 오스트리아, 스위스의 사례가 연구되었다.

여기서 이 사업 모델을 소개하는 것은 경제적으로 지속 가능한 농업의 조직과 보호에 대한 통찰력을 제공하고, 농장의 소박하고 단순한 삶에 대해 지나치게 낭만적인 생각을 하지 않도록 주의를 주려는 것이다. 중세 농업은 자연 친화적이었지만 무엇보다 자연의 변덕에 순응해야 했다. 이에 대한 경제적 안전대책 중 하나가 가축 임대 또는 가축 공유였다. 이는 오늘날의 조합 Gesellschaft bürgerlichen Rechts, GbR 의 기능과 유사했다. 그 중심에는 경제적 프로젝트를 수행하기 위한 공동협회가 있었다. 당시 공동협회는 특히 지중해 무역에서 일반적이었다. 그곳에서는 공동협회를 '바다 무역공동체'라고도 불렀다. 두 명 이상의 기업가가 모여 한 명은 투자자로서 자본을 제공하고 다른 한 사람은 기업가로서 자신이나 투자자의 이름으로 사업을 실행하고 성취하는 일을 맡았다. 그는 자본을 가지고 마르세유의 시장에서 밀, 포도주, 소금, 천 또는 기타 물품을 사고, 배와 선원을 고용하고, 이스라엘 북쪽 항구도시 아크레 또는 카이로로 항해해 싣고 간 물건을 팔고, 동양 시장의 새로운 물품을 배에 실은 뒤 마르세유에서 이것을 되팔아 이익을 남길 수 있었다. 이 사업은 엄청난 이익을 낼 수 있었지만 해상의 폭풍우, 악천후, 해적

또는 경쟁자들, 물품과 승무원의 손실 같은 사건을 고려해야 했기 때문에 매우 위험했다. 이익뿐 아니라 손실도 공동으로 부담하는 공동협회를 통해 사람들은 적어도 커다란 위험을 완화할 수 있었다.

정확히 말하면 가축 임대는 농업과 축산 분야의 공동협회 계약이다. 이 경우 임대하는 사람은 투자자 자본 제공자, 빌려주는 자가 될 것이다. 자본은 화폐가 아니라 가축이다. 대부분 큰 가축인데, 가장 많은 것은 암소이지만 말, 노새, 염소, 양, 돼지, 닭 또는 벌도 가축 공유 계약에서 자본으로 등장한다. 소작하는 사람은 기업가로 가축의 안전, 관리, 먹이를 책임지고 계약에 명시된 기간 동안 그에게 주어진 자본을 사용할 수 있었는데, 일차적으로 '견인력, 분뇨, 우유'였다. 즉, 짐승에 쟁기나 수레를 맸고, 밭에 귀중한 비료가 되는 분뇨를 얻었으며, 마지막으로 치즈를 생산하는 원료인 우유를 얻었다. 돼지의 경우 고기를, 벌의 경우는 꿀을 얻는 이점이 있었다. 가장 중요한 수익은 번식인데 암소에게서 송아지를, 말에게서 망아지를, 돼지에게서 새끼 돼지를, 벌에게서 새로운 벌떼를 얻는 것이었다. 소작인과 임대인은 일반적으로 번식으로 얻은 수익을 반으로 나누었다.

공동협회와 가축 임대는 모두 이익과 손실을 나누어 사업의 위험을 완화하는 목적을 갖고 있다. 해상무역의 위험이 농업의 위험보다 훨씬 더 높아 보이지만 농업에서도 수익을 내는 일은 어려웠다. 긴 겨울 동안 추위 때문에 사료 가격과 동물의 월동비가 치솟았고, 폭풍으로 추수를 망치기도 했으며, 그 외에 동물의 질병, 날씨 피해, 화재 또는 약탈 등으로 농업 소득에 대한 전망은 밝지 않았다. 게다가 번식은 송아지의 품질을 거의 통제할 수 없었기 때문에 항상 위험한 사업이었다. 그리고 당연히 출산은 항상 매우 위험했다. 사산에 대한 언급이 자주 발견되며 새끼를 낳다 죽은 암소도 많이 언급되었다. 그러나 공동협회 회원들은 손익을 서로 나누는 방법으로 이에 따르는 손실을 감당할 수 있었다.

비슷한 모델이지만 위험대책이 없었던 모델로 특히 남부 티롤에서 확인된 이른바 고정 가축 계약을 들 수 있다. 이 계약에서는 수도원이나 귀족과 같은 임대인이 자신의 농부에게 고정 가축을 이용할 수 있도록 해준다. 농부, 특히 산촌 농부에게 관리와 번식을 위해 위임된 고정 가축은 대개 6마리 이상의 암소로 이루어졌고, 수익은 가축 소작인이 차지했다. 고정 가축 계약이 만료되면 농부는 송아지를 갖고 암소 6마리만 돌려주면 되고 새끼는 농부에게 귀속되었다. 임대인은 오로지 자신의 가축만 돌려받았다 "고정 가축은 절대 죽지 않는다." . 이런 방식으로 고산지 가축 방목목장이 지원되어 중세 후기 알프스 지역의 토지 확충이 촉진되었다. 고정 가축 계약은 보조금과 비슷해 보이지만 실제로는 매우 위험한 시도였다. 사고, 강도, 질병 등으로 동물의 손실이 생길 경우 가축 소작인이 100% 책임을 져야 했기 때문에 곤욕을 치르게 될 수도 있었다.

가축 임대인과 소작인의 권리와 의무

소작인은 가축을 세심하게 돌볼 의무가 있었다. 먹이를 잘 주고, 9월에서 4월까지 겨울 동안 적절한 축사에서 기르며, 여름에는 방목할 의무가 있었다. 그에게는 '보호 감독의 의무', 즉 동물을 보호하고 보존할 의무가 있었다. 가축을 방치하거나 임대인의 동의 없이 팔아버린 경우 소작인은 손해를 배상해야 했다. 그러나 예외의 경우도 있었다. 예를 들어 불가항력적인 힘 때문에 발생한 가축 손실의 경우였다. 법조문에는 일반적으로 양이나 말을 죽였던 늑대가 언급되어 있다. 이 경우 농부는 동물의 사체나 모피, 머리, 꼬리 같은 증거자료를 제시하면 손해배상금을 면제받을 수 있었다. 꿀벌이 벌집을 떠나서 손해가 발생한 경우 벌집을 포함한 빈 벌통이 증거물에 해당되었다. 소작인이 임대받은 암소를 도축해서 횡령한 경우 임대인은 전액을 보상 받았다.

보호와 감독의 의무에는 동물을 합당하게 다루는 것도 포함된다. 특히 수레나 마차를 끄는 가축이용은 지속적으로 규정되었다. 예를 들어 슈바르츠발트 로트바일의 규정에 따르면 임대한 말은 다른 사람에게 빌려줄 수 없었다. 가축 소작인만 직접 사용할 수 있었고, 분뇨를 밭으로 가져가기 위해, 파종이나 수확을 위해, 또는 방앗간이나 시장에 가기 위해 말에 수레를 맬 수 있었다. 하지만 무거운 쟁기나 써레를 말에 매는 것은 허락되지 않았다. 단, 임대인이 이에 명시적으로 동의했을 경우는 예외로 간주되었다. 소작인은 또한 정기적으로 수익을 보고하고 계약에 따라 지속적으로 수익을 나눌 의무가 있었다.

다른 한편으로 가축 임대인은 동물이 소작인에게 부담이 되지 않도록 할 책임이 있었다. 불균형이 생길 경우 소작인에게 보상해야 했다. 그래서 중세의 가축임대에 대한 법조문에는 '절반의 이익'을 위해 닭을 번식시킬 수 없고 '절반의 이익'을 위해 송아지와 망아지를 빌릴 수 없다고 나와 있다. 이 말은 어떤 뜻일까? 여기에서 말하고 있는 것은 동물의 생애주기 단계이다. 이 조항은 비생산적인 시기 때문에 동물을 먹이고 돌보는 소작인이 희생되어서는 안 된다고 규정하고 있다. 닭은 알을 품을 때 알을 낳지 않고, 암소는 새끼를 뱄을 때 우유를 만들지 않는다. 소작인에게 아무런 이익이 없다는 말이다. 이런 의미에서는 송아지와 망아지도 사료만 축내고 공간도 차지해서 비생산적이었다. 그럼에도 소작인은 송아지와 망아지의 노동력을 사용할 수 없었다. 이 경우 다양한 법률 문서에서는 가축 임대인이 소작인의 수고와 사료비용을 충당하기 위해 추가로 소작인에게 돈을 지불할 것을 규정하고 있다. 투자자가 추가로 지원해야 하는 '보조금'이 이에 해당된다. 부분적으로 건조

사료를 겨울에 먹이로 주는 경우에 적용된다. 건조 사료는 종종 따로 구입해야 했기 때문에 가축 소작인에게는 비용이 많이 들었다. 앞서 언급한 로트바일의 법에서는 양이 새끼를 배지 못할 경우, 가축 임대인 편에서 특별 기여금도 규정하고 있다. 새끼 양을 얻지 못해 생긴 이익 손실은 가축 임대인이 상쇄해야 했다. 특별한 경우, 일 년 내내 방목하는 양이나 염소 떼와 같이 사료비와 유지 관리 비용이 최소한일 때는 가축 소작인이 이에 상응하는 '임대이자'로 보상해야 했다. 예를 들어, 페라라에서는 임대받은 가축 한 마리당 2주에 한 번씩 양젖 치즈 두 조각이 이자였다. 말이 불임 상태인 경우에도 소작인은 말을 계속 이용할 수 있었지만 자신의 이익으로 기대했던 망아지를 얻지 못했기 때문에 임대인이 소작인에게 임대이자를 지불해야 했다.

물론 상호 권리와 의무 관련해서 동물의 손실과 질병 등에 대한 분쟁도 발생했다. 말이 다리를 다쳐 수레를 끌 수 없다면 어떻게 해야 할까? 더 이상 우유를 만들지 못하는 암소는? 만약 소가 사고를 당하거나 새끼를 낳다 죽어서 자본금이 손실된다면 누가 손해를 부담해야 할까? 수의사 비용은 누가 지불해야 할까? 그리고 계약 당사자 중 한 명이 구두로 맺은 계약을 지키지 않거나, 혹은 더 많이 요구하거나 더 적게 돌려주려 할 때는 어떻게 해야 할까? 자신의 잘못이 아닌 전쟁, 약탈, 폭풍과 같은 불가항력적인 힘 때문에 소가 죽었을 경우에는 누가 손해를 부담해야 할까? 이 모든 문제는 관습법이나 당시의 법률 문서에 규정되어 있었지만 법은 알다시피 갈등을 방지하기 위한 것이 아니라 갈등을 해결하기 위한 것이었다. 따라서 가축 임대 관련한 정보들이 종종 법원 기록에서 나오는 것은 놀랄 만한 일이 아니다.

왜 이런 거래를 할까

가축 임대인의 이점: 월동비용부담을 피하기 위해 가을이나 초겨울에 소를 도축업자에게 끌고 가는 대신 임대할 수 있었다. 이렇게 하면 비용도 들지 않았으며 임대와 번식을 할 경우 오히려 계약상의 몫에 해당하는 송아지의 반값을 계약 종료 시 받을 수도 있었다. 대부분의 가축 임대인은 월동비용을 절약하기 위한 대안으로 동물을 팔려고 했기 때문에 가을에는 가축이나 고기의 가격이 다소 낮았다.

가축 소작인의 이점: 소를 사는 대신 구입비용의 1/5 가격으로 임대 받을 수 있었다. 소는 우유를 제공했고 수레를 끌 수도 있어 유용했다. 계약서에는 농부가 봄이나 초여름 4~6월에 밭을 갈기 위해 여전히 동물을 사용할 수 있도록 배려했던 것으로 보인다. 예를 들어 마그데나우 지역의 규정에서는 소가 월동비용을 '벌어들일' 수 있도록 6월 15일 성 파이트 축일에 임대되어야 한다고 규정하고 있다. 아마도 소가 쟁기질을 할 때, 가을에 수확할 때, 봄에 파종할 때 수레와 쟁기를 끄는 동물로 사용된 것을 의미했던 것 같다. 이에 더해 겨울 동안 발생했던 번식이 있다. 당시 소들은 가을과 봄에 새끼를 낳았기 때문이다. 그렇게 가축 공유의 숫자가 겨울을 지나면서 증가하면서 소는 월동비용을 '벌었다'. 가축 소작인이 직접 가축을 가져오거나 지분을 사는 경우도 드물지 않았다. 이 경우 가축 공유를 통한 자본 공유 형태라고 할 수 있겠다. 모든 것이 양쪽 계약 당사자에게 이점이 있었다. 그들은 부담이 큰 월동비용을 분담한 것이었다.

신용거래 수단인 가축 임대

앞서 살펴본 모든 사례는 매우 명확해 보인다. 가축 임대인이 6월에 자기 소 두 마리를 가축 소작인의 우리에 데려갔다가 1년 후에 송아지와 함께 다시 데려오는 장면을 구체적으로 떠올릴 수 있다. 그런데 이런 경우는 아마도 흔하지 않았을 것이다. 실제로 가축 임대는 도시 근교의 농업을 위한 대출 계약이거나 투자 지원인 경우가 많았기 때문이었다. 이는 아주 구체적인 사례에서 불가피한 일이었고 실제로는 기존 가축에 대한 소유권의 이전을 의미했다. 대표적인 사례로 얼마 남아 있지 않은 가축 공유 계약서 중 하나인 1422년 장크트갈렌 시의 계약서가 있다. 여기에는 장크트갈렌의 구타 란딘이 회리자우의 농부 한스 회거에게 소 6마리, 말 2마리, 어린 말 1마리, 망아지 3마리, 암소 4마리, 1년 된 송아지 2마리 그리고 그해에 태어난 송아지 2마리를 그의 '우리에 들이고' 그 대가로 52파운드와 16과 1/2 페니히를 지불했다는 계약 내용이 나와 있다. 이 표현은 법률 용어이기는 하지만 문자 그대로 이해해서는 안 된다. 오히려 가축은 계약체결 이전에 완전히 농부의 소유였고 농부는 대출이 필요했다고 추측할 수 있다. 이를 위해 그는 장크트갈렌의 죽은 시장의 부인이며 장크트갈렌의 병원을 위해 여러 번 출자자로 나섰던 구타 란딘 부인에게 도움을 청했다. 란딘 부인은 회거에게 그의 소유 지분 50%를 52파운드 16과 1/2페니히에 매입해서 대출을 제공했다. 구타 란딘은 이자로 새끼의 절반을 받았다. 또한 계약이 만료되면 대출금을 돌려받았다. 여기에 농부 회거를 위한 보호조항도 있다. 계약은 대출을 해준 란딘 부인이 언제든지 해지할 수 있었지만, 해지 또는 분배는 장크트갈렌 시의 관례대로 수익을 가능하게 하고 가축 소작인이 겨울 사료비용을 쓰지 않게 하기 위해 11월 11일에 이루어져야 했다. 가축은 계속해서 농부 회거의 소유였지만 오직 절반만 소유할 뿐이었고 나머지 절반은 저당을 잡힌 것과 같았다. 여기서 '반쪽 가축'이나 '부분 가축'이란 용어가 유래했다. 때로는 '이자 암소'라고 말하기도 했고 '소 임대'라는 용어도 쓰였다.

15세기 도시 근교의 농업

이런 형태의 거래는 시골에서만 이루어진 것이 아니었고 귀족이나 수도원만 대출을 해주었던 것도 아니었다. 시민들도 주변 지역의 농부들과 대출 거래를 했다. 여기에는 개인, 상인, 여성 그리고 종종 유대인 상인도 포함되는데, 유대인 상인은 부동산 구입이 거의 허용되지 않았기 때문에 넓은 목초지와 가축우리가 없었다. 실제로 가축 임대는 그들의 상거래, 특히 가축 거래의 영업을 확장시켜주었다. 15세기 후반에 살았던 바젤 시민이자 상인인 울리히 멜팅거의 사례를 보면 도시의 가축 임대를 구체적으로 알 수 있다. 그의 회계장부에 따르면 멜팅거는 집과 부동산을 소유했고, 양모와 옷감, 금속, 포도주, 향신료, 생선, 곡물, 종이와 넝마의 거래 같은 다른 많은 사업을 했으며 그 외에도 가축 임대인으로 활동했다. 도시 기업가로서 소를 월동시키고 송아지를 키우도록 하기 위해 20개 이상의 농가와 절반의 가축 계약을 체결했다. 멜팅거의 회계장부를 통해 도시와 주변 지역의 사업 관계를 생생하게 떠올릴 수 있다. 기업가는 농장에 투자하여 수익을 냈지만 손실도 감수해야 했다.

우선 큰 가축을 구입하는 데 비용이 많이 들었다. 암소 한 마리 구입 가격은 40~70실링 약 2~3.5파운드 사이였고, 가장 비싼 것은 새끼를 밴 소였다. 축산업자로서 농부들은 자본이 튼튼한 도축업자와 가축 상인을 상대로 가축시장에서 경쟁하기 어려웠기 때문에, 처음부터 가축의 잠재적인 구매자를 가축 사육에 참여시키는 방법이 전략적으로 더 유리할 때가 많았다. 이를 통해 가축 구입비용을 투자자와 나누었고, 무엇보다 위험부담도 함께 나누었다. 투자자는 사업의 성공에 관심이 있었기 때문에 필요한 경우 농부에게 사료나 돈을 적절한 조건으로 빌려주었다. 그가 회계장부에 1474년부터 1477년까지 기록한 내용은 대체로 다음과 같다. "나는 노이빌러의 농부인 에르하르트 켈러에게 흑갈색 암소 한 마리와 생후 8일 된 송아지 한 마리를 샀다. 그는 송아지를 4주 동안 키운 후에 다시 내게 가져와야 한다. 그 비용으로 그에게 60실링 3파운드를 즉석에서 현금으로 지불했다. 그날은 성 마르틴의 날이었다. 그 후 그가 데려온 송아지는 작고 가치가 별로 없었다. 나는 다른 붉은 암소 한 마리를 그와 공동으로 그의 농장에 투자했다. 켈러는 그 비용으로 자신의 지분인 30실링 약 1.5파운드을 나에게 지불했다. 그러나 불행히도 암소는 3년 후 두 번째 송아지를 출산할 때 죽었다."

여기에서 소 사육이 얼마나 위험한 일이었는지 알 수 있다. 흑갈색 암소의 첫 번째 송아지는 명백히 임대자의 기대에 부응하지 못했는데, 두 번째 송아지를 낳고 죽었기 때문에 이 사업은 3년이 지나는 동안 제로섬게임으로 남았다. 결국 그는 다시 한 마리의 암소와 한 마리의 송아지를 갖게 되었다. 이런 유형의 다른 수많은 계약들이 회계장부에 기록되어 있다. 울리히 메처의 농장에서는 5마리 송아지 중 첫 번째 송아지가 사산되었다. 농부이면서 종종 멜팅거의 중개인으로도 일했던 하인리히 무스파흐도 멜팅거의 암소 2마리와 송아지 2마리를 메처의 가축우리에 맡겼다. 여기서도 송아지 한 마리가 죽었다. 스위스의 농업사 전문가 도로테 리프만은 손실을 10%로 추정했다. 그러므로 10마리가 있을 경우 적어도 한 마리가 사산되거나 또는 도축 가능한 시기 이전에 송아지 때 죽는다는 점을 예상할 수 있다. 다른 곳에서는 사업이 더 잘 되었다. 예를 들어 오버빌에 있는 루에디 빈스의 가축우리가 그 경우였다. 1471년 임대받은 암소가 그곳에서 같은 해 송아지 한 마리를 낳아 17실링에 팔 수 있었고, 다음 해에는 두 번째 송아지를, 그리고 그다음 해에는 수송아지를 낳았다. 1474년 11월의 결산에 따르면 멜팅거는 이 가축 임대에서 2마리의 어린 암소를 수익으로 얻었다.

연구자들은 이런 계약을 서로 상이하게 평가한다. 어떤 사람들은 가축 임대가 일차적으로 의존관계를 고정시키는 데 적합한 금융수단으로 보았다. 도시 사람들이 이 방식으로 주변 지역을 구속하거나 심지어 착취하려고 했다고 보는 것이다. 이런 가정에 따르면 계약은 계약 당사자들의 이해가 서로 상충되도록 만들어졌다. 농부가 도시에서 유입된 자본에 의존하게 되면 결국 과도한 부채로 이어졌기 때문이다. 하지만 여기에 소개한 울리히 멜팅거의 경우 가축 임대가 투자자에게 반드시 이익을 주는 것은 아니라고 추론할 수 있다. 그의 경우에는 무엇보다 고기를 생산하는 일이 먼저였다. 섬유 산업이 도시를 지배했던 플랑드르 벨기에 동(東)플랑드르와 서(西)플랑드르를 중심으로 하는 지방—옮긴이 와 네덜란드 같은 지역에서는 양의 가축 임대가 특히 도움이 되었다. 그 지역의 양모가 영국산 양모를 보완하는 중요한 원료였기 때문이었다.

협동연대적 농업을 위한 단초

이 모델은 식량공급 분야에서 현재 시도하고 있는 도시와 농촌의 연대에 영감을 줄 수 있을 것으로 보인다. 도시 근교의 농업은 도시와 주변 지역 간의 협력 모델이 필요하다. 어떻게 법적, 경제적으로 적합한 협력 모델을 제시할 수 있을까? 오늘날 주로 이루어지는 협동조합을 넘어선 모델이 있을까? 사경제적 사업 모델이 협동적 사업 모델보다 더 적합한 경우들이 있을까? 가축 임대는 이에 몇 가지 고무적인 제안을 한다. 자본 공유 계약, 공동 위험 책임, 비용에 대한 도시 소비자의 참여, 가축 임대의 경우 송아지 사육 비용에 해당하는 '생산 과정'의 통합과 같은 것이다. 동일한 개념이 종자, 관개, 관리, 잡초 제거, 채소 수확 비용에도 적용될 수 있다. 출자자는 투자를 할 수 있고, 지분을 가진 공동 투자자로서 이에 상응하는 이익을 얻을 것이다.

여기에서 임업조합 역사와 유사성을 발견할 수 있다. 축산과 임업 두 조합 모두 19세기 초부터 유럽의 많은 지역에서 연속적으로 해체되었다. 19세기 '근대적' 법률 전문가들의 견해에 따르면 통일되고 명료한 원칙에 따라 설치된 기관이 아니라 매우 다양한 형태와 구성을 지닌 계약이었으며 지향하는 내용은 일반적으로 지역의 관습과 습관에 따라 정해졌다. 그러나 지역의 관습과 습관은 모더니스트들의 적이었고, 전 세계를 통제하려는 길목에 놓인 장애물이었다.

소액대출은 언제 잊혔나?

무함마드 유누스가 20세기 후반에 무담보 소액대출제도 마이크로 크레디트를 재발명해야 했던 이유는 무엇일까? 이 장의 마지막에서 이 질문을 던진다. 분명히 중세의 도시공동체와 농촌공동체는 그들의 방식으로 지속 가능한 사회적, 경제적 구조를 만들려고 노력했다. 이른바 소시민들도 자본에 접근할 수 있도록 배려했기 때문이었다. 중세의 몬테 디 피에타는 전례 없는 경제호황으로 한 세기 만에 세계의 변화를 이끈 상업혁명에 대한 이탈리아 북부 도시들의 대응이었다. 경제호황과 상업혁명으로 엄청난 이윤이 발생했으며 막대한 부가 축적되었다. 호황기의 수익은 그것을 벌어들인 소매업자들, 상인들, 유대인 은행가들의 것이라는 데는 의심의 여지가 없다. 그러나 동시에 경제성장은 장기적으로 볼 때 사람 없이 이루어질 수 없으며, 부의 증가는 사회적 불평등의 증가를 동반한다는 점도 인식하게 되었다. 부자는 점점 더 부유해졌고 가난한 사람은 더욱 가난해졌다. 더 정확하게 말하면 '부자가 아닌' 대중은 점점 더 가난에 내몰리게 된 것이다. 그래서 '부자가 된' 사람들이 대책을 세우고, 재분배를 위한 조치를 취하고, 오늘날 마이크로크레디트 은행이라 부르는 소액대출은행을 설립하고, 후한 출자금을 통해 필요한 자기 자본을 모으고, 무보수로 은행을 위해 일했다. 정관에는 비영리를 지향하는 기업 목표가 명시되었고, 고객의 범위를 규정했으며, 이자율을 고정시켰고, 대출 보증으로 담보물의 사용을 허용하여 '부자가 아닌 사람들'이 향후 금융시장에 참여하는 것을 보장했다. 가난한 사람들을 위한 은행의 후원자들은 도나텔로, 레오나르도 다빈치, 미켈란젤로 부오나로티, 라파엘로의 예술을 발전시켰던 바로 그 사람들이기도 했다. 다른 도시에서는 다른 해결책을 찾았다. 예를 들어 바젤의 사례는 공공의 부채기록부에 자발적으로 등록하는 방법을 통해 P2P 대출을 확보하려는 시의 노력을 보여주었다. 한편으로는 모든 사람이 모든 사람에게 빚을 지고 있었다는 것, 다른 한편으로는 가난한 돼지치기조차 공동체의 구성원으로서 신용대출을 받을 수 있다는 것을 알 수 있다. 오늘날의 관점에서 볼 때 놀라운 것은 첫 번째, 도시가 시민들의 금융거래를 위해 대출 안전성에 적극적인 관심을 보였다는 점이다. 그렇지 않았다면 행정상 소모적인 일을 그 정도로 하지는 않았을 것이다. 두 번째, 도시의 신용시장이 투명했다는 점이다. 사람들은 자선보다는 시장 참여를 유지하는 데 중점을 두었다. 덧붙이자면, 시장 참여는 도시에서 추방된 장기 채무자에게도 적용되었다. 장기채무자들은 대부분 돌아와서 빚을 갚았고, 소비자뿐만 아니라 잠재적인 투자자로서도 지역사회와 함께했다. 마지막으로 세 번째, 리옹의 정육업자와 제빵사의 셈 막대가 '사회적 접착제'로서 부채 기능을 매우 선명하게 보여준다는 점이다. 상호적인 부채 의무는 모든 사람들을 하나로 묶었다. 제빵사는 칼갈이로부터 빵값으로 받았던 셈 막대로, 일요일의 구운 고기에 대한 빚을 정육업자에게 갚고, 정육업자는 이를 다음번 칼 가는 비용으로 지불한다. 이런 시스템 안에서 빚이 없다는 것은 재앙이 될 것이다. '셈 막대를 가진 사람만이 이 시스템에 속해 있기' 때문이다. 중세 사회는 모든 사람이 시장에 참여할 수 있도록 하고 또 참여를 유지하는 데 각별한 관심이 있었다. 신용관계는 어디에나 있었고, 신용수단이 인상적일 만큼 다양했으며, 자본시장의 놀라운 사회적 투명성이 존재했다.

WIR KONNTEN
AUCH ANDERS

소액대출처럼 기부금 모금운동과 재단은 사회적으로 지속 가능한 경제의 '기본모듈'에 해당한다. 그래서 한 지역의 성공적인 기업들은 수백 년이 넘는 동안 공동프로젝트에 투자하는 방법으로 사회적 책임을 수행했다. 공중위생시설, 환자 돌보기, 가난한 사람들의 부양에만 재정을 지원한 것이 아니라 도로, 다리, 제방, 등대와 같이 규모가 큰 사회기반시설을 위한 프로젝트에도 재정을 지원했다.

당시 중세 사회에서는 다른 모든 문화권에서와 마찬가지로 종교가 이익을 재분배하는 담당기관으로 중요한 역할을 했다. 가난한 사람들을 돌보라는 구약의 경고, 과부와 고아들을 소홀히 하는 죄에 대한 처벌, 지나치게 높은 이자 금지, 십일조 의무, 탐욕은 영혼의 구원을 받을 수 없는 죄악이라는 설교가 지치지 않고 나왔다. 부자들은 종종 마지못해 하기는 했지만 이익의 일부를 사회에 되돌려주어야 한다는 의무를 상기했다. 부를 거머쥔 것에 대해 사회에 신세를 지고 있었던 것이다.

그림 5.1 오늘날 아비뇽의 생베네제 다리. 예배당이 있고 다리의 아치는 4개의 돌로 이루어져 있다.

1 기부로 탄생한 아비뇽의 생베네제 다리

사람들은 누구나 아비뇽 다리를 알고 있다. 유치원에서 아이들이 부르는 노래 '아비뇽 다리 위에서'의 경쾌한 리듬은 수많은 사람들의 귀에 익숙하다. 멋진 다리 위에서 신분이 높은 군주들, 고귀한 귀부인들, 젊은 레이디들, 장교들, 아이들, 사랑에 빠진 사람들, 심지어 개구쟁이들까지 춤추는 모습을 떠올리게 된다. 그런데 정작 아비뇽 다리를 보면 깜짝 놀라게 된다. 그곳에는 아치 4개만이 덩그러니 남아 있으며 나머지는 론강의 범람으로 강물에 휩쓸려가서 소실되었다. 중세에 건설된 아비뇽 다리는 건축학적으로 놀라운 작품이다. 다리는 돌 22개로 된 아치로 이루어져 있으며 론강의 두 개 지류와 그 사이에 놓여 있는 섬을 지나갔다. 다리의 전체 길이는 915미터였다. 아비뇽 다리는 옛 아비뇽의 교황청 건물의 고도高度에서 시작해서 론강의 다른 쪽 강가에 있는 빌뇌브 레 아비뇽론강을 중심으로 아비뇽과 마주보고 있는 프랑스 도시-옮긴이의 필립 르 벨의 탑에서 끝났다. 남아 있는 다리의 모습은 단순하지만 아비뇽 다리가 우아한 건축물임을 분명하게 보여준다. 완만한 모양의 아치는 폭이 33~35미터이고 높이는 13미터이며 직경 8미터의 교각으로 지지되었다. 거의 모든 중세의 다리처럼 아비뇽 다리의 폭도 2미터 80센티미터로 매우 좁다. 다리의 양쪽에는 난간 벽이 없어 춤을 출 수 있는 공간이 적어서 사람들은 다리 아래에서 춤을 추었다. 이 다리는 1177년에서 1185년까지 8년 만에 완성되었다. 사람들은 오늘날까지 어떻게 다리를 건설할 수 있었는지 자문하곤 한다. 중세의 전설은 이런 기술의 기적을 신의 영향력으로 설명한다. 젊은 양치기 한 명이 아비뇽으로 와서 신의 명령으로 다리를 건설했다는 것이다. 역사적인 연구에서 까다롭고 세세한 작업을 통해 이 다리의 건축 역사를 재구성해 다음과 같은 결론에 도달했다. 아비뇽 다리는 12세기 후반에 아비뇽과 아비뇽 교외 지역 이익단체들의 협력 프로젝트로 건설되었고, 오늘날 크라우드 펀딩이라고 부르는 방법으로 자금을 조달했다는 것이다.

모든 사람들이 다리 건설을 바라고 있었다

19세기 하천이 정비되기 이전에 론강은 프랑스에서 물살이 급격한 강에 속했다. 강을 건너는 교통편은 작은 보트와 노를 저어가는 작은 배가 전부였고, 물건과 승객들은 각각 배에 실렸다. 승객들은 중간에 있는 섬에서 다시 내려야 했다. 짐도 모두 다시 내려서 당나귀 등에 실은 채 섬을 통과했고, 그곳에서 최종적으로 벨뇌브 강가에 도달하기 위해서 다시 배에 짐을 실어야 했다. 구간에 따라 나무로 된 작은 다리도 있었다. 그러나 이들 다리는 계속해서 홍수의 희생양이 되었다. 강을 건너가는 것은 힘든 일이었으며 시간이 오래 걸렸고 무엇보다 불편했다. 아비뇽시가 해결책을 찾지 못했다면 교역은 조만간에 다른 방법을 찾아야 했을 것이다. 주민과 공무원 그리고 상인들이 해결책을 찾아 나섰지만 어느 누구도 감히 거대하고 비용이 너무 많이 드는 다리를 건설할 자신이 없었다. 모두 이렇게 생각했다. "누가 이런 프로젝트를 떠안아야 할까?"

로마 시대처럼 다리 건설을 명령할 수 있고 엔지니어와 건축사 그리고 한 무리의 기술자들과 건설노동자들을 마음대로 고용할 수 있으며 세금인상을 통해 다리 건설에 필요한 비용을 조달할 수 있는 중앙권력이 아직 없었다. 12세기 유럽은 중앙집권이 아니라 다르게 조직되어 있었다. 중세의 통치자는 어려움 없이 간단하게 지배할 수 없었고 봉신封臣과의 협력에 의존하고 있었다. 그가 제후와 공작, 백작의 주군이기는 했지만 그들 역시 독립적인 권한을 가지고 있었던 셈이다. 아비뇽에서도 주교가 시의 통치자로서 자기 뜻대로 아비뇽을 지배할 수 없었다. 이탈리아 스타일의 도시국가와 유사하게 점점 더 세력을 강화하는 시의회가 늘어났다. 다수가 집권하는 세상, 다양한 방법으로 다수의 유력 집단이 서로 경쟁하는 세상이라고 볼 수도 있다. 이들은 지역에 최적화된 합리적인 균형을 유지하고 있었지만 결정 과정은 절대적으로 어려울 수 있었다.

한 사람의 시작: 세벤느 출신의 베네제

여기서 역사적인 사건에 대한 개인의 역할이 대두된다. 사람들은 종종 역사를 만드는 주체가 '사람들'인지, 여자든 남자든 어떤 '개인'인지 묻는다. 그 답은 분명한 '예'이다. 미래를 위한 개인의 행동은 과거에도 또 현재에도 결정적이다. 아비뇽 다리의 경우에는 세벤느 출신의 젊은 청년이 그 주인공이었다. 베네제는 론강 위에 다리를 건설하는 일에 신의 부르심소명을 받았다고 느꼈다. 이 젊은이에 대해 알려진 것은 그가 사망한 후 거의 100년이 지난 13세기 후반에 쓰여진 내용이고 대부분 중세의 유명한 전설에 속했다. 그러나 이 인물이 역사적으로 실존했다는 데는 일말의 의심도 없다. 현대의 자료를 통해 아비뇽 다리를 건설하기 시작했을 때의 놀라운 상황을 살펴볼 수 있기 때문이다. 부르고뉴의 도시 오세르 출신의 동시대인 역사가 로베르트 1156~1212년는 베네제를 다리 건설 프로젝트의 젊은 창시자로 표현했으며 보베 출신의 빈센트 역시 이 젊은이가 처음에 모든 사람들에게 얼마나 비웃음을 받았는지, 그리고 그 후에 어떻게 사람들을 설득했고 대규모의 기부금 모금운동을 시작했는지 설명했다.

경탄할 만한 작업: 도시 연대

중세의 다리 건설은 종종 대성당 건축과 비교된다. 기공식 계획부터 다리 완성까지 수년 혹은 심지어 수십 년이 걸릴 수도 있다. 건축 현장의 조직과 관리는 건축 장인조합에서 이루어졌다. 수많은 기술자와 건설노동자가 현장에서 일했고, 네모난 돌을 깨고 깎아야 했으며 채석장에서 아래에 있는 건축 현장까지 이송해야 했다. 다리를 건설하기 위해 기계 설치공, 석회 굽는 사람, 목수, 목공, 미장이, 물밑에서 작업할 잠수부, 건축기술자, 선원, 설계자, 건축사 들이 필요했다. 물론 이 모든 사람들이 아비뇽에 살았던 것은 아니었다. 다리 건설에 참여할 노동자들이 각지에서 아비뇽으로 건너왔고 사람들은 이들에게 양식과 잠자리를 제공해야 했다. 물론 재정지원이 있어야 가능한 일이었다.

1181년 구매계약에 따르면 베네제는 최초로 모금했던 기부금을 강가의 땅을 구매하는 데 사용했다. 갈부르기스 말바신이 프로젝트를 위해 강가에 있는 주택을 정원과 함께 팔았을 때, 베네제는 도시의 귀족들에게 지원을 받았다. 베네제는 계속해서 지치지 않고 연사로서 모습을 드러냈다. 사람들에게 다리 건설의 장점을 설명했고 다리의 유용성을 들어 설득했으며 다리가 생기면 그들의 사업에 얼마나 많은 이익을 얻게 될지 설명했다. 그리고 사람들을 이 대규모 프로젝트에 참여하는 기부자로 만들었다. 도시 전체를 통과하는 장엄한 행진도 계획되었는데 이때 많은 돈을 모았다. 그렇게 해서 1177년 아비뇽 다리의 건설이 시작되었다. 다리 건축기술자, 석공, 임금노동자, 도시의 건설회사와 운송회사 등이 모두 다리 건설에 참여했다. 베네제는 끊임없이 아비뇽과 주변 지역에서 다리 건설에 필요한 돈을 조달했다.

베네제가 다른 사람을 열광하게 만드는 연사였다는 것은 틀림없다. 공사를 위한 조처는 신속하게 진척되었고 8년 후인 1185년에 벌써 900미터가 넘는 다리가 봉헌되었다. 다리가 완성되기 얼마 전 베네제는 사망했다. 전설에 따르면 당시 그는 스무 살도 채 되지 않았다고 한다. 아비뇽의 시민들은 곧 그를 도시의 성인으로 추앙했다.

그림 5.2 15세기 후반의 묘사에 따른 다리 건설 장면

어떻게 12세기에 지속 가능성을 체계화했나?

이 이야기는 어떻게 계속되었을까? 창시자가 사망한 다음에 무슨 일이 일어났을까? 베네제의 성공적인 기부 프로젝트는 어떻게 계속 진행될 수 있었을까? 누가 다리를 장기적으로 유지하는 일을 담당했을까? 누가 이 공동프로젝트의 후속비용을 떠맡았을까? 이는 도시와 시민들을 위한 지속과제였다. '다리 공사'라는 개념이 이 과제를 간결하게 요약한다. 바젤과 슈트라스부르크에서는 홍수피해를 줄이고 지속적인 다리 보수공사를 위해 시 자체에서 기술자 팀에게 정기적으로 도시재정에서 돈을 지불해왔다. 바젤은 14세기 후반부터 다리 장인匠人을 지역 다리 건설의 직공장職工長으로 고용했다. 다리 건설처럼 비용이 많이 드는 건축물을 건설하고 유지하는 데 장기간에 걸쳐 재정적으로 지원하는 다른 방법은 협력조직 모델이었다. 이 방법 역시 중세에 널리 퍼져 있었다. 아비뇽의 경우 협력조직 모델은 베네제가 사망한 후에 아비뇽에서 최단기간에 창설되었던 다리 형제회였다. 베네제와 함께 동역했던 사람들 중 핵심 세력이 일종의 교단을 형성한 것으로 보인다. 오늘날로 보면 다리 건설회사 혹은 창시자가 의도했던 대로 프로젝트를 계속 추진한 재단이라고 할 수 있을 것이다. 아비뇽 건축 현장의 포괄적인 관리 주체는 아비뇽시였지만 지속적인 재정지원의 책임은 분명히 다리 형제회가 담당했다.

형제회 덕분에 가능했던 사회적 지속 가능성

형제회는 중세시대에 공익 업무를 수행하기 위한 조직 형태로 널리 퍼져 있었다. 수많은 도시에 건설 형제회, 도로 형제회, 우물 형제회, 다리 형제회 등이 있었다. 이 형제회들은 주로 공적인 건축 현장에서 건축 장인조합의 운영을 체계화했다. 공동의 정관이 있었고 식사시간과 술자리를 함께 했으며 자체 교회, 예배당과 묘지를 운영할 권리를 지니고 있었다. 형제회의 특징은 사회기반시설의 공급과 돌봄서비스의 결합이라는 점이다. 그래서 다리 형제회의 경우에는 매우 구체적으로 다리를 유지하는 것뿐 아니라 다리 건설을 위해 운영되는 여관과 병원에 있는 여행객들의 돌봄 역시 다리 형제회에서 담당한다는 점이 분명히 명시되어 있었다.

엄격하게 말하자면 다리 형제회는 '다리 형제자매회'라고 해야 할 것이다. 모든 서류에 남성회원뿐 아니라 여성회원도 명시되어 있었기 때문이다. 심지어 서류에는 젠더에 적합한 언어가 사용되었다. 아비뇽의 주교는 다리가 개통된 지 1년 후인 1187년 8월에 다리 형제회에게 자체적으로 교회와 묘지를 운영할 권리를 부여했는데 관련 서류에는 만약 여자든 남자든 다리 형제회 회원이 아니라면 이 묘지에는 아비뇽에 있는 교회의 그 어떤 신도도 매장될 수 없다고 언급되어 있다. 여자들 역시 다리 형제회에서 직분을 맡았다. 1213년의 한 매매계약서에는 알리카르디스라는 이름의 여성이 계약파트너로 기재되어 있다. 이 여성은 다리 형제회 회원으로서 다리 형제회의 이름으로 가우프리두스 몰네리우스의 토지를 샀다. 여기서 그가 다리 형제회의 대표 중 한 명으로 활동했다고 추론할 수 있다. 그렇지 않다면 구매계약서에 서명할 수 없었을 것이다. 다리 형제회는 자신들의 고유한 교회와 묘지를 주교에게 허락받는 방법으로 공익단체임을 인정받았고 기부금을 모을 수 있는 권리를 지니게 되었다.

다리 형제회의 활동

다리 형제회의 중심 과제는 장기적인 교량 건설의 재정지원을 위해 견고한 자본의 기반을 확보하는 것이었다. 이와 관련해서 많은 정보를 입수했는데 상대적으로 중세의 많은 문서가 프랑스 혁명 기간의 약탈을 이겨냈기 때문이다. 다리에 관한 문서 자료는 아비뇽의 보클뤼즈의 기록보관소에 있다. 문서를 통해 다리 형제회의 역사를 생생하게 재구성할 뿐만 아니라 아비뇽에서 일어난 모든 사회적, 경제적인 변화를 인식할 수 있었는데, 이 변화는 모두 다리 건설과 관련되어 있었다.

흔히 말하는 다리 공사, 중세에 널리 퍼졌던 교량 건축의 후원 모델은 경건한 목적 혹은 공익 목적의 재단으로 중요하게 묘사된다. 다리 건설은 도로, 교회, 제단, 순례자의 집, 빈민구호시설, 병원 등의 건설을 위해서나 포로의 몸값을 지불하고 빼내오기 위해 혹은 난파당한 사람들을 구하기 위해 또는 가난한 처녀의 혼수를 마련해 주기 위해 재산을 모으는 것과 마찬가지로 경건한 행위에 속했다. 만약 중세에 어떤 사람이 공증인에게서 유언을 작성하려고 가면 공증인은 영혼 구원을 위하여 유증遺贈이 있는 서식을 미리 준비해놓았다. 이는 교회와 수도원, 미사, 다리, 항구, 도로나 과거의 하인을 돌보기 위해, 노예를 해방하기 위해, 가난한 사람을 돌보기 위해서였다. 사람들은 반대로 표현할 수도 있을 것이다. 경건의 역사役事는 대부분 중세에 공익을 위한 일이었고 사람들의 연합을 통해 공동으로 후원되었다. 동시에 이 개념은 공동체을 돌보며, 조세와 세금 그리고 다른 의무에서 해방되어 재산과 특권을 얻을 능력이 있는 독립적인 공동체를 의미했다. 그래서 다리 형제회는 관련 문헌에서 한 목소리로 토지를 소유할 수 있고 다리의 유지를 위하여 자본을 모을 수 있는 법적주체로 간주되었다. 이를 통해 다리 건설과 유지와 관련된 여러 관직도 생겨났다. 이 법적주체에는 관리자가 필요했고 지도자와 대표도 필요했다. 이 법인은 또한 다리에 속한 경제조직들을 운영할 권리도 지니고 있었다. 예를 들어 레겐스부르크의 목욕탕이나 다리 관리소를 운영하고 통행료를 징수할 수 있었다. 단, 그에 대한 권리를 먼저 부여받아야 했다. 아비뇽의 다리 형제회는 다리를 개통하고 난 후에 즉각 이런 권리들을 체계적으로 매입했다.

다리 형제회, 항만의 허가를 구매하다

이후 20년 동안 다리 형제회는 체계적으로 오래된 항만권, 즉 론강을 지나가는 통과무역의 수입에 대한 권리를 구매했다. 1196년 8월 11일에 아비뇽 항만조합의 전 대표이자 주소유권자인 제랄두스 아미치가 계약서에 서명했다. 소득의 대부분이 명백하게 그에게 속했다. 그리고 그는 자신의 몫을 폰티우스라는 이름의 다리 형제회의 수도원장에게 24000솔리디에 팔았다. 대단한 금액이었다. 솔리더스 몽페리에 주화는 그 당시 통용되던 화폐로 20솔리디가 은화 1파운드였다. 그래서 항만회사로 흘러들어가던 수익을 보장하기 위해 총 1,200파운드의 은을 투자해야 했다. 다른 많은 사람들도 자신의 몫을 팔았고 다리 형제회는 주소유권자로서 론강을 통과하는 운송과 여기에서 나오는 소득을 넘겨받았다. 또한 초기 몇 년 동안 월세와 임대차 수익으로 다리의 수리 비용을 감당하기 위해 토지, 정원, 포도밭, 집 들을 구매했다. 다리 형제회의 구성은 알려진 내용이 별로 없다. 아마도 다리 형제회는 함께 살지는 않았지만 계속해서 아비뇽에 그들의 집이 있었을 것이다. 이는 한 가지 규정에서 추론할 수 있는데, 기부금 확보를 위임받은 다리 형제회 회원들은 모금운동을 한 뒤에 바로 각자의 집에 들르는 일과 기부금의 일부를 집에 보관하는 일이 엄격하게 금지되었다. 주변 지역에서 도시로 되돌아온 후에 제일 먼저 다리 형제회의 집과 생베네제의 제단으로 기부금을 가져와야 한다는 사실이 확정되었다.

아비뇽의 생베네제 교량 병원

오늘날 교량은 당연히 국가의 책임하에 있다. 엔지니어들은 사람들의 이동을 보장하기 위해 사회기반시설을 담당하고 있다. 13세기에 도로 건설, 특히 다리 건설은 자선과 관련된 일이었다. 여행은 위험한 일이었고 예측 불가능성과 위험을 내포했다. 사람들은 여행 도중에 오늘날보다 훨씬 더 많은 놀라운 일을 경험했음은 의심의 여지가 없다. 물론 그중에서 많은 일들은 대체로 나쁜 일이었다. 따라서 건설한 지 얼마 안 된 다리를 건너는 여행객을 돌보는 일이 교량 관리와 더불어 중요해졌다. 중세의 다른 다리와 마찬가지로 아비뇽에서도 곧 다리 형제회의 주도로 교량 병원이 생겨났다. 그런데 오늘날의 종합병원을 상상하면 안 된다. 오히려 병자와 곤궁한 자를 위한 병원과 숙소의 혼합 형태였다. 중세의 병원은 우선 상담지원 센터였으며 그다음이 오늘날의 의미에서 건강 센터였다. 이런 병원은 1180년과 1350년 사이에 발전했는데 도로의 확장, 상업, 순례자와 밀접하게 연관되어 있다. 아비뇽의 교량 병

그림 5.3 1575년 게오르크 브라운과 프란츠 호겐베르크의 책 《세계의 도시》의 그림으로 론강에 있는 생베네제 다리를 남쪽에서 바라본 모습이다. 왼쪽에는 빌뇌브 레 아비뇽이, 오른쪽에는 아비뇽이 있다. 오른쪽 교두보에 있는 토지와 건물은 아마도 병원과 다리 형제회 건물이 있던 장소로 추측된다.

원이 다리가 건설된 직후인 12세기 후반에 설립되었다는 가정은 충분히 근거가 있었다.

'다리 형제회'는 중세시대 거의 모든 곳에 있었다

아비뇽의 다리 형제회만 유일했던 것은 아니다. 아비뇽 주변 약 50킬로미터 지역에만도 또 다른 다리 형제회가 6개 있었다. 그중 대부분은 병원을 소유하고 있었다. 강을 거슬러 올라가면 생에스프리 다리가 있다. 이 다리는 거의 1킬로미터에 달하며 오늘날까지 유럽에 존재하는 가장 긴 중세의 석조다리이다. 강 아래로 내려가면 보케르 다리가 있는 타라스콩이 있다. 또 다른 다리 형제회는 카발롱강을 지나는 다리와 우베즈강이 지나는 다리 근처에서 설립되었다. 마지막으로 봉파스도 추가된다. 봉파스는 다리 건설 후에 이름이 '모파스'에서 '봉파스'로 바뀌었는데, '나쁜 협로'에서 '좋은 협로'로 바뀐 셈이다. 론강의 지류인 뒤랑스강은 위험하고 예측할 수 없어서 사고가 자주 발생했다.

아비뇽에서 북동쪽으로 몇 킬로미터 떨어진 봉파스에서 다리 형제회와 관련된 가장 오래된 증거 자료들이 발견되었다. 관련 출처에서 봉파스의 다리 형제회는 여러 번 교량 병원의 운영자 혹은 수공업자로 표시되었다. 따라서 봉파스의 다리 형제회 회원들 중에는 분명히 다리 건설에 스스로 힘을 보탠 목공과 목수들이 있었을 것이다. 다리 형제회 회원들은 수도승과 비교할 만한 삶을 살았고 그곳의 수도회와 밀접하게 관련을 맺었다. 캄파냑의 생 니콜라 혹은 알레스에서도 마찬가지였다. 하지만 아비뇽은 완전히 달랐다. 아비뇽에서는 다리 형제회가 단지 '모금활동'에만 집중한 반면 건축과 관련된 일은 그 지역의 해당관청과 주교 그리고 시의회가 주도했다. 따라서 다리 형제회는 장소에 따라 조직

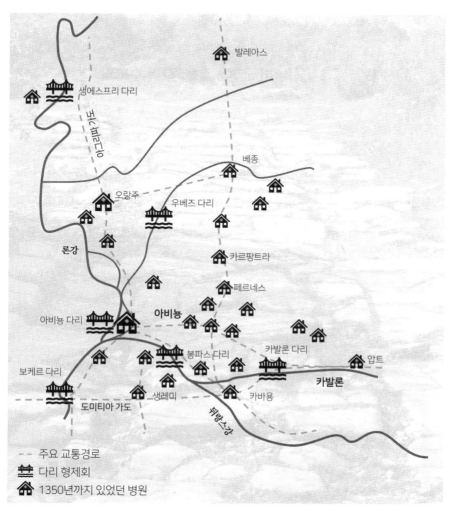

그림 5.4 아비뇽 주변 지역의 다리 형제회와 병원들 (브나스크 백작령)

과 구성, 권한이 서로 완전히 달랐다. 다리 형제회는 다양한 곳에서 공동체적 종교생활에 몰두했던 사람들로 이루어졌기 때문에 수도회에 소속되어 있었다. 그러나 다른 곳에서는 평신도들의 이익협동체였기 때문에 도시에 집을 소유했고 그곳에서 거주했다. 이들은 다리 형제회 혹은 다리 자매회의 일원으로 정규직처럼 일했다.

19세기 역사학자들의 머릿속에 있는 '다리 수도회'

다리 형제회는 도처에 있었지만 장소에 따라 매우 다르게 조직되었다. 이 점은 근대가 시작된 19세기에는 이해하기 어려웠다. 그 당시 사람들이 위로부터 조직된 중앙기관의 장점들을 이제 막 발견했기 때문이었다. 공공의 안녕을 위한 지역의 모든 기관들은 오직 중앙집권적으로 조직된 '다리 수도회'를 통해서만 설명할 수 있었다. 따라서 19세기와 20세기 초기의 역사 연구는 이와 같은 수도회가 있어야만 했다고 가정했다. 서로 다른 도시에 살던 사람들이 유사한 문제에 대해 완전히 동일한 해결책을 찾는 것은 있을 수 없다고 생각했기 때문이다. 따라서 19세기 근대의 논리처럼 언젠가는 도처에 지부를 두었던 다리 수도회를 설립했다고 보았다. 그런데 이와 같은 수도회는 중세에 전혀 존재하지 않았다. 단지 현장에서 실행 단체로서 다리를 건설하고 유지하는 일을 중요하게 여겼던 사람들만 있었을 뿐이었다. 주어진 여건에 따라 수도원에 사는 사람들이나 도시 시민들은 직면한 과제를 해결하기 위해 서로 힘을 합쳤다. 지역 차원에서 일원이 된 남자와 여자들은 도시에 다리를 짓기 위한 책임감을 통해 독립적인 기관으로서 결합되었고, 또한 이웃 사랑과 손님을 환대하는 정신으로 연결되어 있었다.

다리의 건축공사에서 여행자와 병자와 가난한 사람들을 돌보는 일이 당연했다는 것은 흥미롭다. 사회기반시설교량을 준비할 때 다리를 사용하는 사람들을 대상으로 한 돌봄도 전체적으로 염두에 두었음이 분명했다. 또 다른 흥미로운 점은 수많은 곳에 다리 형제회가 있었지만 도시에 있는 형제회가 결코 경제적인 지도자 역할을 하지 않았다는 것이다. 그들은 그곳에 있었고 다리 공동체를 위해 중심적인 기능만 했다. 다리 형제회는 교량의 유지와 보수를 진행했으며, 여행자들에게 양식을 공급하고 낯선 곳에서 여행 중에 병든 사람들을 돌보았다. 또한 가난한 사람들도 돌보았다. 만약 그렇게 하지 않았더라면 가난한 사람들은 부랑자가 되어 지역 사회의 문제를 더욱 악화시켰을 것이다. 다리 형제회가 이런 과제를 경제적으로 의미 있는 산업 분야로 확장시키지 않은 것이 아마도 다리 형제회가 지속적으로 발전했던 비법이었을 것이다. 다리 형제회는 경제적인 성공을 원하지 않았다. 이런 일의 임무는 교환과 순환을 가능하게 하고 다리 손님을 환대하고 이웃 사랑을 실천하며 음식점이 딸린 여관과 병원, 가치를 존중하는 일 영혼 구원을 위한 일로 인정받았고 높이 평가됨과 결합되어 있었다.

2   면벌부 없이 미켈란젤로도 없다

10세기 후반 이스트 앵글리아 영국 동남부에 있던 고대 왕국-옮긴이 의 수도원장이었던 크롤랜드의 고프레두스는 불에 타 무너져 내린 수도원의 잔해 앞에서 어쩔 줄 모르고 서 있었다. 그때 갑자기 수도원을 다시 건설하는 데 필요한 재정을 조달할 수 있는 천재적인 아이디어가 머리에 떠올랐다. 그는 영국 주교들에게 수도원 신축을 위한 면벌부 혹은 면죄부를 발행해달라고 요청했다. 주교들은 그의 요청을 따랐고 크롤랜드 수도원을 다시 건설하는 데—기부금, 노동, 건축 재료 마련 등의 방법으로—기여한 모든 사람들에게 현세의 죄로 받은 벌의 1/3을 면해주기로 결정했다. 그는 필요한 자금을 현실적으로 분명하게 산정했고 면벌부를 공포하기 위해 수도승들을 잉글랜드, 스코틀랜드, 아일랜드, 프랑스, 플랑드르, 덴마크, 노르웨이까지 보냈다. 수도승들은 크롤랜드의 성인 구틀락의 성유물聖遺物과 주교의 문서 사본을 짐에 싣고 이스트 앵글리아에 있는 그들의 수도원을 다시 건축하는 데 필요한 돈을 모으기 위해 모든 나라를 여행했다. 그 여행은 성과가 있었고 수많은 추종자를 얻었다. 그 이후로 교회 건축이나 다른 공익 프로젝트들이 면벌부를 통해 지원을 받았다. 사람들은 곳곳마다 다니면서 새로운 프로젝트를 알렸고 이미 이루어진 사전작업과 함께 각각의 단계를 설명했다. 이런 방법으로 사람들이 좋은 목적을 위해 기부하는 일을 쉽게 만들었다. 번거로운 관료정책을 피하기 위해 사람들은 직접적으로, 말하자면 단 한 번의 클릭으로 기부를 할 수 있었는데 집집마다 모금함을 돌렸기 때문이었다. 그 밖에도 오용을 막기 위해 면벌부는 공식적인 지위를 통해 증명되도록 했다. 대부분 주교가 증명했고 나중에는 교황도 그 일을 담당했다. 기부금은 대부분 사회기반시설 프로젝트, 문화와 예술 분야로 흘러들어갔으며 가난한 사람들을 돌보기 위한 시설에도 쓰였다.

중세에서 이루어진 '죄와의 사업 Christiane Laudage'은 때때로 탄소배출권 거래와 비교된다. 오늘날 이산화탄소 배출처럼 중세에는 죄의 분출을 완전히 피할 수 없어서 사람들은 이를 조절해야만 했다. 그리고 오늘날 이산화탄소의 배출을 억제하기 위한 인센티브로 증명서를 이용하는 것처럼 면벌부를 통해 전체적으로 죄를 줄이도록 독려해야만 했다. 면벌부는 사람들이 일생 동안 다른 사람에게나 자기 자신에게 혹은 자신의 환경에 해를 끼치지 않고 살 수 없다는 가정에 근거한다. 교회는 이를 죄 혹은 과실이라고 말했고 피할 수 없다고 보았다. 그러나 피할 수 없이 일어난 손해는 참회의 행동으로 보상해 피해를 줄일 수 있다. 기도하는 것, 병자와 가난한 사람과 난민을 돌보는 것과 같은 선한 행위를 통해서이다. 참회 행위의 양도 가능성에 대한 아이디어는 이미 일찍이 생겨났다. 스스로 기도하거나 병자와 가난한 사람들을 돌볼 시간이 없는 이들은 본인 대신에 참회 행위를 완수하도록 다른 사람들에게 비용을 지불할 수 있었다. 12세기가 진행되는 동안 이런 생각은 이미 사망한 사람들, 즉 연옥에서 참회하고 있는 사람들에게로 확대되었는데 이는 그 당시 새롭게 생겨난 생각이었다. 사후에도 참회해야 할 죄를 후손들을 통해 갚을 수 있어서 친족들이 연옥에 있는 시간을 줄일 수 있었다.

면벌금 면죄헌금은 세대를 초월하는 프로젝트에 투자되었다. 예를 들어 병원에 있는 간호 인력의 급여를 지급했던 재단에 출자되었다. 사람들이 면벌부를 통해 구매했던 선행을 이 재단들이 실천했기 때문이었다. 사회적 영역과 사회기반시설 그리고 문화 등과 같은 부문에서 이루어진 다른 행위에도 해당되었다. 몇 가지 구체적인 사례를 여기에서 소개한다.

막달레나 수도회: 전직 창녀들의 교단

독일에서는 막달레나 수도회 회원들을 그들이 입은 옷 때문에 '화이트 레이디'라고도 부른다. 이 수도회는 중세의 가장 주목할 만한 수도회 중 하나이다. 막달레나 수도회가 전직 창녀들의 연합으로 생겨났기 때문이다. 이 수도회의 관심사는 성매매 여성들의 재사회화였다. 성매매 여성들의 숫자는 점점 더 확장되는 도시에서 현저하게 증가했다. 그 당시에도 이런 여성들이 병이 들거나 노년이 되었을 때의 부양 문제가 대두되었다. 사람들은 사회가 이 문제에 속수무책이라는 사실을 보게 되었다. 그래서 예를 들어 교황 인노첸시오 3세 1198~1216년는 13세기 초기에 전 기독교인들을 향해 칙령을 발표했다. 이 칙령에서 교황은 창녀인 한 여성을 자유롭게 하고 그 여성과 결혼해서 부양을 책임지는 모든 남자들에게 그들이 지은 죄에 대한 완전한 용서를 약속했다. 물론 이 조치의 효과는 오늘날 더 이상 측정할 수 없다. 10년 후 교황 그레고리우스 9세하에 또 다른 방법들이 추가되었는데 그 사이에 다양한 도시에서 지역 기관들이 형성되었기 때문이었다. 독일 니더작센 주의 힐데스하임 주교좌성당의 참사회원인 루돌프는 이 문제에 몰두했고 전직 창녀들의 수도회 설립을 강행했다. 첫 번째 수도회 건물은 보름스에 세워졌을 것으로 추측된다. 교황은 이에 동의했고 과감한 시도를 칭찬했다. 그리고 당연히 많은 사람들이 비판적으로 주시했던 이 프로젝트를 지원했다. 1228년 여름에 교황 그레고리우스 9세는 칙령을 하나 발표했는데, 그 칙령에서 자신이 이 공동체를 특별히 보호할 것이며 대주교 교구인 마인츠 교구의 모든 신도들이 성모 승천일과 성모 수태고지일, 마리아 막달레나 축제일에 막달레나 수도회의 교회를 방문한다면 그들에게 20일의 면벌부를 수여하겠다고 했다. 이렇게 독일에서 최초의 교황 면벌부 중 하나는 매우 논쟁의 여지가 있는 프로젝트의 후원에 쓰였다. 전직 창녀들이 경건한 여인으로 사는 것 역시 쉽지 않았기 때문이었다. 이는 맞는 말이었다. 쾰른에서 베네딕트 수도회 소속 수도원장인 성 판탈레온은 막달레나 수도회가 그들의 이웃에 거주지를 설립하려고 했을 때 교황에게 항의서를 제출했다. 그래서 이 여성들은 국제적인 지지가 매우 필요했다. 교황 그레고리우스 9세는 1228년과 1237년 사이에 총 20개의 면벌부를, 좀더 정확하게 말하자면 각각의 막달레나 수도원을 위해 9개, 막달레나 수도회 전체를 위해 11개의 면벌부를 제공했다. 이 방법을 통해 교황은 한편으로 수도원의 물질적인 필요를 제공하고, 다른 한편으로 전직 창녀들로 이루어진 공동체에 대한 편견을 줄이는 등 그들이 사회에 더 광범위하게 받아들여지는 데 도움을 주고자

했다. 덧붙여 말하자면 힐데스하임의 참사회원 루돌프는 1237년 자세히 알려지지 않은 과오로 직책에서 해임되었다.

병원, 손님 접대, 죄수 석방, 교육을 위한 면벌금

개별 그룹과 조직들이 추진하고 주로 기부를 통해 자금을 조달했던 다른 사회적 프로젝트들도 교황에게 면벌부를 통한 지원을 요청했다. 당시 관행적 모델에 따라 수도회로 조직되었던 공동체들은 주로 병원을 운영했다. 그중 가장 유명한 곳은 아마도 요한 기사 수도회 1차 십자군원정 때 예루살렘에서 창립—옮긴이와 독일 기사단일 것이다. 로마의 사시아에 본부를 둔 생에스프리 병원수도회는 가장 큰 네트워크를 관리했는데, 시칠리아부터 스칸디나비아에 이르기까지 전 유럽에 걸쳐 750개 이상의 지부를 두었다. 가장 북쪽에 위치한 지부는 얼마 전에 노르웨이에 있는 할스뇌이 섬에서 확인되었다. 병원 운영자로서 이 단체가 이룬 지속 가능하고 경제적인 성공은 13세기 초에 설립된 이후 계속해서 면벌부로 재정지원을 받은 효과적인 모금방법에 기인한다. 여기에 이 수도회의 평수사회 수도회에서 일반 노동을 담당하며 사제서품을 받지 않은 수사—옮긴이 가입 가능성이 추가되었다. 이는 또 다른 승리였다. 회원들은 평수사회에 가입하면 직접적으로 수도원 본원과 전체 수도원의—기도, 그리고 무엇보다도 병원봉사를 통해 얻을 수 있는—영적인 공덕功德에 참여할 수 있기 때문이었다. 이 수도원의 주목할 만한 규모와 병원에서 매일 행하는 셀수 없이 많은 선한 행위들에 비추어 볼 때 이 수도회의 형제 회원은 상당히 잘 확보되어 있었다. 사람들이 참여하는 자선을 위한 기초 자본이 나날이 증가했기 때문이었다. 사람들은 단지 한 번만 입회비를 지불했고 그 후에는 병원수도회의 사역을 돕기 위해 매년 회비를 냈다. 그 대신 사람들은 국제 공동체에 참여할 수 있었다.

다리, 도로, 제방을 위한 면벌금

아비뇽에서만 주교나 교황의 면벌부 허가를 통해 기부금 모금활동
이 지원된 것은 아니었다. 독일에서 면벌부를 통해 다리를 건설한 가
장 오래된 사례는 독일 바이에른의 도나우뵈르트에서 유래한다. 이곳
에서 황제 프리드리히 2세는 1220년에 도나우강을 지나는 목조 다리를
석조 다리로 대체할 계획을 세웠고 이를 실현하기 위해 종교적인 지원
을 확보했다. 1229년 아이히슈테트 주교의 면벌부가 전달되었고, 석조
다리를 건설하는 데 기부금을 내거나 혹은 스스로 건축 공사에 참여한
모든 사람은 30일간의 참회를 경감받았다. 네카강을 가로지르는 에슬
링엔의 다리와 란강의 디에츠 다리, 모젤강을 지나는 코블렌츠의 다리
와 유사하게 모든 곳에서 면벌부를 통해 재정지원이 이루어졌다.

가톨릭 주교의 관구인 엑서터 _{잉글랜드 남서부 데번셔 주(州)의 주도. 대성당이 있}
_{음-옮긴이}에서 69개의 다리와 도로, 항구와 도시방비시설의 재정지원을
위해 1351년과 1536년 사이에 면벌부가 발급되었다. 이것은 또한 요크
와 더럼, 노팅엄과 잉글랜드의 수많은 다른 도시에도 해당되었다. 니더
작센 주의 도시 페헬데가 1281년 파이네에서 긴 댐을 보수해야만 했을
때 힐데스하임의 주교는 사람과 짐을 나르는 짐승들에게 여러 가지 위
험한 상황을 명시적으로 제시하면서 이 작업을 지원하기 위해 면벌부
를 발행했다. 그러므로 위험한 도로를 열심히 수리하는 것은 자비의 일
이라고 했다. 1306년에 로스킬레의 올라프 주교는 항구의 제방과 등대
를 건설할 때 지원과 기부를 위해 면벌부를 발행했다. 주교는 그런 식으
로 뤼겐섬에 사는 사람들이 기금을 모을 때 도왔다. 또한 난파당한 사

장소/도시	다리, 제방	연도	장소/도시	다리, 제방	연도
푸체키오	아르노강	1159/1314	노팅엄	호이벨 다리	1230
테라치나	항구*	1223	웨더비	와프강	1233
피사	항구	1185	동커스터	돈강	1279
라바냐	엔텔라강	1253/4	매터시	아이들강	1284
볼로냐	레노강	1186/7	스탬퍼드	웰랜드강	1286/95
봉파스	뒤랑스강	1064/1189	글로스터	세번강	1286/95
보클뤼즈	뒤랑스강	1064~	웨어데일	위튼강	1313
노베스	뒤랑스강	1316	오클랜드	워(were)강	1314
카스텔랑	베르동강	1404	보티톤	항구*	1314
아비뇽	론강	1188/1319/1431	빌링엄	티스강	1314
리옹	론강	1184/1245/1254	보스턴	위텀강	1314
퐁생테스프리	론강	1265/1307/1319	칼턴	리블강	1316
빈	론강	1321	해틀리	다리*	1316
그르노블	이제르강	1219	페헬데	다리*	1281
알레스	가르동강	1308	스타보렌	제방	1328
카자크	로트강	1222	히덴제 섬	등대	1306
당트레그	로트강	1269	탈린	항구	1336
로데스	아베롱강	1339	나폴리	항구의 제방	1302
라룬드(Larunde)	다리	1305	아퀼레이아	제방	1317
몽펠리에	레즈강	1267	뤼벡	"더 큰 벽"	1241
소뮈르	로아르강	1184			
느베르	로아르강	1306			
낭트	로아르강	1310			
탈라베라	타조강	1222			
도나우뵈르트	도나우강	1220/1229			
벨스	트라운강	1236			
에슬링엔	네카강	1286			
프랑크푸르트	마인강	1300			
코블렌츠	모젤강	1284			
드레스덴	엘베강	1343			
더럼	엘벳 다리	1275			
요크 백작령	오틀리 다리	1225			
포데스메드	제방, 다리	1228			

* 확실하지 않고 추정됨

그림 5.5 면벌부를 통해 부분적으로 최소한의 재정지원을 받은 다리와 제방

람들을 돕고 구하기 위해 점점 더 많은 면벌부가 발행되었다. 1515년 9월 7일에 합스부르크의 황제 카를 5세 1500~1558년 — 당시 그는 아직 부르군트 공작이었다 — 는 제방건설을 지원하기 위해 교황에게 요청한 브란반트 벨기에 중부의 주(州)-옮긴이. 플랑드르, 네덜란드, 셸란 덴마크의 섬-옮긴이, 프리슬란트를 위한 면벌부를 받았다. 1508년, 1509년, 1514년에 큰 홍수가 나서 전체 지역이 파괴되었기 때문이었다. 제방시설은 절망적인 상태였고 복구 작업은 물가에 사는 사람들을 구하는 경건한 행위로 선언되어야 했다. 또한 이 목적은 교회에서 계획한 로마의 성 베드로 성당의 재정지원을 위한 모금보다 주민들에게 훨씬 더 매력적이었다. 황제 카를 5세는 교황과 협상을 벌였고 네덜란드에 있는 자신의 지역을 위해 면벌부의 용도변경을 얻어냈다. 이곳은 그의 고향이어서 징수 전망을 높였고 실제로 향후 3년 동안 18만 휠던 옛 표시는 굴덴, 예전 네덜란드 화폐 단위-옮긴이을 모았다. 물론 동시대인들은 모금된 돈이 정말로 제방건설에 사용되었는지 혹은 다른 목적을 위해 사용되었는지 의문을 품었다.

평화를 위한 사용

면벌부는 또한 평화적인 태도를 장려하기 위해 허가되었다. 평화애호를 위한 면벌부는 반복해서 발급되었다. 말하자면 복수나 피를 보는 처절한 싸움이나 군사적인 충돌로 죄가 생기지 않도록 발급된 것이다. 1092년에 랭스에서 열린 주교회의는 평화를 유지하는 모든 사람들이 대상이었는데, 특별히 무거운 죄에 대한 면제를 약속받았다. 개인적인 죄의 목록에 따라 이 면제는 사람들에게 좋은 기회가 되었다. 1105년 10월에 콘스탄츠에서 주교는 다음 해의 성령강림절까지 신의 휴전 중세에 교회가 명한 전투행위 중지기간-옮긴이을 확정했다. 예를 들어 가난한 사람들에게 양식을 제공하거나 기도를 하거나 여자와 어린이들을 보호하는 것 등을 통해 사회 평화를 유지하기 위해서도 면벌부가 제공되었다. 그와 마찬가지로 평화를 깨트리는 사람들에 대항해 군사적으로 맞서는 이들에게도 면벌부가 허락되었다. 중세에는 사격클럽에도 면벌부가 부여되었는데 그들이 도시방어의 핵심을 이루면서 해당 지역의 평화를 유지하는 데 크게 기여했기 때문이었다. 심지어 도시계획도 부분적으로 면벌부에 의해 재정지원을 받았다. 예를 들어 1497년에 건립된 광산도시인 작센의 안나베르크는 1517년 20주년 창립기념일에 교황에게 기념일 면벌부를 간청했다.

면벌부와 채식: 사순절 기간의 버터식용 허가증

사람들은 대부분 죄를 용서받기 위해 그리고 연옥에서 속죄일을 경감받기 위해 면벌부를 샀다. 자기 자신을 위해 혹은 이미 사망한 가족이나 친구들을 위해서 말이다. 그런데 아주 특별한 죄에 대한 면벌부도 있었다. 예를 들어 교회의 금식 계율을 지키지 않았을 때의 면벌부가 그것이다. 중세의 교회력은 지역에 따라 120일의 금식일을 두었는데 보통 고기를 먹지 않는 기간을 의미했다. 이미 일찍부터 금식일이나 금주일, 무엇보다도 부활절 전 40일 동안 사순절에 고기뿐 아니라 달걀, 우유제품도 먹지 않는 것이 일반적이었다. 버터와 치즈 등 유제품도 삼갔다. 그래서 사람들은 최소한 일 년에 한 번은 규칙적으로 채식기간을 가졌다. 물론 예외는 있었다. 중세 교회 규율의 장엄한 특징 중 하나는 모든 것에 항상 예외가 있다는 점이었다. 늘 특별한 경우를 고려했는데 유제품과 관련된 식사규정도 마찬가지였다. 예를 들어 유제품이 거의 유일하게 사용할 수 있는 식료품이거나 어획량이 너무 적은 경우에 유제품 섭

취가 가능했다. 14세기 이래로 이와 같은 면제는 교황청 내사원에서 이루어졌고 교황 클레멘스 4세 치하인 1343년에 면벌부와 관련된 자료가 최초로 발견되었다. 독일의 '면벌부 위원'은 십자군을 목적으로 한 면죄부에 약간의 추가 세금을 받는 대가로 사순절 기간 제1일요일을 제외한 모든 금식기간에 우유와 달걀이 들어간 요리를 먹을 수 있는 권한을 부여받았다. 트리어와 쾰른의 대주교는 다음 해에 그들의 교구 관구를 위해 이 특권을 영원히 획득했다. 마인츠의 대주교는 그 당시 교황과 대립 상태에 있어서 교황의 호감을 구하는 데 별로 관심이 없었다. 그래서 이 면벌부를 구입하지 않았다. 독일 지역에서 '버터식용 허가증'라고도 하는 이 유제품 면벌부는 사람들에게 큰 인기를 끌었다. 사람들은 버터식용 허가증을 얻기 위해 교회 프로젝트나 공익 프로젝트에 기꺼이 기부했다. 소득의 일부분, 보통 25퍼센트는 로마로 간다고 했는데 더 정확하게 말하자면 성 베드로 성당의 재정지원에 쓰였다고 한다. 1547년 볼로냐에서 열린 주교회의에서 면벌부 폐지를 논의했을 때 사람들은 버터식용 허가증도 폐지하기로 결정했다. 이 결정은 스페인과 포르투갈의 주교들에게 매우 불쾌한 일이었다. 그들 지역의 사람들은 항상 좋은 음식을 높이 평가했고 금식 계율의 예외는 그들이 면벌부를 구입하는 주요 이유였기 때문이었다.

예술: 르네상스 전성기와 로마의 성 베드로 성당

자세히 들여다보면 르네상스가 문화적으로 만개한 것은 대규모의 할당금 지원 형태로 문화를 장려한 결과였다. 여기에 투입된 재정도구의 이름은 면벌부였다. 도나토 브라만테 1444~1514, 줄리아노 다 상갈로 1445~1516, 미켈란젤로 부오나로티 1475~1564 는 이탈리아 르네상스 시설의 스타 건축가였다. 살아 있는 동안 그들은 때로는 무관심하게 또 때로는 서로를 꺼리는 경쟁관계에 있었다. 이들 세 사람에게 공통점이 하나 있었는데 바로 임금이 비쌌다는 것이다. 그들의 예술작품과 건축물도 마찬가지였다. 그러나 그 시기에 이루어진 예술적으로 예외적인 성과를 고려해본다면 오늘날 이것은 중요하지 않은 것처럼 보인다.

로마의 성 베드로 성당은 그 시기에 가장 주목할 만한 건축물에 속한다. 세 명의 스타 건축가는 이곳에서 차례차례 자신의 건축술을 실현했다. 교황 율리우스 2세 치하인 1506년 4월 18일에 성 베드로 성당의 기공식이 거행되었다. 상갈로와 미켈란젤로에게는 매우 분노할 일이었지만 교황은 도나토 브라만테를 새로운 성 베드로 성당의 건축가로 선정했다.

브라만테가 자신이 계획한 새로운 성 베드로 성당은 로마 판테온과 같은 둥근 지붕이 있는 집중식 건축이 될 것이라고 교황을 설득하는 데 성공했기 때문이었다. 기독교 성인 중 한 사람이 아니라 율리우스 카이사르의 이름을 따서 자기 이름을 지었던 교황 율리우스 2세는 이에 감동받았다. 원래 있던 성 베드로 성당은 신속하게 철거되었고 초반에는 성당의 신축공사 역시 빠르게 진행되었다. 그런데 브라만테는 처음 계획을 계속해서 수정했던 것처럼 보인다. 그에게 이 일을 맡겼던 교황 율리우스 2세가 1514년에 사망한 후 1년이 지나 브라만테가 사망했을 때, 둥근 지붕을 세우는 데 필요한 4개의 기둥과 거대한 공사장이 남았다. 교황 레오 10세와 그의 후계자들은 당시 상갈로의 아들인 라파엘을 포함해 다양한 건축가들을 고용했는데, 라파엘은 건축 현장에서 일을 추진하는 대신에 자신의 모든 에너지를 그가 계획한 나무로 된 모델의 건축에 쏟아부었다. 결국 1546년 미켈란젤로가 건축 현장 감독을 맡았고 72세의 나이에도 불구하고 공사에 다시 활기를 불어넣었다. 미켈란젤

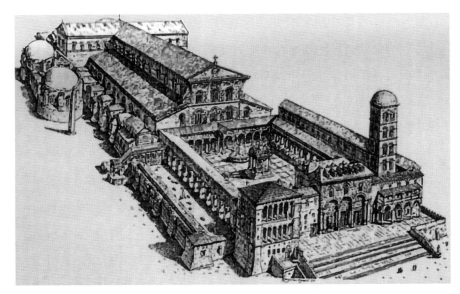

그림 5.6 교황 율리우스 2세 임기 이전의 구(舊) 성 베드로 성당의 재구성, 1503년

로는 우선 첫 번째로 그 당시 교황으로부터 광범위한 전권과 '철거 허가'를 받았다. 건축 현장 감독을 포함한 다른 모든 건축가들이 해고되었다. 브라만테의 원래 설계로 다시 되돌려야 한다는 전임자들의 계획은 폐기되었다.

미켈란젤로는 건축 잔해의 대부분과 함께 브라만테의 기둥 두 개를 역시 조심스럽게 철거하도록 했지만 중앙의 둥근 지붕은 그대로 유지했다. 미켈란젤로가 건축 현장을 감독한 지 거의 20년이 지나 89살에 사망했을 때 성 베드로 성당의 벽은 둥근 지붕 작업이 가능할 정도로 아주 높이 올라갔다. 1593년 미켈란젤로의 후계자인 자코모 델라 포르타의 감독하에 둥근 지붕이 완성되었다. 1626년 성당의 본진 本陣과 파사드를 완성하고 난 후에 성 베드로 성당은 교황 우르반 8세 때 봉헌되었다.

성 베드로 성당 건축 계획의 엄청난 규모를 가늠하기 위해 성 베드로 성당의 설계도를 간략하게 살펴보았다. 이런 프로젝트는 당연히 비용이 많이 들어간다. 르네상스 시대에도 스타 건축가들은 신의 보상_{천국에서의 대가}을 위해 일하지 않았다. 최전성기 때 미켈란젤로는 동료들보다 20배 이상 수익을 냈다고 한다. 예술에 자금을 지원하는 데는 비용이 많이 들었기 때문에 비범한 예술가에게는 비범한 행동이 필요했다. 그래서 교황 율리우스 2세는 1507년 2월 12일 기공식을 하고 나서 성 베드로 성당 건축을 위한 기부금을 모으기 위해 면벌부를 발행했다. 그리고 같은 해 11월에 우선 1년으로 계획된 면벌부의 기한을 정하지 않기로 했다. 이는 유럽 전역에 걸친 캠페인으로 변화되었다. 파장이 크고 역사적으로 중요한 캠페인이자 종교개혁의 도화선이 된 것이다. 성 베드로 성당을 건축하기 위해 남발된 면벌부를 비판하는 주장과 만나면 르네상스를 가능하게 했던 성 베드로 성당 건축의 의미는 종종 퇴색되어버린다. 암흑의 중세에서 인류가 빠져나온 것이 하필이면 모든 기관 중에 가장 중세적인 기관인 교황청의 주도로 진척되었다는 사실은 잘 어울리지 않는다. 따라서 여기에서 자본이 면벌부를 통해 미래 세대를 위한 지속 가능한 프로젝트로 흘러 들어갔다고 주장한다면 르네상스 예술은 이 논제에 대한 가장 아름다운 논증으로 간주될 수 있을 것이다.

크라우드 펀딩 혹은 조직화된 구걸?

면벌부에 대한 비판은 면벌부 그 자체만큼이나 오래되었다. 무엇보다도 신학자들 사이에서 면벌부에 대한 불만은 처음부터 컸다. 12세기 피에르 아벨라르는 파리의 저명한 교수로서 젊은 제자 엘로이즈와의 로맨틱한 관계로 유명할 뿐만 아니라 그 자체로 낙천주의자였다. 그런데 이 신학자는 목회자와 주교들의 순전한 탐욕을 비난했다. 수많은 군

중이 모이는 교회 축제 때 이들은 군중들로부터 많은 기부금을 받는 대가로 보속을 아낌없이 남발하고 허황된 약속을 했기 때문이다. 물론 그가 살던 시대에는 '죄와의 사업'이 아직 자제되고 있었다. 면벌부라는 재정지원 모델이 날개를 단 것은 14세기에 교황 보니파시오 8세가 희년 구약성경 레위기에 나오는 50년마다 공포된 안식의 해. 희년을 맞으면 노예로 팔렸던 사람들은 노예에서 풀려나고 조상의 재산을 저당잡혔던 사람들은 돌려받았음-옮긴이을 도입한 것과 이와 관련해서 순례자들을 위한 희년 면벌부를 도입했을 때였다. 희년기념식은 그야말로 화폐 제조기였다. 그리고 사람들은 계속해서 희년기념식의 간격을 점점 더 축소해서 처음에는 50년으로 그 다음에는 33년으로 줄였다 나중에는 25년으로 줄어듦-옮긴이. 그리고 결국엔 로마로 순례를 떠날 시간이 없는 신도들을 위해 말 그대로 '로마 대신' 면벌부를 보장해주는 아이디어를 냈다. 이 면벌부는 유럽 전역에서 구매할 수 있었고 다시 양도할 수도 있었다. 이런 방법으로 면벌부를 판매하는 길이 열렸으며 면벌부는 이제 마치 유가증권처럼 금융시장에서 순환되었다. 이를 가능하게 만든 중요한 전제 조건 중 하나가 바로 15세기 책 인쇄술의 발명이었다. 책 인쇄술을 통해 면벌부를 연속해서 제조하는 일이 가능했기 때문이었다. 지금까지는 기부금을 내면 참회의 면벌부를 얻을 수 있었지만 이제 면벌부 가격이 책정되었다. 중심에서 벗어난 지역 수요에 따라 이를 위한 책임자, 부책임자, 재무관들이 고용되었으며, 그들의 봉급목록은 오늘날에도 열람할 수 있다. 사람들은 경계를 설정해서 세상을 모금지역으로 분할했고, 해당 모금지역에는 그에 상응하는 모금 허가권이 주어졌다. 교황청에는 면벌금을 위한 자체 재정부서가 설치되었다. 따라서 15세기 후반의 면벌부 과잉은 근본적으로 자유시장의 결과였다. 희년 면벌부의 영향 범위가 확대되면서 수요가 높아지자 면벌부의 공급과잉이 발생한 것이다. 이런 면벌부 수요는 전 유럽의 제후들과 도시, 형제회에서 발생했는데 이들은 로마의 전체 면벌부를 그들 지역의 교회가 위임받도록 해서 본인의 영토에서 기금을 걷을 기회를 만들려고 애를 썼다.

크라우드 펀딩의 위험요소와 부작용

최근의 연구에서 점점 더 관철되는 것처럼 면벌부 판매를 크라우드 펀딩의 중세적인 형태로 이해하고자 한다면 이제는 이렇게 재발견된 재정지원 형태를 다룬 역사에서 몇 가지 구체적인 교훈을 이끌어내야 할 것이다.

사람들은 도를 넘어서면 안 되는데, 이는 집단크라우드이 흥미를 잃을 수 있기 때문이다. 이는 성 베드로 성당을 위한 면벌부의 경우에 해당된다. 교황 율리우스 2세가 1507년에 면벌부를 선포했을 때 심사숙고 없이 지나치게 발행된 면벌부가 동반할 위험을 전혀 인식하지 못했다. 그는 단지 입증된 재정지원 도구를 사용했을 뿐이었다. 그런데 특히 교회 사람들이 느끼는 불쾌함은 점점 더 커졌다. 한 연대기 학자는 면벌부 징수 위임을 받은 사람들이 '로마의 화려함'을 위해 모금운동에 참여하고 '수치스러운 자금 착취'를 계속해서 지원할 '흥미가 없었다'라고 거리낌 없이 기록했다. 크라우드 펀딩을 운영하는 사람은 집단지성을 낮게 평가하면 안 된다. 집단은 사회적이고 박애적인 지역 프로젝트와 중앙 집권적으로 추진되는 자금 축적의 차이에 예민하게 반응한다. 또한 너무 많은 경쟁 역시 모금행위에 해를 끼쳤다. 중세의 수많은 크라우드 펀딩 프로젝트 운영자들은 교구를 차지하기 위해 서로 다툼을 벌였기 때문에 성 안토니회 생에스프리 수도원에 수용되어 있던 입원 환자들과 병원 운영자들 역시 이런 모금운동을 별로 기꺼워하지 않았다. 크라우드 펀딩 시장의 통제 역시 문제였다. 증명서도 있고 모든 면벌부 징수원에게 모금허가가 필요했지만 이를 위조하는 사람들이 있었다. 사람들은 명목상 자선 단체의 이름으로 모금을 하는 사기꾼을 두려워했다. 특히 교구 사제들에게는 자선 모금을 하는 사람들과 면벌부에 대해 설교하는 사람들이 눈엣가시였다. 그래서 교구 사제들은 점점 더 자주 이런 사람들의 교구 출입을 거부했다. 결국 면벌부는 종교개혁의 도화선이 되었고 교회는 그들의 관심사에 사용할 수 있는 유용한 소득원을 잃어버렸다. 15세기 이후 면벌부가 과도하게 발행되기 이전에는 사회적으로 지속 가능한 영역의 중요한 프로젝트들이 면벌부를 통해 압도적으로 자금지원을 받았지만 이 관행은 끝났다. 이제는 복권의 시대가 시작되었다. 복권은 유럽의 도시에 진입했고 공익 프로젝트의 재정 지원에 중요한 역할을 맡았다.

3   아우크스부르크의 사회주택단지 '푸거라이'

야코프 푸거 1469~1525 는 의심할 여지없이 그 시대의 가장 부유한 사람 중 하나였다. 그의 회사는 14세기 후반 퍼스티언 직조의 발전과 함께 크게 성장했다. 퍼스티언은 마와 면의 혼합직물이었는데 순수한 마 소재와 달리 두 가지 큰 장점이 있었다. 이 소재는 더 부드러워서 입기에 더 편했다. 이 밖에도 면이 리넨보다 염색이 훨씬 더 잘되어서 퍼스티언 소재는 강렬한 채색이 가능했다. 리넨의 원료인 아마가 거의 모든 서유럽에서 경작된 반면에 면은 지중해 지역에서 성장했는데 특히 남부 이탈리아와 시리아, 키프로스, 터키, 이집트에서 선호하는 직물이었다. 베네치아는 점점 더 많은 사람들이 갈망하는 원료를 옮겨 싣는 중요한 항구였다. 아우크스부르크는 브레너 티롤에 있는 알프스의 고개 이름-옮긴이를 지나 베네치아로 가는 도중에 위치한, 교통이 매우 유리한 곳이었다. 그곳에서는 단순 직조공이 원료인 면을 그렇게 멀리 떨어진 곳에서 직접 가지고 올 수 없었기 때문에 상인들이 베네치아에서 면을 대량으로 구입하고 아우크스부르크에서 소매로 팔았다. 상인은 직조공들에게 면사를 '선대先貸했다.' 다시 말하면 상인은 직조공들에게 원료를 제공

그림 5.7 14세기 푸거가(家)가 융성하던 무렵에 직조공의 수공업

해 그들에게 일할 재료를 미리 선불해주고 자신은 직물 판매에 신경을 썼다. 원료는 말하자면 크레디트로 직조공들에게 미리 제공되었고 그 값은 나중에 상인이 그들이 만든 직물을 사기 위해 지불해야 할 비용에서 제했다. 여기에 생산과 마케팅의 새로운 협력관계가 발생했다. 소위 말하는 중세 후기의 선대제도 유럽에서 상인자본가가 가내수공업자에게 미리 원료와 기구를 대주고 물건을 만들게 한 후에 삯을 치르고 그 물건을 도맡아 팔던 제도-옮긴이 였다. '선대인'은 중앙집권적으로 원료조달을 조직하는 한편 또 각자 분산되어 작업하는 수공업자의 생산품 판매를 체계화했다. 푸거가家가 입증한 것처럼 선대제도는 이윤을 엄청나게 증가시킨 중요한 조직 합리화의 추진과 관련있었다. 새로운 생산품은 사람들에게 아주 인기가 많았고 날개 돋친 듯이 팔려서 매상을 올렸다. 로마 교황청 추기경의 옷을 만들기 위한 것이든 전사들의 속옷을 만들기 위한 것이든 영국 여왕의 스타킹을 만들기 위한 것이든 상관없었다. 퍼스티언 직물 시장은 아주 번성했고 푸거, 벨처, 모이팅 같은 회사들이 시장을 선도했다.

15세기가 진행됨에 따라 푸거가의 퍼스티언 사업은 대규모 회사로 발전했고 금융 업무만 담당하는 자회사가 생겨났다. 은행으로서 푸거가는 면벌부 판매를 통해 가장 큰 이익을 얻은 사람들에 속했다. 푸거가가 로마 교황청의 선도적인 금융서비스 기관이었기 때문이었다. 모금된 면벌금은 어떻게든 영원한 도시 로마로 가야만 했는데 현금수송은 위험부담이 크고 위태로운 일이었다. 로마의 징수원들에게는 바다표범 가죽이나 바다코끼리 상아처럼 다루기 어려운 지불수단을 십일조로 직접 그린란드로부터 이송하는 것이 익숙하고 잘 처리할 수 있는 일이었지만, 15세기가 진행됨에 따라 사람들은 점점 더 현찰 없는 이송으로 갈아탔고 그 과정에서 푸거가와 같은 은행이 필요했다. 합스부르크에서도 푸거가의 은행은 점점 더 없어서는 안 되는 존재가 되었고, 유럽 전체가 아우크스부르크 사람들 푸거가 에게 빚을 지고 있는 것처럼 보였다.

푸거라이: 지속 가능한 재단문화의 대표적인 본보기

중세에도 공익 프로젝트에 후원하는 일은 부자들의 자아상에 속했다. 푸거가 역시 이 부분에서 예외가 아니었으며 문화와 예술 그리고 사회 부분에 관대하게 투자했다.

푸거가는 장엄한 타운하우스를 건설해서 그들의 고향인 아우크스부르크를 대표하는 도시 중심지로 만들었다. 그들은 예술과 교회 건축, 성 안나 성당의 작은 개인 예배당을 지원했고 크리스토프 암베르거, 알브레히트 뒤러 같은 예술가를 고용했다. 또 성당에 오르간을 증정했고 멜히오르 노이지들러 같은 음악인이나 지휘자들에게 일자리를 제공했다. 그들의 돈을 악곡 인쇄에 투자했고 비용이 많이 드는 도서관 건립과 소장품 구입에 지출했으며 대규모로 병원재단과 학교재단을 설립했고 역사가들에게도 재정을 지원했다.

그런데 여기에 언급한 어떤 공익활동도 푸거라이의 지명도에는 미치지 못한다. 푸거라이는 거부 야코프 푸거가 1521년에 설립한 재단으로 설립문서에는 "신을 사랑하고 경배하며 가난한 임금노동자와 수공업자를 돕기 위해"라고 적혀 있다. 또 이 문서에 따르면 푸거라이 설립의 가장 큰 동기는 신이 그와 그의 사업에 베푸신 친절과 행복한 일상에 대한 감사였다. 야코프는 스스로를 당대 경제호황의 승자로 간주했다. 또한 모든 발전에는 패자도 있다는 사실을 인식했다. 그래서 오랜 기간 깊이 숙고하며 가난해진 직조공과 임금노동자들이 가족과 함께 살 수 있는 거주 프로젝트를 계획했다. 바로 푸거라이이다.

1521년에 세워진 이 재단은 그때부터 지금까지 500년 동안 유지되고 있고 여전히 오늘날까지 재단으로 몫을 하고 있으며 사회주택 건설 분야에서 가장 좋은 실행 모델로 성과를 거두었다. 그리고 기업의 사회

그림 5.8 야코프 푸거가 자신의 수석 회계사인 마티아스 슈바르츠와 함께 본사의 황금 서재에서 부기를 하는 모습

적 책임을 보여주는 매우 적합한 사례이다.

카펜치펠에 세워진 500년 된 사회주택단지

야코프 푸거는 그의 두 형제 게오르크 1506년와 울리히 1510년가 사망한 후에 푸거라이 건립을 위한 첫 번째 발걸음을 내디뎠다. 1511년 일반회계에 따르면 야코프 푸거는 15,000굴덴 14~19세기 독일 금화 및 은화-옮긴이을 '경건한 재단'을 위해 간직해두었다. 푸거가는 이미 성 울리히 명의의 계좌를 가지고 있었는데 야코프가 이 일을 추진하도록 움직인 것은 두 형의 사망 때문이었다. 야코프에게 처음으로 필요했던 것은 적합한 토지였고 1514년 2월 필요한 땅을 찾는 데 성공했다. 야코프는 안나 슈트라우스에게 '카펜치펠'에 있는, 대지와 정원이 딸린 집 4채를 피서용 별장과 함께 구매했다. 그곳은 그 당시 사람들이 별로 살지 않았던 아우크스부르크의 외곽 지역으로 가격은 총 900굴덴이었다. 2년 후 1516년 3월 10일 야코프는 도축업자 한스 촐러에게 440굴덴을 주고 정원이 딸린 집 3채를 더 구매했고, 그해에 자신이 계획한 주거시설에 대해 아우크스부르크시와 세금 감면을 협상했다. 이와 관련해서 시와 왕래한 편지에 '아우크스부르크의 가난한 시민과 주민, 수공업자, 임금노동자, 공적 자선의 대상이 아닌 다른 사람들'을 위한 주택재단이라는 말이 처음으로 나왔다. 이제, 마련한 토지에 건축을 시작할 수 있었다. 야코프는 평소 선호하던 직공장 토마스 크렙스에게 건축감독을 맡겼다. 징세대장에 따르면 1516년에 기존 건물의 철거와 새로운 건물의 건축이 시작되었음을 알 수 있다. 크렙스가 유능한 현장 책임자였던 것은 이미 다음 해에 최초의 주택들이 입주 가능했다는 점에서 추론할 수 있었다. 총 42가족이 카펜치펠에 있는 거주지로 입주했고, 이들은 푸거라

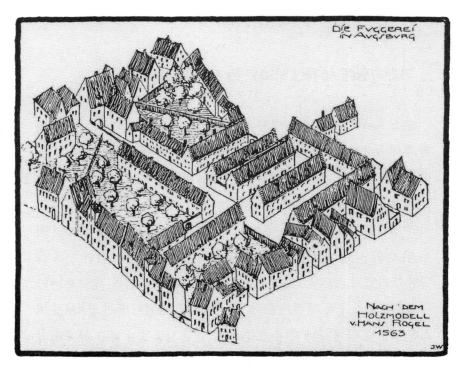

그림 5.9 1563년경 아우크스부르크의 푸거라이. 장로 한스 로겔이 아우크스부르크시의 목조모델을 모사한 것.

이에 거주지를 두고 납세의 의무가 있는 아우크스부르크의 시민으로 등록되었다. 첫 번째 기간에 주택 21채가 건설되었다. 1518년에 이미 33채가 건설되었고 1523년에는 드디어 52채에 납세의무가 있는 시민 108명이 등록되었다. 그때부터 푸거라이의 주택들은 아우크스부르크 시의 징세대장에 별도의 과세구역으로 기록되었다.

주거시설은 당시의 환경과 비교해 볼 때 상대적으로 큰 편이다. 평면도는 잘 설계된 편으로 집은 45~60제곱미터였으며 부엌, 거실과 함께 방 1~2개 있었다. 모든 집에는 두 가구가 살았다. 평면도에 따르면 집은 좁고 곧은 복도를 통해 뒷문으로 나갈 수 있게 설계되었다. 뒷문

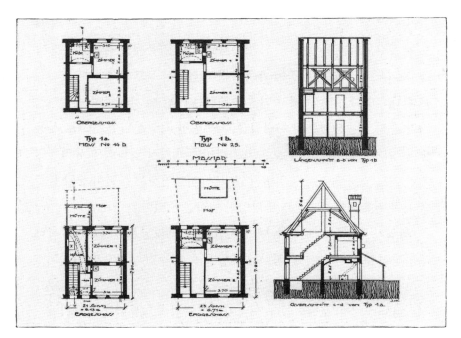

그림 5.10 건축기사 프란츠 푀르만이 작성한 방 두 개짜리 집의 평면도와 측면도, 1822

은 바로 작은 정원과 연결되어 있었는데, 이처럼 뒷문을 통해 바로 뒤쪽 정원으로 연결되는 형태는 연립주택단지에서 필수가 되었으며 이후에 지어진 모든 건설 유형의 표준이 되었다. 앞문과 뒷문을 일자로 연결하는 복도는 집의 환기에도 매우 유익했다. 높은 지하수면 때문에 지하실을 만들 수 없어서 입구 바로 뒤에 덮개로 막은 작은 신선식품 보관용 광이 복도 아래에 만들어졌다. 복도의 왼쪽과 오른쪽에는 각각 방이 있었다. 왼쪽에 있는 방은 보통 거실 겸 다이닝 룸이며 그 뒤에는 부엌이 있었다. 부엌은 종종 주방 창구 부엌과 다이닝 룸 사이에 음식을 전달하기 위해 뚫어 놓은 창구-옮긴이와 문으로 연결되어 있었다. 오른쪽에는 대체로 난방이 되지 않은 두 개의 침실이 있었다. 이 중에 앞쪽에 있는 침실은 위층으로 연결되는 계단 때문에 약간 크기가 작았고, 비스듬히 난 계단 아래에는 창고가 있었다. 모든 침실에는 창문이 하나 혹은 둘이 있었다. 위층의 집도 본질적으로는 동일했다. 위층도 복도가 집 가운데를 통과하는데 아래층보다 조금 넓다. 나중에 개축하는 과정에서 복도의 앞부분이 거실로 확대되었다. 아래층에서 연결된 계단은 약간 더 가파르고 좁아져서 다락 층과 연결되었는데 사람들은 다락 층을 작업실이나 창고로 사용했다. 여기에 소개한 평면도는 푸거라이에서 가장 일반적인 유형이었지만 어느 집도 완전히 동일하지 않았다. 건축기사는 특별히 중앙 통로의 북쪽 건축물에서 기본형에 다양한 변화를 주었다.

세입자 가구는 나란히 놓여 있지만 서로 분리된 두 개의 문을 통해 독립성이 보장되었다. 문 하나는 계단을 통해 직접 위층으로 연결되었다. 1층에 있는 모든 집은 작은 정원을 사용할 수 있었으며 위층에는 추가적으로 다락 층이 포함되었다. 거주자들은 중앙에 있는 우물에서 자체적으로 편리하게 물을 사용했다. 또한 중앙 세탁실이 있었고 17세기 후반부터는 성 안나 교회가 관리하는 학교도 있었다.

임대료

1521년 재단설립문서에 따르면 임대료는 정확하게 1년에 1굴덴이었다! 반은 9월 29일 미카엘제(祭)에 내고 반은 4월 23일 성 게오르기우스의 날에 지불해야 했다. 임대료의 나머지는 재단 설립자를 위해 드리는 기도의 형태로 지불되었다. 그들은 매일 세 번씩 주기도문을 외우고 신앙고백을 했으며 성모 마리아를 위해 기도했다. 그 대신 집이 훼손되면 임차인이 스스로 수리비용을 부담하도록 규정되어 있었다.

16세기에 1굴덴은 대략 임금노동자의 한 달 수입과 일치했다. 푸거라이와 비슷한 형태인데 대장장이를 대상으로 나중에 건축된 주택단지의 임대료는 1년에 12굴덴이었다. 이는 이 조합이 상대적으로 부유했음을 말해준다. 임대료는 처음에 분명히 상징적인 의미가 있었다. 그러나 임대료는 상징적 의미뿐만 아니라 많은 거주자들의 일 년 수입의 1/12에 불과했다. 임대료는 혹시 발생할지 모르는 수리와 유지비용 지불이라는 실제적인 정당성을 지니고 있었다. 거주지를 유지하기 위해 필요한 평균적인 부대비용의 1/3이 임대소득으로 충당되었다. 두 개 혹은 세 개의 방으로 이루어져 오늘날에도 적절한 안락함을 제공해주는 역사적인 푸거라이는 세상에서 가장 오래된 사회주택단지로 알려져 있다. 오늘날에도 임대료가 연간 88센트라고 알려진 것은 19세기 라인 강 유역의 굴덴을 현재 환율로 조정하지 않았기 때문이다. 중세시대에서 1굴덴은 어쨌든 단순히 상징적인 지불액 그 이상의 것이었다.

가장 오랜 임대차 계약 혹은 가장 오래된 거주자 준수사항은 1617년에 작성되었다. 그 계약서는 45번지 위층에 거주하는 고전학자이자 채식사彩飾師인 프리드리히 제를이라는 이름의 남자가 서명한 것이었다. 이 사람은 임대료를 규정대로 지불하며 집에 있는 모든 시설과 함께 집을 좋은 상태로 유지할 책임이 있었다. 또한 스스로 해결할 수 없는 하자나 붕괴위험 등은 즉시 관리인에게 알려 더 큰 손해를 방지해야 하는 의무도 있었다. 계속해서 그는 평화롭고 정직한 삶을 살아야 하며 푸거라이에서 임대관계를 지속하기 위해서는 또 다른 자선을 요구할 수 없다는 의무도 있었다. 제3자에게 다시 임대를 주는 행위는 금지되었다. 물론 이 부분에서 예외가 있었던 것처럼 보인다. 1624년 조사보고서에 따르면 많은 주택에서 학생들이 다시 임대를 받아 살았기 때문이다. 규정을 위반했을 경우 해약 고지기간은 8일이었다. 이사를 나갈 때는 집을 좋은 상태로 남겨두어야 했으며 집에 있는 모든 것은 직접 정원에서 기른 채소라 하더라도 다음에 들어오는 세입자에게 남겨야 했고 자신이 거주한 기간에 해당하는 집세를 그에게 지불해야 했다.

사회적이고 가족 친화적인 다양한 사람들

재단이 목표로 세운 그룹은 '하우스 푸어'였다. 부지런하지만 아무런 죄 없이 가난해진 사람들, 집도 작업실도 소유하지 않았으며 직업을 수행하는 것만으로는 혼자 힘으로 가난에서 해방될 수 없는 사람들을 그렇게 불렀다. 푸거는 그 가족들이 다시 일어서도록 도움을 주고 싶었다. 수공업자들은 푸거라이 안에서 자신의 일을 할 수 있었고 직접 만들어낸 물건을 주변 시장에서 팔 수 있었다. 야코프 푸거는 이런 방식으로 점점 증가하는 가난한 수공업자들을 위한 조처를 취했다. 아우크스부르크시의 경제적인 호황에 승자만 있지는 않았기 때문이었다. 새로운 도매판매 시스템은 매우 효과적이었지만 소규모로 자영업을 하는 수공업자와 그들의 가족은 큰 어려움에 빠졌다. 상품을 도매로 판매하면 덤핑가격이 생기고 소규모 자영업자들은 더 이상 그에 발맞출 수 없기 때문이다. 품삯을 지불하고 물건을 제조하는 일은 대기업가들에게 비교할 수 없는 경쟁의 우위를 제공했지만 소규모 자영업자들은 도매업자들에게 의존할 수밖에 없게 만들었다. 의존성이 커지면서 가난의 위험도 함께 높아졌다. 질병과 관련된 휴업, 다른 일시적인 작업 불가능 상황, 또 다른 위기상황 등으로 점점 더 증가하는 가난한 수공업자들을 위해 카펜치펠의 새로운 주거단지에서는 무엇보다도 새롭게 출발하는 기회를 제공했다. 일종의 마중물 재정지원은 거주지와 작업실을 마련해주는 방식으로 그들이 직업생활에 재승선할 수 있도록 했다.

따라서 주거시설이 '구빈원'으로 구상된 것은 아니었던 것이다. 궁핍한 개인에게 숙소를 제공하는 것보다 가난의 위험이 아주 크고 자녀가 있는 가족이 어려움을 극복하도록 관대하게 재정을 지원하는 것이 더 중요했다. 오늘날 우리에게 42제곱미터의 집은 매우 좁은 것처럼 보일 수 있다. 하지만 당시 상황에서 보면 생활에 부족함이 없는 크기였고 천장의 높이, 창문의 크기와 개수 역시 마찬가지였다. 재단은 가족을 하나의 단위로 생각했고 그들이 구호품을 받아야 하는 빈민이 되어 또 다른 궁핍에 빠지지 않도록 보호하려고 했다. 야코프 푸거는 아이들도 대상 그룹에 속한다는 점을 1521년 그의 유언에서 다시 한번 분명하게 언급했다. 유언에 따르면 야코프는 카펜치펠의 주거단지에 사는 모든 주민들에게 각각 0.5굴덴을 유산으로 물려주었는데 아이가 있는 사람에게는 그들이 하인이든 남자든 여자든 1굴덴을 물려주었다.

마지막으로 이방인과 도시에 새로 온 사람들도 푸거라이의 대상에 속했다. 아우크스부르크시의 징세대장에 따르면 푸거라이에는 많은 도시 이방인이 있었다고 추측할 수 있다. 그들은 '외지에서 온 사람들'이라고 표현되었다. 거주권은 있었지만 아우크스부르크시의 시민권은 없었던 이방인들은 보통 미래가 창창한 젊은이였다. 푸거라이는 그들에게도 일정 기간 구호를 제공했고 아우크스부르크시의 제조업 공장에서 직원으로 일을 하거나 아니면 자영업자의 길을 갈 때 기반을 잡을 기회를 주었다.

푸거라이의 사회구조

앞서 언급한 1624년의 조사보고서를 통해 최초의 통계 조사를 이끌어낼 수 있었다. 102~104채 집에 96가구가 살았는데 총 367명이었다. 그중 아이가 없는 부부가 21쌍, 가족은 50가구, 홀아비 혹은 과부가 57명 있었다. 아이는 172명이었는데 그중에서 39명은 한부모가정 아이였고 하녀, 기능공, 도제, 학생들이 17명, 숙박하는 친척이 5명 있었다. 가장 규모가 큰 가정은 아이가 7명인 가정이었다. 그러나 대부분의 가정에서는 한 가구당 최대 4명이 함께 살았다. 20세기까지 아이들은 푸거라이에서 함께 살았다. 1917년에 푸거라이의 아이들은 185명이었다.

거주자의 직업분포를 살펴보면 직조공이 대부분이었다. 아우크스부르크시의 직물사업 호황에는 승자만 있던 것이 아니었기 때문이다. 그다음 직업군은 문지기, 목수, 일일노동자, 정원사였는데 가장 넓은 의미에서 보면 모두 서비스 업종에 속했고 고용주에게 직접 고용되어 일했다. 그런데 항상 직업명이 언급된 것은 아니고 주로 손해가 생겼을 때 언급되었기 때문에 앞에 제시한 직업 목록은 전체 직업을 다 대변하지 못한다. 대체로 정원의 오두막, 다락방, 거실 등에서 작업설비를 갖추고 수작업을 했으며 또 그렇게 할 수 있도록 준비되어 있었다. 37번지 위층에는 토마스 하인첼만이라는 소시지 만드는 사람이 살았다. 그는 다락방에서 수작업을 했는데 사용하던 솥이 너무 무거워 다락이 무너져서 솥에 있던 내용물이 모두 아래로 쏟아졌다고 한다. 19번지와 21번지에는 직조용 작업실이 설치되어 있었는데 1617년의 규정을 통해 건물이 때때로 증축되었다는 것을 알 수 있다. 이 규정에 따르면 '제조업을 하거나 즐기기 위해' 자체적으로 건축하는 것은 금지되어 있었다. 화주火酒 제조 역시 푸거라이에서 분명히 일상적인 일이었다. 동일한 규정에서 양조기계를 설치하기 위해서는 앞으로 의무적으로 허가를 받아야 한다고 확정했다. 1624년의 한 문서에 따르면 이 기간에 '목수, 목재 계량업자, 날품팔이꾼, 직조공, 우편배달부, 짐꾼, 손수레꾼, 석고 주조공, 제화공, 구두 수선공, 새장 만드는 사람, 문지기' 등이 푸거라이에서 거주했다는 것을 알 수 있다.

파괴와 재건

푸거라이 건설은 종교개혁이란 이름의 큰 위기에 빠지게 되었다. 특히 새롭게 개신교가 된 주州에서는 재단이 고사枯死했다. 30년 전쟁 동안 푸거라이는 심각한 손해를 입었고 병사들은 푸거라이에서 숙박하면서 푸거라이를 약탈했다. 그 결과 1642년 푸거라이는 거의 사람이 살수 없는 곳이 되었다. 푸거라이가 어떻게 재단의 원래 목적을 상실하지 않고 스스로 계몽주의와 세속화의 시기를 극복했는지 설명이 필요하다. 바이에른 사람들은 지역 재단의 자산을 매우 효율적인 방법으로 국가 재산으로 중앙집권화했다. 그런데 푸거라이에 대해서는 바이에른 왕국과 푸거가 사이에 계약을 체결해서 푸거가에게 재단의 자산을 스스로 관리할 권리와 가족이사회의 권위를 승인해주었다. 그 덕분에 푸거라이 건물들은 훼손되지 않은 채 남았지만, 1944년 2월 26일 폭격으로 광범위하게 파괴되었다. 건물의 70% 이상이 폐허가 되었는데, 푸거가의 가족이사회는 1944년 3월 1일에 재건축을 하기로 결정했고 이 결정은 재단설립 목적에 대한 그들의 확고한 믿음을 보여주었다.

재단의 재정지원과 관리

재단이 재정와 관리 문제를 해결하는 과정에서 보여준 안전한 조처에서 거상 야코프 푸거의 경험과 처리방식이 드러난다. 성 울리히의 재단 계좌와 푸거가의 자산에서 들어온 지원금은 푸거라이의 재정적 기초였다. 1511년에 성 울리히의 계좌로 15,000굴덴이 입금되었고 이와 더불어 그 금액을 보장하기 위해 10,000굴덴이 입금되었다. 그 돈으로 부동산을 샀고 여기에서 나오는 연간 이자는 건물을 유지하고 보수하는 데 쓰였다. 그런데 집의 하자에 대한 책임은 거주자 자신에게 있었기 때문에 상대적으로 수리할 일이 적었다. 더 큰 규모의 보수와 건설비용은 임대수입으로 충당했다. 만약 수리할 일이 없으면 임대수익은 재단 계좌로 들어갔다. 부동산은 재난 혹은 붕괴위험이 있거나 또는 그와 유사한 일이 있을 때만 팔아야 했다. 야코프 푸거는 과세에 대해서도 시의회와 협상을 벌였고 푸거라이 주택은 그에 상응하는 낮은 세율을 적용받았다. 1548년 푸거라이는 이른바 홀츠하우스 Holzhaus 나 블라터른하우스 Blatternhaus 라고 부르는 병원을 위한 기부금을 받았다. 이 병원은 안톤 푸거가 수많은 매독환자를 치료하기 위해 설립한 곳이었다. 1520년에 이미 건물 하나가 푸거가의 병든 직원들을 위한 숙소로 세워졌다. 병자들을 돌보기 위해서 간병인 혹은 간호사가 1명 고용되었다. 해마다 특별히 푸거라이의 환자와 가난한 사람들을 지원하기 위해 재단자산에서 지원금이 들어왔고 성 야곱의 날 7월 25일 에 모두 '교회의 날 지원금'을 받았다.

지속 가능한 재단의 성공 비밀

아주 분명한 목적을 규정하고 지원 대상 그룹을 제한한 것이 재단의 지속 가능한 성공의 비밀이었다. 재단은 자의적으로 예산을 할당하지 않았다. 아우크스부르크에는 가난한 사람들이 많았고 다양한 그룹을 지원하는 기관도 많이 있었다. 푸거라이는 분명히 도시나 교회의 지원을 받는 사람들을 위한 곳이 아니라 단기적으로 아무런 잘못 없이 가난에 빠진 가정을 위한 곳이었다. 또한 재단은 융통성을 발휘해 일정한 틀 안에서 시대의 요구에 맞출 수 있었다. 그래서 푸거라이 재단은 기부를 하는 사람들에게 항상 매력적인 곳이었다. 예를 들어 1560년에 추가적으로 설립된 '슈나이트하우스 Cutting House'가 있다. 이 건물은 방광결석 제거와 같은 외과수술을 전문으로 하는 중부 유럽 최초의 외과병원이라고 할 수 있다. 수백 년이 흐르는 동안 계속 기부와 지원을 받았는데, 기부금과 지원금은 교회, 푸거라이에 거주하는 재능이 탁월한 루뱅 대학 학생들을 위한 장학금, 2차 세계대전 동안 푸거라이 주민들을 보호하기 위한 벙커 시설 등에 쓰였다.

독립성 역시 중요했다. 그 시절의 다른 많은 재단들은 재단 관리를 기존의 도시기관이나 교회기관에 위임했다. 이와 달리 야코프 푸거는 재단설립문서에 외부의 간섭을 받지 않는다고 분명하게 명시했다. 그래서 매일 도시 안에서 일어나는 정책적인 갈등으로부터 독립성이 보장되었다. 마지막으로 재단의 자산을 부동산으로 전환시킨 것은 지속가능성을 높이는 결정적인 요인이었다. 30년 전쟁 동안 경험한 불안정한 이자수입에 대비하기 위해 1660년 재단의 재산을 부동산에 투자했고 재단은 투자재단이 되었다. 전쟁을 치르는 동안의 위기 시기에 이자수입이 종종 사라졌기 때문에 재단은 재단 삼림청을 통한 임업소득으로 재정을 지원했다. 오늘날까지 재단비용의 70%가 목재판매를 통해 충당된다. 따라서 현재의 저금리 국면 역시 푸거라이에게 진짜 위협이 되지 않는다. 재단 대표인 백작부인 툰 푸거 본인의 몇몇 진술에 따르면 '저이자 국면보다 더 큰 걱정은 심각한 폭풍'이다.

야코프 푸거는 재단의 목적과 더불어 영원한 숙제인 도시의 빈곤과 싸웠다. 가난이 없어질 것이라고 믿기에는 너무 현실주의자여서 그에게는 인간의 위엄을 유지하는 것이 중요했다. 그래서 가난한 사람들에게 도시의 집과 작업공간을 제공했고 그들이 소비자로서뿐 아니라 직접 만든 제품의 생산자와 공급자로서 시장경제에 참여하도록 했다. 기본적으로 적은 임대료는 미래를 위한 일종의 크레디트였고, 푸거라이 거주자들이 경제적인 기반을 다시 세울 수 있도록 경제적인 부담을 줄여주었다. 푸거라이에 점점 더 많은 노인들이 살고 있긴 하지만 오늘날까지도 푸거라이 주택에 대한 수요는 계속되고 있다. 현재 빈 집을 얻을 때까지 걸리는 대기기간은 1년에서 3년이다.

선구자

푸거가가 유일하거나 예외적인 사례는 아니다. 전근대에는 부유한 사람들이 공익 목적의 프로젝트에 관대하게 투자하는 일이 당연했다. 그 당시 경제가 융성했던 여러 도시에는 새로운 형태의 도시주택, 연립주택, 주거단지들이 생겨났다. 오늘날 아마도 '외부인 출입제한 주택단지'라고 표현할 수 있는데 대부분 재단기금으로 유지되었다. 플랑드르의 대규모 상업도시에 생겨났던 베긴회 수녀원 역시 그런 주거단지에 속한다. 베긴회 수녀원은 도시 주거단지 형태로서 대부분 성공한 시민들의 재단자본으로 생겨났다. 프라토 출신의 상인 프란체스코 다티니의 회계장부와 그의 개인 계좌를 보면, 그가 양식을 기부했던 옷이나 돈을 기부했든 혹은 젊은 여자들의 혼수를 위해 기부금을 냈든 지속적으로 가난한 사람들을 지원했다는 것을 알 수 있다. 또한 병원과 교회를 위해서도 많은 돈을 기부했다. 예를 들어 바로 이웃해 있던 프란체스코 수도회를 위해 1399년에 매트리스를 27개 샀다. 프란체스코는 유언을 통해 재산의 대부분을 한 재단에 유산으로 남겼고 유언 집행인을 고용해서 자신의 상업용 건물들의 사용목적을 변경했다. 재단은 그때부터 가난한 사람들을 돕는 자선재단으로 봉사했고 19세기까지 '프란체스코 마르코의 가난한 사람들을 위한 집'으로서 19세기까지 존재했다. 재단의 목적은 도시의 가난한 사람들에게 집과 규칙적인 식사를 제공하는 것이었다. 흥미롭게도 마르코 다티니 회사와 사업상 왕래했던 편지가 온전하게 전해 내려와서 이런 상황을 잘 알 수 있다. 그 편지들은 벽 뒤에 잘 보관되어 있었다. 재단은 수백 년이 넘도록 상대적으로 훼손을 입지 않은 상태로 건물들을 소유했고 큰 규모의 철거나 신축을 전혀 하지 않았기 때문에 회사 기록보관소가 그대로 남아 있었다. 만약 회사의 본부로 계속해서 사용했더라면 철거를 하거나 신축을 해서 기록이 남지 않았을지도 모른다.

그림 5.11 '프란체스코 마르코의 가난한 사람들을 위한 집', 프라토의 다니티 궁전

베네치아의 연립주택재단 역시 14세기부터 존재한 것으로 유명하다. 베네치아에 있는 연립주택들은 아마도 가장 오래된 연립주택일 것이다. 2층으로 된 세 개의 연립주택으로 하나의 연립주택에 55가구가 살 수 있었다. 공로가 있고 연로한 선원들을 위해 건축되었으며 이후로 여러 번 개축되었다.

또 피에트로 올리비에리가 베네치아의 성 마르코 동신회의 가난한 직원들을 위해 1515년에 건설한 코르테 산 마르코는 이미 1599년에 개축되었다. 이 단지는 24채의 주택으로 구성되었는데 20채는 2열로 나란히 있고 듀플렉스 하우스가 주거단지의 끝에 위치했다. 가난한 사람들을 위한 모든 주거단지는 분리된 출입시스템을 갖추었다는 특징이 있고 동일한 칸살잡기 주택에서 방의 배치나 각방의 기능 할당−옮긴이를 보이며 집들이 대부분 여러 층으로 나뉘어 있다는 것이 흥미롭다. 집은 평균적으로 방 3~4개로 구성되어 있다.

빌럼 클래즈는 유언을 통해 레이던에 성 안나 구빈원을 세우기 위한 재단에 자신의 돈을 남기고 싶다고 말했다. 그는 이미 생전에 호이흐라흐턴에서 건축 부지를 매입했고 1491년에 사망했을 때 그의 세 자녀가 이 주거단지를 세웠다.

재단, 고인 추모 그리고 미래 거래

사람들은 왜 기부를 할까? 왜 성실하게 번 돈을 공익을 위한 프로젝트를 위해 지불할까? 베를린의 역사학자 미하엘 보르골테와 그의 팀은 문화를 포괄하는 관점에서 인류의 5천년을 이 질문과 함께 집중적으로 연구했다. 가장 중요한 연구 결과는 기부가 세계사의 한 현상이라는 것이었다. 아주 다양한 시기에 아주 다양한 문화에서 기부가 이루어졌고 지금도 이루어지고 있다. 기부의 동기와 맥락과 관련해 보면 다양성은 매우 크다. 비슷한 결과를 보면 모든 문화는 이윤의 재분배를 위한 장치를 발전시켰으며 이런 맥락에서 재단을 이해할 수 있다. 기부는 거의 항상 죽은 자에 대한 기억 혹은 다양한 형태의 추모와 관련되어 있다. 유대교, 이슬람교, 기독교의 공동 발전이 가장 개연성이 큰 설명처럼 보인다.

오늘날 사람들은 왜 기부를 할까? 이에 대한 명백한 대답은 절세이다. 그렇지만 세금을 절약하겠다는 이유만으로 재단을 설립하지는 않는다. 사람들은 수익의 일정 부분을 좀더 스스로 사용하겠다는 의도로 재단을 설립하기도 한다. 중세에는 상대적으로 적은 세금을 납부했다. 푸거의 영리기업과 금융기업은 오늘날 국제적인 대기업과 유사한 세금감면 혜택을 누렸다. 마르크 해버라인은 야코프 푸거의 세수税收가 대략 아일랜드 아마존의 세수와 비교할 수 있다고 평가했다. 그러나 세금을 절약하기 위해 꼭 재단을 설립할 필요가 없는데도 왜 사람들은 재단을 설립할까? 본인 스스로는 아무것도 갖지 못하는 것에 돈을 투자하는 욕구는 어디에서 오는 것일까? 아마도 다른 사람들을 행복하게 만드는 데서 오는 기쁨일 것이다.

《도덕감정론》에서 아담 스미스는 다음과 같이 표현했다. "사람이 다른 사람들에게 항상 이기적으로 행동한다 하더라도 사람은 태생적으로 다른 사람의 운명에 흥미가 있으며 다른 사람의 행복과 안녕을 중요하게 여긴다. 비록 다른 사람들의 행복한 모습을 보는 기쁨 외에는 아무런 이익이 없더라도 말이다."

마지막으로 푸거라이의 재단설립문서에는 오늘날의 시각에서 보면 의아한 동기가 발견된다. 바로 영혼 구원에 대한 염려인데 이는 푸거라이와 관련된 모든 기록에서 발견된다. 모든 세입자는 그가 젊든지 나이가 많든지 상관없이 1년에 1굴덴의 임대료 외에 추가적으로 이미 사망한 사람들, 즉 야코프 푸거의 부모와 그의 형 울리히를 위해 그리고 모든 그의 다른 형제자매들과 그들의 후손을 위해, 그들의 '도움과 위로를 위해' 세 가지 기도를 할 의무가 있었다. 이런 생각은 그 당시에도 이미 시대에 뒤떨어진 것이었다. 영혼을 위한 기부는 1521년에도 오늘날처럼 더 이상 그렇게 시대에 어울리지 않았다. 근대의 기부는 효과적인 이행과 공익 목적으로 '지금 그리고 여기에' 초점이 맞춰 있다. 영혼 구원과 내세의 희망이 어떤 역할을 하는 경우는 거의 없었다.

영혼 구원을 염려하라는 중세의 경고가 세대를 뛰어넘어 미래를 생각하는 비결이었고, 미래의 후세를 걱정하는 원동력이 되었다. 후세들의 기도에 따라 고인들의 안녕이 좌우되었기 때문이다. 이렇게 현재와 미래의 사람들이 서로 의존하는 것이 이 개념에 깊이 뿌리내려 있었다. 따라서 중세의 기부는 장기 프로젝트였다. 예를 들어 가난한 대학생의 주거와 생활비를 위한 장학금은 영혼 구원을 위한 기부에서 매우 대중적인 목적이었다. 발리올 칼리지는 그런 종류의 기부로 설립되었다. 스코틀랜드의 귀족 존 발리올의 부인 데르보길라는 사망한 남편의 영혼 구원을 염려해서 그 당시 아직 젊은 대학도시 옥스퍼드의 가난한 대학생들을 위한 기숙사 설립에 돈을 기부했다. 필요한 자금을 공급했고 고용한 고해신부는 자금의 집행과 실행에 주의를 기울였다. 그렇게 데르보길라는 남편과 함께 옥스퍼드에서 가장 오래된 대학 중 하나인 발리올 칼리지의 설립자와 명명자命名者가 되었다. 프라이부르크 대학 기숙사 역시 그런 기부 덕분에 설립되었다. 기부자는 베르트하임의 요하네스 케러로 자신의 재산을 본인의 영혼 구원을 위해 기부의 형태로 대학생들의 미래에 투자했다.

또 다른 사례는 중세 후기의 가장 유명한 병원인 프랑스 부르고뉴의

그림 5.12 부르고뉴의 본에 있는 병원 오텔 디외

본에 위치한 병원 오텔 디외였다. 이 병원은 니콜라 롤랭 1376~1462과 그의 아내 기곤 드 살랭이 영혼 구원을 위해 기부한 돈으로 세워졌다. 니콜라는 부르고뉴 공국의 수상으로 가장 높은 관리였으며 그 시대에 가장 영향력이 있는 결정권자 중 하나였다. 롤랭 부부는 1443년 부르고뉴에 있는 도시 본에 이 병원을 설립했는데 그 구상이 혁신적이었다. 이병원에서는 치료비를 지불할 수 있는 사람들은 지불했고, 다른 사람들은 무료로 진료를 받았다. 이 병원은 20세기 후반까지 사용되었고 오늘날에는 박물관으로 이용되고 있다.

영혼 구원의 염려에서 상생적 생각으로

천년 이상 영혼 구원에 대한 관심과 죽은 자를 위한 기도가, 아직 태어나지 않은 다음 세대의 이익을 위한 행동의 원동력이었다는 것은 역설적이다. 현재를 사는 사람들의 '선행'이 미래 사람들의 삶을 돌보게 된다는 생각은 오늘날 우리에게는 부족해 보인다. 다음 세대의 미래에 실존적인 위협을 가하는 것은 현대를 사는 사람들의 근시안적인 시각이 아닐까?

종교개혁 때 연옥과 함께 죽은 자들의 영혼 구원의 개념 역시 폐지되었다. 어느 누구도 더 이상 죽은 자들의 영혼을 구원하기 위해 기부할 필요가 없었다. 영혼 구원을 위한 기부는 '이성적인' 목적으로 대체되었다. 나중에 계몽주의의 의미에서 기부는 개인의 영적 구원 대신 공적이고 현재에 국한된 문제를 해결하는 데 사용되었다. 죽은 자를 위한 기도 역시 유행에서 벗어났고, 사람들은 중세의 내세경제학이 지닌 실물경제의 문제점을 조롱했으며 드디어 그것을 극복한 것에 기뻐했다. 그런데 아마도 이 부분에서 빈대를 잡으려다가 초가삼간을 태운 격이 되고 말았다. 인간은 여전히 자기 영혼의 구원에 관심을 갖고 있기 때문이다. 살아 있는 사람들의 기도를 죽은 자들의 구원과 연결시킨 중세의 방식은 어쨌든 현재 세대가 다가오는 세대의 안녕에 의존하고 있음을 정기적으로 유념하게 만든다는 장점이 있었다.

만약 자신의 안녕이 유권자들의 투표에 따라서가 아니라 미래 세대의 호의에 따라 좌우된다면 브라질의 열대우림을 감히 없애려고 할 수 있을까? 아직 세상에 태어나지도 않은 사람들의 기억 속에 자신이 계속해서 살아 있을 것이라는 생각은 사람들을 겸손하게 만든다. 사람들은 아직 태어나지 않은 사람들의 생활 터전을 파괴하지 않도록 조심할 것이다. 물론 이는 연옥이나 혹은 죽은 자를 위한 기도를 다시 도입하기 위한 변론이 아니다. 그 대신 이제 '대홍수는 우리 다음의 일'이라는 현대의 생각을 '우리보다 미래를 먼저'라는 생각으로 바꿀 때가 되었다. 상생적으로 생각하고 행동하는 일이 무엇보다 시급한 과제이다.

WIR KONNTEN
AUCH ANDERS

"우리에게 필요한 것은 더 적은 것이다."

'더 적게 갖는 것'이 해결책일까? 우리는 아직 방향키를 돌릴 시간이 있을까? 소비를 포기하면 기후변화를 막을 수 있을까? 많은 사람들이 확신에 가득 차서 '그렇다'고 주장하면서 SUV 없이, 가능한 한 탄소중립으로, 적은 돈으로 이상적으로 사는 단순한 삶의 형태를 찾는다. 미니멀리즘은 오늘날 매우 다양한 운동을 총칭하는 용어로 자리 잡았다. 이 개념은 원래 건축학에서 유래했으며 기능과 디자인에서 명확성을 강조한다. 20세기 초 현대 건축학의 아버지라고 부르는 미스 반 데어 로에는 '더 적은 것이 더 많다 간결하고 단순한 것이 더 아름답다는 의미–옮긴이'를 작업의 기본 원칙으로 삼았다. 경제학자 에른스트 프리드리히 슈마허 독일 태생의 영국 경제학자로 개발도상국에 적합한 소규모 기술인 '중간기술' 개념의 보급에 공헌함– 옮긴이는 1970년대에 자신의 첫 수필집인 《작은 것이 아름답다》에서 인간성을 회복해야 한다고 주장했다. 그는 자기 이익을 극대화하는 것을 넘어 인간과 자연에 더 잘 부합하는 경제원칙을 불교에서 찾았다. 크리스 크리스토퍼슨 배우 겸 가수-옮긴이과 나중에 재니스 조플린 미국의 블루스 가수-옮긴이이 '자유란 아무것도 잃을 게 없다는 것의 다른 단어일 뿐'이라는 노래 가사로 국제적인 성공을 이룬 것은 세계정신에 부합했다. 아무것도 잃을 게 없는 사람만이 정말 자유로운 사람이다.

그러나 미니멀리즘 운동의 역사는 훨씬 더 오래되었다. 역사를 살펴보면 자발적으로 재산을 포기한 사례들이 아주 풍부하다. 대부분의 문화권은 보통 한정된 시기 동안 금식, 성적 금욕, 축제 포기 등을 규정했다. 그뿐만 아니라 자신의 생애를 자발적 혹은 강제적으로 엄격한 포기의 규칙에 굴복시켰던 무소유 전문가들이 있다. 여기에 중세 수도원의 승려와 수녀만 있는 것은 아니다. 세상에서 물러난 사람들이 만든 아주 다양한 공동체들도 여기에 속한다. 예를 들어 피에르 모리가 속했던 순결파 신자들처럼 종교적인 동기가 있던 사람들도 있다. 또한 몬테 베리타 언덕에서 20세기 초에 일어난 개혁운동과 고전 그리스 철학의 견유 犬儒학파도 포함된다.

1 부유함은 행복의 토사물이다: 시노페의 디오게네스

고대 미니멀리즘 운동의 가장 유명한 선구자는 항아리 속에서 살았던 철학자 시노페 흑해 연안도시-옮긴이의 디오게네스이다. 그의 스승은 안티스테네스였지만 창시자로 종종 소크라테스가 언급된다. 테베의 크라테스와 그리스 최고 最古의 유명한 여성철학자 중 한 명인 히파르키아 등 다른 많은 철학자들이 여기서 자세하게 살펴볼 최소주의 철학 학파에 속한다.

약간의 시대 설명을 부연하자면, 기원전 5세기의 아테네인들은 진보적인 민족이었다. 그들은 스스로를 당대에 가장 높은 수준의 문명을 지닌 사람이라고 여겼으며 이런 생각에는 합당한 이유가 있었다. 그들은 정치적으로 훨씬 앞서 있었다. 2500년도 더 전에 그들은 시민의 지배라는 민주주의를 발명했다. 거의 모든 사람들은 투표를 할 수 있었는데 몇 가지 제한을 수용해야 했다. 노예, 여자, 외국인 그리고 고대 그리스의 도시국가에 정착한 정치적 권리가 없는 피보호 이방인은 아테네 시민에 속하지 않았다. 그래서 선거권은 전체 주민의 10~20퍼센트로 한정되었다. 그렇지만 이것이 민주주의를 발명한 아테네의 명성을 깨뜨리진 못했다. 경제 또한 붐을 이루었다. 위대한 개혁자 솔론아테네의 입법자, 정치가—옮긴이은 기원전 6세기에 농민을 해방시켰고 부채 노예를 금지시켰으며 아테네를 상공업이 번영한 중심지로 만드는 경제 번영의 길로 이끌었다. 아테네 사람들은 그들이 발명한 철학에 자부심을 느낄 수 있었다! 그런데 이 부분에서 사람들은 흠집을 찾아내고야 만다. 아테네 사람들이 다른 사람도 아닌 바로 소크라테스기원전 469~399를, 그들 최초의 가장 위대한 철학자를 법정에 세우고는 그들의 신을 모욕하고 젊은 이들을 타락시켰다는 죄목으로 사형선고를 내렸기 때문이었다.

그런데 이것이 미니멀리즘과 무슨 상관이 있을까? 바로 그의 특별했던 생활방식이었다. 소크라테스의 삶의 방식은 점잖은 아테네 시민들을 불편하게 만들었다. 오늘날 그의 생활방식을 미니멀리즘이라고 표현할 수 있다. 그는 광장에서 살면서 제자들을 가르쳤다. 고정수입을 포기했고 자기 재산과 명성에도 신경을 쓰지 않았다. 소크라테스는 아테네 시민들에게 커다란 불쾌감을 불러일으켰다. 사회적 신분, 아름다운 의상, 화려한 연회 등은 그에게 중요하지 않았다. 그 대신 그는 소박하게 살았다. 이 모든 것이 범죄 행위처럼 들리지는 않지만 아테네 사람들은 그가 했던 연설의 많은 내용을 자신들을 향한 비난이라고 이해했음이 분명했다. 그리고 소크라테스는 자기의 의견을 숨기지 않았다. 그는 아테네 시민들이 통찰과 진실을 구하고 자기 영혼의 안녕을 생각하는 대신 재산, 보물, 명성, 평판을 중요하게 생각한다고 비난했다. 정확하게 말하자면 기원전 5세기 아테네에서 이루어진 서양철학은 미니멀리즘에서 탄생했다.

　소크라테스의 제자들 중에서 플라톤과 아리스토텔레스는 소크라테스의 사상을 계승했다. 플라톤 기원전 428~347 은 소크라테스가 사망한 지 약 10년 후 도시의 성벽 밖에 있는 그의 개인소유지에 철학학교인 플라톤 아카데미를 설립했는데 이는 700년 정도 존속되었다고 한다. 이 학교는 수천 년이 흐르는 동안 사람들을 매혹시켰다. 르네상스 시기인 1510년 라파엘로는 로마에서 교황 율리우스 2세의 위임을 받아 그의 사실 私室 인 서명의 방—교황 율리우스 2세가 서명을 한 곳이다—에서 폭 7미터에 달하는 엄청 큰 벽화를 완성했다. 그 벽화에는 이 학교가 배출해낸 모든 유명한 철학자들이 함께 그려져 있다. 파란 옷을 입고 한 손에 책을 들고 있는 아리스토텔레스와 수염을 기른 플라톤이 이 학교

그림 6.1 라파엘로의 〈아테네 학당〉. 바티칸 로마 1510년 11월

의 창시자로 중앙에 서 있다.

시노페의 디오게네스: 미니멀리스트의 원형

철학자들의 모임을 관찰해보면 자기도 모르게 시선이 그림 가운데 비어 있는 계단에 머물게 된다. 거기에는 특이하게 보이는 인물이 무심하게 몸을 뒤로 기댄 채 앉아 있다. 그는 긴 수염에 맨발이며 상반신을 드러낸 채 푸른 옷을 입고 있다. 그리고 동냥 그릇도 보인다. 글 읽기에 깊이 빠져 있는 노인의 모습이다. 라파엘로는 애매한 반원을 그리는 철학자들의 무리에서 그를 약간 떨어뜨려 플라톤과 아리스토텔레스 바로 아래 중앙에 두려고 했던 것처럼 보인다. 이 사람이 바로 시노페의 디오게네스이다. 그렇지 않아도 특별한 철학자들의 모임에 등장한 별난 사람. 그는 소크라테스의 가르침을 극단적인 형태로 구현했다. 소크라테스와 비슷하게 그는 대중의 명성에 신경을 쓰지 않았고 아테네 시민들에게 재산과 재물을 획득하는 일 말고 영혼과 참된 행복을 위해 마음을 쓰라고 훈계했다. 물론 그는 훨씬 더 극단적이었고 사람들을 무뚝뚝하게 대했으며 때로는 극적인 등장으로 사람들을 도발했다. 들리는 말에는 플라톤이 그를 '미쳐버린 소크라테스'라고 불렀다고 한다. 그는 말 그대로 '개'를 뜻하는 견유犬儒학파의 창시자로 알려졌는데 견유학파는 오늘날 미니멀리즘에 포함되는 그리스 철학의 방향성을 지니고 있다.

디오게네스의 생애에 관한 몇몇 신뢰할 만한 정보를 다음과 같이 간략하게 요약할 수 있다. 그는 흑해 연안에 있는 북부 아나톨리아 지역의 항구 도시인 시노페에서 은행가이자 환전업자의 아들로 태어났으나 알려지지 않은 범죄로 도시에서 추방되어 난민으로 아테네까지 왔다. 아테네에서 디오게네스는 아테네의 첫 번째 견유학파 철학자인 안티스테네스의 철학학교에 합류했다. 그는 바다를 여행하던 중 해적에 잡혀 코린트에 노예로 팔렸고, 그곳에서 가정교사로 일했다. 노예에서 해방이 된 후에는 코린트와 아테네에서 번갈아가면서 살았다. 그는 몇 편의 작품을 썼지만 남아 있는 것은 하나도 없으며 아마도 320년경에 코린트에서 사망한 것으로 추측된다. 그런데 많은 사람들은 그가 323년 알렉산더 대왕과 똑같은 날에 사망했다고 주장한다. 그의 생애에 대해 역사적으로 신뢰할 만한 몇 가지 정보는 그와 관련된 수많은 후대의 이야기와는 사뭇 다르다. 그는 수백 년이 넘도록 인간의 판타지에 날개를 달아주었으며 각각의 세대는 추후에 그에게 그들의 고유한 이야기들을 덧붙였다. 디오게네스가 사망한 지 500년도 더 지난 기원후 3세기에 로마의 한 철학역사가는 모든 이야기와 전설들을 수집해서 고대 철학자들의 삶과 작품을 10권의 책으로 남겼다. 그 책은 오늘날까지 보존되어 있는데 작가의 이름은 디오게네스 라에르티오스이다. 그는 정보의 출처를 제시했고 그 덕분에 지금은 사라지고 없는 더 오래된 출처에서 나온 가치 있는 정보를 확인할 수 있다.

디오게네스와 '작은집 운동'의 창시자들

고대의 미니멀리즘은 어떤 점이 매혹적일까? 그것은 자급자족, 포기, 행복의 결합이다. 후대의 그 어느 누구도 디오게네스가 구현한 것을 이루지 못했다. 그는 일종의 철학적 부랑자로서 무욕無慾이라는 자신의 이상을 아주 극단적으로 실현하며 살았다. 계획된 임대차계약이 무산되었을 때 지체 없이 항아리 안으로 이사를 했고 그 후로 아테네의 시장에서 살았다. 항아리는 희랍어로 피토스pithos인데 때로는 어른 키보다 더 크고 두꺼우며 배가 불룩하게 나온 암포라_{고대 그리스 로마의 손잡이} 두 개가 달린 단지-옮긴이와 비슷한 모양의 흙으로 만든 저장용기를 말한다. 이 항아리는 곡식이나 포도주, 소금 혹은 기름을 보관하는 데 사용되었으며 윗부분에 있는 운반용 고리에 달린 고정된 밧줄을 이용해서 움직일 수 있었다.

이렇게 특이한 주거지의 장점은 유연성에 있다. 그래서 디오게네스는 자신이 필요하다고 생각할 때면 항상 규칙적으로 이사를 했다. 실제로 사람들이 이런 항아리를 은신처로 삼았고 때때로 위급한 상황에서 숙소로 사용했다는 정황이 있다. 고대 희극작가인 아리스토파네스는 농촌 주민들이 펠로폰네소스 전쟁에서 아테네로 도망했을 때 이런 항아리 안에서 살았다고 주장했다. 항아리 안에서 잠을 잘 수 있다는 것에 대한 흥미 있는 암시는 고고학이 제공해준다. 분명히 이 항아리들은 매장할 때 관으로도 사용되었기 때문이다. 크림반도의 세바스토폴 근처에서 매장된 시신의 유해가 담긴 항아리 16개가 발견되었는데 대략 높이는 130센티미터이고 직경은 간신히 70센티미터였다. 그림에는 사망

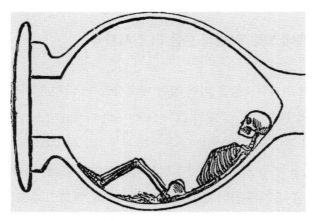

그림 6.2 기원전 3세기의 항아리 매장, 크림반도 세바스토폴의 무덤에서 발굴된 유물

한 사람이 항아리 안에 자리 잡고 있는 형태가 나와 있다. 이렇게 주거지와 관의 근접성을 디오게네스 사상의 일부분으로 해석하는 것도 가능하다. 그는 죽음을 '잠의 형제'라고 표현했으며 여기 찡긋하는 한쪽 눈으로 '관 속에서의 삶'을 통해 궁극적인 무욕을 연출했다.

그는 구걸을 통해 생계를 해결했다. 그리고 그것을 넘어선 철학에 몰두했다. 사람들이 많이 모이는 곳으로 가서 연설했으며 청중들이 깊이 생각해 보도록 하기 위해 도발적인 등장을 연출했다. 그는 자연과 일치된 인생을 행복한 삶의 유일한 형태로 보았다. 신들이 인간을 위해 삶을 아주 쉽게 만들었는데도 인간들은 모든 것을 어렵게 만들었다고 했다. 그 이유는 그들이 꿀을 넣은 케이크와 몸에 바르는 향유, 그 외에 다른 무의미한 것들이 필요하다고 생각하기 때문이다. 그래서 그들은 장사를 시작했고 무가치한 물건을 끊임없이 교환했으며 이런 과정에서 끝없는 수고를 했다. 두 셰펠 곡량의 옛 단위로 지방에 따라 30~300리터로 일정하지 않음-옮긴이 의 찧은 보리를 사기 위해 동전 두 개를 지불하는 것조차 너무 비싸다고 생각한 디오게네스에게는, 누군가가 대리석 조각상 하나를 위하여 많은 돈을 내놓는 행동이 도무지 이해할 수 없었다.

무욕, 자유로 가는 관문

이 중심에 있는 개념인 무욕이야말로 인간에게 진정한 최대의 자유를 가능하게 하는 것이었다. 모든 그리스 지배자 중 가장 유명한 알렉산더 대왕이 언젠가 코린트에 왔다. 그는 도시의 유명한 철학자인 디오게네스 역시 자기를 만나러 올 것이라고 생각했다. 물론 디오게네스는 알렉산더 대왕에게 자신을 소개할 생각이 전혀 없었다. 그래서 알렉산더 대왕이 그를 만나러 왔다. 늘 그랬듯이 디오게네스는 자신의 항아리 앞에서 편안하게 일광욕을 즐기고 있었다. 알렉산더 대왕이 수행원들과 함께 자기에게 다가오는 것을 보았을 때 자기 자리에서 전혀 움직이지 않았다. 알렉산더는 내심 놀라워했지만 겉으로 내색하지 않았다. 그들은 서로 정중하게 인사를 했고 대화가 중단되었을 때 알렉산더 대왕은 자신의 관대함을 드러내고 싶어 했다. 그는 가난한 철학자에게 자신이 그를 위해 무엇인가 해줄 일이 있는지 물었다. 디오게네스는 잠깐 생각하고 대답했다. "네. 당신이 정말 나를 위해 해줄 수 있는 일이 하나 있습니다. 부탁인데 햇빛을 가리지 말아주십시오." 알렉산더 대왕의 수행인들은 모두 움찔했다. 그런 발언은 불경죄에 가까운 것이었기 때문이다. 그러나 알렉산더 대왕은 다시 조금도 내색하지 않았고 오히려 기이한 철학자에게 매우 깊은 인상을 받은 것 같았다. 돌아가는 길에 수행원들이 디오게네스를 비웃기 시작했을 때 알렉산더 대왕은 그들을 저지했다. "이제 됐네." 알렉산더 대왕이 이렇게 말했다고 한다. "만약 내가 알렉산더가 아니었다면 디오게네스가 되고 싶구나."

도발로 행하는 철학

디오게네스가 철학을 하는 방법은 관례와 전통과 습관을 지속적으로 공격하는 것이었다. 그는 사람들이 교화하기를 바랐는데 소크라테스처럼 대화를 통해서가 아니라 명백한 도발을 통해서였다. 디오게네스는 소크라테스와 달리 아테네 시민이 아니었으며 흑해 연안에서 온 난민이었고 아테네에 가족도 없었으며 정치적인 관직도 없었기 때문이다. 그래서 독립적이고 더 급진적이었다.

디오게네스가 다른 사람들에게 주목받기 위해 시도했던 방법은 오늘날 행위예술 영역 안에 포함할 수 있다. 사람들이 끊임없이 스캔들과 떠들썩한 소란 등을 필요로 하는 것을 알고 있었기 때문이었다. 한번은 그가 너무나도 진지하게 연설하고 있었지만 아무도 그의 말에 귀 기울이지 않았다. 그때 그가 흥겹게 흥얼거리기 시작하자 즉시 몇몇 사람이 주위로 모였다. "말도 안 되는 짓을 하자마자 여러분들은 이리로 몰려왔습니다." 디오게네스는 사람들을 비난했다. "그렇지만 진지하게 이야기를 하면 여러분은 귀 기울여 듣지 않습니다." 또 한번은 그가 코린트에서 열리는 이스트미아 제전 고대 그리스의 스포츠-옮긴이 에서 인간의 위험한 욕망에 맞서는 투쟁에 대한 연설 마지막에 헤라클레스를 사례로 들었다고 한다. 그는 헤라클레스가 아우게이아스 그리스 신화에 나오는 엘리스의 왕-옮긴이 의 축사를 청소했던 것처럼 사람들은 영혼의 때를 제거해야만 한다고 했다. 그는 사람들이 청소의 중요성을 결코 다시 잊지 않도록 하기 위해 연설 마지막에 잊지 못할 장면을 연출했다. 자신이 서 있던 연단에 쪼그리고 앉아 사람들 앞에서 공개적으로 대변을 본 것이다. 그리스인들은 스스로를 별난 사람들과 기인들 앞에서도 충분한 존중과 침착함을 지닌 관용적인 사람들이라고 생각했다. 그래서 견유학파 철학자들이 상류사회에서 좋다고 여기는 모든 것을 조롱했지만 정말로 견유학파 철학자들을 침착하게 받아들였다. 견유학파는 '사람들이' 아테네에서 하는 모든 일을 꺼렸다. 사람들은 요리사를 고용했고 조심스럽게 옷을 입었으며 아첨꾼들과 마음에 드는 측근에게 둘러싸여 있었다. 사람들은 정부를 두었으며 매춘업소나 여관에 가지 않았다. 견유학파 철학자들은 항상 사람들과 정반대로 행동했다. 이들은 사람들에게 충격을 주려고 했으며 그 당시 규범과 당연하다고 여기는 것에 극단적으로 의문을 제기했다.

부(富), '행복의 토사물'

수많은 인상적인 언급들이 전해 내려온다. 한번은 디오게네스가 부(富)를 행복의 토사물이라고 말했다. 그에게 돈에 대한 탐욕은 모든 악의 근본이었다. 그가 알렉산더 대왕에게 행복의 진정한 본질을 설명한 이야기에는 다음과 같은 내용이 나온다. "가난의 본질은 돈이 없다는 데서 오지 않는다. 구걸은 나쁜 것이 아니다. 그렇지만 모든 것을 가지려고 하는 것, 게다가 바로 알렉산더 그대의 경우처럼 힘으로 가지려고 하는 것이야말로 바로 가난이다." 물질적인 소유는 견유학파에게 짐이고 감옥이었다. 그에 반해 자발적인 가난은 '자유의 시작' 테베의 크라테스 이었다. 사유재산의 불가피성과 법률에 굴복했던 동시대의 사람들은 계속해서 조롱을 받았다. 2세대 견유학파 철학자인 비욘은 부유한 구두쇠를 두고 이렇게 말했다. "그가 재산을 소유한 것이 아니다. 그의 재산이 그를 소유했다." 이렇게 도발적인 말에는 단순하고 장난스러운 쾌감이 숨어 있다. 미니멀리즘 생활은 견유학파에게 아주 특별한 권위를 부여했다. 아무것도 소유하지 않은 사람은 또한 잃을 것도 없기 때문이었다. 그 결과 모든 것을 할 수 있었다.

금욕과 고행, 무욕 훈련

견유학파 철학자들은 지칠 줄 모르는 토론과 고서 연구를 주장하는 대신, 그들의 철학을 매일 훈련해야 하는 극단적인 실천으로 이해했다. 이는 운동선수가 경기장에서 하는 훈련과 같은 고행이다. 견유학파 철학자들이 의미하는 고행은 미리 대비하는 예방적인 방법이었다. 날마다 육체를 회복하고 정신을 집중하는 훈련을 했다. 운동선수와 유일한 차이는 날마다 하는 훈련의 목표에 있었다. 운동선수들이 언젠가 경기에서 우승하기 위해 몸을 단련했다면 견유학파는 의지와 회복력을 강화하기 위해 몸과 마음을 단련했다. 무욕이라는 참된 자유를 찾아가는 과정에서 자연과 어울리는 삶을 살기 위한 훈련이었다. 규칙적으로 물만 마시고 바닥에서 잠을 자며 소박하게 입고 먹으면서 더위와 추위를 모두 견디는 데 익숙해진 사람은 비극이 닥쳤을 때 품위 있게 견딜 수 있을 것이다. 그에게는 자기희생이나 더 높은 목표실현이 중요한 것이 아니었다. 오히려 실천철학적 삶을 살았다. 욕구도 고향도 없는 자유로운 삶, 근근이 입에 풀칠하면서 하루하루 먹고 사는 부랑자나 방랑자처럼 살았다.

테베의 크라테스, 견유학파 철학자의 '중재인'

크라테스는 테베의 귀족 가문 출신으로 부유한 지주였다. 그는 많은 하인을 두고 웅장한 현관홀을 아름답게 장식한 저택을 소유했으며 우아한 옷을 입었다. 그런데 어느 순간 재산이 있다고 해서 삶이 보호받거나 안정되지 않고, 모든 것은 끊임없이 변화할 수밖에 없다는 불확실성을 깨달았다. 또 진정한 행복을 위해서는 이 모든 것이 전혀 필요하지 않다는 점도 깨달았다. 크라테스는 모든 것을 팔아 시민들에게 나눠주었고, 그때부터 철저하게 가난한 삶을 살았다. 그 변화의 이유로 사업에 동반되는 걱정과 흥분을 더 이상 견디지 못하고, 사업과 관련된 모든 것에서 벗어나고자 가난의 철학에서 도피처를 찾았기 때문이라고 종종 언급된다. 오늘날 사람들은 그에게 번아웃 증후군에 빠졌다고 할지도 모른다. 그의 삶에 찾아온 극단적인 전환은 갈등상황에서 그를 인기 있는 중재인으로 만들었다. 크라테스는 다른 사람을 혼란스럽게 하는 사람이 아니라 오히려 그들의 말을 경청하는 사람이었다. 동시대 사람들은 그를 '문을 여는 사람'이라고도 불렀다. 어느 곳에서든 그를 대화 상대로 인정해 그에게 대문을 열어주었기 때문이다. 끊임없이 분주하고 쉬지 않는 아테네 시민들과 달리 그에게는 중요한 자원이 있었는데 바로 시간이었다. 시간은 크라테스를 중재인과 심판으로 만들었다. 문헌에 따르면 시인들은 일찍이 헤라클레스가 어떻게 반인반수의 끔찍한 괴물을 무찌르고 세상에서 쫓아냈는지 이야기한다. 이와 동일하게 크라테스는 분노, 시기, 탐욕과 인간영혼의 다른 모든 범죄적 충동과 싸웠다.

테베의 크라테스는 당대의 고통을 치료하기 위해 소박한 삶을 살았고 또 소박한 삶을 설교했다. "친구들이여, 콩과 완두콩을 모으시오. 만약 그렇게 한다면 그대는 욕구와 가난으로부터 승리할 것이오." 이는 그가 학생들에게 해준 조언이었다. 또 다른 곳에서 그는 가난을 적이 아니라 친구라고 말했다. 비록 그는 혹이 하나 있는 장애의 몸이었지만 매일 훈련했고 연습했다. 사람들이 말하는 것처럼 크라테스는 금욕과 달리기에 익숙했다. "나는 나의 비장 때문에, 나의 간 때문에 그리고 나의 배 때문에 달린다." 한번은 그가 포도주와 고기를 먹는 젊은 운동선수를 보았을 때 그에게 말했다. "이상한 녀석이군, 그대 감옥의 벽을 두껍게 만드는 것을 그만두게나."

물론 크라테스 역시 신랄한 톤으로 비난한 적도 있었다. 그가 부자들에게 단호하게 욕을 했다는 말이 전해진다. "스스로 목을 매시오! 당신들은 콩도 있고, 무화과도 있고, 물도 있고 메가라산産 그리스 남부, 코린트 지협 남쪽 기슭에 고대로부터 있었던 역사적인 도시-옮긴이 상의도 있소. 당신들은 무역과 농업을 대규모로 하고 있소. 그러나 당신들은 배신자이고 해적이며 살인자이고 조용히 처신하는 대신 모든 종류의 악을 행하고 있소. 우리는 완전히 평화롭게 살고 있소. 시노페의 디오게네스가 우리를 모든 종류의 악으로부터 자유롭게 만들었기 때문이오. 우리는 아무것도 가지고 있지 않지만 모든 것을 가졌소. 당신들은 모든 것을 가졌지만 투쟁욕과 질투, 두려움과 자만 때문에 아무것도 가지고 있지 않소."

그의 제자 중 한 명은 아테네의 아카데미에 있다가 크라테스의 제자로 받아들여졌을 때 경험한 해방을 생생하게 묘사했다. 예전에는 일상에 대한 근심이 거의 그를 미치게 했다. 그에게는 샌들, 외투, 하인들이 필요했다. 항상 아카데미에서 함께 식사할 때 흰 색의 고급 빵과 질 좋은 포도주 그리고 몇 가지 맛있는 음식을 사야 했다. 그런데 이제 그가 크라테스 곁에 머문 후부터는 호밀빵과 채소면 충분했다. 게다가 하인들도 필요하지 않았다. 삶은 그렇게 아주 많이 단순해졌다. 만약 한번쯤 사치에 대한 욕구가 약간 일어날 때면 다른 방식으로 해결할 수 있었다. 목욕을 하고 싶으면 대중목욕탕으로 가고, 풍성한 아침식사를 원하면 대장장이에게 간다. 그곳에서 대장장이는 나를 위해 화덕에서 청어한 마리를 구우면서 기분 좋은 음식을 만든다. 여름이면 사원에서 자고 겨울에는 대중목욕탕에서 잔다. 사치에 대한 모든 욕구와 가난에 대한 두려움은 사라지고 없다.

미니멀리즘과 가정생활은 양립할 수 있을까?

본래 결혼생활은 견유학파의 생활방식에 속하지 않는다. 300년 후에 《스승과 제자의 대화》라는 책에서 크라테스와 히파르키아에 대해 쓴 에픽테토스 고대 그리스의 철학자–옮긴이 는 결혼이 철학자와 어울리지 않는다고 말했다. 철학자는 결혼하면 끊임없이 다른 것에 마음을 빼앗길 것이고 어린아이를 위한 뜨거운 물을 준비하기 위해 물주전자를 불에 올려야 하며 아내를 위해 양모, 기름, 저울, 찻잔을 구입해야 하는 것처럼 가정에 필요한 다른 많은 물건을 사야 한다. 그와 같은 상황에서 남자는 어떻게 될까? 왕 못지않게 백성을 책임져야 하는 철학자는 어떻게 될까? 철학자가 결혼을 하면 어떻게 될까? 누가 자식을 돌볼 것이며, 그는 아내를 어떻게 대할까? 그 가정에는 다툼이 있을까? 행복한 가정은 실패하고 말까? 그런 모든 것이 이제부터 철학자의 관심사가 될 것이므로 그에게서 철학의 왕국을 앗아갈 것이다. 이에 반대 의견을 가진 사람들은 그 점을 인정하면서도, 예를 들어 테베의 크라테스는 결혼하지 않았냐고 반격을 가한다. 그러면 에픽테토스는 크라테스의 결혼은 다른 것이었다고, 바로 사랑이었다고 말한다. 우리가 여기서 논하는 것은 철학자가 계속해서 번민할 필요가 없는, 사랑이라는 특별한 상황 너머의 평범한 결혼이다.

디오게네스 라에르티오스 역시 부부의 사랑을 특별한 사태로 언급하며 크라테스의 아내인 히파르키아를 예로 들었다. 히파르키아는 격정적으로 사랑에 빠졌는데, 좀더 정확하게 말하자면 그의 철학과 그가 대화를 이끄는 방법, 그리고 그의 삶의 방식과 사랑에 빠졌다. 크라테스는 모든 방법을 동원해서 히파르키아를 설득시키려고 노력했다. 크라테스는 히파르키아 앞에서 옷을 다 벗고 혹이 달린 자신의 몸을 보여주었다. 그러나 히파르키아는 전혀 동요하지 않았다. 철학역사가 도널드 더들리는 이에 대해 "격정적인 사랑에 직면한 고대 그리스인들의 무력감"이라고 말했다. 이런 사랑에 대해 견유학파 철학자들 자신도 무력했다. 그들이 제공한 유일한 처방은 배고픔과 시간이었다. 배고픔과 시간도 아무런 소용이 없다면 유일하게 남은 해결책은 밧줄이었을 것이다. 이때 성생활은 전혀 문제가 되지 않았다. 아니 정반대였다. 견유학파 철학자들은 섹스를 매춘업소나 혹은 자위를 통해 가능한 한 값싸고

그림 6.3 파르네시나의 집에 있는 벽화 속 크라테스와 히파르키아, 로마의 욕장 국립 박물관

쉽게 충족시킬 수 있는 삶의 평범한 욕구로 생각했다. 문제는 격정적인 사랑이었다. 그리고 무엇보다도 히파르키아는 오래 지속되는 격정적인 사랑을 고집했다. 두 사람은 부부가 되었다. 히파르키아는 크라테스와 함께 외출했고 크라테스는 히파르키아를 식사 초대자리에 함께 데리고 갔는데 이것은 그 당시에 창녀들에게나 일반적이었다. 그리고 히파르키아는 철학자들의 대화에 당연히 참여했다. 자녀를 교육할 때도 두 사람은 자유로운 성생활이라는 견유학파의 이상에 충실했다. 두 사람은 딸이 결혼생활이 마음에 들지 않으면 결혼에서 벗어날 기회를 주기 위해서 우선 한 달 동안 딸을 시험적으로 결혼시켰다고 전해진다.

미니멀리스트들은 고대의 세계시민이었다

오늘날 잣대로 보면 그리스 사람들은 전적으로 외국인에게 배타적인 사람으로 불려야 한다. 세상을 그리스 사람과 그리스 사람이 아닌 사람=바바리안으로 나누었기 때문이다. 반면에 견유학파 철학자들에게 이런 구별은 의미가 없었다. 단지 그들에게는 사람의 생각만이 중요했고 출신이나 언어는 중요하지 않았다. 또한 보통의 아테네 사람들이 아주 경시하는 모든 이방 민족들에게도 배울 점이 많다고 확신했다. 궁극적으로 견유학파 철학자들은 그리스 사람이든 아니든, 자유인이든 노예든 상관없이 모든 사람이 서로 연결되어 있다는 견해를 가지고 있었다. 그렇다. 그들의 철학은 전체 자연, 동물, 식물을 포괄적이고 전체론적인 세계상과 결합시켰다.

고대의 미니멀리즘 운동은 어떻게 계속되었을까?

견유학파 철학자들은 모든 것이 변화하던 시점에 나타났다. 그리스 도시국가폴리스의 원칙은 알렉산더 대왕의 정복 때문에 근본적으로 흔들렸다. 그럼에도 많은 사람들은 공동체적이고 정치적인 삶에서 그들이 물려받은 전통적인 역할을 재고할 준비를 여전히 하지 않았다. 그들은 자신들이 유일하고 바른 해결책이라고 여겼던 소규모 지역정치 단위를 여전히 굳게 붙들고 있었다. 디오게네스는 바로 이 시기에 세계정치를 설교했다. 자기 자신을 도시도 고향도 없는 세계시민으로 공언했다. 그때까지 사람들은 일반적으로 그와 같은 세계주의사해동포주의를 어느 정도 부정적인 것으로 여겼다. 세계주의는 현존하는 도시국가들의 평가절하를 동반했다. 그 당시 많은 사람은 세계주의를 상상할 수 없었고 상실에 대한 두려움을 가지고 있었다. 견유학파 철학자들은 상실을 두려워하지 말라고, 옛것에 집착하지 말라고 설교했으며 완전히 새로운 형태의 자유를 약속했다.

그들의 제안은 다수에게 호의를 얻었고 견유학파는 본격적인 대중운동으로 발전한 고대의 유일한 철학 학파였다. 이 학파의 철학자만 해도 80명 이상이 알려져 있으며 그 외 익명의 철학자 30명에 대해서도 많은 자료를 찾을 수 있다. 견유학파 철학이 지닌 지속적인 매력 덕분에 그들의 텍스트는 전승되고 계승되었다. 시노페의 디오게네스는 자신의 학교를 설립하지 않았지만 그의 철학은 지중해 전역과 그 너머까지 널리 퍼졌다. 견유학파의 생활 방식은 여러 세대에 걸쳐 매력적으로 남아 있었고 나중에는 로마 사람들의 마음도 사로잡았다. 디온 크리소스토모스, 에픽테토스, 루키아노스는 로마 견유학파의 가장 중요한 대표자로 간주된다. 로마 황제 율리아누스 기원후 360~363 는 자신이 통치하던 3년 동안 견유학파 철학자들에게 매우 호의적이었다.

2 돈은 배설물이다: 아시시의 프란체스코

아시시의 프란체스코는 중세의 디오게네스였다. 아테네에 살던 그리스인들이 견유학파의 시선과 끊임없는 도발을 견뎌야 했던 것처럼 북부 이탈리아의 부유한 도시에 사는 사람들도 프란체스코회 수도사들을 감내해야 했다. 일할 수 있는 나이의 젊은 남자들이 시민임을 포기하고 거주도, 가족도, 직장도 없이 도시의 거리를 떠돌아다니며 설교하고 자선생활을 했다. 프란체스코는 그 어떤 면에서도 디오게네스에 뒤처지지 않았다. 그에게 없던 유일한 것은 항아리였다. 그 대신 프란체스코에게는 빵 굽는 화덕이 하나 있었는데 가끔 그 안에서 잠을 자곤 했다. 디오게네스가 알렉산더 대왕을 대한 것처럼 프란체스코는 황제 오토 4세를 대했다. 프란체스코는 그저 황제를 무시했고 근처에 있던 황제와 만나자는 제안에 대해 자신이 기도 중이라 시간이 없다고 거절했다.

아시시의 프란체스코는 누구인가

중세 사람들은 고대 그리스 때보다 훨씬 많은 글을 썼고 그 덕분에 우리는 그때 상황을 잘 알 수 있다. 프란체스코 역시 많은 글을 썼다. 프란체스코 수도회 계율의 여러 판본뿐 아니라 유명한 태양의 노래를 비롯한 시와 편지를 썼고 마지막으로 유언도 하나 썼다. 그의 첫 번째 동료 중 하나인 토마스 폰 첼라노는 프란체스코 수도회의 설립자에 대한 전기를 세 권이나 동시에 집필했는데 각각의 전기는 초점이 다 달랐다. 다른 사람들이 토마스를 따라서 프란체스코에 대한 그들의 견해를 글로 기록했다. 수도회의 다른 수도사들의 삶의 기록 역시 전해 내려오고 있다. 마찬가지로 많은 연대기, 편지, 이야기도 전해 내려오고 있다. 가장 유명한 것은 아마도 수다스러운 형제인 살림베네 데 아담의 연대기일 것이다. 그는 프란체스코회의 자발적인 빈자로 사는 자신의 방랑하는 삶에 대해 일종의 일기를 썼다. 그 내용은 프랑스 왕의 궁정에서부터 와인 시음을 위해 방문한 보르도에 이르기까지 다양했다. 이 덕분에 우리는 13세기 자발적으로 가난했던 사람들의 삶에 관해 놀라울 정도로 많은 부분을 세세하게 알게 되었다.

그림 6.4 1226년 이전 프란체스코가 아직 생존해 있을 당시
그려진 가장 오래된 그림

부유하고 화려했던 어린 시절과 청소년기

프란체스코는 1181년에 태어났다. 아버지는 아시시의 성공한 상인
이었고 여행을 많이 다녔으며 소년 프란체스코는 보살핌을 잘 받았고
좋은 환경에서 성장했다. 미래에 대한 두려움이 없었는데 언젠가 부모
님의 사업을 물려받을 것이 확실했기 때문이었다. 그는 인기가 많았고
곁에 친구들이 많았는데, 친구들의 식사 비용을 기꺼이 대신 계산했으
며 특이한 옷을 좋아했고 파티를 즐길 기회를 놓치지 않았다. 심하게 낭

비하는 사람이었고 값비싼 천으로 옷을 만들게 해서 옷값도 몇 배나 더 지출했다. 그는 자신의 욕구를 충족하기 위해 허영에 사로잡혔다. 예를 들어 지나치게 비싼 천을 아주 저렴한 천과 함께 바느질하도록 요구한 적도 있었다. 그러니까 전혀 다른 디자인과 품질을 지닌 옷감을 결합시킨 것이었다. 그는 한동안 아시시 청소년들의 리더였고 이는 그가 이미 어느 정도 카리스마를 지닌 청소년이었다는 점을 반증한다. 그러던 프란체스코는 약 20살의 나이에 예상하지 못한 일을 겪었다. 이웃 도시인 페루자와 벌였던 작은 전장戰場에 참전했다가 1203년과 1204년 사이 1년 동안 포로로 잡혔다. 분명 그곳에서 그는 온 인생을 완전히 뒤엎는 경험을 했을 것이다. 전혀 다른 사람이 되어 집으로 돌아왔기 때문이었다. 도시 청소년들의 쾌활한 리더가 갑자기 사람들과 접촉을 피해 산에서 은둔생활을 했다. 자연 속에 살면서 스스로를 사람들로부터 고립시켰고 이상한 말을 하곤 했다. 한번은 기사가 되고자 했고 그다음에는 도시의 나병환자들과 함께 살고자 했다. 또 한번은 이탈리아 갈리폴리로 여행을 다녀왔다. 아마도 오늘날 사람들은 그에게 장기간 지속된 우울증이라는 진단을 내렸을 것이다. 프란체스코의 어머니가 부모의 사업에 함께 하자고 그를 설득했다. 그는 어머니의 뜻에 따라 아버지의 위임을 받아 출장을 떠났지만 여행 도중 그가 타고 다녔던 말까지 포함한 모든 상품을 '모든 짐으로부터 자유로워지기 위해' 팔아버리고 두 발로 걸어서 집으로 돌아왔다. 물건을 판 돈은 아시시의 성문 앞에 있는 작은 성당 성 다미아노의 사제에게 선물했다. 아마도 프란체스코의 아버지에 대한 두려움으로 사제가 그 돈을 받으려 하지 않았기 때문에 프란체스코는 동전을 창문 안으로 던졌다. 그러던 1207년 초 사건이 일어났다. 프란체스코의 아버지는 프란체스코를 질질 끌고 주교 앞으로 가서 주교가 프란체스코에게 이성을 되찾아주기 원했다. 그러나 아무런 효과가 없자 성공한 상인인 아버지 피에트로 디 베르나르도네는 사람들이 보는 앞에서 아들의 상속권을 박탈했다. 수많은 시민들이 이 행위의 증인이 되기 위해 그곳에 모였다. 프란체스코는 동요하지 않고 그 옆에 서 있었고 홀가분한 반응을 보였다. 그는 주교의 궁전 앞에 있는 시장광장에서 모든 사람들이 보는 가운데 속옷까지 포함해서 옷을 다 벗어 아버지에게 되돌려주면서 상속권 박탈에 동의했다. 이 사건의 극적 감흥이 오늘날까지 사람들의 마음을 움직이고 있다. 그래서 이 이야기는 프란체스코 생애 가장 유명하고 사랑받는 일화에 속한다. 이탈리아 피렌체 출신의 화가 조토는 피렌체에 있는 산타 크로체 교회 프란체스코회의 수도원 교회당. '성스러운 십자가'를 의미함–옮긴이 의 벽에 이 장면을 그렸는데 프란체스코 아버지의 분노와 당혹감이 섞인 표정이 인상 깊게 드러나 있다. 아버지는 분노했고 주변에 서 있던 사람들은 아버지가 아들을 때리거나 강제로 데려가지 못하도록 저지해야만 했다. 그러는 동안 프란체스코는 벌거벗은 채 맨발로 주교의 망토 아래 피난처를 찾았다.

"이게 바로 내가 하려는 일이다!"

이제 프란체스코는 세상의 모든 소유의무에서 해방되어 무너진 교회의 벽과 건물을 다시 세우기 시작했다. 그는 일 년 동안 은자처럼 살았다. 소박한 외투에 허리띠를 두르고 막대기를 들고 가벼운 샌들을 신은 모습은 마치 고대 철학자처럼 보였다. 이탈리아 중부의 움브리아는 겨울이 온화했지만 확실히 따뜻하지는 않았기 때문에 종종 그에게는 너무 추웠던 것 같다. 때때로 동물들이 그에게 친구가 되어주었고 그는 헛간이나 짐승 우리에서 동물들과 함께 지냈다. 아마도 1208년 2월 24일에 프란체스코는 아시시에서 2km 정도 떨어진 곳에 자신이 다시 세운 포르치운쿨라 교회에서 예수가 제자들을 세상으로 보낸 이야기 마태복음 10장 9~10절를 들었다. 프란체스코는 그 이야기에 사로잡혔고, 마태복음 읽기가 끝나자마자 사제에게 그 구절을 해석해달라고 요청했다. 전기 작가인 토마스 폰 첼라노는 이 에피소드를 프란체스코의 결정적인 체험이라고 표현하면서 사제가 인내를 가지고 프란체스코에게 차근차근 설명했다고 썼다. 그리고 예수의 제자들이 금이든 은이든 돈을 소유하지 않고, 여행할 때 전대, 배낭, 빵, 지팡이를 가지고 가지 않으며, 신발도 신지 않고 옷도 두 벌만 입으며 오직 하느님 나라와 회심에 대해서만 설교해야 한다는 말을 들었을 때 그가 갑자기 깨달음을 얻었다고 했다. "이게 바로 내가 원하는 것이야. 내가 찾던 것. 나는 진심으로 이렇게 하기를 원해."

전기 작가는 이 순간을 1204년 페루자에서 포로로 지내면서 시작된 우울증과 함께, 오래 지속되어 왔고 때로는 종종 고통스러웠던 변화 과정의 마지막으로 만들었다. 이때부터 프란체스코는 자신이 어떻게 살고자 하는지 분명하게 알았다. 철저한 가난 속에서 불필요한 소유의 짐에서 자유롭게, 돈을 벌고 부를 증식하는 의무에서 자유롭게, 자연과 사람에게 향하기 위해 자유롭게 살고자 했다. 그때부터 이 운동이 시작되었고 그는 추종자를 얻었다.

그는 열정적으로 설교하기 시작했다. 토마스에 따르면 그의 말은 마치 타오르는 불처럼 청중들의 내면 가장 깊숙한 곳에 다다랐고 모두를 감탄으로 가득 채웠다. 이제 그는 과거의 그와는 완전히 다른 사람으로 보였다. 사람들은 그의 설교에 감동했고 그를 가까이 하기 원했으며 결국 추종자가 되었다. 일 년 후 1209년 여름에 프란체스코는 교황 인노켄티우스 3세의 축복을 받기 위해 동료 11명과 함께 로마로 떠났다. 교황은 자발적으로 가난을 선택한 사람들의 새로운 공동체를 승인했고 교황이 인정한 청빈운동의 목록에 이들을 올렸다. 이 목록에는 카스티야의 부르고스 근처에 있는 칼레루에가 출신 상인의 아들인 도미니쿠스가 설립한 스페인 북부 도미니쿠스 수도회도 포함되어 있었다. 프란체스코가 로마에서 돌아온 후에 점점 더 많은 사람들이 이 운동에 동참했고 자발적인 가난한 삶이 전파되었다. 그중에는 젊은 시절 프란체스코의 가장 가까운 여자 친구였던 클라라도 있었다. 클라라는 이 운동에 동참하기 위해 1211년 집에서 몰래 도망쳤다. 공동체는 그 시절 고정된 거주지 없이 다양하고 작은 그룹으로 살았다. 참고문헌에는 그들이 어떻게 동굴을 거처로 삼았는지, 어떻게 야외에서 잠을 잤는지, 어떻게 친절한 사람들의 집에서 잤는지 생생하게 나와 있다. 여기에 이미 언급한 빵 굽는 화덕도 잠자리 역할을 했다. 돌로 된 화덕은 그 당시 토스카나에서 마을과 가까운 들녘에 세워져 있었는데 화덕의 남은 온기가 가을의 추위에서 그들을 보호해주었다.

토마스 폰 첼라노는 고정 거주지에 대한 반감 외에도 불필요한 모든 것에 대한 혐오를 강조했다. 그들은 테이블 위에 아무것도 두지 않았다. 살림살이든 장식물이든 시설이든 책이든 침구류든 여분의 물건을 원하지 않았다. 토마스는 침구류 이야기가 나와서 어떤 것이 또 생각났다며 다음의 말을 덧붙였다. "프란체스코는 무조건 쿠션이나 깃털을 넣은 베개에서 자는 것을 거부했다. 맞다. 육체적으로 꺼렸기 때문에 어디서든 손님으로 갔을 때 편안한 침대가 제공되더라도 그냥 바닥에서 잠을 잤다. 불필요한 옷과 부드러운 천도 마찬가지였다. 그는 옷에 대한 과도한 관심을 영성이 사라지는 것으로 간주했다."

돈은 배설물, 재산도 마찬가지

프란체스코는 돈을 경멸했고 배설물이라 칭했으며, 부富를 디오게네스처럼 행복의 토사물로 여기지는 않았지만 좋은 인생으로 가는 길의 가장 커다란 장애물로 여겼다. 수도회에 들어가고 싶은 사람은 자신이 소유한 모든 것을 다른 사람에게 선물해야만 했다. 예를 들어 빈곤의 서약자기 재산의 사회 환원-옮긴이을 했던 베네딕트 수도사와 같은 기존의 수도사와 달리 프란체스코 수도사들은 개인 소유뿐 아니라 공동의 소유도 포기했다. 이는 수도사 개인뿐 아니라 전체 수도회도 공동의 고정 재산을 소유할 수 없음을 의미했다. 신앙운동이 매우 빠르게 성장해서 사람들에게 집과 건물이 당연히 필요했고, 공동생활에 필수적인 물품 구매를 체계화하기 위해 금고 또한 필요했기 때문에 이는 어려운 결정이었다. 이런 긴장은 초기 문서에 분명하게 나와 있다. 그러나 이 수도회의 설립자에게는 상관없는 일이었다. 그는 계속해서 단호하게 행동했다. 한번은 그가 예정된 집회에 참석하기 위해 작은 성당인 '포르치운쿨라'로 돌아왔을 때 그는 아시시의 시민들이 형제들을 위해 숙소를 만들어준 것을 알게 되었다. 그는 주저하지 않고 숙소 지붕 위로 올라가 기와를 힘껏 아래로 던졌다. 또한 다른 사람들에게도 올라와서 전기 작가가 가난에 매우 해로운 괴물이라고 표현했던 그 집을 헐어버리도록 명령했다. 관리인들이 그 집은 수도회에 속한 것이 아니며 앞으로도 계속 시에 속한다는 점을 분명하게 알려주지 않았다면 프란체스코는 그 집의 토대까지 파괴했을 것이다. 비슷한 일이 볼로냐에서도 일어났다. 그곳에서도 시민들이 수도회를 위해 집을 하나 지어주었지만 프란체스코는 그곳에 들어가기를 거부했다. 그 자리에서 바로 짐을 싸고 나와 버려 병든 형제들조차도 그 집에서 나와야 했다. 로마 교황청의 추기경

이자 이 수도회의 후견인 오스티아의 우골리노 후에 교황 그레고리오 9세가 됨-옮긴이 가 이 건물은 형제들에게 속한 것이 아니라 교황에게 속한 것이며 교황이 허락해서 형제들은 이 건물을 사용할 수 있다고 설명하고 난 다음에야 다시 숙소에 들어갔다. 토마스 폰 첼라노는 자신이 그 당시 숙소에서 나가야 할 뻔했던 병자 중 하나였다는 말로 이 이야기의 신빙성에 힘을 보탰다. 그는 간결하게 다음과 같이 덧붙였다. "당연히 숙소를 사용하지 않고는 살 수 없었지만 우리는 프란체스코의 말대로 아무것도 소유하지 않으면서 규정된 생활형식 안에서 살 수 있었다." 여기에 재산소유에 대한 프란체스코회의 대안이 언급되었다. 물건, 건물, 정원, 토지를 그 어떤 소유권도 없이 그저 순수하게 사용만 하는 것으로 제한하는 것이다.

국제적인 확장

13세기가 흘러가는 동안 이 신앙운동은 마치 들불처럼 아시시에서 유럽 전역으로 널리 퍼졌다. 1209년은 프란체스코회가 설립된 해로 알려져 있다. 프란체스코는 이후 몇 년 동안 자신의 동료들과 함께 소박한 삶을 설교하면서 주로 한곳에 오래 머무르지 않고 이탈리아 전역을 순회했다. 아시시는 수도회의 중심이 되었으며 수도회는 이미 1217년에 스페인, 프랑스, 헝가리, 모로코, 이집트로 진출했다. 다미에타 이집트 두미아트 주의 주도-옮긴이, 트리폴리, 예루살렘과 악콘 이스라엘의 항구도시-옮긴이에 초기 수도회가 생겨났다. 그러나 이 초기 수도회들은 단기간만 존속했다. 1226년 10월 프란체스코가 사망했을 때 그의 신앙운동은 이탈리아의 국경을 넘어 확장된 지중해 지역에 있는 대부분의 나라에서 지지를 받았다. 두 세대 이후 13세기 말에는 1,500개의 수도회가 유럽 전역

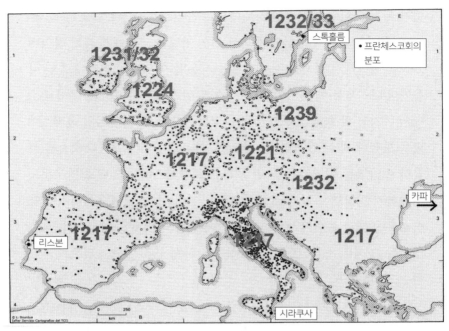

그림 6.5 1300년경 유럽의 프란체스코회 분포도

에 분포되어 있었다. 남쪽의 시라쿠사 이탈리아 시칠리아 섬의 항구도시-옮긴이 에
서 스톡홀름의 북쪽에 있는 엔셰핑까지. 흑해 연안의 페오도시야 카파, 우
크라이나의 도시-옮긴이, 라트비아의 리가에서 포르투갈의 리스본과 대서양
연안에 있는 아일랜드의 아드퍼트에 이르기까지 말이다.

아시시의 1217년 성령강림절

프란체스코는 잇달아 여행계획을 세웠다. 우선 그는 시리아로 가서
그 후에 스페인과 모로코, 나중에는 프랑스로 갈 예정이었다. 그러나
그는 이 계획을 질병 때문에 계속 미뤄야 했다. 1217년 5월에 첫 번째
연례총회가 개최되었다. 이 신앙운동의 모든 회원들이 성령강림절에

아시시에서 모였고 그 수는 5,000명이 넘었다고 한다. 총회의 분위기는 흡사 우드스탁 페스티벌 1969년 8월 15일부터 17일까지 뉴욕 북부의 베델 평원에서 열린 대규모 페스티벌–옮긴이 느낌이었다. 사람들은 이 총회를 '돗자리총회'라고도 불렀다. 모두 야외에서 소박하게 돗자리를 깔고 잠을 잤기 때문이었다. 그들은 다시 만났다는 사실에 기쁨으로 가득 차서 하루 종일 노래하고 즐거워했다. 심지어 아시시의 시민들도 감격했고 형제들에게 먹을 것과 마실 것을 제공했다.

이 행사에서 처음으로 어떻게 알프스산맥 저편의 사람들에게 이런 새로운 삶의 양식을 전해줄 수 있을지 함께 상의했고, 스페인, 프랑스, 헝가리, 독일로 파견단을 보내기로 결정했다. 여행 장비는 거의 필요하지 않았는데 여행 도중에 찾거나 구걸해서 얻은 것으로 살았기 때문이었다. 프란체스코는 프랑스로 가기를 원했지만 그 계획 또한 수포로 돌아갔다.

그 대신 시리아 방향으로 길을 떠나 배를 탔다. 배가 풍랑을 만나 달마티아 아드리아 해의 동쪽 해안지방, 현재 크로아티아에 속함–옮긴이 해안으로 휩쓸려 가자 프란체스코는 실망했다. 그곳의 항구에서 선원들에게 안코나 아드리아 해에 면해 있는 이탈리아의 도시–옮긴이 방향으로 돛을 달고 자신을 함께 데려가주기를 부탁했다. 그런데 선원들이 그의 요청을 거부하자 그는 자신의 동행들과 함께 은밀하게 배 안으로 숨어들어가 무임승차로 여행을 했다. 마치 기적처럼 친절한 승객과 선원이 음식과 마실 것을 제공해주어서 프란체스코 일행은 무사히 다시 이탈리아에 도착했다. 2년이 지난 1219년 여름, 드디어 프란체스코가 오랫동안 가슴 속에 품었던 여행 계획이 이루어졌다. 시리아로 가서 술탄을 만난 것이다. 술탄은 이 불가사의한 성인聖人을 심지어 환영해주었다. 그곳에서 프란체스코가 기초를 세운 이슬람과 기독교 사이의 '종교 간 대화'는 다른 탁발 수도회에서도 확고한 전통이 되었다. 그는 중동에서 온전히 1년을 보냈다.

13세기 무전여행: 트리엔트에서 아우크스부르크로

1217년에 이미 계획되었던 독일 진출 역시 처음에는 실패했고 1221년이 되어서야 실행에 옮길 수 있었다. 독일로 가는 원정단의 일원이었던 지아노 출신의 조르당은 회고록의 오순절 장章 마지막에서 프란체스코가 독일에서 수도원이 아직 기반을 제대로 갖추고 있지 않다는 사실을 어떻게 떠올렸는지 보고했다. 프란체스코가 병이 났기 때문에 자신의 결정을 수도원 형제 엘리아스를 통해 알리게 했고 그는 마치 어린아이처럼 엘리아스의 발치에 웅크리고 앉아 있었다. 그래서 형제 엘리아스는 프란체스코가 원하는 바를 사람들에게 공포했다. "알프스산맥 저편에 독일이라는 지역이 있는데 그곳에는 경건한 기독교인들이 살고 있다. 그들이 긴 지팡이를 손에 쥐고 넓고 볼품없는 샌들을 신으며 이마에는 땀방울이 맺힌 채 작열하는 뜨거운 태양 속에서 로마를 향해 순례행진을 오기 때문에 이탈리아 사람들은 그들을 잘 알고 있었다. 그렇지만 지금까지 독일로 갔던 수도회 형제들은 늘 아무런 성과도 없이 되돌아왔다. 그곳에서 안 좋은 경험을 했고 거지나 쓸모없는 부랑자로 간주되어 쫓겨났기 때문이었다. 따라서 새로운 시도를 감행해야 한다." 이와 같은 프란체스코의 말에 25명의 다양한 남자들이 모였다. 7명은 이탈리아 사람이었고 7명은 독일 사람이었으며 헝가리 형제가 한명 있었고 그 외 12명의 출신은 기록되어 있지 않았다. 그중 토마스 폰 첼라노는 나중에 프란체스코의 전기 작가가 되었고, 천재적인 언어능력이 있는 요하네스 폰 플라노 카르피니는 말년에 아시아에 관한 최초의 여행보고서를 썼다. 그리고 독일 수도원 교구의 역사학자 조르당은

어떻게 파견단이 처음에 트리엔트 트리엔트 공의회가 열린 이탈리아의 도시-옮긴이
에 모였고 어떻게 그곳에서 페레그리누스라는 이름의 부유한 형제가
파견단에 합류했는지에 대해 이야기했다. 페레그리누스는 자신의 전
재산을 팔고 형제들과 함께 독일로 출발하기 전에 모든 형제들에게 새
옷을 장만해 주었다. 그들은 두 그룹으로 나뉘어 9월 29일에 출발했고
남부 티롤 지방의 보첸, 이탈리아 북부 볼차노현에 있는 작은 마을 브레
사노네, 이탈리아 볼차노도에 속한 비피테노를 지나갔다. 그들은 하루
종일 아무것도 먹지 못한 채로 저녁에 잠이 들고 다음날 아침 배가 고픈
상태로 깨어나 계속 길을 걸어갔다. 그렇게 반 마일을 가자 무릎이 떨렸
고 발은 약해졌으며 눈은 점점 흐릿해졌다. 형제들은 길가에서 발견한
과일과 풀을 먹었는데, 배에 찰 만큼 넉넉하지 않았지만 배고픔을 잊기
에 충분했다. 드디어 그들은 오스트리아 티롤 주의 리엔츠에 있는 상업
도시 마트라이에 도착했다. 거기서 두 명의 관대한 사람을 만났고, 이
들은 형제들에게 20크로이처 13~19세기 독일, 오스트리아, 독일에서 사용한 동전의 이
름-옮긴이 에 비트가 들어간 빵을 팔았다. 형제들은 계속해서 미텐발트 독
일 바이에른 주 가르미슈파르텐키르헨에 있는 작은 도시-옮긴이 방향으로 갔으며 드디어
2주 후 1221년 10월 15일에 아우크스부르크에 도착했다. 그곳에서 주
교와 그의 대리인은 형제들을 아주 기쁜 마음으로 환영했다. 심지어 주
교의 대리인은 그의 관사를 치우고 형제들을 위해 내주었다. 형제들이
알프스를 넘어오는 고된 여행의 여독을 풀 수 있도록 배려한 것이었다.
그러나 벌써 다음 날 카이사르 폰 슈파이어가 모임을 소집했고 형제들
을 소그룹으로 나누어 계속해서 뷔르츠부르크, 마인츠, 보름스, 슈파이
어로 보냈고 나머지 형제들은 슈트라스부르크와 쾰른, 그리고 잘츠부
르크와 레겐스부르크로 보냈다.

13세기 무전여행: 아시시에서 캔터베리로

1224년 10월 10일 프란체스코회 수도사 9명이 영국에 도착했다. 그들은 피사의 아그넬루스, 잉워스의 리처드, 데번의 리처드, 애슈비의 매우 젊은 빌헬름, 트레비소의 하인리히, 보베의 롬바르디아 사람 라우렌시오, 피렌체의 수공업자 빌헬름, 그리고 견습생 신분인 멜리오라투스와 야코부스였다. 파견단은 프랑스 페캉 출신 수도승들의 도움을 받아 영국으로 건너갔고 필요한 물건을 공급받았다. 그들은 도버에 도착했고 캔터베리에 있는 가난한 사제들을 위한 사제양로원에 거주했다. 나중에 그들은 근처에 있는 스칼러하우스에서 작은 방 하나를 찾았다. 그곳에서 그들은 저녁에 모닥불에 빙 둘러앉아 자체 발효한 맥주를 마시며 그날 있었던 일을 이야기했다. 여기에서도 눈에 띄는 점은 공동체의 구성원이 아주 다양하게 국제적으로 구성되었다는 것이다. 영국에서 최초로 형제들에 합류한 사람은 살로몬이었다. 그는 형제단에 합류했다는 사실 때문에 가족들에게 쫓겨났다. 두 번째로 합류한 사람은 런던의 빌헬름으로 재단사였다. 세 번째는 콘힐의 요시우스이며 로마가톨릭 성직자로 스페인에 갔고 그곳에서 생의 마지막까지 일했다. 네 번째는 요하네스이며 나중에 그는 아일랜드로 갔다. 캔터베리의 빈센츠, 엑서터의 아담, 리처드 루퍼스와 같은 다른 사람들은 옥스퍼드와 파리에서 학자로 활동했다. 마지막으로 이 수도회에 가입한 수많은 기사들과 귀족들이 언급되었다. 기사 리처드 구비운은 자기 유산의 일부를 기부하는 방법으로 노샘프턴에 있는 공동체를 지원했다. 물론 그의 호의와 관대함은 바로 하나밖에 없는 그의 아들이 이 수도원에 합류하겠다고 결정했을 때 단번에 날아갔다. 그의 입장에서 이는 너무 과도한 것이었다. 그는 즉시 수도원을 정리하고 그의 아들을 돌려보내려고 했다.

그런데 수도원장은 아들이 스스로 결정을 해야 한다고 조언했고, 아들이 주저하지 않고 자발적으로 가난한 사람들에게 향했을 때 그의 부모는 매우 감동받아 생각을 바꾸었다. 리처드 구비운은 아들을 포함한 공동체를 힘 닿는 대로 지원했다. 우리는 심지어 초기 수도원의 회원 수도 알 수 있다. 토마스 폰 에클스턴은 한 주석에서 기록 당시 1255과 1256년에 잉글랜드와 웨일즈에 있는 수도원에서 형제들 총 1,241명이 분회 49곳에 분산되어 살았다고 기록했다. 그러니까 평균적으로 한 수도원에 약 20명이 함께 살았던 셈이다. 그 후 몇 년 동안 수도회 건물 13채가 더 추가되었고 그 결과 영국 공동체는 총 62개가 되었다. 1539년 하인리히 8세 치하에서 영국의 종교개혁이 진행됨에 따라 전체 수도원은 물론 프란체스코회 수도원도 모두 해산되었다.

무소유의 건물

수도원이 아무것도 재산으로 삼지 않았기 때문에 다양한 지역에서 수도원 건물은 각각의 시 구역에 양도되었다. 프란체스코회 수도사들은 어디에서나 소박한 삶의 방식을 지원하는 사람들을 만났다. 예를 들어 캔터베리 해킹턴의 고귀한 백작부인은 마치 엄마가 아이를 돌보듯 수도회를 돌보았다. 런던에서는 존 아이윈이라는 사람이 토지를 사서 자신이 수도회의 회원이 될 때까지 그 땅을 형제들이 쓰도록 위임했다. 훗날 런던 주장관이 된 빌헬름 조이니어는 자비로 예배당과 작은 집을 세우고 규칙적으로 공동체를 지원했다. 엘비랜드의 페트루스라는 사람은 수도원의 런던분회에 병원을 건설하도록 100파운드를 지원했다. 프로윅의 하인리히와 베이싱스의 살레킨은 수도관 설치를 위해 애를 썼으며 건설비용의 나머지는 관대한 왕으로부터 공동자금을 지원받았

다. 옥스퍼드에서는 상인 로버트 드 머서가 숙소로 쓸 집을 하나 임대했
다. 그런데 그곳에서 많은 대학생들과 선생과 귀족들이 공동체에 합류
하는 바람에 더 큰 숙소가 필요해졌다. 시의 제분업자인 리처드 르 뮬리
너는 도시 행정당국에 형제들이 '사용하도록' 집을 포함한 토지를 위임
했다. 형제들은 케임브리지에서 처음에 감옥 바로 옆에 있는 오래된 회
당에서 살았다. 슈루즈베리에서는 왕이 공동체에게 토지를 선물했고
시민 라우렌티우스 콕스는 그들을 위해 그 땅에 돌로 집을 지었다. 콕스
는 이런 건축양식이 자발적 빈곤을 선택한 사람들의 규정에 맞지 않는
다는 것을 너무 늦게 깨달았다. 프란체스코의 규정에 따르면 벽은 나무
혹은 찰흙과 짚으로 만들어야 한다. 그래서 콕스는 돌로 된 벽을 허물고
찰흙으로 된 벽을 다시 세웠다.

중세의 세계시민

중세 미니멀리스트의 특징은 이동성이었다. 그들은 가정에 구속되
지 않았고 유연성과 실용적인 무욕은 행동영역을 확장시켜 거의 모든
곳이 그들의 집이 되게 하였다. 말하자면 그들은 중세의 세계시민이기
도 했다. 따라서 탁발 수도회의 회원들이 마르코 폴로보다 반세기 앞선
13세기에 최초로 아시아를 여행한 사람들에 속한다는 것은 전혀 놀랄
만한 일이 아니다. 그들은 여행 중에 카라코람 산맥과 베이징까지 갔다
고 한다.

프란체스코회 수도사인 요하네스 폰 플라노 카르피니가 좋은 사례
이다. 그는 이탈리아 사람으로 1221년 독일로 향하는 파견단의 일원이
었고, 그 후에 작센의 프란체스코회 수도원의 원장이 되었다. 그는 작
센에서부터 보헤미아, 폴란드, 헝가리, 덴마크, 노르웨이로 공동체를

확장시키는 데 힘썼다. 요하네스는 1228년 독일 지역의 프란체스코 수도회의 대표가 되었다. 1230년 스페인으로 갔지만 새로 세워진 수도원 교구를 감독하기 위해 일 년 후에 다시 독일 작센으로 돌아왔다. 유럽의 동부지역을 잘 알았기 때문에 1245년 리옹 회의에서 아시아 선교사로 선정되었다. 그는 자신이 직접 동행인이자 통역사로 임명한 수도원의 다른 형제인 폴란드의 베네딕트와 함께 1245년 4월 16일 부활절에 몽골제국의 수도 카라코룸에서 대칸 가한, 카간. 투르크계 또는 몽골계 유목민 국가에서 사용하는 황제의 칭호-옮긴이을 방문하기 위해 리옹에서 출발했다. 그는 이 기회에 칭기즈 칸의 후예인 몽골 사람들의 삶의 방식과 문화를 연구하고자 했다. 이들이 1241년 4월에 벌어진 리그니츠 폴란드 서남부의 도시, 옛 독일령-옮긴이 전투에서 폴란드 군대를 큰 문제 없이 이겼기 때문이었다.

요하네스 폰 플라노 카르피니는 동쪽에 있는 잠재적인 적을 연구해야만 했다. 전 유럽과 아시아를 편력 遍歷했고 그곳의 지역과 주민들을 둘러보았다. 그곳 사람들의 존재와 외모에 대해 유럽인들은 그때까지 전혀 아는 바가 없었다. 교황이 요하네스를 뽑은 것은 탁월한 선택이었다. 그의 몸 상태가 여전히 좋다고는 했지만 당시 나이가 이미 예순이 넘었기 때문에 미지의 세계로 가는 힘든 여행에 이상적인 인물이 아닐 수 있었다. 그러나 그에게는 풍부한 경험이 있었고 적응력 또한 뛰어났다. 게다가 마구간지기이든 군주이든 상관없이 낯선 사람들과 사귀는 데 영리했고 노련했다. 살림베네 드 아담은 요하네스와 개인적 친분이 있었는데, 요하네스를 친절하고 호기심이 많으며 교양 있고 풍부한 인생 경험을 소유한 탁월한 연설가로 기록했다.

중세 미니멀리스트에 대한 비판

이렇게 매혹적인 성공 역사에 어두운 면이 없다면 그것은 아마도 좋은 역사는 아닐 것이다. 탁발 수도사들이 처음부터 친구들만 얻은 것은 아니었다. 이미 동시대의 사람들은 탁발 수도사들이 종종 그들 자신의 규정을 전혀 지키지 않는다고 비난했다. 극단적인 무소유의 삶이 비록 이론적으로는 존재했지만 실제로는 아무도 그것을 지키지 않았다. 사람들은 그들이 교회에 회유되었다고 비난했다. 게다가 그들에게는 부유한 친구와 후원자들이 있었으며 시청과 시민궁전 그리고 군주의 궁정을 들락날락한다고 비난했다. 그 사실에 많은 사람들이 분노했다. 어떻게 청빈한 삶에 헌신한 사람이 고귀한 자, 부유한 자 그리고 무엇보다도 영향력이 많은 사람들과 함께 식탁에 앉을 수 있을까? 다른 사람들은 이 '수도사'들이 수도원의 벽 안에 정주해서 살지 않는 것이 언짢았다. 즉, 사람들에게 그들은 실제 수도사가 아니었다. 그들의 집은 닫힌 수도원이 아니라 모임이나 회합이 열리는 곳으로, 수도원에 소속되지 않았더라도 많은 사람들이 정기적으로 이용하던 곳이었다. 또 다른 논점은 그들이 노동을 거부하는 행태에 대한 비난이었다. 왜 젊고 건강한 사람들이 다른 사람들의 기부에 의존해서 살아야 하는가? 마지막으로 언급할 것은 이들 내부에서도 심한 반대와 긴장이 있었다는 것이다. 우리 시대의 정당이나 단체에도 '현실주의자' 대 '근본주의자'의 논쟁이 있다. 한편은 극단적인 포기를 요구하고 다른 한편은 적당한 소비를 요구한다. 이런 갈등은 13세기 후반 수도원에서 아주 격렬하게 토론되었고 그 결과 수도원은 늘 분열의 위험에 직면해 있었다.

13세기의 '자발적인 무소유' 붐

모든 비판에도 불구하고 미니멀리즘의 성공을 어떻게 설명할 수 있을까? 탁발 수도회는 그 시대의 경제적인 변화에 대한 사회의 대답이었다. 13세기의 상업혁명은 승자뿐만 아니라 수많은 패자를 양산했고 빈부 격차는 점점 더 벌어졌다. 사람들은 미니멀리즘을 사회의 저항운동으로 해석했다. 그래서 역사학자 요하네스 슐라게터는 미니멀리즘 운동의 성공 비결을 자발적 가난을 선택한 사람들이 재산, 사회적인 신분 상승, 다른 사람들에 대한 권력을 얻으려는 노력을 거부한 데 있다고 보았다. 그 대신 그들의 시선은 발전의 실패자 편에 있던 도시사회의 소외집단을 향했다. 그들의 주거지는 종종 도시성벽에 맞대어 있었으며 빈민가 근처, 나병환자가 사는 곳 옆에 있었다. 그들은 그 당시 만연했던 성향과 문화, 종교적 태도에 대한 대안을 기술했으며 그래서 성공적이었다.

이단과 신성함 사이의 미니멀리즘

물론 프란체스코만 그런 것은 아니었다. 다른 미니멀리즘 운동도 이 시기에 많이 생겨났다. 예를 들어 이탈리아 북부의 평원 롬바르디아에서 페트루스 발데스가 설립한 공동체 발도파, 알비파라고도 하는 남프랑스의 순결파 신자들의 공동체도 있었는데 이들은 이단으로 규정되었다. 소위 말하는 휴밀리탄, 카르멜회, 도미니크회, 아우구스티누스 엄수파 등도 포함된다. 마찬가지로 이 시기에 생겨난 베긴회의 발전은 관용, 단죄, 수용 사이에도 일종의 중도中道가 있었음을 보여준다. 도시시민들이 이 운동을 아낌없이 지원했다는 것은 이들 운동의 행위능력이 충분히 전파되었다는 뜻이기도 하다. 그들은 행동했고 전통적인 가족 형태 너머의 새로운 삶의 방식을 실험했으며 도시 안에서 새로운 형태의 유대관계와 초지역적인 네트워크, 간단히 말하자면 소속감을 제공했다. 이교도로 낙인이 찍혔든 혹은 교회의 전유물이든 상관없이 그들은 신학적 궤변 너머 소박함이라는 이상으로 하나가 되었다.

세계의 탈주술화

대부분의 미니멀리즘 운동은 오늘날 우리에게는 매우 낯설게 여겨지는 종교 언어로 그들의 관심사를 표현했다. 그리고 이런 운동은 대부분 교회 내부에서 일어났으며 교회의 세속화와 부에 대해 비판을 드러냈다. 그러나 교회의 영역과 세속의 영역은 마찬가지로 변화의 일부였다. 빈부 간의 대립은 사회 전체에 영향을 끼쳤고 모든 사람에게 변화를 가져왔다. 하이델베르크의 역사학자 슈테판 바인프루터는 막스 베버의 용어대로 그 시대를 '세계의 탈주술화'라고 표현했다. 영적 권력과 세속적인 권력, 즉 교황과 황제는 소위 말하는 서임권 분쟁 황제와 교황 사이의 성직 임명권 분쟁-옮긴이을 둘러싸고 혈투를 벌인 후에 양측은 모두 후광을 잃어버렸다. 다시 말하면 교황과 황제는 모든 사회의 변화와 관련하여 한배를 타고 있었다. 그런데 흥미롭게도 변화에 대응해서 대부분의 사회적인 저항운동을 일으킨 것은 교회였다. 어쩌면 체계적인 비판문화가 지속적인 개혁 의무를 지닌 교회 내에서 수 세기에 걸쳐 발전했기 때문일 것이다. 이런 비판문화는 12세기 스콜라 철학에서 첫 번째 전성기를 맞이했고 그 후 13세기 대학에서 학문적인 기초를 이루었다. 더 나아가 교회의 학자들은 실용적인 모순을 학문적인 방법으로, 의심을 진리로 향하는 길로서 선언하기까지 이르렀다 피에르 아벨라르. 프랑스의 스콜라 철학자(1079~1142)-옮긴이.

진리를 사랑하기에 가난한 대학

12세기에서 13세기로 가는 수십 년 동안의 변혁기에 탁발 수도회와 함께 유럽의 가장 오래된 대학들도 생겨났다. 물론 대학 이전에 고등교육을 담당했던 기관들이 있었다. 아테네 플라톤의 아카데미아라는 고대의 모델이 그 본보기였다. 중세 초기부터 수도원 학교들은 가장 중요한 교육기관이었고 12세기가 진행되면서 점점 증가했던 도시화와 더불어 주교가 있던 대도시에서는 주교좌성당에 부속된 학교들이 점점 더 중요해졌다. 그리고 이제 대학이 생겨났는데 놀랍게도 대학의 시작은 완전히 불분명했다. 대학의 창시자나 설립자를 찾을 때 사람들은 씁쓸한 실망을 경험하는데 예전에는 설립증명서나 대학을 건립하기 위한 위임서 등이 없었기 때문이다. 우리가 가진 유일한 정황은 12세기 후반부터 볼로냐와 파리에서 새로운 형태의 교육조직이 형성되었다는 것이다. 좀더 정확하게 말하자면 교사와 학생들의 사적연합으로 형성되었는데 소위 공동체로 이해되었다. 예를 들어 교황이 보냈던 편지에는 '우니베르시타스 베스트라 universitas vestra'라고 표현되어 있다. 대학이라는 이름도 여기에서 나왔는데 이는 공동체 연합체를 의미하는 것으로 학문의 보편성에 대한 요구와는 아무 상관이 없다. 이는 근본적으로 공동체였다. 학생들은 교사를 구했고 기부를 통해 교사들에게 재정적인 지원을 하는, '학습'을 위해 세운 공동체였다. 현물로 수업료를 지불하는 경우도 드물지 않았다. 학생들뿐 아니라 교사들도 학문에 대한 헌신적인 사랑을 위해 고정 수입과 안락함, 부를 포기했다. 예를 들어 파리의 피에르 아벨라르라는 교수는 점점 더 유명해졌고, 투쟁적인 학자로서 적도 많이 생겼지만 그와 동시에 점점 더 많은 학생을 끌어들이기도 했다. 학생들은 그의 강의를 듣고 함께 토론하기를 원했다. 그중에는 요하네스 폰 솔즈베리나 오토 폰 프라이징처럼 아주 유명한 인사들도 있었다. 결국 이 그룹은 당시 파리 외곽에 있던 생 준비에브파리의 수호성녀-옮긴이의 산으로 이동했다. 오늘날에는 그곳에 판테온프랑스의 역대 영웅들과 위인들의 기념묘-옮긴이이 있다.

대학의 시작은 '학문에 대한 사랑을 위해 자발적으로 가난을 선택한 사람들'의 공동체였다. 그것은 또한 가장 오래된 대학으로서의 명성을 주장하는 볼로냐의 법학학교 학생들을 위하여 신성로마제국의 황제인 프리드리히 1세프리드리히 바르바로사의 —약간 안쓰럽지만—특권으로 세워졌다. 황제는 그들에게 지원을 약속했는데, 그들이 '학문에 대한 사랑 때문에 이른바 유배자로 살며 가난한 사람으로서 스스로를 모든 재물로부터 배제시키고 그들의 인생을 생각할 수 있는 모든 위험에 노출시키며 종종 가장 경멸할 만한 사람들로부터 아주 견디기 어려운, 아무 근거도 없는 육체적 모욕조차 감수해야 했기 때문이다.' 이런 특권을 미리 작성하고 황제에게 서명하도록 했던 사람들은 분명히 볼로냐 대학의 법학교수들이었다고 가정해야 한다. 어쩌면 그들은 어느 정도 과장했을 수도 있다. 그러나 황제는 그들의 보호요청을 수락했는데 학생들과 교수들이 만든 새로운 공동체를 높이 평가했기 때문이었다. 그들은 학업을 위해 최소한 몇 년 동안 생계를 위한 직업을 포기했고 대부분 멀리 떨어진 도시의 대학에서 이방인으로 공부했기 때문이었다. 살레르노, 볼로냐, 몽펠리에, 파리, 옥스퍼드, 케임브리지의 가장 오래된 대학들은 왕이나 교황의 명령으로 설립된 것이 아니라 공동체의 주도로 생겼다. 엄격하게 말하자면 그들은 오늘날 우리가 미니멀리즘이라고 명명할 수 있을 법한 삶의 방식을 지닌 사람들의 공동체였다. 정의에 따르면 중세의 대학생들은 자발적으로 가난을 선택한 사람들에 속하며 기부나 장학금을 통해 재정문제를 대부분 해결했다. 그 후에 학생들은 세속적인 지배자와 교회의 지도자들에게서도 지원을 받았다. 그래서 파리의 '우니베르시타스universitas'는 1215년 교황에게 학칙을 승인받을 수 있었다. 나중에 프랑스 왕은 로베르 드 소르본이 새롭게 설립한 대학교에 재학 중인 가난한 대학생 20명을 후원했다. 파리의 첫 번째 대학은 오늘날까지 그의 이름을 따라 소르본 대학이라고 부른다.

생태운동의 역사적 뿌리

13세기 미니멀리스트들은 인간과 자연의 관계를 새롭게 정의했다. 이와 관련해서 우선 토마스 폰 첼라노가 쓴 전기에 나오는 두 가지 이야기를 살펴보겠다. 어느 날 프란체스코가 도시로 가는 길에 양 한 마리를 몰고 있던 한 남자를 만났다. 프란체스코는 그에게 양 한 마리를 어떻게 할 계획이냐고 물었고 남자는 양을 시장에 있는 도살업자에게 팔 것이라고 대답했다. 동정심에 휩싸인 프란체스코는 그 남자와 협상을 시작했고 양과 교환하기 위해서 그에게 자신의 외투를 주었다. 그 동물이 도살당한다는 생각을 견딜 수 없었기 때문이었다. 그 남자는 동의했고 프란체스코는 그 양을 기쁘게 공동체로 받아들였다. 양은 형제들과 친구가 되었고 함께 먹이를 먹고 물을 마셨으며 그들의 숙소에서 잠을 잤다. 프란체스코는 양을 맡아 키우겠다는 농부가 나타날 때까지 계속 양을 돌보았다. 또 한번은 그가 항구에서 막 잡힌 싱싱한 물고기를 구입한 적도 있었는데, 다시 바다로 돌려보내 물고기에게 생명을 선물하기 위해서였다. 그리고 그가 새들에게 했던 설교는 유명하다. 프란체스코는 보통 사람이라면 절대 하지 않았을 일들을 많이 했는데, 그 결과 정말 남다른 이 성인聖人에게 매우 호의적이었던 교황 그레고리우스 9세조차도 때때로 프란체스코를 '바보 형제'라고 표현했다.

그림 6.6 조토 디 본도네의 〈새 설교〉, 1295년 아시시의 벽화

공동체는 계속해서 채식을 했다. 한번은 의사가 프란체스코에게 의학적인 이유로 처방한 닭고기 스프를 먹었는데 그 후로 며칠 동안 프란체스코는 심하게 자책했다. 그래서 생명체에 범법을 행한 것에 대해 공

개적으로 자신에게 벌을 줄 것을 동료에게 위임했다. 도미니크 수도회의 창시자인 도미니쿠스에 따르면 그는 더 이상 책도 읽지 않으려고 했는데 책의 표지와 종이가 동물 가죽인 양피지로 만들어졌기 때문이었다. 책을 만들어내기 위해 죽어야만 했던 수많은 동물에 대한 생각으로 자책감을 느낀 것이다. 그는 가죽으로 된 신발과 옷도 거부했다. 죽은 동물의 가죽을 입은 사람들을 보는 것이 프란체스코 수도회의 형제들에게는 참을 수 없는 일이었다고 반복해서 언급되었다.

그렇지만 사치스러운 것에 대한 이 모든 적대감이 결코 교제의 즐거움을 희생한 것은 아니었다. 완전히 그 반대라고 할 수 있다. 무욕은 지극히 주목할 만한 상황을 만들어냈다. 토마스 폰 첼라노는 어느 날 갑자기 프란체스코가 아무 준비도 없이 의사를 식사에 초대했던 이야기를 전한다. 두 사람이 숙소에 도착했을 때 프란체스코는 집에 먹을 만한 음식이 거의 없다는 것을 깨달았다. 그런데 마치 기적처럼 이웃 여자가 자신이 요리한 음식을 형제들과 나누고 싶다며 생선요리와 바다가재 파이, 후식으로 포도와 꿀을 가져왔다. 그들은 크게 기뻐하며 함께 음식을 다 먹었다. 완전한 금욕생활에도 불구하고 프란체스코에게 가장 큰 기쁨을 주는 음식이 있었는데 바로 파슬리였다고 한다.

생태학과 프란체스코 수도사들의 자연에 대한 사랑

문학에 소질이 있는 어떤 형제가 쓴 멋진 우화에서는 프란체스코회 수도사들의 자유/자연과의 연대를 사랑하는 연인과 보내는 소풍에 비유했다. 프란체스코와 그의 동료들은 비유하자면 한 여자에 미쳤다. 그들은 필사적으로 사랑하는 여인을, 가난이라는 이름의 여인을 찾아 나섰다. 이는 무욕을 의인화한 것이었다. 현명한 노인이 그들에게 방향을 알려주었다. 가난이라는 이름의 여인은 자연 속 우거진 숲에서만 찾을 수 있었다. 그래서 그들은 어느 누구도 감히 가지 않는 곳으로 갔다. 그들은 스스로를 자연이라는 이름을 지닌 이방인에게 맡겼다. 사랑하는 여인을 찾으러 떠난 지 며칠 혹은 몇 주쯤 지났다. 드디어 가난이라는 이름의, 당황한 듯한 고독한 그 여인을 찾았다. 그 여인은 처음에는 거부했는데 다른 사람들과 만났을 때 나쁜 경험을 한 적이 있었기 때문이었다. 그렇지만 그녀는 이내 프란체스코와 그의 동료들이 진지하다는 것을 느꼈다. 그들은 무척 기뻐하며 함께 산을 뛰어 올라갔고 힘을 합쳐 행복의 봉우리에 올랐다. 산을 오르느라 지쳐버린 그들은 마침내 함께 소풍을 즐기기 위해 앉았다. 가난이라는 이름의 여인이 손을 씻기 위해 물과 수건을 찾자 동행인들은 반쯤 깨진 항아리에 물을 담아 주었다. 그들은 그 여인에게 의복을 수건으로 쓰라고 주었다. 식사로 빵 몇 조각이 나왔고 테이블보는 풀밭이었다. 끓인 물 대신 한 그릇의 물이 식탁에 올라왔고 모두 그 물에 빵을 적셔 먹었다. 자연 그대로 자란 약초들이 음식을 고상하게 만들었다. 소금과 포도주는 없었고 그들은 칼 대신 이로 베어 먹었다.

기분 좋은 식사를 마친 후에 완전히 피곤해진 가난이라는 이름의 여인은 낮잠을 즐기기 위해 누웠다. 프란체스코와 그의 동료들은 그 여인이 베개로 사용하도록 돌 하나를 가져왔고 풀밭을 침대로 제공했다. 그리고 그 여인은 그렇게 '벌거벗은 대지에 벌거벗고' 누웠다. 짧게 잠을 자고 난 후에 다시 기운을 회복한 여인은 형제들의 집, 그들의 수도원을 보고 싶어 했다. 형제들은 그 여인의 손을 잡고 꼭대기까지 여인을 인도했고 온 세상을 가리키며 말했다. "이것이 우리 집입니다!"

이것은 물론 사람들이 그 당시 공동체에서 하던 이야기 중 하나일 뿐이다. 인간이 자연에 속해 있다는 지식을 13세기 언어로, 연애시의 언어로 표현한 이야기였다. 하지만 프란체스코가 자연을 보살피는 관계는 아주 완전히 달랐다. 그는 자연을 사랑했다.

자연 정복 대신에 '사람'

20세기 기술역사학자 중 가장 많이 인용되는 린 화이트는 프란체스코를 역사의 전환점이라고 보고 성인이라고 선언했다. 1967년에 린 화이트는 잡지 《사이언스 Science 》에 생태학적 위기의 역사적 뿌리에 관한 글을 발표했는데 현대의 생태학적 문제의 긴급성을 역사적 관점에서 밝힌 매력적인 텍스트였다. 그의 견해에 따르면 유대교와 기독교의 종교적 서사, 그중에서도 천지창조 이야기와 '땅을 정복하라'는 구약성경의 명령이 서양의 부상과 세계의 기계화, 인간을 통한 자연정복에 책임이 있고 최종적으로 '왜 유럽일까?'라는 토론으로도 유명한 '대분기 _{경제사 연구에서 근대에 동서양의 생활수준 격차가 벌어지게 된 분기점을 지칭하는 용어-옮긴이}'에도 책임이 있다. 이는 서구사회가 기술발전으로 세계의 나머지, 그중에서도 특별히 아시아를 18세기에 간단하게 능가했다는 것을 의미한다. 이제 질문은 서구사회가 세계의 나머지를 복종시키고 식민지를 건설하고 착취하고 자연을 파괴하고 세계화를 촉발하고 전 세계에 환경오염을 수출하는 등의 사태를 일으킨 것에 대한 책임이 어디에 있느냐는 것이다.

린 화이트는 1967년 그의 논문에서 문화적인 요인, 종교, 생태학의 관계에 대해 집중적으로 연구했다. 이때 그에게는 모세 오경 五經 의 창세기에 나오는 '세상을 정복하라'는 구절이 결정적인 계기가 된 것처럼 보인다. 정교회, 유대교, 이슬람과 비교했을 때 특히 서양의 기독교에서 이 명령은 더 진지하게 받아들여졌고 기술발전을 통해 자연을 복종시키는 결과를 초래했다. 화이트는 기술역사학자의 관점에서 자연과 인간의 관계에 균형을 깬 것은 서구사회의 기독교였다고 주장했다. 이전의 애니미즘은 모든 자연, 모든 관목, 모든 구름을 존중했고 그것 하나하나에 영혼이 깃들어 있다고 생각했다. 그런데 이 사상은 철저하게 인간중심 종교인 기독교로 대체되었다. 이는 꽤 흥미로운 접근방식인데, 화이트가 특히 당대의 대중적인 지식을 뒤집었기 때문이다. 1967년 그의 글이 나왔을 때는 기독교와 가톨릭교회가 발전을 향해 전진하는 길목의 가장 큰 장애요소로 간주되었기 때문이었다. 기술역사에 대한 린 화이트의 연구는 정확하게 바로 그 반대 사실을 밝혔다. 기독교는 발전의 결정적인 동인이었을 뿐 아니라 무자비하게 자연을 복종시키는 것에도 결정적인 동인이었다.

화이트에게 프란체스코는 유일무이한 예외였다. 그는 반대 극이며 기독교의 해독제이자 자연을 착취의 대상으로 보는 기독교인들에 대항해서 분별을 호소하는 사람이었다. 그는 이교도적 견해를 대변했음에도 불구하고 놀랍게도 장작더미 위에 오르지 않을 수 있었던 교회의 사람이었다. 프란체스코는 자연을 지배하려는 의지 대신에 자연과의 일치를 설교했다. 자연과 우호적이고 사랑스러운 관계를 유지했으며 어머니 대지와 남자형제 태양, 여자형제 달, 남자형제 바람, 여자형제 불을 웅대하고 고귀한 힘으로 노래했다. 작은 토끼 한 마리가 깊이 신뢰하며 그의 곁에서 피난처를 찾는다. 전기 작가는 이 사례로 프란체스코가 자연에 대한 '부드러운 사랑'에 사로잡혀 있다고 설명했다. 라틴어 피에타 pietas 는 동정뿐 아니라 경외라는 뜻도 포함한다. 프란체스코는 자신을 손님이 아니라 자연의 일부로 느꼈으며 적대적 태도 대신 동반자 관계를 경험했다. 화이트는 프란체스코를 환경보호가의 성인으로 만들자고 제안하면서 논문을 끝맺었다. 그리고 교황 요한 바오로 2세는 그의 제안에 따라 1979년 11월 29일 성명을 발표하고 프란체스코를 환경보호운동의 가톨릭 수호성인으로 선언했다.

린 화이트는 자신이 발표한 논제 때문에 많은 비판을 감수해야만 했다. 사람들은 그가 기술사와 경제사 전문가이기는 하지만 신학과 종교학에 대해서는 알지 못한다고 비난했다. 아마도 바로 이런 이유 때문에 그의 시선은 동시대 사람들보다 더 명확했을 것이다. 그 사이에 파도는 잠잠해졌고 생태운동뿐 아니라 학문도 좀더 발전했다. 애니미즘에 대한 린 화이트의 희망은 조금 식었다. 자연과 인간 사이의 이상적인 통일을 장려하는 자연종교의 낭만적인 생각도 가라앉았다. 비록 불교가 짐승 살생을 금지하지만 인도와 중국에서도 대부분의 숲은 황제의 사냥터로 특별한 보호를 받았다. 자연종교의 전체적인 생각, 성스러운 나무들과 작은 숲이 있는, 혼이 깃든 자연이라는 생각은 좀더 정확하게 관찰하면 단지 거룩한 희망에 불과하다는 것이 드러났다. 인도학 학자인 악셀 미하엘스 하이델베르크 대학의 고전 인도학과 종교연구 교수-옮긴이 는 성스러운 나무를 경배하는 것이 자연보호로 이끈다는 상상의 미몽에서 깨어나게 했다. 그 뒤에 서 있는 논리는 정확하게 정반대이다. 한 나무의 신성함은 대부분 그것의 유일성에 기초한다. 하나밖에 없는 나무였기 때문에 살아남았다. 자연을 사랑하는 어머니 대지 숭배를 둘러싼 마법의 안개도 걷혔다. 예를 들어, 북미 인디언과 그들의 신들이 자연을 조심스럽게 다루기 위해 헌신했다는 생각은 사실과 달랐다. 이는 현실의 어머니와 자녀의 관계를 상상하는 것으로 충분하다. 생물학적으로 보자면 번식은 거의 예외 없이 어미의 유기체를 희생시키는 방법으로 이루어진다. 자연이 의도한 바대로 어머니는 정의定意에 따르자면 착취당한다. 그러므로 어머니 대지라는 은유, 혹은 그것을 인간과 자연 사이의 조화와 연결시키는 것은 몹시 불완전하다. 어머니와 자녀 관계가 얼마나 많은 갈등과 더불어 형성되는지, 그리고 그 관계가 기껏해야 자녀가 어머니와 성공적으로 분리될 때만 긍정적일 수 있는지를 고려하면 어머니 대지라는 신화는 자연보호를 위한 싸움에서 별로 큰 도움이 되지 않는다. 사람들은 문화적, 종교적 신념과 관계없이 분명히 생태계 환경에 대규모로 그리고 폭력적으로 개입했다. 그들이 지난 20만 년 동안 어느 대륙에 정착했든, 기독교가 발명되기 훨씬 이전에 모든 대형 포유류를 멸종시켰다.

따라서 린 화이트는 실제로 틀렸을 수 있다. 이것이 바로 우리가 프란치스코를 자연을 사랑한 위대하고 뛰어난 기독교 성인으로 올려놓은 대臺에서 다시 끌어내려야 하는 이유이다. 그럼에도 프란체스코의 자연에 대한 특별한 친밀감은 미래의 잠재력을 지닌 특성으로 남아 있다. 현재 인류학과 생태학에서는 근대가 처음으로 고착시켰던 인간과 자연 사이의 대립에 점점 더 많은 의문을 제기한다. 그 대신 자연의 일부인 인간과 반대로 인간본성의 일부인 문화는 더 흥미로운 접근방식을 제공하는 것처럼 보인다. 새로운 접근방식을 결정하는 것은 생태계 내 다양한 행위자의 상호작용이다.

아마도 프란체스코는 오늘날 미니멀리즘 운동의 성인聖人으로 묘사할 수 있다. 그는 양심의 가책과 의존에 대한 그 어떤 두려움 없이 무욕의 자유를 칭송했다. 이는 인간과 자연의 관계 인식에 구체적인 영향을 끼쳤다. 프란체스코는 자연을 통제하는 데 어떤 흥미도 느끼지 못했고 그 대신 끊임없이 자연과 대화를 나누면서 살았던 것처럼 보인다. 자연에 순응했으며 그에게는 자연을 지배한다는 개념이 분명히 없었다. 가난이라는 이름의 여인에 대한 이야기는 자연과의 관계를 연애에 비유하여 설명한다. 황량한 숲에서 번성하고 자유의 정점으로 이끌어주는 에로틱한 관계로 묘사된다. 프란체스코는 사람과 자연이 하나가 되어 경계를 허무는 것에 기뻐했다. 가난에 대한 구애든, 새들과의 대화이든, 형제 태양에 대한 찬양이든, 그가 형제 당나귀라고 불렀던 자신의 몸과의 대화이든 인간과 자연 사이의 경계는 분명히 그의 세계에서는 나타나지 않는다.

3 미니멀리즘과 경제이론: 피에르 드 장 올리비

13세기 미니멀리스트들이 세상과 동떨어진 낙오자가 아니라 오히려 도시의 사회적, 경제적 생활에 결정적인 영향을 끼쳤던 사람들이라는 점은 이 장의 마지막 부분에서 다시 언급할 것이다. 그들은 세상일에 개입했는데 이는 소액대출은행의 성립에 관한 장에서 분명하게 제시되었다. 그동안 프란체스코 수도회와 특히 도미니크 수도회와 같은 다른 탁발 수도회 수도사들은 설교를 통해 가난한 사람들을 위한 은행이 필요하다는 사실을 사람들에게 납득시켰다. 오늘날로 보면 그들을 고도의 영향력을 지닌 인플루언서라고 부를 수 있겠다. 특히 금융제도 영역의 카운슬러와 전문가로서 그들이 작성한 감정서와 보고서들은 도시 주민들에게 높은 평가를 받았다. 다른 사람도 아닌 프란체스코회 수도사인 루카 파치올리가 복식부기의 아버지로 역사에 이름을 남긴 것은 결코 우연이 아니다. 그는 15세기 후반에 통용되었던 부기의 실행방법을 일종의 교과서에 요약했고 그의 전문지식은 의심할 여지 없이 수백 년 동안 탁발 수도회에서 경제문제와 관련해서 이루어졌던 연구 덕분이었다.

경제와의 인접성은 처음부터 분명했다. 그들은 세속적인 일에 두려

그림 6.7 야코포 드 바르바리의 그림 〈복식부기의 아버지〉 속 루카 파치올리, 1495

움이 없었다. 오히려 교회에서 설교하는 일은 드물었고, 사람들이 많이 모이는 시장에 가는 것을 더 좋아했다. 흔히 말하는 시장 설교는 다양하게 전해 내려온다. 그들은 장거리 무역시장이나 박람회에서, 1년에 한 번 또는 몇 번 서는 대목 장場에서, 매주 서는 도시의 시장에서 설교했다. 레겐스부르크의 역사학자 외르크 오버스테는 이들의 설교를 철저하게 분석했다. 그의 연구는 탁발 수도회의 설교자들이 이미 일찍부터 시장 활동의 문제에 매우 개방적이었음을 분명히 보여주었다. 도미니크회의 설교자인 움베르 드 로망의 시장 설교 중 하나는 시장이 무엇에 유익하냐는 질문으로 시작한다. 대답은 간단하다. 어떤 국가도 완전히 자급자족할 수 없기 때문에 시장이 필수적이므로 무역은 유용하고 필요하다는 것이다. 이는 시장의 다음과 같은 이점을 가져온다. 첫째, 각나라가 다른 나라에 대한 의존성을 인식하기 때문에 다른 국가를 인정하게 된다. 둘째, 다른 국가 간의 우정과 관계가 성장하고, 셋째로 시장은 필요한 물건을 인류에게 공급하는 방법으로 인류보존에 기여한다. 오버스테는 13세기 탁발 수도사들의 설교에서 고대 이후로 유지되던, 상업과 관련된 직업을 가진 사람들을 두드러지게 차별하던 전통이 확연히 달라졌음을 증명했다. 예를 들어 움베르 드 로망에게는 시장활동과 여기에 관여하는 사람들이 받는 악평과 비난을 제거하는 일이 중요했다. 오히려 그는 개개의 상인이 사기와 정직 사이에서 스스로 결정할 수 있는 선택권이 있다는 점에서 출발한다. 인간의 동기와 상황을 묻는 동시대의 의도윤리학에 매진한 드 로마니스는 선조에게 물려받은 시장의 법칙을 잘 지키는 사람과 시장에서 하느님의 계명을 함부로 무시하는 사람을 구별했고, 상인 개개인의 양심에 호소했다.

탁발 수도사들이 시장에서 무슨 일이 일어나고 있는지에 관심을 두고, 종교적 동기를 부여받은 중세의 미니멀리스트들 중에 경제적 문제에 열려 있었다고 해서 그들이 부를 추구했다고 설명할 수는 없다. 탁발 수도회는 옛날부터 있던 베네딕트 수도회와 비교했을 때 결코 부자가 되지 않았다. 그들은 한번도 부자가 되고 싶은 적이 없었고, 오히려 재물이 전혀 없거나 혹은 가능한 한 적은 재물로 실용적인 생활을 하는 것에 관심이 많았다. 참된 형태의 가난에 대한 공공연한 논쟁을 통해 그들은 부의 전문가가 되었고 어떻게든 부가 지닌 부정적인 결과를 피하고자 했다. 예를 들어 재산권 사물에 대한 포괄적인 통제, 점유권 사물에 대한 처분권, 용익권, 사용권의 차이에 대해 집중적으로 토론했다. 그들은 예를 들어 설교자의 일과 빵 굽는 일의 가치를 비교하려고 노력하면서 상품과

서비스의 가격에 대해 논의했다. 또한 부의 공정한 분배에 관해 예리한 관심을 갖고 시장, 재정, 재산권, 신용기관 분야의 전문가가 되었다. 가난, 부족, 결핍은 프란체스코회 수도사들에게는 해결해야 할 문제가 아니라 가치, 임금, 가격을 측정하기 위한 출발점이었다.

탁발 수도회 수도사들의 또 다른 기능을 여기에서 짚고 넘어가야 한다. 도시 한복판에서 그들의 삶의 방식과, 설교자와 사제의 임무에서 고해신부 기능이 생겨났다. 아마도 오늘날 카운슬러 혹은 코치에 비교할 수 있을 것이다. 그들은 항상 최신 정보를 얻었고 사람들이 가진 문제점을 잘 알고 있었으며 경제성장에 동반되는 도전을 알고 있었다. 예를 들어 점점 더 복잡해지는 상업관행, 감정서, 계약서, 상업모델 들과 점점 더 커지는 회사와 점점 더 성공하는 상인, 점점 더 많은 돈이었다. 화폐화, 도시화, 경제화, 시장의 확장은 유럽 전역에서 인간 삶의 모든 영역에 영향을 미쳤다. 사적이익의 창출이 공익과 양립할 수 있는지 여부와 방법이 종종 불분명했기 때문에 큰 불확실성을 초래한 것이다. 공동선이라는 개념은 13세기가 진행됨에 따라 경제의 목적으로서 점점 더 공공연하게 공식화되었다. 반면에 폭리는 주요문제로 인식되었고 사람들은 폭리를 공공복지의 적으로 선언했다. 그렇지만 어디에서 폭리가 시작되었을까? 상인 개인의 이익과 탐욕 사이의 경계는 어디일까? 기독교도 상인들은 스스로의 영혼 구원을 위태롭게 하고 싶지 않았기 때문에 큰 문제에 직면하게 되었다. 그 결과 고해신부는 가장 중요한 카운슬러가 되었다. 교회 내에도 이 문제에 대해 불확실성이 커졌고 계약서에 죄의 요소가 있는지에 대한 판단 책임을 개인의 양심에 맡겼기 때문이었다. 이로써 개인의 책임은 점점 더 중요해졌고 그래서 13세기 초에 고해성사 안내서에는 처음으로 폭리의 죄에 대해 상세히 알 수 있도록 지침이 제시되어 있었다. 고해신부로서 그들은 폭리의 죄를 인식하고 적발하는 데 함께 책임이 있었다. 그러나 고해성사를 하는 신도가 폭리의 죄를 지었는지의 여부를 판단할 수 있기 위해서는 고해신부가 사업의 실행방법과 계약 등을 잘 알고 있어야 했다. 그렇게 교회의 엄격한 폭리 금지는 의도치 않는 부수적 결과를 낳았다. 폭리 여부를 판단하고 실행해야 했던 사람들, 그중에서도 특히 뇌물이 주는 장사의 효과와 이익을 추구하는 것에 가장 회의적으로 대립했던 로마 가톨릭의 성직자들 역시 경제생활의 실행방법을 세세하게 연구하는 것 외에 다른 선택의 여지가 없었다. 고해신부와 설교자로서 탁발 수도회 수도사들은 이 분야의 최전방에서 일했다. 이렇게 해서 바로 재산 없이 소박한 삶을 추구했던 사람들 중에 중세 후기 경제이론의 가장 중요한 사상가들이 배출되었다. 그들은 개인의 이익추구와 공동선 사이의 긴장이 감도는 영역에서 그들 시대의 상인과 기업가를 위한 표준원칙을 개발하고 가격형성의 역설과 한계효용설을 명확하게 표현했으며 자본의 속성을 분석했다.

'필요 경제의 나르본 학파'

이탈리아의 역사학자 자코모 토데스치니는 '프란체스코회의 경제학'이라는 개념을 만들었다. 이는 하나의 경제학파로 헤일즈의 알렉산더, 로셸의 요하네스, 보나벤투라, 미들턴의 리처드, 피에르 드 장 올리비, 요하네스 둔스 스코투스, 시에나의 베르나르디노 등과 같은 중세의 학자들이 대표 인물로 속해 있다. 경제역사학자 레이먼드 드 루버는 이 학파의 구성원들을 '역사상 가장 위대한 경제학자들'에 포함시켰다.
　가장 독창적인 두뇌를 소유한 자는 의심할 여지 없이 피에르 드 장 올리비였다. 그래서 올리비가 1295년에 판매계약에 관해 논문을 썼던 장소의 이름을 따서 '나르본 학파'라고 부르게 되었다. 그곳에서 올리비는 프랑스 남부에 사는 동향인의 경제행위를 관찰하면서 시장의 메커니즘을 분석하기 위한 전문용어 도구를 개발했다. 이 경험을 당대의 대학에서 학자들의 담론으로 이끌었다. 그는 당시 재발견된 아리스토텔레스와 그의 도그마인 '화폐불임설'을 단순히 반복하는 대신에—아리스토텔레스는 '돈은 돈을 낳지 않는다. 만약 그럼에도 돈이 돈을 낳는다면 그것은 자연에 거역하는 것'이라고 말했다—그 시대의 경제활동에서 일상적이었던 금융거래와 화폐유통의 관행을 기술했다. 무엇보다도 그 당시 통용되었던 '신용거래는 피할 수 없다는 인식', '장거리 상업을 하는 사람들의 상업자본에는 증식할 수 있는 잠재력이 내재해 있다는 인식'을 분명하게 표현했다. 가격론에 대한 올리비의 고찰은 획기적인 것으로 평가받았고 이 이론은 그에게 주관적인 가치론의 창시자로서 명성을 가져다주었다.

피에르 드 장 올리비, 프란치스코회의 괴짜

파리 사회과학고등학술연구원의 역사학자 실뱅 피론은 올리비를 모든 중세 사상가들 중에서 가장 대담하고 가장 선동적이며 가장 생산적인 사상가라고 표현했다. 아마도 그는 올리비를 가장 잘 아는 사람일 것이다. 올리비의 유언은 그의 독창성을 엿보게 한다. 피에르 드 장 올리비는 1298년 3월 14일에 50세의 나이로 나르본에 있는 프란체스코회 수도원에서 그의 형제들에게 둘러싸여 평화롭게 사망했다. 그는 바로 그곳에 매장되었고 다음과 같은 유언을 남겼다.

"그러나 나는 우리가 대변하지 않는 의견에 대해서도 항상 반대를 고집하지 않고 기록하고 곰곰 숙고해보는 것이 유익하다고 생각한다. 따라서 어느 하나 혹은 다른 하나를 흔들리지 않는 진리로 간주할 필요가 없다는 점을 끊임없이 떠올린다. 또한 서로 다른 견해를 비교하면 점진적인 이해를 추구하는 모든 사람들의 이해력이 지속적으로 향상된다."

지적 유연함과 개방성에 대한 인상적인 의견과 함께 올리비는 굉장히 풍부하고 지적인 그의 생애를 마쳤다. 상대방의 의견이 지닌 가치를 옹호하고 그 시대 거의 어느 누구도 하지 않았던 공개토론 문화와 지적인 자유의 선善을 꾸준히 장려했는데, 이에 테오 코부쉬는 올리비에게 '프란체스코회의 괴짜'라는 명예호칭을 부여했다. 그 밖에도 올리비는 권위에 대해 타고난 불신을 지녔다. 올리비에 따르면 '전통이 그렇다'라는 논증은 철학에서 아무런 가치가 없었다. '아리스토텔레스가 그렇게 말했다. 따라서 그것은 참이다.'라고 말하는 것은 단순하고 인상적인 오류이며 잘못된 삼단논법이라는 것이다. 이런 글과 견해는 중세에 대한 우리의 일반상식에 큰 파문을 일으킨다. 이 사람은 누구일까? 그는 어디 출신일까? 무엇이 그를 그런 방향으로 나아가게 했을까? 어떻게 탁발 수도회 수도사인 그가 13세기에 경제전문가가 되었을까?

시대 지성의 진앙지 옥시타니 출신

피에르 드 장 올리비는 1247년 혹은 1948년에 세리냥에서 태어났다. 세리냥은 오늘날 프랑스의 베지에 인근에 있는 유명한 해수욕장이다. 그의 모국어는 트루바두르의 언어이자 옥시타니의 언어인 중세 프랑스 남부 지방의 '오크어'이다. 오크어에서는 '네'에 해당하는 말이 '오크'여서 그렇게 불렀다. 그에 반해 북쪽의 언어는 '오일어'라고 하는데 '네'에 해당하는 말이 '오일'이었기 때문이다. 올리비의 어린 시절에 대해서는 알려진 바가 없다. 그가 엄청나게 많은 글을 썼고 그중 많은 것이 남아 있지만, 그가 요하네스라는 사람의 아들이었다는 점 외에 그의 혈통에 대해서는 아무도 모른다.

올리비는 극적으로 변화하는 세상에서 자랐다. 그가 태어났을 때 유럽의 중세는 아직 그대로였다. 교황, 황제, 왕과 기사들이 역사의 수레바퀴를 굴리고 있었다. 프랑스 왕 루이 9세는 1248년 십자군을 위해 거룩한 나라로 출발했고, 신성로마제국과 이탈리아에서는 교황 이노센트 4세와 황제 프리드리히 2세 사이의 격렬한 권력투쟁이 정치를 결정했다. 영국은 하인리히 3세 치하에서 국가경제와 금융이 개편되었고 스페인은 페르디난트 3세가 1248년 카스티야와 레온 왕국을 통합한 후에 세비야의 무슬림 지배자들을 상대로 승리를 거두었다. 위대한 사람들이 유럽의 권력을 쥐고 있었던 것이다.

18년이 지난 후 1266년 올리비가 학업을 위해 파리에 갔을 때 세상은 혼란에 빠진 것처럼 보였다. 루이 9세의 군대는 1254년 참패를 당한 후에 성지 聖地에서 되돌아왔다. 십자군 시대가 끝나가고 있었다. 호엔슈타우펜가의 마지막 황제인 프리드리히 2세는 1250년 12월 13일 카스텔 피오렌티노에서 사망했다. 그리고 독일 제후들은 후계자를 선정하는 일에 합의할 능력이 없었다. 신성로마제국의 광채가 그 빛을 잃었던 것이다. 이베리아 반도에서는 새롭게 그라나다 토후국이 강해지고 있었고 그라나다는 1492년까지 성공적으로 유지되었다고 한다. 그리고 영국에서는 1258년 부활절 이래 남작들이 시몽 드 몽포르의 주도 하에 봉기를 일으켰고 의회를 요구했다. 왕국의 권위가 위험에 처했다.

중세의 세계질서 속에 있는 모든 요새가 흔들리는 것처럼 보였다. 첫 번째 대규모 전투는 세리냥에서 북서쪽으로 10킬로미터 떨어진 베지에 사람들에게 심각한 타격을 입혔다. 남자와 여자, 아이들을 포함한 전체 베지에 주민이 1209년 십자군 기사들에 의해 살해당했다. 십자군 기사들은 이단인 순결파 알비에 있는 그들의 중심지 이름을 따서 알비파라고도 불렀다를 멸절한다는 목표로 활동했는데, 전쟁에 앞서 어떻게 정통 기독교인과 이단인 순결파 신자를 구별할 수 있느냐는 한 십자군 기사의 질문에 지도자는 이렇게 대답했다. "그들 모두를 죽여라. 신은 자기 사람들을 이미 알고 계신다." 희생자 중에는 피에르 드 장 올리비의 조부모 세대의 친척들도 분명 있었을 것이다. 그 기억은 아직도 퇴색되지 않았다. 만약 사람들이 교회의 권위에 대한 자신의 생각을 널리 알렸다면 그들은 분명히 랑그독 프랑스 남부의 옛 지명. 오크어를 사용하는 지역이라는 뜻으로 옥시타니를 말함-옮긴이에서 아웃사이더에 속하지 않았을 것이다. 정치적이고 종교적인 불안 외에도 지중해 무역은 랑그독 사람들의 일상에 영향을 끼쳤다. 12세기 후반부터 지중해 무역이 엄청나게 확장된 결과 상업혁명이라는 개념이 자리 잡았다. 상업혁명의 시작은 이탈리아와 프랑스의 지중해 항구였다. 이 해안 도시들은 베네치아와 제노바에서 시작해서 프랑스 남부의 지중해 해안을 따라 마요르카를 넘어 중동으로 혹은 이집트와 북아프리카로 향하는 화물을 옮겨 싣는 무역의 중심지가 되었다.

스콜라 철학과 반론의 기술

올리비 시대에 파리는 13세기 학문혁명의 중심지였다. 프랑크 렉스도스는 새롭게 형성된 학문의 특징으로 '학문적 고집'이라는 표어를 사용했다. 이 새로운 학문은 자신의 고유한 논리를 손질하고 목표를 스스로 결정했다.

이 학문은 스콜라 철학으로 알려졌다. 학생과 선생의 동력은 유용성과 생계가 아니라 진리에 대한 의지였다. 회의와 질문은 학문의 궁극적인 방법이 되었다. *Sic et Non*—우리말로 번역하자면 '옳기도 하고 그르기도 하다'인데 좀더 분명하게 번역하자면 '그렇기도 하고 또 다르기도 하다'—라는 제목의 작품과 더불어 피에르 아벨라르는 12세기에 다음과 같은 방향을 제시했다. 존재하는 모든 것은 또한 다를 수 있다는 것이다. 모든 논제는 그 근거를 질문할 가치가 있다. 모든 주장은 반론할 가치가 있다. 이에 따라 강의는 의미를 다소 상실했고 그 대신에 논쟁, 즉 학문적 토론이 중요한 수업 형태로 격상되었다. 대부분 잘 알려진 질문 형태가 신학적 논제로 미리 주어지고 사람들은 이에 대해 서로 다른 대답을 내놓고 다양하게 숙고하고 찬반 논증을 한다. 모든 것이 하나의 최종 대답으로 모아질 때까지 그 주제는 철두철미하게 분석되고 조심스럽게 각각의 하위주제로 나뉜다. 하위주제는 다시 대립적으로 토론된다.

아마도 피에르 드 장 올리비에게 이런 개념은 많은 그의 동기들보다 덜 낯설었을 것이다. 그가 모순이 규범이었던 세상에서 성장했기 때문이다. 올리비는 1266년부터 7년 동안 파리에서 대학을 다니기 전에, 나르본에 있는 프란치스코회 학교를 다녔다. 그 당시에는 탁발 수도회에 수도사로 합격하여 교육을 받는 것이 일반적인 관행이었다. 탁발 수도회는 탄탄한 교육을 위하여 시설뿐 아니라 재정도 제공했다. 특별히 재능 있는 학생들은 지방에서 기본교육을 마친 후에 볼로냐, 파리, 쾰른, 옥스퍼드 같은 큰 대학도시로 보내졌다. 그곳에는 수도회와 가장 중요한 학원studia generalia이 있었다. 또한 신생 대학을 위한 촉진자 혹은 협력 파트너 역할을 했다. 파리대학에는 이미 일찍부터 탁발 수도회 출신의 교수들이 중요 교수직을 차지하고 있어 탁발 수도회는 일종의 '지식인 협회'이기도 했다. 그들은 학업을 기치로 내걸고 장학금, 숙소, 교과서, 도서관, 튜터제도, 학자 사회진출 등 필요한 기반 시설과 제도를 현장에 만들었다. 이렇게 해서 피에르 드 장 올리비는 토마스 아퀴나스 강의의 부지런한 수강생이자 그의 제자가 되었다. 토마스 아퀴나스는 당대 가장 유명한 학자로 간주되었다. 그는 1245~1248년까지 파리에서 알베르투스 마그누스에게서 수학했으며 1268~1272년까지 쾰른, 나폴리, 오르비에토 이탈리아 중부, 움브리아 지방 언덕 위의 도시-옮긴이, 로마에서 교수로 재직한 후에 다시 파리로 돌아와 그의 대표작인 포괄적인 《신학대전 Summa Theologiae》을 집필했다. 올리비는 집중적으로 토마스 아퀴나스의 사고체계에 몰두했는데, 철학사에서는 그를 토마스 아퀴나스의 가장 독특하고 가장 흥미로운 학생 중 하나로 간주한다.

1273년 올리비는 나르본으로 돌아와서 1279년까지 강사로 재직했다. 1279년 부활절 경에 그는 자발적 빈곤이라는 주제의 전문가로서 교황 칙서의 초안을 마련하는 데 함께 참여하도록 아마도 아시시로 초대받았을 것이다. 같은 해에 그는 성경 강사로 마르세유로 갔고 그곳에서 3년 동안 빈곤에 관한 학술논문과 같은 수많은 주석과 질문집을 집필했다. 모든 것은 원활하게 돌아갔다. 올리비의 전망은 밝았고 그의 나이는 30대 초반이었다. 그는 파리에서 학업을 마쳤고 나르본과 마르세유에서 강의 경험이 있었으며 주목할 만한 출간 목록을 가지고 있었다. 학사 학위 외에 아직 다른 학위가 없었지만 올리비만 그런 것은 아니었다. 보나벤투라 13세기 이탈리아의 가톨릭 성인이자 신학자. 이탈리아의 추기경, 스콜라 철학자, 프란체스코 수도회 작은형제회의 총장 역임-옮긴이 같은 유명한 교수들도 석사 학위나 박사 학위를 받기 전에 이미 몇 년 동안 강의를 했다. 그래서 사람들은 올리비의 경력 역시 미리 정해져 있었다고 충분히 생각할 수 있었다. 올리비도 언젠가 그의 유명한 스승들의 발자취를 따라 당대의 대규모 대학 중의 하나에서, 아마도 파리에서 학생들을 가르칠 것이라고 생각했을 것이다. 그의 전문 영역 중 하나는 도덕철학 영역으로 좀더 구체적으로 말하자면 오늘날 경제윤리학이라는 영역이다. 그는 '좋은 삶'에 대한 문제를 전문화했는데 그중 프란체스코 수도회의 고유한 회칙에 기록되어 있는 것처럼 특히 청빈 계율을 올바른 방법으로 실행하는 문제에 정통했다. 올리비는 재산이 없는 삶이 첫째로 가능하고, 둘째로 사람들을 위해 좋다고 생각했다. 더욱이 그는 그 안에 성 프란체스코의 규율이 지닌 의미에 알맞은 삶의 형태가 있다고 보았다.

아카데미에서 일어난 닭싸움

그러나 1283년에 올리비의 경력에 금이 가는 일이 생겼다. 오늘날의 시각에서 보자면 사소한 일이라고 볼 수도 있겠다. 표절 비난도 아니고 미투 논쟁도 아니고 스캔들도 아닌 단순한 지적 논쟁이었다. 올리비와 아르노 가야르드 사이에 일어난 학문적 토론은 지루한 논쟁으로 번지고 있었다. 분명히 전력 前歷 이 있는 갈등이었다. 가야르드 역시 프란체스코회 수도사였고 올리비보다 나이가 많았는데 두 사람은 같은 시기에 파리에 있었고 나중에 나르본과 몽펠리에에서 강사로 다시 만났다. 올리비는 잠시 동안 연장자인 가야르드의 학생이었을 것이다. 자기 의견과 다른 의견을 대변하며 게다가 더 나은 제자를 감당할 수 있는 선생에 가야르드를 포함시킬 수 있을지 모르겠다. 올리비의 경우 50개의 개별 논문이 포함된 광범위한 전집이 전해 내려오는 반면에 가야르드는 단지 두 개의 짧은 설교집만 전해지고 있다. 이 점에서 더 젊은 올리비가 더 창조적인 두뇌의 소유자이며 분명히 후세대들에게도 더 고려할 만한 위치에 있었음을 유추할 수 있다. 가야르드가 올리비를 전적으로 시기할 이유가 있었던 것처럼 보인다. 이것은 철학적이고 신학적인 문제, 특히 올리비가 검증된 전문가로 인정받는 프란체스코회의 빈곤에 관한 문제와 관련되었다. 교황이 1279년 프란체스코회의 빈곤에 대한 논제에 대해 성명을 준비하고 있을 때 올리비는 교황의 칙서를 준비하기 위한 위원회의 일원으로 선택되었다. 위원회는 교황의 칙서를 위한 의안을 제공했고 여기서 자발적으로 빈곤한 삶을 살 권리를 하나의 삶의 형태로 공식 인정했다.

예수와 그의 제자들은 절대적으로 가난하게 살았을까?

정확하게 무슨 일이 일어났는지 알려지지 않았지만 올리비의 편지를 통해 가야르드가 1283년 봄 올리비에 대한 고발사유 목록을 수도회 총장에게 보냈다는 사실을 분명하게 알 수 있다. 고발사유는 오직 올리비의 변명서辨明書를 통해서 알려졌다. 올리비의 변명서에 따르면 쟁점은 무엇보다도 요한계시록에 대한 올리비의 주석과, 빈곤을 주제로 한 올리비의 글과 관련이 있었다. 예수와 그의 제자들이 절대적으로 가난했다고 주장하는 것이 정당할까? 젊고 일할 수 있는 한창 때의 남자들에게 구걸을 통해 양식을 얻으라고 격려하는 것이 정당할까? 우리는 세상의 종말에 대해 얼마나 확신할 수 있을까? 사람들은 그 당시 몽펠리에에서 공부할 때 이런 문제에 대해 토론했다. 갈등이 있는 경우에 일상적으로 그랬던 것처럼 가야르드는 각각의 토론 맥락에서 몇몇 문장을 뽑아서 올리비의 논제로 꾸몄던 것처럼 보인다. 올리비를 수도회 총장 앞에서 비방하기 위해서였다. 올리비는 방어했고 법이 자신의 편이라고 믿었다. 그렇지만 기대와 달리 가르치는 행위를 금지당했다. 위원회가 열렸고 철저하지만 아주 천천히 검증이 이루어졌다. 그렇게 시간이 흐르면서 올리비는 좌절했다. 친구에게 보내는 편지에 올리비는 이렇게 썼다. "나는 내 모든 미래를 빼앗겼어. 또한 내 글들도." 1285년 5월에서야 올리비는 자신의 입장을 변론할 기회를 얻었다. 결국 갈등은 결과 없이 끝났고, 전혀 아무 일도 일어나지 않았다. 2년이 지난 후에 심지어 올리비는 새로운 수도회 총장인 아쿠아스파르타의 마태우스에 의해 피렌체에 있는 프란체스코회의 중요한 학업 중심지인 산타 크로체에서 강사로 임명되었다. 1289년 다시 몽펠리에로 돌아왔고 1292년에는 수도회 총회에서 자발적 빈곤에 대한 자신의 견해를 소개하고 방어할 기회를 얻었다. 그 후 올리비는 나르본에서 다시 복직되었고 1298년 3월 14일에 사망할 때까지 강의했고 계속해서 수많은 다른 작품을 집필했다.

만약 그의 사후 이야기를 언급하지 않는다면 그의 전기는 완전하지 않을 것이다. 그는 사망한 지 몇 년 후에 슬픈 유명세를 타게 되었다. 그가 쓴 텍스트 중의 몇 개가, 그중 특히 사도의 빈곤에 대한 글이 이단으로 의심받은 것이다. 올리비의 유골은 1319년에 다시 파헤쳐지고 불태워졌으며 그의 작품은 금지되었다.

올리비의 경제이론: 가격형성을 자유시장에 맡겨도 될까?

마지막으로 올리비의 경제이론에 관한 글을 살펴본다. 올리비는 평생 개인 소유의 재산 없이 살았다. 집도 없었고 옷조차 개인 소장용으로 여긴 적이 단 한 번도 없었다. 올리비는 결코 자신의 재정문제에 신경을 쓸 필요가 없었다. 이런 것에 전혀 관심이 없었기 때문이었다. 그는 당시 시급했던 공정경제라는 문제에 집중적으로 몰두했다.

"어떤 물건을 원래 가치보다 낮게 사거나 높게 파는 것이 정당할까?" 피에르 드 장 올리비가 1295년에 쓴 〈매매에 관한 논문〉은 이와 같은 도입 질문으로 시작한다. 오늘날 우리의 전문용어로 번역하자면 이 정도가 될 것이다. "가격형성을 자유시장에 맡겨도 될까?" 올리비의 논문은 이 질문이 13세기 학자 문화에서 어떻게 논의되었는지 엿보게 한다. 사람들은 마치 대학생들이 대립적으로 논쟁하고 있는 중세의 세미나실에 있는 것 같은 느낌을 받는다. 이때 우선 가격형성이라는 주제에 대해 브레인스토밍을 한다. 칠판 한쪽에는 찬성 논증이 나타난다.

1. 그렇다. 그것은 정당해야만 한다. 그렇지 않다면 물건을 사고파는 모든 사람은 끊임없이 부당한 행동을 할 것이다. 그리고 그것은 불가능하다. 모든 사람은 비싸게 팔고 싸게 사기를 원하기 때문이다.

2. 그렇다. 내가 팔고 싶은 상품의 가격을 마음대로 정하는 것은 정당하기 때문이다. 어떤 법도 내가 스스로 정한 것과 다른 가격으로 내 상품을 팔거나 교환하도록 강요할 수 없다. 반대로 어느 누구도 너무 높다고 생각되는 가격으로 물건을 살 의무가 없다. 만약 판매계약이 자발적으로 성립되었다면 양측의 계약파트너가 합의한 가격 역시 자발적으로 성립되었다고 추론할 수 있다. 옛 속담을 따르자면 "모든 상품은 지불할 준비가 되어 있는 만큼의 가치가 있다."

3. 그렇다. 잘 알다시피 상품의 가격을 위에서 강요해서 특정 가격으로 고정하지 않는 것이 공동선에 더 유익하다. 오히려 가격은 구매자와 판매자 사이의 합의를 통해 자유롭게 결정되어야 하며 이것은 사기의 위험을 현저하게 최소화시킨다. 가격형성은 양쪽

계약 파트너의 합의에 맡겨두는 것이 가장 좋다.

다른 쪽에는 반대 논증이 쓰여 있다.

1. 아니다. 다른 사람을 속이거나 강요하거나 기만하는 행위는 자연법에 저촉된다. 또한 친절법 das Recht der Freundschaft 에도 저촉된다. 이 법은 우리에게 본인 스스로 하고 싶지 않은 일이라면 다른 누구에게도 강요하면 안 된다는 것을 말해준다. 따라서 사람들이 어떤 물건을 고의적으로 터무니없이 비싼 가격에 팔거나 구매자를 속일 때, 그것은 사기라고 말해야 한다. 반대로 어떤 물건을 고의적으로 원래 가격보다 낮은 가격에 산 경우에도 사기라고 말해야 한다.
2. 아니다. 교환적 정의正義는 평등에 기초하거나 적어도 교환된 상품의 균형에 기초한다. 마치 정의가 '각자에게 제 몫을 주라'는 원칙을 목표로 하는 것처럼 말이다. 따라서 고의로 상품을 아주 비싼 가격에 팔거나 혹은 원래 가격 아래로 구매하는 것은 평등원칙과 공동체의 정의원칙에 저촉될 것이다.

올리비의 가격이론: 가치와 사용가치

올리비가 여기에서 주장한 논증은 오늘날까지 고전적인 가격형성이론의 확고한 구성요소로 간주된다. 올리비는 공급과 수요 사이의 상호작용에 중요한 의미를 부여했다. 첫 번째로 브레인스토밍을 한 이후에 올리비는 두 번째 부분에서 가치와 사용가치의 구별을 소개했다. 그에 따르면 우리에게 빵은 쥐보다 더 많은 가치를 지니는데 빵은 우리에게 매일 필요한 반면에 쥐는 가장 벗어나고 싶은 것이기 때문이다. 그리고 매매는 항상 인간의 사용을 고려해서 일어나는 행위이기 때문에 상품의 가치는 대부분 두 번째 범주인 사용가치 혹은 인간을 위한 상품의 기능과 효용성에 따른다. 올리비는 여기에서 상품가치를 규정하는 3가지 요소를 개발했다.

1. **효용성**: 우리의 목적에 어느 정도 적합하거나 더 효율적으로 만드는 사물의 자연적 속성. 우리에게는 좋은 밀로 만든 빵이 딱딱한 보리빵보다 훨씬 더 가치가 있다. 마찬가지로 힘센 말은 전쟁에서나 일할 때나 당나귀 혹은 노새보다 훨씬 더 유용하다.

2. **가용성**: 두 번째로 희소성 혹은 생산이 어려운 이유로 어떤 상품이 다른 상품보다 우리에게 더 중요한지의 여부를 고려해야 한다. 이것은 이 상품의 부족이 우리의 수요 혹은 그 물건에 대한 필요성을 증가시키고 동시에 이 상품을 조달하고 사용하는 가능성을 감소시킨다는 것을 의미한다. 예를 들어 동일한 곡물이라도 부족하거나 기아에 허덕이는 시기에는 공급과잉의 시기보다 훨씬 더 많은 가치를 지닌다. 물, 흙, 공기, 불을 생각해보자면 이 4가지 요소는 금이나 귀한 향유와는 반대로 대부분 가격이 훨씬 저렴하다. 항상 어디에서나 사용할 수 있기 때문이다. 물이나 공기는 생존을 위해 필수적이고 금이나 향기로운 사치품보다 우리 삶에 훨씬 더 중요함에도 그렇다.

3. **주관적인 유익평가**: 세 번째로 어떤 상품의 가치를 그 상품이 마음에 더 드는지 아니면 덜 드는지 혹은 그 상품을 소유하고자 하는 욕구가 큰지 작은지에 따라 상품가치를 평가한다. 이런 의미에서 어떤 상품을 사용한다는 것은 그 상품에 예속되어 있거나 그

것을 소유하고 자신의 의지에 따라 처분권한을 지닌다는 것을 뜻한다. 따라서 마음에 드는지의 여부로 가격을 결정하는 것은 미미한 요소가 아니다. 대체로 어떤 물건을 사용하고 소유하는 것과 연결되어 있는 커다란 만족을 의미한다. 이런 범주에 따르면 어떤 사람은 말을 다른 사람들보다 훨씬 더 좋아할 수 있다. 그래서 어떤 사람은 다른 사람들에게는 완전히 무가치하다고 평가되는 어떤 물건에 대해 훨씬 더 비싼 가격을 지불할 수 있다.

왜 다이아몬드는 물보다 더 가치가 있을까?

빈 신고전주의 학파를 대표하는 사람이 19세기 후반에 피에르 드 장 올리비의 텍스트를 읽었더라면 아마도 얼굴이 창백해졌을 것이다. 수세기 동안 사람들은 19세기에는 객관적 가격이론이 가격형성이라는 주제에 대한 일반적인 설명모델이었다고 확신했다. 이 가격이론에는 한 상품의 효용성, 사용가치, 교환가치가 결정적인 역할을 한다. 사람들은 가용성에 따라 두 가지 종류의 재화를 구별했다. 우선 첫 번째로 증식시킬 수 있는 재화이다. 이런 재화의 생산은 수요가 많을 때 간단하게 생산량을 늘릴 수 있어서 상대적으로 가격이 안정적으로 유지된다. 두 번째는 드문 상품, 그러니까 예를 들어 유명한 예술가의 작품이나 희귀한 다이아몬드같이 임의로 증식시킬 수 없는 재화이다. 희귀한 재화의 가격은 수요의 강도, 즉 그것을 소유하겠다는 구매자의 의지에 따른다. 여기에 객관적인 가격형성모델의 약점이 있다. 이 모델은 터무니없이 높은 예술작품의 가격이나 다이아몬드의 가격에 대해 설명하지 못한다. 객관적인 가격은 사용이나 교환을 위한 효용을 따르기 때문이다. 이 문제는 고전적인 가치의 이율배반 혹은 물과 다이아몬드 역설로도 알려져 있다. 물은 객관적으로 높은 가치, 생존을 위해 필수 불가결한 사용가치를 지니지만 그 값이 공짜나 다름없다. 반면에 객관적으로 낮은 사용가치를 지닌 다이아몬드나 예술작품은 상상할 수 없을 정도로 높은 가격까지 오른다. 이 두 가지 자원은 모두 유한적이다. 1870년이 되어서야 한계효용이라는 개념과 함께 가치이론과 가격이론의 새로운 차원이 도입되었는데, 이는 객관적 모델이 지닌 한계를 상쇄해준다.

물론 올리비는 바로 이 3가지 중요한 요소를 자신의 모델에 넣었다. 효용성이라는 첫 번째 요소는 사용가치에서 나오는 가격결정이다. 그는 희소성이라는 개념과 함께 임의로 증식시킬 수 있는 재화와 부족한 재화 사이의 구별을 도입했다. 그리고 주관적인 유익평가와 함께 주관적인 효용성이 가격형성을 위한 결정적인 요소로 작용한다고 보았다.

13세기 후반의 경제이론가 올리비가 눈 하나 깜빡하지 않고 가격형성의 모든 요소를 자명한 원리로 명명했고 심지어 주관적인 유익가치까지 도입했다. 이는 그 당시 절대적이었던 근대의 신고전주의 경제이론의 분위기를 어둡게 만들었다.

공정성과 투명성

올리비를 '근대의' 주관적 가치이론의 선구자로 규정할 필요는 없다. 올리비는 단지 13세기 후반에 위험했던 주제에 대해 토론했다. 그의 질문은 그 당시 일반적이었던 주제에 관한 것이었고 토마스 아퀴나스, 헤일즈의 알렉산더 파리 대학의 신학자-옮긴이 와 비슷하게 주장했다. 그 텍스트는 당대에 통용되었던 경제이론과 많은 부분에서 일치했다. 올리비는 아웃사이더도 아니었고 혁명가도 아니었지만 그의 예리한 분석은 특별했다. 파리 대학에 있는 그의 동료들보다 많은 것을 더 명확하게 표현했을 것이다. 당시 통용되던 시장의 관행과 방법에 대해 다른 동료들보다 더 잘 알고 있었을 것이며 상품이 팔리고 계약이 성립되는 곳에서 더 많은 시간을 보냈을 것이다. 어쨌든 그가 민중의 언어로 된 많은 개념을 사용한 것이 눈에 띄었다. 그리고 그는 가격형성의 법칙을 정확하게 파악하는 일이 얼마나 어려운지를 강조했다. 가격형성은 무한한 인간의 재량 범위에서 일어나기 때문이다. 불확실성, 모호함, 유행, 평가와 의견 등이 가격형성에 큰 역할을 하기 때문에 한 상품에 대해 절대적인 가치를 확언하거나 결정하는 것은 불가능하다. 전반적으로 논의를 요약하면 올리비는 상품가격이 적정선을 넘어서지 않는다면 가치보다 높게 팔거나 낮게 사는 것이 합법적이라고 결론지었다. 이때 일반적으로 인정되는 가치가 결정적인 역할을 하는데 이것은 원래 가격의 50퍼센트를 넘거나 혹은 50퍼센트 이하이면 안 된다. 예를 들어 항아리 하나의 가격이 상업적인 관례에서 10페니히 유로화 이전의 독일 화폐 단위-옮긴이 인데 만약 그 항아리를 15페니히에 판매한다면 이는 불공정하다는 것이다. 더 나아가 투명성도 중요한 역할을 한다. 만약 너무 비싼 가격으로 물건을 구매한 사람이 터무니없이 비싼 가격을 알고 있으면서도 구매했다면 이는 정당한 거래이다. 구매자는 그 사실을 정확하게 알고 있었고 자발적으로 거래를 했기 때문이다. 아시시의 젊은 프란체스코가 했던 것처럼, 만약 원한다면 언제나 자신의 물건을 다른 사람들에게 선물할 수 있는 경우도 마찬가지로 공정하다고 보았다.

인센티브로 작용하는 가격

다시 가격성립에 대한 질문이 제기된다. 앞서 살펴본 것처럼 가격을 결정하는 요소들의 목록이 수용되었고 보완되었다. 일반적으로 가치에 영향을 미치는 요소는 물건의 가치에 대한 일반적인 평가에 부합하는 한 조작되어서는 안 된다. 올리비는 여기에서 공동선에 대한 집단평가를 연관시켰다. 무슨 뜻일까? 기본적으로 가격은 특정한 시점에 한 사회의 일반적인 공급조건을 반영한다는 것이다. 오늘날 사람들은 집단적인 평가에 따라 대략 수요와 공급이 만나는 지점에서 가격이 형성된다고 할 수 있다. 이것은 또한 스콜라 학파가 일반적으로 인정한 입장이기도 하다. 그러나 올리비는 특별한 관점에서 다음과 같이 주장한다. 예를 들어 한 지역에서 곡물이 부족하다면 그에 따라 곡물 가격이 상승해야 한다. 어떤 곡물이 일반적으로 10파운드 정도였는데 흉년에 20파운드로 올라갔다면 이는 일반적인 가격산정에는 명백하게 벗어나지만 그럼에도 정당하다는 것이다. 그 이유는 무엇일까? 판매자 역시 상품을 더 높은 가격에 구매해야 하기 때문이다. 게다가 가격상승이 허용되지 않는다면 공동선에 위협을 가할 수 있기 때문이다. 올린 가격으로 물건을 팔 수 없으면 물건을 보유한 사람의 입장에서는 물건이 필요한 다른 사람들에게 되팔아야 할 인센티브가 없기 때문이다. 그렇게 된다면 대중의 생필품 공급 상황은 매우 위태로워질 것이다.

생애의 절반을 중세의 경제이론에 몰두한 노르웨이의 국민 경제학자 오드 랑홀름은 이런 접근방식의 중요성을 강조했다. 올리비는 상품 가격을 물질의 특성, 인간의 필요, 도덕적 가치의 상호작용으로만 관찰한 것이 아니라 원인으로도 관찰했다. 오늘날 인센티브라고 말하는 것이다. 가격은 판매자에게 인센티브로 작용하며 대중의 이익을 위해서 원했던 효과를 생산한다. 랑홀름은 이것이 이미 중세 스콜라학파에게 딜레마를 초래했다고 지적한다. 이 논제는 분명히 공동선을 보증하는 것으로 이웃 사랑에 대한 기독교의 친숙한 호소와 모순되기 때문이다. 그러나 올리비와 그의 동시대인들은 이런 관점에서 매우 실용적으로 타락한 이후의 인간에서 출발한다. 신학적인 전문용어로 인류의 '타락 이후' 상태를 말한다. 이는 사람들이 되어야 할 모습이 아니라 현재 있는 모습 그대로를 의미한다. 따라서 시장의 규칙도 이런 상황에 맞게 조정되어야 한다. 올리비의 고려사항 중에서 특별한 것은 그가 내세운 근거이다. 그는 아주 일반적으로 자연법을 내세워 설명한 것이 아니라 분명하고 분석적인 근거를 추구하는 사례를 제시했다. 식료품이 부족한 시기에는 상승된 가격이 곤경에 처한 사람들에게 생필품을 공급하는 인센티브로 기능하지만 이는 개인적인 위기상황에는 해당하지 않는다. 이와 같은 상황에서는 물건의 가격이 현재의 시장 상황, 즉 구매자의 효용성을 따르면 안 된다. 한 사람이 목이 말라 죽을 지경이라면 한 잔의 물을 수요에 따라 팔면 안 된다. 어떤 환자가 특정한 의약품에 의해서만 확실히 생명을 유지할 수 있다면 판매자가 구매자의 효용에 따라 현실에 상응하는 가격을 요구하는 것은 불가능하다. 생명은 돈으로 환산할 수 없기 때문이다. 이런 경우에는 공동선의 법칙이 판매자의 개인적인 이익에 우선한다. 따라서 극단적인 위기상황과 경제적으로 어려운 상황은 시장의 자유를 제한하는 요소이다.

생산비용, 가격과 임금

마지막으로 가격은 수요와 공급 외에 상품의 생산과 공급에 꼭 필요한 경비에 따라 결정된다. 노동과 위험부담, 그리고 지혜로도 번역되는 근면을 통해 결정된다. 위험부담이 크고 시간과 돈이 많이 드는 생산과정과 운송비용은 상품의 가격을 상승시킨다. 그래서 프랑스 중부에서 멀리 떨어진 지역이나 중동지역에서 온 상품은 근처에서 온 상품보다 가격이 높다 이 지역들은 랑그독의 주요 무역파트너이다. 어떤 상품이나 서비스의 가격은 그것을 산출하기 위해 지식과 지혜가 필요한 경우에도 올라간다. 따라서 건축업 현장의 건설노동자들은 하루 종일 육체노동을 하더라도 노동자를 지도하는 건축가보다 적은 돈을 받는다. 노동자들이 종종 더 많은 실제적인 지식과 능력을 소유하고 있는 경우에도 그렇다. 일반적으로 건축가는 상급 직책에 해당하고, 상급 직책은 더 많은 봉급과 연결되어 있다. 상급 직책은 더 많은 능력과 지혜가 필요하며 더 큰 정신적 부담인 책임감과 결부되어 있기 때문이다. 또한 요구사항이 많은 직업을 수행하는 데 필요한 지식은 시간이 오래 걸리고 힘든 학업과 경험 그리고 작업을 전제로 한다. 대학의 학업 역시 비용이 많이 들며 위험부담이 크다. 또한 그렇게 책임이 큰 일을 감당할 만한 사람들이 그리 많지 않아서 그 일에는 더 많은 가치가 부여된다.

상품의 가격이 시장의 요소 수요와 공급에 따라 결정되는 것과 마찬가지로 임금 역시 그때그때 시장의 상황에 따라 결정된다. 돈을 받아야 하는 사람이 의사이든 변호사이든 군인이든 건설노동자이든 마찬가지이다. 그 수가 많으면 그들의 급료는 내려간다. 반대로 노동력이 부족하면 임금은 올라간다. 랑홀름은 여기에서 기존의 가치이론을 돌파하는 선구자를 발견했다. 올리비는 상품이나 서비스의 가치를 한편으로 희소성과 효용성이라는 측면에서 설명하고 다른 한편으로는 임금을 포함한 생산비용과 판매자의 위험부담을 통해 설명했다.

자본은 순환해야만 한다

한 가지 사례를 들어보겠다. 극단적으로 가물었던 여름이 지나자 피렌체는 흉년에 직면했다. 사람들은 경험을 토대로 곡물재고가 크리스마스까지는 충분하며 아마도 1월과 2월까지는 견딜 수 있지만 늦어도

3월에는 위험한 상황에 처할 수 있음을 알고 있다. 피렌체는 위기상황을 완화시키기 위해 곡물 재고에 손을 대야만 한다. 이에 대해 피렌체는 두 가지 방법을 생각할 수 있다. 곡물을 살 수 있는 소득을 창출하기 위해 세금을 올리거나 아니면 도시의 곡물 상인들에게 그들의 재고를 팔도록 요청 혹은 강요할 수 있다. 도시의 가난한 주민을 포함한 모든 주민에게 해당하는 세금인상이라는 단점을 피하기 위해 피렌체는 곡물 상인들의 재고품을 사들인다. 가장 좋은 방법은 수확이 끝나자마자 구매하는 것이다. 그때 곡물 가격이 저렴하기 때문이다. 그런데 바로 그 이유로 곡물 상인들은 당연히 그들의 물건을 더 늦은 시점인 가격이 올랐을 때 팔려고 한다. 이 경우에 피렌체는 아마도 봄에 기대할 수 있는 가격을 미리 가을에 상인들에게 지불해야 할까?

올리비는 2년간 피렌체에 살았다. 이자징수의 정당함을 토론하기 위해 올리비는 이 사례를 선택했는데 그의 관점에서 보면 피렌체의 사례는 강제대출 혹은 초과대출과 같다. 두 가지 경우 모두 대출을 해준 사람들은 잠재적인 수익을 놓치게 된다. 사람들은 이를 놓친 이익_{소극적} _{손해}이라고 말하는데 놓친 이익에 대해 보상을 요구할 수 있다. 그 밖에도 오스티아_{이탈리아 로마의 서남쪽에 있는 고대 로마의 도시-옮긴이}의 추기경인 하인리히 폰 수사도 그가 1253년에 쓴 《황금 전서》_{그레고리 9세(1227~1241)의 법령 집을 주해한 책-옮긴이}에서 이미 이런 의견을 나타냈다. 그러나 올리비는 40년이 지난 후에 이와 관련하여 '자본'이라는 개념을 처음으로 경제이론의 논의에 도입했고, 상인들과 대화를 통해 얻은 지식과 계약법에 관한 지식을 바탕으로 아리스토텔레스의 도그마인 화폐불임설에 반대 논증을 펼쳤다. 따라서 화폐의 두 가지 형태 혹은 기능을 다음과 같이 구별할 수 있다.

a. 가치척도와 가격척도라는 기본 기능을 지닌 단순한 교환수단인 화폐. 예를 들어 빵과 말처럼 동일하지 않은 상품을 비교 가능하게 만들어주는 측정 단위 화폐.

b. 상인이 이익을 얻기 위한 목적으로 상업적 투자에 사용하는 화폐. 올리비의 분석에 따르면 여기에서 화폐는 새로운 속성을 띠고 한 구역의 토지처럼 '열매를 맺고' 증식하는 기능을 발전시킴.

올리비는 말 그대로 화폐가 지닌 일종의 중요한 본성에 대해서 말하고 있는데 이 본성을 상인들은 그들의 계약서에서 자본이라고 명명했다. 이 개념은 분명히 상인들의 일상어에서 매우 일반적으로 통용되었으며 옥시타니어에서 유래했다. 올리비는 이것을 특히 강조했다. 만약 모든 것이 잘 되면 엄청난 이익을 가져다줄 상선商船에 실린 화물 투자와 관련되었을 때 항만의 상인들은 이것을 '자본'이라고 말했다. 그러므로 화폐가 제대로 투자된다면 증식 능력이 발전될 수 있다. 아마도 올리비는 아리스토텔레스의 정론定論인 화폐불임설을 논박하기 위해 번식 능력生産力이라는 개념을 선택했을 것이다. 어쨌든 올리비는 화폐가지닌 증식 능력으로 이자의 필요성을 정당화했다. 상인이 그의 돈을 다른 사람에게 빌려주었다면 그는 자신의 잠재적인 수익을 포기하는 것이기 때문이다. 이 포기에 대해 상인은 자신이 고리대금을 취했다는 죄책감을 갖지 않고 보상을 받을 수 있어야 한다.

올리비가 이런 측면을 매우 강조한 이유는 공동선에 대한 염려 때문이었다. 화폐가 지닌 자본기능을 고려하지 않는다면 공동체의 안녕을 위해 투자할 동인이 없기 때문이다.

피에르 드 장 올리비, 가능성의 감각을 지닌 미니멀리스트

올리비의 논문은 한편으로 13세기 말 경제이론 논의의 전형이자 다른 한편으로 이례적인 것이었다. 그의 견해는 매우 깊고, 세계의 경계를 확장하기 위한 그의 감각은 특별히 주목할 만하다. 이 점에서 그는 천재였는데 그 한계를 넘어서는 방법을 찾았기 때문이다. 그의 생각은 옛날부터 전해 내려온 것의 한계를 넘어 지평과 실현 가능성을 확장했다. 13세기가 진행되면서 중요성이 부각된 공동선이라는 개념은 올리비가 경제적 교환에서 역동적인 균형 개념을 발전시켰던 기반이 되었다. 상인에 대한 가치 평가가 높아지는 것도 여기에 속한다. 상인의 사회적 과제는 재화를 분배하는 것이다. 그렇게 상인의 역할은 점점 더 중요해졌고 공동선을 위해 꼭 필요한 존재가 되었다. 상인의 이익은 사회 공동체의 이익이었다.

7장

미래를 위한
과거로부터의 결론

**WIR KONNTEN
AUCH ANDERS**

1 우리 조상들은 우리에게 어떤 조언을 해줄까?

마지막으로 상황을 전환시켜 우리 조상들이 현재로 왔다고 가정해보자. 확실히 우리 조상들은 치의학의 발전뿐만 아니라 많은 것에 대해 놀라워할 것이고 부러워할 것이다. 어쩌면 우리가 이룬 모든 안락함에 매혹당할지도 모른다. 그런데 정말 우리 조상들이 과도하게 난방이 되는 거실에서 편안함을 느낄지는 확신할 수 없다. 어쩌면 그들은 갇힌 것 같은 느낌을 받을지도 모르고, 바람이 통하는 창문을 열어 환기를 시키던 익숙한 습관을 분명 그리워할지도 모른다. 어쩌면 우리가 항상 그렇게 많은 물건을 사야만 한다는 사실을 피곤한 일이라고 생각할지도 모른다. 장거리 비행을 즐길 수 있을지도 모르겠다. 전근대 시절의 사람들은 그렇게 오랫동안 좁은 곳에 꽉꽉 채워진 채 함께 앉아 있는 것에 익숙하지 않을 것이기 때문이다. 그들은 일상생활에서 훨씬 더 많이 몸을 움직였으며 등받이가 있는 의자는 19세기에 이르러서야 토넷 회사에 의해 대중화되었다. 이전에 사람들은 서 있었거나 계속 이리저리 움직일 수 있었던 좁다란 벤치나 바닥에 앉았다. 아니면 계속 움직였다. 심지어 교회 벤치도 16세기가 진행되면서 종교개혁과 대규모의 교회 법규와 함께 도입되었다. 우리 조상들은 아마도 너무도 빠른 속도에 당황할지도 모른다. 일 년 내내 신선한 딸기와 매일 고기를 먹는 것은 아마도 꿈이라고 여겼을 것이다. 게으름뱅이의 천국에 대한 꿈이 이루어진 걸까? 그러나 일반적인 생각과 달리 중세에도 게으름뱅이의 천국은 많은 사람에게는 악몽이었다. 이는 대★ 피터르 브뤼헐의 유명한 그림에 잘 나와 있다. 그의 작품 〈게으름뱅이의 천국〉의 꿈 같은 장면은 인간 조롱의 우주로서 묘사되었다. 만족을 모르는 탐욕스러운 인간이 자

그림 7.1 대(大) 피테를 브뤼헐의 〈게으름뱅이의 천국〉, 1567

신의 최상의 모습을 보여주지 못한다는 것은 아주 분명하다. 어떤 남자가 과식으로 피곤한지 뚱뚱하고 둔한 모습으로 누워 있다. 자신의 탐욕에 스스로 희생된 사람, 배가 너무 부른 나머지 다리를 벌리고 바지의 앞 터짐 부분을 열어놓은 채 널브러진 사람으로 묘사하면서 브뤼헐은 그를 조롱의 대상으로 만들었다. 그의 앞에는 목을 베인 달걀 하나가 양서류 다리처럼 보이는 다리로 그 앞을 지나가고 있다. 그림의 오른쪽 배경에는 괴상하게 생긴 작은 인물이 있는데 기장죽으로 이루어진 산에서 가까스로 빠져나오는 중이다. 나무주걱을 들고 산을 죄다 퍼먹으려 했던 것 같은 그의 모습은 우스꽝스럽게 왜곡되었다. 마치 게으름뱅이의 천국에 도착하기 위해 비탈을 굴러 내려오는 어린 아이처럼. 한 마리 거위가 구워질 채비를 하고 접시 위에 온순하게 누워 있고, 이미 구워진 돼지는 뱃살에 나이프가 꽂힌 채 유유히 종종 걸음을 걷는다. 만족할 줄 모르는 인간의 탐욕이 이 그림에서 시종일관 우스꽝스럽게 묘사되어 있다.

우리 조상들 역시 어느 정도 우리의 모든 과도한 탐욕에 대해 비웃으리라는 것을 배제할 수 없다. 그러나 그들 역시 우리와 함께 많은 것들에 대해 매우 기뻐할 것임을 확신할 수 있다. 예를 들어 근대의 모든 업적에 대해, 지난 500년간 이룩한 놀라운 변화에 대해 그리고 자연을 길들이고 강을 가지런히 만들고 거대한 산을 극복하고 대기와 심지어 우주까지 정복한 것에 기뻐할 것이다. 그런 다음 우리가 그들에게 기후변화 이야기를 한다면 그들은 아마도 처음에는 전혀 걱정하지 않을 것이다. 그들은 확신에 찬 웃음으로 우리가 기후변화 역시 해결할 것이라고 말할 것이다. 그렇게 많은 변화를 이끌어낸 인류는 21세기에 직면한 도전들을 극복하고 스스로 대처하며 필요한 변화를 추진하는 데 문제가 없을 것이기 때문이다.

만약 우리가 1972년 로마클럽 보고서가 인류의 상황을 발표하면서 인류 성장의 한계를 분명하게 묘사한 이래, 유럽인들이 반 세기 동안 고수했던 충격적인 상태를 이야기한다면 그들은 더욱더 놀라워할 것이다. 로마클럽의 보고서 이후 인간 스스로 인류의 멸망을 향해 나아가고 있음을 알고 있다. 계속해서 이런 식으로 산다면 엄청난 문제에 직면하리라는 것을 그때부터 알고 있었다. 50년 전에 작성된 보고서에는 다음과 같이 기록되어 있다. "만약 현재의 세계인구 증가와 산업화, 환경오염, 식료품 생산 증가, 천연자원의 착취가 계속 유지된다면 다음 세기가 진행되는 동안 지구는 성장의 절대적인 한계에 다다를 것이다. 이는 제어할 수 없는 인구수의 감소와 산업생산능력의 저하를 신속하게 초래할 개연성이 매우 높을 것이다." 그 당시에는 아직 신속하고 단호한 행동만이 현재의 '성장추세'를 바꿀 수 있으며 '생태와 경제의 균형상태'를 이끌어낼 수 있다는 점이 분명했다.

그러나 50년 동안 이런 상황을 바꾸기 위해 그 어떤 조처도 진지하게 취해지지 않았고 오히려 몇 배로 생산을 늘리기 위해 계속 힘썼다는 것을 우리 조상들은 분명히 믿기 힘들 것이다. 그들은 우리에게 이렇게 말할 것이다. "당신들은 무척 현대적이고 유연하며 믿을 수 없을 정도로 창의적이다. 우리가 그 당시 단지 꿈만 꿀 수 있었던 기술을 가지고 있고 국가와 민주주의가 있다. 당신들은 스스로 법을 만들 수 있으며 이런 문제들의 원인을 찾아서 바로잡을 수 있다. 이성적이고 계몽주의와 함께 이성의 원칙을 발견했으며 원인제공자 책임의 원칙에 따라 그것을 처리할 수 있다. 그것은 가능한 일이어야 한다. 당신들은 지구가 계속해서 인류에게 친화적으로 남아 있도록 해야 한다. 그냥 스스로 바뀌기만 하면 되는 것이다. 이미 당신들은 여러 번 그렇게 해보았다. 생각을 바꾸고 가치창조와 생산성과 경제를 조정해야 한다. 앞으로는 비용을 산정할 때 환경파괴비용을 미리 계산에 포함시키고 오염에 대해 적절하게 과세해야 하며 생태계 유지에 관심을 갖고 재정적인 지원을 하며 지구의 한계를 인정하면 된다. 당신들은 그저 당신들의 세상을 새롭게 생각하면 된다." 과연 어디에 문제가 있을까?

만약 우리가 모든 것이 그렇게 간단하지 않다고 설명한다면 우리 조상들은 아마도 깊은 생각에 잠길 것이다. 모든 변화에도 불구하고 당신들이 여전히 그대로라는 것이 가능하다는 말인가? 아마도 그렇게 물어볼 것이다. 당신들이 투쟁해서 얻은 모든 자유를 가지고도 감당하지 못한다는 것이 있을 수 있는 일인가? 다른 경우라면 당신들은 해야만 하는 일을 할 것이기 때문이다. 당신들에게 필요한 것은 한계이다. 당시 우리들에게는 죄라는 것이 있어서 어떤 일들은 금지되었다. 우리는 시장 광장에서 이런 설교를 들었다. 많은 것이 가능하지만 모든 것이 다 좋은 것은 아니라고 늘 우리에게 상기시켜주었다. 특히 나쁜 것은 대죄 大罪이다. 예를 들어 탐욕 혹은 무절제는 금기시되었다. 사람들이 일 년 내내 매일같이 고기를 먹는 것은 아니었다. 우리에게는 풍요의 시기도 있었고 궁핍의 시기도 있었다. 그런데 당신들에게는 누가 설교를 하는가? 그들은 우리에게 이렇게 물어볼 것이다. 그러나 만약 21세기의 사람들이 매일같이 거의 끊이지 않고 듣고 보게 되는 광고를 보여준다면 그들은 더 이상 놀라지 않을 것이다. 만약 어디에서 슈니첼얇게 저민 송아지, 돼지고기 튀김 요리-옮긴이을 가장 저렴하게 살 수 있고 어디에서 가장 저렴한 태국행 비행기 표를 살 수 있는지 매일 듣게 된다면 놀랄 필요가 없다. 사람들은 하라는 대로 하기 때문이다. 당신들은 "가장 많이 그리고 가장 저렴하게"라고 말한다. 당신들이 그런 행동을 멈추지 않는 한 아무것도 변하지 않을 것이다.

만약 자원착취, 거래비용, 법의 맹점을 철저하게 이용하는 것과 관련된 모든 것은 기업들이 서로 경쟁관계로서 단지 국제적 경쟁사보다 더 싸고 더 무자비하고 더 교활해야만 자본 이익률이 높아질 수 있음을 조상들에게 이야기한다면 그들은 우리에게 질문을 던질 것이다. 그래, 그런데 왜 당신들은 그것을 바꾸지 않는 것인가? 기업 간의 그런 시기들이 사회를 붕괴시키는 것을 모르는가? 지금도 여전히 그런 질투와 시기는 영혼 구원을 할 수 없게 하는 악취미일 뿐이다. 시기는 사람을 병들게 한다. 당신들은 공동체의 불행을 자초하고 있다. 도를 넘는 경쟁은 사회를 병들게 하며 무기력하고 피곤하게 만든다. 그런데 왜 당신들은 그만두지 않는가? 드디어 서로를 불행에 빠지도록 하는 것을 금지시켜줄 신이 다시 필요해진 건가?

그들은 또 우리에게 게으름을 과소평가하지 말라고 조언할 것이다. 과거에 우리가 게으름이라고 부른 것을 오늘날 당신들은 '현상유지 편향'이라고 부른다. 당신들은 사람들을 채근해야 할 것이다. 특히 높은 자리에 앉아서 자신이 만든 규칙에 따라 세상이 돌아가야 한다고 고집하는 사람들은 더더욱 그렇다. 그들은 우리가 과거에 종종 교만이라고 불렀던 자만으로 고통받는 사람들이다. 대부분 자만이라는 덫에 걸린 가장 측은한 사람들이다. 그저 다르게는 할 수 없는 그런 사람들이다. 그들의 자긍심은 너무 불안정해서 항상 세상의 나머지를 자기 것으로 끌어당겨야 하거나 부득이하다면 함께 몰락으로 끌고 간다. 설명할 수 없는 이유로 특히 남자들이 이런 경향을 보이기 쉽다. 그것을 확인해야만 한다는 사실이 우리 조상들의 마음을 조금 아프게 할 것이다. 그들 중 절반은 남성이니까. 어쩌면 그들은 우리에게 이제 다시 더 많은 여성에게 주도권을 넘기라고 조언할지도 모른다. 여성들이 중세에 기업을 이끈 것은 특별한 일이 아니었다. 예를 들어 푸거가도 15세기에 여성들의 지휘하에 성장했다.

아마도 우리 조상들은 이제 당신들 스스로 한계를 정하는 방법, 즉 금지를 배워야 하는 시점에 왔다고 말할 것이다. 7가지 대죄를 다시 도입하라고 조언할지에 대해서는 회의적이다. 그들 역시 모든 것보다 자유를 사랑했기 때문이다. 그렇지만 분명한 금지에 반대하는 것은 무엇일까? 게다가 금지는 때때로 정화기능을 지닐 수 있다. 금지는 삶을 더 소박하게 만든다. 마야 괴펠 독일의 정치경제학자-옮긴이이 확인한 것처럼 "내 생각에는 수많은 금지들이 지금 곧 수많은 사람들을 해방시킬 것이다."

베르타 벤츠 역시 놀라워할 것이다

우리 연구의 출발점으로 다시 돌아가보자. 우리가 과거의 것에 집착하는 성향을 집단 발달장애로 설명할 수 있을까? 우리의 조부모와 고조부모 세대를 위해 만들어진 근대의 패러다임들이 오늘날 더 이상 쓸모없다는 것을 알면서도 우리는 왜 거기서 벗어날 수 없을까? 가장 좋은 예는 의심할 여지없이 19세기 천재적인 발명품인 내연기관이다. 내연기관은 1876년 가스내연기관 회사인 도이츠에서 니콜라우스 아우구스트 오토와 고트리프 다임러가 만들었다. 이 엔진은 베르타 벤츠가 1888년 전설적인 벤츠 자동차 넘버 3을 타고 거의 13시간에 걸쳐 만하임에서 푀르츠하임까지 시험주행을 했을 때 처음 사용되었다. 이 발명품이 20세기 인간의 삶을 혁신시키고 풍요롭게 만든 것을 의심할 사람은 한 명도 없었다. 그러나 베르타 벤츠는 150년 전에 살았던 인물이며 우리의 고조부모 세대에 속한다. 아마 자신의 후손들이 1888년 이래 본질적으로 새로운 것을 발명하지 않았다는 사실을 듣는다면 그 역시 분명히 놀랄 것이다. 이미 1888년에도 베르타의 신경을 거슬리게 했던 악취 없이 더 쾌적하며, 많은 유해물질을 배출하지 않는 엔진을 발견하지 않은 것에 대해 놀랄 것이다.

엔진을 이렇게 오랫동안 사용했기 때문에 여전히 엔진에 신의를 지켜야 할까? 왜 우리는 계속 이렇게 할까? 지속적인 이산화탄소의 배출이 야기하는 결과에 대한 명백한 진단이 있음에도 불구하고 우리의 경제와 사회는 이 점에서 발전을 거부했다. 기후변화를 하찮게 여기고 사람들의 주위를 딴 곳으로 돌리며 연소기를 최적화시켰다. 그리고 에너지세, 석유세, 환경세, 국제선 비행기표에 대한 부가가치세를 할인해주거나 심지어 면제해주는 방법 등을 통해 자동차회사와 항공사에 보조금을 지급했다. 이는 어떻게 설명할 수 있을까? 물론 항상 첫 번째 고려 대상은 경제적 이익이다. 그리고 그것은 의심의 여지없이 결정적인 요인이다. 그럼에도 경제가 왜 그렇게 침체되어 있는지에 대한 의문을 감수해야 한다. 기업은 변화에 무능해서 적응에 어려움을 겪는다.

인지부조화와 변화에 대한 불쾌감

모든 것은 더 좋아져야 하지만 그와 동시에 아무런 변화도 일어나면 안 된다. 변화를 막기 위해 종종 인간은 전혀 믿을 수 없는 일을 한다. 자신들의 세계상을 유지하기 위해 시간도 노력도 아끼지 않는다. 단지 이것만이 우리가 내연기관을 고집하는 것을 설명할 수 있는 유일한 방법이다. 진보, 성장, 더 많은 번영에 대한 집착도 동일한 패턴에 따라 작동한다. 현상 유지에 대한 논증은 매우 신빙성 있고 수용할 만한 것처럼 들린다. 또한 이것은 지금까지 아주 놀랍게 작동했다. 그런데 왜 지금 갑자기 이런 패닉 상황이 왔을까? 예기치 않은 부작용은 항상 있다. 마찰 손실 상대 운동을 하는 두 물체 사이에 마찰이 일어나 줄어드는 운동 에너지를 통틀어 이르는 말-옮긴이은 피할 수 없고 그 결과 우리는 전 세계적인 불공정을 감수해야만 하며 어느 누구도 기후변화를 방지할 수 없다.

왜 그렇게 변화가 어려운지는 수수께끼로 남아 있다. 역사적으로 관찰해보면 사람들은 변화의 전문가들이다. 우리도 역시 다르게 할 수 있으며 심지어 이 부분에서 아주 탁월하다. 그러나 우리가 자발적으로 변화를 결정하는 일은 아주 드물다. 우리는 원칙적으로 스스로를 매우 혁신적이고 현대적이라고 느끼고 있지만 대부분은 외부에서 압박이 오면 그때서야 반응하고 비로소 새로운 것을 받아들인다. 행동심리학에서는 이런 문제를 '인지부조화'라는 개념으로 이해한다. 우리는 성탄절이 지나고 나면 한결같이 새해에는 초콜릿을 덜 먹고 운동은 더 많이 하겠다고 결심한다. 그리고 2주가 지나면 운동할 시간이 부족해진다. 그리고 우연히 어디에선가 초콜릿이 신경체계에 좋다는 글을 읽게 되면 변화에 대한 필요성은 일단 그런 식으로 해결된다. 우리가 항상 어떻게든 변화를 원하고 변화의 필요성을 알게 되더라도 결론은 지금 상태 이대로도 아주 괜찮다고 생각한다는 것이다. 이런 일은 해마다 반복된다. 우리는 어떻게든 항상 모든 것이 달라져야 하고 더 좋아져야만 하는 세상에 둥지를 틀고 있다. 그러나 동시에 항상 모든 것이 현재 그대로 있기를 바란다. 인지부조화는 만성적인 질병이며 아주 기이하지만 그럼에도 아주 익숙한, 현재에 대한 우리의 불쾌감이다.

인지부조화 패턴은 지속 가능성이라는 문제와 관련하여 우리의 행동도 결정적으로 규정한다. 물론 여기서는 살을 1~2kg 빼는 것과 비교할 수 없이 훨씬 더 중요한 일과 관련된다. 바로 기후변화와 이 결과의 극복에 관한 것이다. 우리는 모든 것이 변하게 된다는 것을 알고 있다. 그리고 우리 역시 변해야 한다는 것도 알고 있으며 그것을 위해 우리 몫을 해내길 원한다. 그러나 또한 과도하게 하고 싶은 마음은 없으며 조심스럽게 대처해야 한다. 필요한 것을 항상 할 수 있는 것은 아니기 때문에 가능한 것에 만족할 줄 알아야 한다. 이것은 개인의 영역에서 시작한다. 모든 사람들이 비행이 대기에 나쁘며 이산화탄소 배출은 빠른 시일 내에 축소되어야 한다는 것을 알고 있다. 그럼에도 불구하고 사람들은 일 년에 한 번 있는 휴가를 포기할 수 없다. 일 년에 한 번 비행기를 타는 것쯤은 그렇게 나쁘지 않다고 생각한다. 일 년 내내 자연식품점에서 장을 보며 자동차 운전을 거의 하지 않는다고 생각하기 때문이다. 또 다른 여러 이유를 언급하면서 제대로 하고 있는 것 같아 기분이 꽤 괜찮아진다. 급진적인 변화는 어차피 너무 이상적이어서 불가능하게 보이기 때문이다.

당신은 변화 관리를 위기에 맡기겠는가

치명적이라는 의사의 진단, 예기치 않은 운명의 시련인 위기는 잘 알다시피 최상의 변화 관리자이다. 물론 이는 우리가 위기의 최초 단계, 아마도 가장 위험한 단계를 잘 극복하는 경우에만 해당된다. 위기에 대한 반사적인 반응은 방어이며 현실을 부정하는 것이기 때문이다. 사람들은 자기가 사랑했던 사람들의 죽음을 인정하려고 하지 않는다. '무슨 오해가 있는 게 틀림없어. 그것은 사실일 수 없어'라고 생각한다. 그러나 위기 극복에서 이 단계는 피할 수 없으며 버텨내야 하고 어느 시점에서는 끝이 나야 한다. 그런데 만약 이 단계가 매우 나쁘게 진행된다면 사람들은 트라우마를 지닌 채로 이 단계에 묻혀버리고 참사의 결과인 사랑하는 사람의 죽음을 결코 극복하지 못하며, 최악의 경우 인생에서 남은 시간을 병원에서 보내게 될 것이다. 첫 번째 단계인 쇼크에서는 기후 위기를 사실로 인정하고 싶지 않아서 "그렇지만 모든 것이 그렇게 나쁘진 않아. 우리는 이미 이런 일을 종종 겪었어. 미디어에서 하는 말은 더 이상 아무것도 믿지 마. 게다가 과학적 증거도 부족해."라고 한다. 우리는 1972년 로마클럽의 첫 번째 보고서 이후 지난 50년 동안 이 첫 번째 단계를 함께 버텼고 이제 그 단계는 끝이 났다. 이제는 위기를 처리하고 맞서서 건설적으로 이용할 시기가 도래했다. 적어도 코로나19 위기와 함께 우리는 변화가 가능하다는 것을 배웠다.

미세한 바이러스가 2020년 4월 거의 모든 항공운행을 정지시켰다. 베이징의 하늘은 다시 파란색이 되었다. 많은 사람들이 자국에서 보내는 여름휴가도 예상 외로 좋을 수 있다는 것을 경험했다. 갑자기 우리는 이전과 다르게 행동할 수 있었다. 다르게 해야만 했기 때문이다. 이 위기는 우리의 휴가계획보다 훨씬 더 많은 것을 저지시켰다. 심각한 상처, 실직, 사회적 불안, 사회의 분열은 정도를 파악할 수 없을 정도로 어마어마하며 심각하고 근본적인 결과를 나타내지만 또한 위기변화의 잠재력도 보여주었다. 그러나 기후변화, 지구온난화, 해수면의 상승, 규칙적인 홍수, 더 심각해지는 건기 같은 극단적인 날씨 현상의 결과와 물의 산소농도 결핍으로 유발된 해양의 죽음, 더 많은 난민의 이동, 점점 더 증대하는 민주정부에 대한 압박 등을 고려할 때 우리가 20년 후에는 코로나19의 위험에 대해서 가볍게 미소 짓게 되리라고 이미 지금 확신할 수 있다. 위기는 사람들이 점점 더 음모론에 빠져들게 하고 자칭 구세주에 현혹되게 하기 때문이다.

이는 변화를 수용하고 다음 단계로 나가기 전에 위기가 훨씬 더 심각해져야 한다는 것을 의미할까? 이 책에서 나는 대안을 제시하려고 노력했다. 상황이 더 심각해질 때까지 기다릴 필요가 없다. 변화는 가능하지만 여기에서도 성공적인 위기관리의 일반적인 규칙은 유효하다. 바로 이상적인 해결책은 없다는 것이다. 모든 위기는 그 위기를 맞은 사람들이 스스로 버텨내야만 한다. 외국어 습득이나 악기 배우기를 '아웃

소싱'할 수 없는 것처럼 이런 과정을 다른 사람이 대신할 수 없다. 또한 과거가 나를 위해 미래의 문제를 해결할 것이라고 조금도 기대할 수 없다. 모든 세대는 그들 고유의 방법을 찾아야만 한다. 그럼에도 위기의 순간에 다른 사람들의 경험에서 유익을 얻을 수 있다. 다른 사람들이 위기상황에서 어떻게 대처했는지 더 많이 배우는 것은 좋다. 삶의 계획이 붕괴되는 것을 어떻게 이겨냈는지, 어떻게 심각한 위험을 피했는지 말이다. 그것은 우리의 부담을 줄여주고 희망을 주며 상상력의 지평을 넓혀주면서 행동 범위를 확장시킨다. 행동불능에서 벗어나는 방법들은 바로 역사에서 찾을 수 있다. 다음에서는 이 책에서 소개한 몇 가지 사례연구에서 취할 수 있는 생각의 단초들을 소개한다.

2 '대안 없음'이라는 새장에서 나오는 방법

근대의 성공 비밀에는 '대안 없음'이라는 마법의 단어가 있다. 다시 말하자면 자본주의는 지금까지 작동하는 유일한 경제모델이라는 것이다. 분명히 시장은 재화를 배분하기에 가장 좋은 수단이다. 사회주의는 실패했고 새로운 모델은 아직 보이지 않는다. 이는 의심의 여지가 없는 사실이다. 그런데 정말 시장이 세상에서 가장 좋은 수단이라면, 시장이 제대로 기능하도록 주의를 기울여야 할 것이다. 그래서 위험한 부작용을 가능한 한 줄여야 한다. 독일 행동경제학자 아르민 팔크는 이를 의약품에 비교한 적이 있다. 만약 우리가 정말 탁월한 효과가 있는 의약품이 있다는 것을 알고 또 그것을 확신한다면 우리의 가장 큰 관심사는 바람직하지 않은 부작용이 가능한 한 나타나지 않도록 하는 것이다. 시장도 비슷하다. 시장은 경제를 조직하기에도 재화를 배분하기에도 또 현재 있는 사람들을 부양하기에도 가장 좋은 도구이다. 따라서 시장의 약점을 잘 다루고 손해를 조정하는 것이 그만큼 시급하다. 이 문제에 대한 해결책은 끊임없이 자본주의를 비난하거나 변호하는 것이 아니다. 대안이 없는 한 우리는 자본주의가 만들어내는 문제를 가능한 한 최소화해야 한다. 그리고 이때 어떤 새로운 것이 나타날 수도 있다는 가능성을 배제해서도 안 된다. 시장 자본주의의 의도하지 않은 부작용을 최소화하기 위해서는 더 많은 연구와 더 개방적이고 덜 방어적이며 무엇보다도 더 이상 규범적이지 않은 경제학이 필요하다. 과거에 경영학을 전공하는 대학생들은 주입식 교육을 받았다. 19세기 신학자들과 유사하게 교수들은 비판적인 학문 대신 교리를 가르쳤다. 이것은 최근에 변화했고 새로운 세대의 경제학자들이 지금 경제학을 주도하고 있다. 지속 가능한 경제는 경제학의 한 분야로 뿌리 내렸고 공동선 경제는 대학에서도 점점 더 강의가 많아지고 있고 대학생들은 교과내용의 다양화를 요구한다. 행동경제학, 신제도경제학 그리고 아마르티아 센, 조지프 스티글리츠, 엘리너 오스트롬과 같은 노벨상 수상자들은 전통적인 패러다임을 지향하지 않는 21세기를 위한 경제이론을 요구했다. 옥스퍼드의 경제학자 케이트 레이워스는 '도넛경제학'을 제안했다. 여기에서는 이익을 최대화하기 위한 단기적인 사고 대신에 우리 삶의 터전을 파괴하지 않고 경제활동을 가능하게 하는 경제사고가 개발되었다. 경제학이 미래로 가는 길에 다시 앞장서려고 한다. 흥미로운 것은 여기에 여성들이 선두에 있다는 것이다. 아마도 그들은 잃어버릴 것이 적기 때문에 변화에 대한 두려움도 분명히 적을 것이다. 지난 100년 동안의 경제시스템에서 여성 참여, 어쨌든 여성이 최고경영진이 되는 일은 쉽지 않았다.

다시 한번 '대안 없음'으로 되돌아가자. 물론 대안이 없는 상황은 항상 있을 것이다. 만약 어린아이가 물에 빠졌다면 당연히 구하기 위해 물속으로 뛰어들어야 하고 이때 다른 대안은 없다. 그러나 미래를 계획할 때 '대안 없음'은 부적절한 개념이다. 대안이 없다면 계획할 것도 없기 때문이다. 지난 200년 동안 내세운 '대안 없음'에 작별을 고하고 우리의 시선을 좀더 뒤로 돌려 근대 이전에 살았던 사람들의 생활방식과 경제방식을 살펴보자. 우리는 확실히 과거에서 매우 구체적인 교훈을 이끌어낼 수 있을 것이다.

협력은 사익보다 사람을 더 행복하게 만든다

협력은 우리 인간에게도 지구에도 이롭다. 즉시 뒤에서 반대의 목소리가 들린다. 20세기가 진행되면서 지구에 가해진 착취를 대규모 협력의 결과로 간주할 수도 있지 않을까? 우리는 협력을 미화하려는 것이 아니다. 협력할 수 있는 인간의 능력은 전쟁도 일으키고 유대인 집단수용소도 건설했다. 이는 의심의 여지가 없다. 그러나 선한 일을 위해서도 협력이 가능하다는 것이 이 책에서 증명되었다. 우리는 단지 원하기만 하면 된다. 이 책의 첫 번째 장은 중세 수도원에서 공유경제가 1,500년이 넘는 시간 동안 어떻게 성공할 수 있었는지 보여주었다. 물론 그 당시 사람들도 실패를 경험했지만 항상 다시 새로 시도했다. '사람이 떡으로만 살 것이 아니요'라는 성경 진리에 대한 지식은 영성이 인간의 일상생활을 체계적으로 통합하는 삶의 형태를 불러일으켰다. 물론 이 말이 항상 평화와 기쁨, 맛있는 음식이 주를 이루었다는 것을 의미하지는 않는다. 완전히 그 반대이다. 중세 수도원의 생활과 경제공동체의 역사로부터 재구성할 수 있는 것은 시작, 전성기, 위기, 붕괴가 있는 다사다난한 역사이다. 우리는 그 당시 사람들이 개인과 공동체 사이의 피할 수 없는 긴장에 균형을 맞추려고 어떤 시도를 했는지 배웠다. 또한 개인과 공동체가 너무 근접해 있을 때 나타날 수 있는 불쾌감을 분명한 규정을 통해 어떻게 최소화했는지도 배울 수 있다. 아울러 지나치게 갈등이 많은 개혁운동에서 어떻게 대대로 꾸준히 자신들을 다른 사람들과 구별했으며, 어떻게 항상 다시 변화했는지도 배웠다. 수도원의 사례연구에서도 매우 분명하게 드러난 것은 착취나 노예제도 없이 공동경제가 작동한다는 인식이다. 대부분의 수도회에서는 매일 일상의 육체노동을 하는 평신도 형제들과 함께했으며 그들은 수도회의 정규회원으로 간주되었다. 오늘날 수도원의 평신도 형제들은 무기계약 고용관계라고 할 수 있겠다. 지주로서 수도원의 역할도 종종 오해를 받았다. 수도원에 속한 마을과 농장에서 일했던 사람들은 18세기의 의미에서 농노가 아니었다. 그들은 미국의 사탕수수농장에서 일했던 노예와 달랐다. 그들은 분명하게 규정된 근무일에 그들의 사주이자 지주를 위해 일했던 사람들이었다. 그 대가로 토지를 얻고 보호를 받았으며 공동체의 일원이 되었다. 미래를 건설하기 위해 협력하는 것은 가능하다. 여기에서 경제활동의 목표를 새롭게 정의하는 것이 가능할 것이다. 우리는 소득을 축적하기 위한 경제활동을 원할까? 아니면 지속 가능한 경제발전을 촉진하고 서로 돌보기를 원할까? 우리는 우리 손으로 일한 수고의 열매를 함께 향유하기를 원할까? 착취하는 대신 돌봄경제는 어떨까?

지속 가능성은 유일한 생존전략

인간은 자원을 보호하면서 경제활동을 할 능력이 있다. 우리 조상들은 공공재의 지속 가능한 사용 방법을 알고 있었다. 물론 전근대에도 자연에 대한 남용이 있었지만 지난 200년만큼 인간이 자연을 함부로 훼손한 시대는 없었다. 산림청장이었던 한스 카를 폰 칼로비츠는 18세기에 지속 가능성이라는 개념을 도입했고 당시 근대적 절대주의 시대에 중앙정부에서 주도한 숲의 과도한 사용에 대응했다. 그 이전의 사람들은 숲, 토지, 하천, 산 같은 공공재를 수백 년 동안 파괴하지 않고 공동으로 사용했다. 그들은 예를 들어 어획량 할당, 개간금지 혹은 휴경 등을 통해 이익을 포기하는 방법으로 외부 효과에 대한 비용을 어느 정도 미리 계산한 셈이다. 엘리너 오스트롬에 의해 공식화된 공공재화의 지속 가능한 공동사용 규칙은 근본적으로 역사적 경험의 재발견이다. 그렇지만 보덴호의 어부들과 같은 당대의 사람들에게 오늘날의 의미에서 생태학적 동기 혹은 환경보호가 중요했던 것이 아니라고 종종 이의를 제기한다. 하지만 바로 여기에 중요한 포인트가 있다. 지속 가능성은 '가지면 좋은 것'도 현대의 발명품도 아니다. 지속 가능성은 우리가 가진 유일한 생존전략이다. 보덴호의 어부들은 그 사실을 알고 있었다. 어부들이 그들의 생계기반인 호수를 조심스럽게 다루었던 것은 그들에게 최선의 이익을 위한 행동이었다. 장기적으로 생각하는 능력, 미래 세대를 생각하는 능력을 언제 상실했는지 자문해보아야 한다. 사람들은 다음 세대와 그다음 세대의 안녕에 관심을 기울이는 일을 언제 잊어버린 것일까?

수 세기 동안 삼림협동조합이 얼마나 성공적으로 기능했는지는 팔츠의 임업조합 사례를 통해 제시되었다. 17세기에 계속해서 증가했던 과잉생산의 압박과 함께 이런 경영형태는 사라져가야만 했다. 과거의 시장조합은 분명히 지속 가능성의 원칙을 따랐기 때문이었다. 이는 그들이 자원을 착취할 가능성을 제한했다. 지벨딩겐의 계곡에서 협동조합원들은 프랑스 왕이 군사적 이익을 위해 삼림을 부적절하게 벌목하려는 것에 대항해 숲을 지키려고 노력했다. 조합원들은 고용된 삼림노동자들의 벌목연장을 숨겼다. 이런 단체행동으로 개간을 막을 수 있었다. 그렇지만 그들은 효율성을 높이고 이익을 극대화하는 패러다임에 장기적으로 맞설 수 없었다. 점차 조합 단위의 사용자 단체는 무효화되었고 결국 근대로 나아가는 길에 장애물로 간주되었다.

중세 베긴회 수녀원의 역사는 독립적인 여성공동체가 수백 년 동안 도시에서 지속 가능성의 전문가로서 어떻게 스스로를 증명해왔는지 보여주었다. 이 여성들은 경제활동에 적극적으로 참여했다. 몽펠리에의 예는 베긴회 여성들이 도시의 금융시장에서 대출자로서 얼마나 능동적으로 행동했는지, 그들이 오늘날 스타트업이라고 할 수 있는 젊은 부부에게 어떻게 필요한 창업자금을 제공했는지 보여준다. 도시 근교 농업 분야의 프로젝트를 위한 제안도 여기서 찾을 수 있다. 두에의 한 베긴회 여성이 했던 물냉이 재배 혹은 오늘날까지 보존되어 있는 신트트라위던의 도시농장을 예로 들 수 있다.

"우리에게 필요한 것은 더 적은 것이다"

순환경제와 리사이클링에 관한 역사는 영감을 주기보다는 오히려 명확한 행동 권고사항을 제공한다. 역사적 관점으로 볼 때 흔히 말하는 선형경제의 역사는 매우 짧으며 시급한 다른 문제들을 스스로 만들어냈다. 20세기 초까지만 하더라도 리사이클링은 당연한 일이었다! 미래 세대에게 20세기 후반부는 슬픈 전성기로 회자될 것이다. 지구가 쓰레기로 뒤덮인 세기였기 때문이다. 시장이 값싼 원유로 넘쳐난 이후로 20세기 후반 마지막 40년 동안 믿을 수 없이 빠른 속도로 쓰레기 생산기계가 가동되었고 수명이 극히 짧은 소비재를 생산하는 일에 집중했다. 예를 들어 아침 식사용 슬라이스 햄의 플라스틱 포장재와 같이 대부분 한 번만 사용되는 소비재와 일회용제품을 생산했다. 쓰레기를 버리면서 소비습관과 식습관에 극적인 변화가 일어났는데 바로 '신선한' 맛이 무엇인지 잊어버린 것이다. 불과 40년 전만 하더라도 사람들은 플라스틱에 밀봉되어 이미 몇 주 동안이나 선반에 놓여 있던 햄을 먹으려 하지 않았을 것이다. 현재 이 분야에서 많은 변화가 일어나고 있기는 하지만 여전히 연간 4억 700만 톤의 플라스틱이 생산되며 그중 1/4 이상이 포장재이다. 비닐봉지의 평균 사용 시간은 25분이다.

그러나 불과 50년 만에 이런 말도 안 되는 일에 익숙해졌다는 사실은 희망을 주기도 한다. 그만큼 빨리 습관을 버릴 수도 있다는 것을 보여주기 때문이다. 습관은 바꾸기 어렵지만 그렇다고 변하지 않는 것은 아니다. 50년 전 일회용 플라스틱 포장이 발명되었을 때만 해도 그것이 바다와 지하수뿐 아니라 우리의 음식에 이르기까지 전 세계적인 미세 플라스틱 오염으로 이어질 것이라고는 어느 누구도 생각하지 못했다. 원인제공자 책임의 원칙에 따라 쓰레기 오염에 대한 청구서는 생산자에게 보내야 한다. 합성물질의 가격은 수정되어야 하며 폐기 비용이 가격에 포함되어야 한다. 문제를 소비자에게 전가해서는 안 된다. OECD 규격 내의 새로운 회계표준을 위한 비영리단체가 이런 방향으로 한 걸음을 내디뎠다. 대기업의 지속 가능성 부서에서는 이미 이를 위한 다양한 시도를 하고 있으며 소비자와 입법부의 지원이 시급하다.

중고시장과 수리업이 항상 경제활동의 당연한 일부분이었던 것 역시 기억 속에서 사라졌다. 무엇보다도 역사가들이 주로 생산과 금융시장에 집중하면서 재활용산업의 경제적 중요성을 시야에서 놓쳐버렸기 때문이었다. 여기에서 수리직업에 대한 세금감면 요구는 분명히 이끌어낼 수 있다. 폐기 비용은 더 이상 지방자치단체에 전가될 수 없다. 이는 특히 번창하는 온라인 거래에 적용된다. 도시는 더 이상 포장 폐기물 처리비용을 부담하는 방식으로 아마존 회사에 강제적인 보조금을 지급하지 않아도 된다. 여기서도 공정성을 위해 원인제공자 책임의 원칙을 따라야 한다. 비용은 항상 사회적인 것이 되는 반면 이익은 항상 사적인 것이 되어서는 안 된다.

놓아버리면 손이 자유로워진다. 이는 마지막 장에서 고대로부터 21세기에 이르기까지 미니멀리즘 운동을 통해 분명해졌다. 항상 더 많은 것, 확장, 이익과 권력만을 추구했던 것이 아니다. 단순함과 자유에 대한 소망 또한 수천 년 동안 인간의 역사에 동행했다. 그리고 20세기의 고삐 풀린 소비의 오랜 광란 이후 이제 21세기에는 무게 추가 다른 방향으로 흔들리게 될까 하는 질문이 생긴다. 만약 점점 더 많은 사람들이 디오게네스처럼 단순함의 행복을 깨닫고 권력과 부로 유혹하며 다가오는 위대한 장군들에게 햇빛을 가리지 말아달라고 공손하게 요청한다면 어떻게 될까? 만약 점점 더 많은 사람들이 점점 더 적은 것을 원한다면 어떻게 될까? 이 질문을 사적인 영역으로 후퇴하기 위한 변호로 이해해서는 안 된다. 그 반대이다. 바로 지속 가능한 고대 미니멀리스트들의 매력은 수 세기 동안 아이디어가 얼마나 강력할 수 있는지 증명하기 때문이다. 그러나 아이디어를 펼치기 위해서는 아이디어를 나르는 사람들의 공동체가 필요하다. 이곳에 제시된 모든 대안에는 13세기 탁발 수도사들이 했던 것처럼 도시의 거리에서 변화의 열망을 전달하는 사람들, 아이디어 전달자들이 필요하다. 그들은 영향력을 지니고 있었다. 미래를 설계하고, 설교를 통해 입장을 드러내고, 불의를 규탄하고, 시장에 영향력을 행사하고, 소액대출은행 설립을 지원하고, 당시의 시장 상황에 대해 시대를 훨씬 앞서는 분석을 내놓았다. 그러므로 이런 역할 모델에서 영감을 얻는 것에 반대할 이유는 무엇일까?

개인도 중요하지만 우리는 공동선을 추구해야 한다!

중세 후기 소액대출은행의 발명은 경제적으로 번영했던 북부 이탈리아 도시들에서 모두의 안녕을 위해 노력한 결과였다. 여기서도 역사적으로 자명한 소액대출의 관행이 어떻게 완전히 잊힌 걸까 하는 질문이 제기된다. 무하마드 유누스는 왜 이 개념을 20세기 말에 비로소 다시 새롭게 발명해야만 했을까? 중세에는 경제적으로 성공한 금융 자본가들도 결속력을 보였다. 도시는 공동의 노력을 기울였고 새로 설립된 은행에 투자했으며 도시 엘리트 구성원들은 무보수로 은행 관리업무를 수행했다. 그 관리업무는 매년 돌아가면서 맡았다. 이뿐만 아니라 훨씬 이전 사회의 소액대출거래에 대한 다른 연구로부터 도출할 수 있는 기본 아이디어는 금융시장 참여가 모든 계층에게 보장되어야 한다는 결론으로 이어진다. 시장 활동에서 배제되거나—오늘날 부상하고 있는 추세—시장 참여가 소비자의 역할로 축소되는 것은 사회의 안녕에 극적인 영향을 미친다. 어쩌면 이 지점에서 무조건적 기본소득에 대한 이의가 제기될 수도 있다. 사람들을 소비자의 역할로 제한하는 위험이 있지는 않을까? 오히려 기회의 확대를 통해 시장 활동에 참여하도록 장려해야 하지는 않을까?

개인의 중요성은 아무리 강조해도 지나치지 않다. 아비뇽시가 마침내 다리 건설을 시작할 수 있었던 것은 외딴 산간 마을에서 온 낯선 청년 덕분이었다. 베네제는 이 일을 해냈다. 아마도 그가 젊고 또 외부에서 왔기 때문에 도시 안의 서로 상충되는 이해관계를 균형 있게 조정하고 공동자금조달의 필요성을 시의 각계각층 사람들에게 설득할 수 있없을 것이다. 개인의 행동이 중요하다는 것은 역사가 주는 가장 중요한 교훈 중 하나이다. 아비뇽의 베네제처럼 개인이 항상 구체적으로 드러나는 것은 아니지만 역사는 사람들에 의해 만들어진다. 책임지는 여성과 남성, 젊은이와 노인, 큰 자와 작은 자에 의해 만들어진다. 베네제의 이야기에서 분명해지는 사실은 한 개인이, 한 젊은이가 자극을 주었고, 기꺼이 뛰어들어 프로젝트에 전적으로 헌신했다는 것이다. 그러나 노인들과 마을 사람들, 도시 시민들 또한 그를 지지했고 격려했으며 그에게 토지를 팔았고 그에게 필요한 권위를 부여해주었고 그 결과 다리를 짓는 일이 지속 가능한 구조로 변형되도록 보살폈다. 서로서로 지원해주는 공동체를 구성하는 일이 중요하다. 전체는 부분의 합 이상이다. 우리는 아리스토텔레스의 이런 태고의 지혜를 충분히 되새겨야 할 것이다. 여기서도 협력은 고독한 영웅이 홀로 행하는 선의의 싸움보다 훨씬 더 즐겁다.

우리는 문제를 다음 세대에 넘겨서면 안 된다

12세기 후반에 나온 한 텍스트에는 노년의 단점이 묘사되어 있다. 저자는 주요 단점으로 완고함과 불평, 노여움과 서투름, 옛것에 대한 집착, 현재에 대한 끊임없는 질책과 체념을 꼽는다. 아울러 노인들에게는 젊은이에게 등을 돌리지 말도록 권고하며 젊은이들에게는 주제넘게 노년에 대해 아는 체하지 말 것을 권유한다. 그리고 "우리의 지금 모습은 그들의 예전 모습이었으며 그들의 지금 모습은 우리 또한 언젠가 될 모습이라는 것"을 항상 기억하라고 젊은이들에게 조언한다. 이렇게 세대의 순환 속에 연결되어 있다는 자각은, 스스로를 죽은 자와 산 자의 공동체로 이해하고 있던 중세의 사회 안에 확고히 자리 잡고 있었다.

세대 간의 유대가 중심개념이었던 것이다. 그리고 유대감은 영혼 구원을 염려하며 망자를 위해 기도하는 가운데 문화적으로 한 세대에서 다음 세대로 계승되었다. 면벌부를 통해 지역 사회의 공익과 자선 프로젝트에 자금이 조달되었고 돈의 흐름이 한 세대에서 다음 세대를 향하도록 유도되었다. 이런 중세의 면벌부 논리가 오늘날 우리에게 전적으로 생소한 것은 사실이다. 오늘날 연옥의 위협은 더 이상 존재하지 않으며 우리가 이런 생각에서 자유로워진 것은 당연히 좋은 일이다. 그러나 빈대를 잡으려다가 초가삼간을 다 태워버린 것처럼 보이는 것도 사실이다. 연옥의 개념 이면에는 개인의 행동이 자신의 생애 이후에도 어떤 결과를 낳는다는 생각이 있었기 때문이다. 만약 내 후손이 연옥에 있는 내 영혼을 위해 기도할 수 있다는 것을 내가 안다면 나는 그들의 생각대로 행동하는 일에 더 큰 관심을 갖게 될 것이다.

오늘날 사람들은 생산성 혹은 생식성, 생성감. 심리학자 에릭슨의 용어—옮긴이을 이야기한다. 그것이 의미하는 바는 다음 세대의 사람들을 위한 배려와 내가 더 이상 존재하지 않는 세상에서 살게 될 미래의 사람들을 생각하는 행동이다. "홍수는 다음 세대의 일"이 아니라 이제부터 "미래를 다음 세대에게"라는 슬로건이 적용되어야 할 것이다. 그리고 연옥 없이도 세대를 초월하는 사고와 행동의 기술이 다시금 우리 사회의 집단의식 안에 더 확고히 정착될 수 있기를 바란다. 16세기 초의 사회주택 건설 프로젝트인 아우크스부르크의 푸거라이는 오늘날까지 존속하고 있으며 아무 잘못 없이 빈곤에 빠진 사람들에게 지금까지 5세기 동안 새로운 시작의 기회를 제공하면서 생산적인 행동을 고무시켰다. 이렇게 선한 일에도 결과가 따라온다.

3 과거에서 불어오는 순풍

지속 가능성의 짧은 역사를 통해 시대에 뒤떨어진 단기경제를 장기경제로 전환시키기 위한 자극들이 잘 전달되었길 바란다. 이 희망은 오늘날의 우리보다 지구 자원의 한계를 더 잘 알았던 사람들의 시대가 있었다는 가정에 기반을 둔다. 그리고 우리가 그들의 경험에서 배울 점이 있다는 생각이 용기를 준다. 그들은 의심의 여지 없이 다른 세계에 살았지만 오늘날 우리의 상황보다 결코 덜 힘들다고 할 수 없는 실존적 위기들을 극복했다. 이 경험을 교환하는 일은 유익하다.

미래는 대안이 없는 것이 아니다. 우리는 선택할 수 있으며 결정할 수 있다. 13세기 남부 프랑스의 경제이론가인 피에르 드 장 올리비는 자본에 대한 유명한 글 외에 인간의 자유에 대한 논문도 썼다. 올리비의 동시대인들이 아리스토텔레스의 전통에 따라 인간의 자유를 이성에 의해 규정된 노력에서 나온 결정으로 정의했던 반면에 올리비는 더 깊이 파고들었다. 그에게 자유는 사람들이 모든 결정을 내릴 때 끊임없이 두 가지 선택 사이에서, 양심의 가책과 변명 사이에서, 격려와 피로 사이에서 갈등하면서 매일 직접 경험하는 것이었다. 이는 올리비에게 '우리 안에 선택의 자유가 있다'는 증거였다. 그는 고대 철학 이래로 잘 알려진 개념인 '집중', 즉 내면의 소리와 동요와 감정을 지각하는 능력을 사용한다. 그에게 그것은 자유의 첫 번째이자 가장 중요한 특징이다. 의지의 자유는 인간을 지적인 동물 이상으로 만드는 것이다. 우리는 결정을 내리고 우리 행동을 성찰할 수 있다. 올리비는 문자 그대로 선에 대한 인간의 감정과 선호에 대해, 선행의 경우에는 '감미로움'에 대해 말한다. 그에게 인간의 의지는 전적으로 정복할 수 없는 것이다. 인간의 의지는 창조된 모든 것을 능가한다. 신조차도 인간의 의지를 강요할 수 없다. 인간의 자유의지에 대한 올리비의 신뢰는 인류를 자기 운명의 주인으로 만든다. 우리에게는 선택권이 있다. 우리는 미래를 우연에 맡길 것인지 아니면 자기 효능감 자신이 어떤 일을 성공적으로 수행할 수 있는 능력이 있다고 믿는 기대와 신념-옮긴이 을 신뢰하면서 주도권을 잡을 것인지 결정할 수 있다. 우리는 모든 것이 계속 흘러가도록 그대로 놔둘 것인지 아니면 단결하여 힘을 합치고 모든 곳에서 가시화되고 있는 좋은 시도를 지원할 것인지 결정할 수 있다. 가끔씩 노인들과 대화를 나누는 것은 유익하다. 역사는 미래에 대한 두려움을 극복하는 데 도움이 된다. 우리는 또 다르게 할 수 있고 단지 그렇게 하길 원하기만 하면 된다. 우리 선조들의 경험은 선한 일의 감미로움을 느끼고 싶게 하고, 적어도 대안을 시도해보고 싶게 만든다. 이것이 바로 내가 이 책에서 희망하는 바이다.

감사의 말

"중세가 기사와 십자군과 성 말고 수없이 다양한 지속 가능성에 대한 지식도 제공해줄 수 있다고 누가 생각이나 했을까?"

나는 만하임대학 역사연구소의 중세 팀에게 감사드린다. 특히 중세 경제사에 대한 우리 연구를 지난 수년 동안 집중하여 진전시켰던 열정에 대해 타냐 스캄브락스와 스테판 니콜루시 쾰러에게 감사한다. 순풍과 같은 도움을 준 마리아 막달레나 뤼케르트, 히람 큄퍼, 베레나 벨러, 카트야 구츠머에게 감사하며, 잃어버린 과거의 지속 가능성에 대한 지식을 찾을 수 있는 환경을 조성하도록 재정적으로 지원해준 독일 연구재단에도 감사를 드린다. 원고와 도표 목록을 준비하는 데 대체할 수 없는 도움을 준 레나 리츠너스키, 수많은 문헌 조사와 도서 대출을 도와준 소피 헨레, 라우라 그라바레크와 니코 마린 프랑코, 교정을 봐주고 호의적인 호기심을 보여준 크리스타 페터만, 현대사로부터 정신적인 지원을 보내준 필립 가서트와 안게라 보르크슈테트에게 특별히 감사드린다. 비판적이고 건설적으로 첫 원고를 읽어주고 귀중한 조언을 해준

378 미래가 있던 자리

요첸 슈트레프만하임와 베른트 슈나이드뮐러 하이델베르크에게 심심한 감사를 드린다.

탈케 샤프라네크 BASF 순환경제 이사와 라우라 마리아 에딩거 숀스 만하임 대학교 지속 가능 경제학 교수와 협력하여 첫 번째 학제 간 강좌들이 2020년 봄에 개설되었는데 이는 "미래를 위한 과학자 강의 시리즈"와 세미나 "지속 가능성-미래를 위한 과거로부터의 교훈"이었다. 지속 가능한 개발 목표와 조상들의 지속 가능성에 대한 지식 사이의 연계성을 생각할 때 정확성과 구체성을 갖도록 나를 자극했던 활발한 토론에 대해 학생들에게 감사의 말을 전하고 싶다. 호기심, 비판적 질문, 경청, 초대, 심사, 격려 등 매우 다양한 형태로 호의를 갖고 프로젝트를 지원해준 크리스타 슐레퍼 빈, 니콜라스 야스퍼트 하이델베르크, 게르하르트 푸케 킬, 사비네 폰 호이징거 쾰른, 크리스티나 안데나 그라츠, 노라 베렌트 캠브리지, 다니엘 S. 스마일 하버드, 토마스 에르틀 베를린, 시몬 토이셔 취리히, 질비아 네그리 취리히, 루드거 리프 하이델베르크, 우르줄라 베크 카를스루에, 자샤 도에링 하이델베르크, 로즈마리 트레이시 만하임, 가브리엘라 시뇨리 콘스탄츠, 요하네스 파울만 마인츠, 그리고 특별히 프리데만 슈렝크 프랑크푸르트/카롱가에게 감사를 전한다.

처음에는 내용을 대대적으로 줄이라고 해서 나를 힘들게 했지만 이후 모든 것을 매우 신중하게 교정해준 편집자 모리츠 폴크에게 깊은 감사를 드린다. 그의 수고로 원고가 더 좋아졌다. 내용 중 불합리한 부분이 있다면 그것은 나의 책임이다.

날씨가 흐렸던 11월의 어느 날, 런던의 블룸즈버리 광장에 있는 카페에서 이 일을 시작할 수 있도록 자극을 주었던 린달 로퍼 옥스퍼드에게 무한한 감사를 드린다. 그리고 마지막으로 나의 에이전트 니나 질렘에게 가장 큰 감사를 드리고 싶다. 니나는 집중과 가벼움의 매우 이례적인 조합으로 프로젝트를 조직하고 올바른 궤도에 올려놓았으며 글을 쓰는 힘든 과정 내내 오늘까지 전문적으로 나와 동행해주었다.

나는 이 책을 쓸 수밖에 없었다. 지구의 멋진 미래를 위해 함께 싸우면서 미래를 위한 금요일 스웨덴의 십대 환경운동가 그레타 툰베리의 기후 온난화에 대한 대책 마련 촉구 운동-옮긴이 세대를 과거에서 불어온 순풍과 함께 지원하는 일이 내게 중요하기 때문이다. 사랑하는 내 아이들 파울과 클라라, 프리드룬과 로테 그리고 나의 손자 넬리오에게 이 책을 바친다.

만하임, 2021년 4월

참고문헌

Aerschot, Suzanne van & Heirman, Michiel, Les Beguinages de Flandre un patrimoine mondial, Brüssel 2001.

Alchermes, Joseph, Spolia in Roman Cities of the Late Empire: Legislative Rationales and Architectural Reuse, in: Dumbarton Oaks Papers 48 (1994), pp. 167–178.

Allerston, Patricia, Clothing and Early Modern Venetian Society, in: Continuity and Change 15.3 (2000), pp. 367–390.

Allmann, Joachim, Der Wald in der Frühen Neuzeit. Eine mentalitats- und sozialgeschichtliche Untersuchung am Beispiel des Pfälzer Raumes 1500–1800, Berlin 1989, pp. 263–286.

Alter, Willi (Hg.), Pfalzatlas, Bd. 1, Speyer 1963.

Andenna, Cristina, Ein besserer Weg zu Gott. Freundschaftskonzepte und Freundschaftszeichen in den Viten weiblicher Heiliger des 13. Jahrhunderts, in: Munkler, Marina u.a. (Hg.), Freundschaftszeichen. Gesten, Gaben und Symbole von Freundschaft im Mittelalter, Heidelberg 2015, pp. 179–208.

Andenna, Cristina, Da moniales novarum penitentium a sorores ordinis Sancte Marie de Valle Viridi. Una forma di vita religiosa femminile fra Oriente e Occidente (secoli XIII-XV), in: Panarelli, Francesco, Da Accon a Matera: Santa Maria la Nova, un monastero femminile tra dimensione mediterranea e identita urbana (XIII–XVI secolo), Münster 2012, pp. 59–130.

Andenna, Cristina, Il fenomeno delle 'convertite'. Reti die comunità di sorores penitentes e esperimenti di organizzazione istitutzionale fra Europa, Terra Santa et Italia Meridionale nes secolo XIII, in: Vita religiosa al femminile (secoli XIII-XIV): ventiseiesimo Convegno internazionale di studi: Pistoia 19–21 maggio 2017, Rom 2019, pp. 55–76.

Angenendt, Arnold, Die historische Entwicklung des Ablasses und seine bleibende Problematik, in: Rehberg, Andreas (Hg.), Ablasskampagnen des Spätmittelalters. Luthers Thesen von 1517 im Kontext, Berlin/Boston 2017, pp. 31–43.

Antes, Karl, Die pfälzischen Haingeraiden, Kaiserslautern 1933.

Aristoteles, Nikomachische Ethik, hg.v. Wolf, Ursula, Reinbeck 2018, 7. Auflage.

Armstrong, Lawrin, Usury, Conscience and Public Debt: Angelo Corbinelli's Testament of 1419, in: Munor, John A./Kuehn, Thomas (Hg.), A Renaissance of Conflicts. Visions and Revisions of Law and Society in Italy and Spain, Toronto 2004, pp. 173–240.

Avallone, Paola (Hg.), Il 'povera' va in Banca. I Monti di Pietà negli antichi stati Italiani, Neapel 2001.

Baer, Harald/Gasper, Hans/Sinabell, Johannes/Müller, Joachim (Hg.), Lexikon nichtchristlicher Religionsgemeinschaften, Freiburg 2010.

Baldwin, John, The Medieval Theories of the Just Price: Romanists, Canonists, and Theologians in the Twelfth and Thirteenth Centuries, in: Transactions of the American Philosophical Society, 49 (4) (1959), pp. 1–92.

Balossino, Simone/Hartmann-Virnich, Andreas, Le pont d'Avignon. Enquetes archéologiques et historiques sur les debuts d'un monument énigmatique, in: INSITU. Zeitschrift für Architekturgeschichte 7 (2) (2015), pp. 179–196.

Barile, Nicola Lorenzo, Renaissance Monti di Pietà in Modern Scholarship. Themes, Studies, and Historiographic Trends, in: Terpstra, Nicholas/Carboni, Mauro, The Material Culture of Debt. (Centre for Reformation and Renaissance Studies) Toronto 2012, pp. 85–114.

Basili regvla a Rvfino latine versa, Zelzer, Klaus (Hg.), Wien 1986.

Baumann, Annette, Lotterie, in: Cordes, Albrecht/Haferkamp, Hans-Peter/Luck, Heiner/Werkmüller, Dieter/Bertelsmann-Kierst, Christa (Hg.), Handwörterbuch zur deutschen Rechtsgeschichte, Bd 3, Berlin/Boston 2016, pp. 1065–1068.

Baumeister, Theofried, Der aktuelle Forschungsstand zu den Pachomiusregeln, in: Münchener Theologische Zeitschrift 40 (1989), pp. 313–321.

Bayerische Staatsbibliothek (Hg.), Die Fugger im Bild: Selbstdarstellung einer Familiendynastie der Renaissance. Begleitbuch zur Schatzkammerausstellung anlässlich der Erwerbung des Ehrenbuchs der Fugger (Cgm 9460) und der Fuggerorum et Fuggerarum imagines (Cod.icon. 380); [Schatzkammerausstellung: Bayerische Staatsbibliothek, 10. März bis 22. Mai 2010; weitere Ausstellungen 2011 und 2012: Bayerisches Nationalmuseum, München; Deutsches Historisches Museum, Berlin; Maximilianmuseum, Augsburg], Luzern (2010).

Beaune, Henri, Droit Coutumier Francais, Bd. 4, Paris 1889.

Beckby, Hermann, Die Spruche des Publilius Syrus, München 1969.

Becker, Hans-Jürgen, Opus Pontis. Stadt und Brucke im Mittelalter, in: Ders., Aspekte weltlicher und kirchlicher Rechtskultur. Ausgewahlte rechtshistorische Aufsätze, 2014, pp. 251–266.

Becker, Julia/Licht, Tino /Schneidmüller Bernd, Pergament, in: Meier, Thomas/Ott, Michael R./Sauer, Rebecca (Hg.), Materiale Textkulturen, Berlin 2015, pp. 337–47.

Behringer, Wolfgang, Kulturgeschichte des Klimas. Von der Eiszeit bis zur globalen Erwarmung, München 2007.

Belk, Russell, You are what you can access: Sharing and collaborative consumption online, in: Journal of Business Research 67 (8) (2014), pp. 1595–1600.

Below, Stefan von/Breit, Stefan, Wald – von der Gottesgabe zum Privateigentum. Gerichtliche Konflikte zwischen Landesherren und Untertanen um den Wald in der Frühen Neuzeit, Berlin u.a. 2016.

Biermann, Veronica, Ortswechsel: Überlegungen zur Bedeutung der Bewegung schwerer Lasten für die Wirkung und Rezeption monumentaler Architektur am Beispiel des Vatikanischen Obelisken, in: Altekamp, Stefan/Marcks-Jacobs, Carmen/Seiler, Peter (Hg.), Perspektiven der Spolienforschung 1: Spoliierung und Transposition, Berlin 2013, pp. 123–156.

Binding, Günther/Nussbaum, Norbert, Der mittelalterliche Baubetrieb nördlich der Alpen in zeitgenössischen Darstellungen, Darmstadt 1978.

Binding, Günther, Antike Säulen als Spolien in Früh- und Hochmittelalterlichen Kirchen und Pfalzen – Materialspolie oder Bedeutungstrager? Sitzungsberichte der Wissenschaftlichen Gesellschaft an der Johann Wolfgang Goethe-Universität Frankfurt am Main XLV, Nr. 1, Stuttgart 2007.

Birch, Samuel, History of Ancient Pottery, London 1858.

Blancard, Louis, Documents inédits sur le commerce de Marseille au Moyen Âge, Bd. 2, Marseille 1885.

Blume, Georg, Mikrokredit, Makroarger, in: Zeit 11. März 2011.

Böhringer, Letha, Beginen und Schwestern in der Sorge für Kranke, Sterbende und Verstorbene: Eine Problemskizze, in: Dirmeier, Arthur (Hg.), Organisierte Barmherzigkeit: Armenfürsorge und Hospitalwesen in Mittelalter und Früher Neuzeit, Regensburg 2010, pp. 127–155.

Böhringer, Letha, Beginenhöfe, in: Sonntag, Jörg u.a. (Hg.), Geist und Gestalt. Monastische Raumkonzepte als Ausdrucksformen religiöser Leitideen im Mittelalter, Münster 2013, pp. 341–365.

Boethius, Trost der Philosophie/Consolatio philosophiae, lateinisch-deutsch, Gegenschatz, Ernst/Gigon, Olof (Hg.), Berlin 2011.

Boese Monika/Tiemann, Katrin, Der Beginenkonvent im spätmittelalterlichen Hamburg, in: Zeitschrift des Vereins für Hamburgische Geschichte 82 (1996), pp. 1–28.

Borgolte, Michael (Hg.), Enzyklopädie des Stiftungswesens in mittelalterlichen Gesellschaften, Bd. 1–2, Berlin/New York 2014.

Borgolte, Stiftungen für das Seelenheil, in: Zeitschrift für Geschichtswissenschaft 63 (12) (2015), pp. 1037–1056.

Botticini, Maristella, A tale of ≫benevolent≪ governments. Private credit markets, public finance, and the role of the Jewish lenders in Medieval and Renaissance Italy, in: Journal of Economic History 60 (1) (2000), pp. 164–189.

Bourgain, Pascale, L'imaginaire du jardin médiéval, in: Huchard, Viviane/Bourgain, Pascale, Le jardin médiéval. Un musée imaginaire. Cluny, des textes et des images, un pari, Paris 2002, pp. 85–125.

Bracht-Branham R./Goulet-Cazé, Marie-Odile (Hg.), The Cynics. The Cynic Movement in Antiquity and its Legacy, Berkley 1996.

Brandenburg, Hugo, Magazinierte Baudekoration und ihre Verwendung in der spätantiken Architektur Roms des 4. und 5. Jh. Ein Beitrag zur Bewertung der Spolie, in: Boreas. Münstersche Beitrage zur Archaologie 30/31 (2010), pp. 169–189.

Braudel, Fernand, Sozialgeschichte des 15.–18. Jahrhunderts. Der Handel, Frankfürt a. M. 1986.

Bredekamp, Horst, Der Künstler als Souverän (1549), in: Ders., Michelangelo. Fünf Essays, Berlin 2009, pp. 59–68.

Bresnahan Menning, Carol, Charity and State in Late Renaissance Italy. The Monte di Pietà of Florence, Ithaca 1993.

Brown, Peter, The rise and function of the Holy Man, 1971.

Bruckmüller, Ernst/Hartmann, Peter Claus (Hg.), Historischer Weltatlas, 2001.

Bücher, Karl, Arbeit und Rhythmus, Leipzig/Berlin 1909.

Bücher, Karl, Die Berufe der Stadt Frankfürt a. M. im Mittelalter, Leipzig 1914.

Bücher, Karl/Schmidt, Benno (Hg.), Frankfürter Zunfturkunden, Bd. 1, Frankfürt 1914.

Burr, David, Olivi and the limits of intellectual freedom, in: Shriver, George H. (Hg.), Contemporary Reflections on the Medieval Christian Tradition. Essays in Honor of Ray C. Petry, Durham 1974, pp. 185–199.

Burr, David, The Persecution of Peter Olivi, in: Transactions of the American Philosophical Society, 66 (5) (1976), pp. 1–98.

Burr, David, Olivi and Franciscan Poverty. The Origins of the Usus Pauper Controversy, Philadelphia 1989.

Carbajo Nunez, Martin, Economia francescana una proposta per uscire dalla crisi, Bologna 2014 (Engl. A free and fraternal economy. The Franciscan perspective, Delhi 2018).

Carboni, Mauro/Muzzarelli, Maria Guiseppina (Hg.), I Conti dei Monti. Teoria e Pratica amministrativa nei Monti di Pietà fra Medioevo ed Età Moderna, Venedig 2008.

Carboni, Mauro/Muzzarelli, Maria Giuseppina, In pegno. Oggetti in transito tra valore d'uso e valore di scambio (secoli XIII-XX), Bologna 2012.

Carlowitz, Hans Carl von, Sylvicultura Oeconomica. Haußwirthliche Nachricht und Naturmäßige Anweisung zur Wilden Baum-Zucht, Leipzig 1713.

Carpentier, Bernadette, Le Béguinage Sainte-Élisabeth de Valenciennes, de sa fondation au XVIeme siecle, in: Mémoires de la Cercle archéologique et historique de Valenciennes 4 (1959) pp. 95–182

Cassian, De institutis coenobiorum, Pertschenig, Michael (Hg.), Wien 1888 CSEL 17).

Chantal, Maigret, La tour Philippe le Bel 1303–2003: 700 ans d'histoire, in: Etudes Vauclusiennes 68 (2002), pp. 5–22.

Celano, Thomas von, Leben und Wunder des Heiligen Franziskus von Assisi. Einfuhrung, Übersetzung, Anmerkungen, Grau, Engelbert (Hg.), Werl/Westfalen 1994, 5. Auflage.

Chantepie, Gaël/Latina, Mathias, La réforme du droit des obligations. Commentaire théorique et pratique dans l'ordre du Code civil, Dalloz, 2016.

Charness, Gary/Gneezy, Uri, Strong evidence for gender differences in risk taking, in: Journal of Economic Behavior & Organization, 83 (1) (2012), pp. 50–58.

Checcoli, Ippolita, I Monti frumentari e le forme di credito non monetario tra Medioevo ed Età moderna, Bologna 2016.

Chiffoleau, Jacques, Charite et assistance en Avignon et dans le Comtat Venaissin (fin XIIIe–fin XIVe), in: Assistance et Charité, Toulouse 1978, pp. 69–85.

Clay, Diskin, Picturing Diogenes, in: Bracht-Branham R./Goulet-Cazé, Marie-Odile (Hg.), The Cynics. The Cynic Movement in Antiquity and its Legacy, Berkeley 1996, pp. 366–388.

Clemens, Lukas, Tempore Romanorum constructa. Zur Nutzung und Wahrnehmung antiker überreste nördlich der Alpen während des Mittelalters, Stuttgart 2003.

Congdon, Eleanor A., A run on a Bank (1400), in: Jansen, Katherine/Drell, Joanne/Andrews, Frances (Hg.), Medieval Italy. Texts in Translation, Philadelphia 2009.

Corsepius, Katharina, Der Aachener ≫Karlsthron≪ zwischen Zeremoniell und Herrschermemoria, in: Steinicke, Marion/Weinfürter, Stefan (Hg.), Investitur-und Krönungsrituale. Herrschaftseinsetzungen im kulturellen Vergleich, Koln 2005, pp. 359–375.

Counts, Alex, Small Loans, Big Dreams. How Nobel Prize Winner Muhammad Yunus and Microfinance are changing the world, New Jersey 2008.

Davies, Keri, William Blake and the Straw Paper Manufactory at Millbank, in: Mulhallen, Karen (Hg.), Blake in Our Time: Essays in Honour of G.E. Bentley Jr., Toronto 2010, pp. 233–261.

D'Avray, David, Another Friar and Antiquity, in: Ders./Beriou, Nicole (Hg.), Modern Questions about Medieval Sermons. Essays on Marriage, Death, History and Sanctity, Spoleto 1994, pp. 247–258.

Deceulaer, Harald, Second-Hand Dealers in the Early Modern Low Countries, in: Fontaine, Laurence (Ed.), Alternative Exchanges. Second-hand circulations from the sixteenth century to the Present, New York/Oxford 2008, pp. 13–42.

De Roover, Raymond, The Concept of the Just Price: theory and economic policy, in: Journal of Economic History 18 (1958), pp. 418–438.

De Roover, Raymond, San Bernardino of Siena and Sant' Antonino of Florence. The Two Great Economic Thinkers of the Middle Ages, Boston 1967.

Derwein, Herbert, Das Zisterzienserkloster Schönau mit den Zeichnungen des 16.

Jahrhunderts aus dem Germanischen Nationalmuseum in Nurnberg, Frankfürt am Main 1931.

Dessi, Rosa Maria, Usura, Caritas e Monti di Pieta. Le prediche antiusurarie e antiebraiche di Marco da Bologna e di Michele Carcano, in: I fratri osservanti e la societa in Italia nel secolo XV, Atti del XL Convegno internazionale in occasione del 550° anniversario della fondazione del Monte di pietà di Perugia, 1462, Assisi – Perugia, 11–13 ottobre 2012, Spoleto 2013, pp. 169–226.

Dirlmeier, Ulf/Fouquet, Gerhard/Fuhrmann, Bernd, Europa im Spätmittelalter 1215–1378, Oldenbourg Grundriss der Geschichte, Bd. 8, Berlin 2010.

Drossbach, Gisela (Hg.), Hospitäler in Mittelalter und Früher Neuzeit. Frankreich, Deutschland und Italien. Eine vergleichende Geschichte = Hôpitaux au moyen âge et au temps modernes, München 2007.

Dudley, Donald R., A History of Cynicism. From Diogenes to the 6th Century A.D., Hildesheim 1967, Nachdruck der Ausgabe London 1937.

Dunbar, Robin, Klatsch und Tratsch. Wie der Mensch zur Sprache fand, Munchen 1998.

Dunn, Marilynn, Paradigms of Penance in: Journal of Medieval Monastic Studies 1 (2012), pp. 17–39.

Dupré, Judith, Bridges. A History of the World's Most Spectacular Spans, New York 2017, 2. Auflage.

Eccleston, Thomas von, Bericht von der Ankunft der Minderbruger in England, in: Hardick, Lother, Nach Deutschland und England. Die Chroniken der Minderbrüder Jordan von Giano und Thomas von Eccleston, Werl/Westfalen 1957, pp. 115–214.

Ecker-Offenhäußer, Ute, Fuggerisches Schneidhaus, in: Grünsteudel, Günther/ Hägele Günther/Frankenberger, Rudolf (Hg.), Stadtlexikon Augsburg, Augsburg 2020.

Elder, Joseph W., Some roots and branches of Hindu Monasticism, in: Creel, Austin B./Vasudha, Narayanan, Monastic Life in the Christian and Hindu Traditions. A Comparative Study, Lewiston 1990, pp. 1–36.

Elm, Kaspar, Vita regularis sine regula. The meaning, legal status, and selfunderstanding of Late-Medieval and Early-Modern Semi-Religious Life, in: Mixson, James D./Elm, Kaspar (Hg.), Religious life between Jerusalem, the desert, and the world: selected essays, Leiden 2016, pp. 277–316 (erstmals auf Deutsch erschienen 1998).

Elvin, Mark, Three Thousand Years of Unsustainable Growth: China's Environment from Archaic Times to the Present, in: East Asian History 6(1993), pp. 7–46.

Emery, Richard W., The Friars in Medieval France. A Catalogue of French Mendicant Convents, 1200–1550, New York/London 1962.

Erdin, Emil A., Das Kloster der Reuerinnen Sancta Maria Magdalena an den Steinen zu Basel, von den Anfängen bis zur Reformation (ca.1230–1529), Freiburg 1969.

Ernst, Heiko, Weitergeben! Anstiften zum generativen Leben, Hamburg 2008.

Ertl, Thomas, Ihr irrt viel umher, ihr jungen Leute. Der mittelalterliche Franziskanerorden zwischen europäischer Entgrenzung und regionaler Beschränkung, in: Israel, Uwe (Hg.), Vita communis und ethnische Vielfalt. Multinational zusammengesetzte Klöster im Mittelalter, Rom/Berlin 2006, pp. 1–34.

Ertl, Thomas, Netzwerke des Wissens. Die Bettelorden, ihre Mobilität und ihre Schulen, in: Puhle, Matthias (Hg.), Aufbruch in die Gotik. Der Madgeburger Dom und die späte Stauferzeit, Bd. 1, Madgeburg 2009, pp. 312–323.

Ertl, Thomas, Franziskanische Armut in der Kritik. Anti-mendikantische Wahrnehmungsmuster im Wandel (13.–15. Jahrhundert), in: Heimann, Heinz-Dieter/Hilsebein, Angelica/Schmies, Bernd/Stiegemann, Christoph (Hg.), Gelobte Armut. Armutskonzepte der franziskanischen Ordensfamilie, Paderborn 2012, pp. 369–392.

Ertl, Thomas, Wien 1448. Steuerwesen und Wohnverhaltnisse in einer spätmittelalterlichen Stadt, Wien 2020.

Esch, Arnold, Spolien: Zur Wiederverwendung antiker Baustücke und Skulpturen im mittelalterlichen Italien. In: Archiv für Kulturgeschichte 51 (1969), pp. 2–64.

Falk, Armin, Markt und Moral, Frankfurt 2015.

Feest, Christian F., Beseelte Welten – Die Religionen der Indianer Nordamerikas, Freiburg/Basel/Wien 1998.

Feld, Helmut, Franz von Assisi und seine Bewegung. Darmstadt 1994.

Feld, Helmut, Beseelte Natur. Franziskanische Naturerzählungen. Tubingen 1993.

Felten, Franz J., Zusammenfassung. Mit zwei Exkursen zu den ≫Starken Armen≪ im frühen und hohen Mittelalter und zur Erforschung der pauperes der Karolingerzeit, in: Oexle, Otto Gerhard (Hg.), Armut im Mittelalter, Ostfildern 2004, pp. 349–401.

Field, Sean L./Lerner, Robert E./Piron, Sylvain (Hg.), Marguerite Porete et le ≫ Miroir des simples ames≪. Perspectives historiques, philosophiques et littéraires, Paris 2013.

Fößel, Amalie/Hettinger, Anette, Klosterfrauen, Beginen, Ketzerinnen. Religiöse Lebensformen von Frauen im Mittelalter, Idstein 2000.

Foghammar, Alexandra, ›allen inwonern zu lust und ergetzung‹. Die Hallerwiese ist Nürnbergs älteste Grünanlage, in: Nürnberg heute 70 (2001), pp. 50–55.

Folkers, Manfred/Paech, Niko, All you need is less. Eine Kultur des Genug aus okonomischer und ökologischer Sicht, Munchen 2020.

Fontaine, Laurence (Hg.), Alternative Exchanges. Second-hand circulations from the sixteenth century to the Present, New York/Oxford 2008.

Fontaine, Laurence, The exchange of second-hand goods between survival strategies and ›business‹ in eighteenth-century Paris, in: Fontaine, Laurence (Hg.), Alternative Exchanges. Second-hand circulations from the sixteenth century to the Present, New York/Oxford 2008, pp. 97–114.

Fontaine, Laurence, The Moral Economy. Poverty, credit, and trust in Early Modern Europe, Cambridge 2014.

Fouquet, Gerhard, Bauen für die Stadt. Finanzen, Organisation und Arbeit in kommunalen Baubetrieben des Spätmittelalters. Eine vergleichende Studie vornehmlich zwischen den Städten Basel und Marburg (Städteforschung Reihe A, Darstellungen), Köln/Weimar/Wien 1999.

Fouquet, Gerhard, Brücken. Bau und Bauunterhalt im späten Mittelalter und in der frühen Neuzeit: Das Beispiel der Weidenhäuser Brücke in Marburg, in: Andermann, Kurt/Gallion, Nina (Hg.), Weg und Steg. Aspekte des Verkehrswesens von der Spätantike bis zum Ende des Alten Reiches, Ostfildern 2018, pp. 47–73.

Frank, Karl Suso, Die Magisterregel. Einfuhrung und Übersetzung, St. Ottilien 1989.

Frank, Karl Suso, Basilius von Caesarea: Mönchsregeln, St. Ottilien 2010.

Freed, John B., The Friars in German Society in the Thirteenth Century, Cambridge 1977.

Fugmann, Haringke, Aufräumen als heilige Handlung. Zum weltanschaulichen Hintergrund des Bestsellers ≫Magic Cleaning≪ von Marie Kond-o, Berlin 2017.

Geffcken, Friedrich Peter, Soziale Schichtung in Augsburg 1396 bis 1521: Beitrag zu einer Strukturanalyse Augsburgs im Spätmittelalter, München 1995.

Geffcken, Friedrich Peter, Jakob Fugger der Reiche (1459–1525), ≫Königsmacher≪,

Stratege und Organisator, in: Damals 7 (2004), pp. 15–23.

Geffcken, Peter, Steuern, in: Grünsteudel, Günther/Hägele, Günther/Frankenberger, Rudolf (Hg.), Stadtlexikon Augsburg, Augsburg 2020.

Genecin, Isabel, In the world but not of the world≪? Doucelina, Felipa, and the Beguines of Marseilles, Undergraduate Senior Thesis, Columbia University 2015 (supervised by Charles Amstrong and Adam Kosto).

Geyer, Iris (Hg.), Das Leben der Marie Oignies von Jakob von Vitry und das Supplementum von Thomas von Cantimpre, Turnhout 2014.

Gilomen, Hans-Jörg, Renten und Grundbesitz in der Toten Hand: Realwirtschaftliche Probleme der Jenseitsökonomie, in: Jetzler, Peter (Hg.), Himmel, Hölle, Fegefeuer. Das Jenseits im Mittelalter. Eine Ausstellung des Schweizerischen Landesmuseums in Zusammenarbeit mit dem Schnütgen-Museum und der Mittelalterabteilung des Wallraf-Richartz-Museums der Stadt Köln, Zürich 1994, pp. 135–148.

Girard, René, Le buc émissaire, Paris 1982; dt. Der Sündenbock, Zürich 1988, Ausstoßung und Verfolgung, Frankfurt a. Main 1992.

Goller, Emil, Deutsche Kirchenablässe unter Sixtus IV, in: Römische Quartalsschrift für christliche Altertumskunde und Kirchengeschichte 31 (1923), pp. 55–70.

Gopel, Maja, Unsere Welt neu denken. Eine Einladung, Berlin 2020.

Goulet-Cazé, Marie-Odile, A Comprehensive Catalogue of Known Cynic Philosophers, in: Bracht-Branham R./Goulet-Cazé, Marie-Odile (Hg.), The Cynics. The Cynic Movement in Antiquity and its Legacy, Berkeley 1996, pp. 389–413.

Grass, Nikolaus, Viehverstellung, in: Erler, Adalbert/Kaufmann, Ekkehard (Hg.), Handwörterbuch zur Deutschen Rechtsgeschichte, Bd. 5, Berlin 1998, pp. 912–913.

Grober, Ulrich, Die Entdeckung der Nachhaltigkeit – Kulturgeschichte eines Begriffs, München 2010.

Grober, Ulrich, Nachhaltigkeit – die Geburtsurkunde eines Begriffs, in: Denkströme. Journal der Sächsischen Akademie der Wissenschaften 10 (2013), pp. 77–93.

Groebner, Valentin, Ökonomie ohne Haus. Zum Wirtschaften armer Leute in Nürnberg am Ende des 15. Jahrhunderts, Göttingen 1993.

Groebner, Valentin, Mobile Werte, informelle Ökonomie. Zur ≫Kultur≪ der Armut in der spätmittelalterlichen Stadt, in: Oexle, Otto Gerhard (Hg.), Armut im Mittelalter, Ostfildern 2004, pp. 165–187.

Grundmann, Herbert, Religiöse Bewegungen im Mittelalter. Untersuchungen über die geschichtlichen Zusammenhänge zwischen der Ketzerei, den Bettelorden und der religiosen Frauenbewegung im 12. und 13. Jahrhundert und über die geschichtlichen Grundlagen der deutschen Mystik, Berlin 1935, Neudruck Darmstadt 1970.

Guard, Timothy, Opus caritativum: Crowdfunding the Later Crusades. The English Evidence, in: Lippiatt, G.E.M./Bird, Jessalynn Lea (Hg.), Crusading Europe. Essays in Honour of Christopher Tyerman, Turnhout 2019, pp. 211–233.

Gwynn, Aubrey/Hadcock, Neville, Medieval Religious Houses. Ireland, Dublin 1988.

Habermas, Rebekka, Die Beginen – eine ›andere‹ Konzeption von Weiblichkeit?, in: Wiener Historikerinnen (Hg.), Die ungeschriebene Geschichte. Historische Frauenforschung, Wien 1984, pp. 199–207.

Hackstein, Rolf, Der Aachener Beginenhof St. Stephan im Mittelalter, Aachen 1997.

Häberlein, Mark, Die Fugger. Geschichte einer Augsburger Familie (1367–1650), Stuttgart 2006.

Häberlein, Mark, Kreditbeziehung und Kapitalmärkte vom 16. bis 19. Jahrhundert, in: Schlumbohm, Jürgen (Hg.), Soziale Praxis des Kredits 16.–20. Jahrhundert, Hannover 2007, pp. 37–51.

Haidle, Miriam N./Conard, Niclas J./Bolus, M. (Hg.), The Role of Culture in Early Expansions of Humans, an der Heidelberger Akademie der Wissenschaften und dem Senckenberg Institut, Frankfürt. The Nature of Culture. Based on an Interdisciplinary Symposium ›The Nature of Culture‹, Tübingen 2016.

Hallavant, Charlotte/Ruas, Marie-Pierre, Pratiques agraires et terroir de montagne. Regard archéobotanique sur Montaillou (Ariège) au XIIIe siècle, in: Archéologie du Midi médiéval 26 (2008), pp. 93–129.

Hardin, Garrett, Tragedy of the Commons, in: Science 162 (1968), pp. 1243–1248.

Haskins, Charles Homer, Studies in Mediaeval Culture, New York 1965, 2. Auflage.

Hatfield, Rab, The wealth of Michelangelo, Rom 2002.

Haverkamp, Alfred, Juden in Italien und Deutschland während des Spätmittelalters. Ansätze zum Vergleich, in: Haverkamp, Alfred/Cluse, Christoph/Müller, Jörg R. (Hg.), Neue Forschungen zur mittelalterlichen Geschichte(2000–2011). Festgabe zum 75. Geburtstag, Hannover 2012, pp. 59–102.

Heers, Jacques, Montes pietatis, in: Lexikon des Mittelalters, Stuttgart 2000, Bd. 6, Sp. 795f.

Heiden, Rüdiger van der, Pieter Bruegel der Ältere, Das Schlaraffenland und der Studienkopf einer Bäuerin in der Alten Pinakothek, München 1985.

Heimann, Heinz-Dieter, u.a. (Hg.), Gelobte Armut. Armutskonzepte der franziskanischen Ordensfamilie vom Mittelalter bis in die Gegenwart, Paderborn 2012.

Helas, Philine, Barmherzige Werke, kaufmännisches Kalkul und freiwillige Armut. Bildprogramme in Prato zwischen 1345 und 1415, in: Clemens, Lukas/ Haverkamp, Alfred/Kunert, Romy (Hg.), Formen der Armenfürsorge in hoch- und spätmittelalterlichen Zentren nördlich und südlich der Alpen, Trier 2011, pp. 121–166.

Held, Marin/Geißler, Karl-Heinz (Hg.), Von Rhythmen und Eigenzeiten. Perspektiven einer Ökologie der Zeit, Stuttgart 1995.

Hennebo, Dieter, Gärten des Mittelalters, Hamburg 1962.

Hergemöller, Bernd-Ulrich, Bruderschaften und Stadt, in: Lexikon des Mittelalters, München 1977–1999, Bd. 2, pp. 739–740.

Hesse, Jan-Otmar, Wie neu ist die Share Economy? Anmerkungen zur Geschichte einer Wirtschaftsform, in: Dörr, Julian/Goldschmidt, Nils/Schorkopf, Frank (Hg.), Share Economy: Institutionelle Grundlagen und gesellschaftspolitische Rahmenbedingungen, Tübingen 2018, pp. 21–37.

Heusinger, Sabine von, Die Zunft im Mittelalter. Zur Verflechtung von Politik, Wirtschaft und Gesellschaft in Straßburg, Stuttgart 2009.

Heysse, Alban, [Testament Olivis] Descriptio Codicis Bibliothecae Laurentianae Florentinae S. Crucis, Plut. 31 sin., Cod. 3, in: Archivum frànciscanum historicum 11 (1918), pp. 251–269.

Hien, Hannah, Das Beginenwesen in frankischen und bayrischen Bischofsstädten, Würzburg 2013.

Hilka, Alfons, Neue Beiträge zur Erzählungsliteratur des Mittelalters (die Compilatio Singularis Exemplorum der Hs. Tours 468, ergänzt durch eine Schwesterhandschrift Bern 679), in: Jahresbericht der Schlesischen Gesellschaft für vaterländische Cultur 90 (1913), pp. 1–24.

Hilka, Alfons, Altfranzösische Mystik und Beginentum, in: Zeitschrift für romanische Philologie 47 (1927), pp. 121–170.

Hirsh, John C. (Hg.), Barlam and Iosaphat. A Middle English life of Buddha edited from ms. Peterhouse 257, London 1986.

Holzapfel, Heribert, Die Anfänge der Montes Pietatis (1462–1515), München 1903.

Horn, Walter/Born, Ernest, The Plan of St. Gall – A Study of the architecture & economy of, & life in a paradigmatic Carolingian monastery, Bd. 3, Berkely/Los Angeles/London 1979.

Jacobi, Lauren, The Architecture of Banking in Renaissance Italy. Constructing the Spaces of Money, Cambridge 2019, pp. 123–157, Fig. 68.

Jäger, Helmut, Art. Transhumanz, in: Lexikon des Mittelalters 8, München 2003, pp. 942f.

Jäggi, Carola, Spolien, in: Lexikon des Mittelalters 7 (1995), pp. 2129–2131.

Jäggi, Carola, Spolien in Ravenna – Spolien aus Ravenna: Transformation einer Stadt von der Antike bis in die frühe Neuzeit, in: Altekamp, Stefan/Marcks-Jacobs, Carmen/ Seiler, Peter (Hg.), Perspektiven Der Spolienforschung 1. Spoliierung und Transposition, Berlin 2013, pp. 287–330.

Jansen, Katherine/Drell, Joanne/Andrews, Frances (Hg.), Medieval Italy. Texts in Translation, Philadelphia 2009.

Jaspert, Nicolas, Die Reconquista. Christen und Muslime auf der iberischen Halbinsel, 711–1492, München 2019.

Jenal, Georg, Italia ascetica atque monastica. Das Asketen- und Mönchtum in Italien von den Anfängen bis zur Zeit der Langobarden (ca. 150/250–604), Stuttgart 1995.

Jenal, Georg, Sub Regula S. Benedicti. Eine Geschichte der Söhne und Töchter Benedikts von den Anfangen bis zur Gegenwart, Wien/Köln/Weimar 2018.

Jenks, Stuart (Hg.), Documents on the Papal Plenary Indulgences 1300–1517 preached in the Regnum Teutonicum, Leiden 2018.

Jixing, Pan, Review on the debate of paper history during recent 30 years in China, in: International Paper History 15 (2011), pp. 6–12.

Johne, Klaus-Peter/Hartmann, Udo/Gerhardt, Thomas, Die Zeit der Soldatenkaiser. Krise und Transformation des Römischen Reiches im 3. Jahrhundert n. Chr. (235–284), Berlin/Boston 2008.

Jones, Anna, A modern way to eat, London 2015.

Jongman, Willem, Gibbon was Right: The Decline and Fall of the Roman Economy, in: Hekster, Olivier (Hg.), Crises and the Roman Empire, Leiden u. a. 2007, pp. 183–199.

Kaemmerer, Walter (Hg.), Albrecht Dürer, Reisetagebuch, Aachener Quellentexte, Aachen 1980.

Kamp, Hermann, Memoria und Selbstdarstellung. Die Stiftungen des Burgundischen Kanzlers Rolin, Sigmaringen 1993.

Kanamori, Shigenari, Karl Bücher and Japanese Labour Songs, in: Backhaus, Jürgen (Hg.), Karl Bücher. Theory. History. Anthropology. Non Market Economies, Marburg 2000, pp. 155–62.

Kapp, Arno, Leipzigs Lumpenhandel und der Papiermangel am Ende des 18. Jahrhunderts in Kursachsen, in: Papier Geschichte 1 (1951), pp. 56–57.

Karg, Franz, Bewerber und Bewohner. Zur Überlieferung von ≫ Fuggereibewohnern≪ (19./20. Jahrhundert) im Fuggerarchiv, in: Sczesny, Anke/Kießling, Rolf/Burkhard, Johannes (Hg.), Prekariat im 19. Jahrhundert. Armenfürsorge und Alltagsbewältigung in Stadt und Land, Augsburg 2014, pp. 61–66.

Kaye, Joel, Economy and Nature in the Fourteenth Century: Money, Market Exchange, and the Emergence of Scientific Thought, New York 1998.

Kaye, Joel, A History of Balance, 1250–1375: The Emergence of a New Model of Equilibrium and its Impact on Thought, Cambridge 2014.

Kazmeier, August Wilhelm, Historischer Streifzug durch die Rohstofffragen der Papierherstellung, in: Papiergeschichte 1 (1951), pp. 40–45.

Keferstein, Georg Christoph, Unterricht eines Papiermachers an seine Söhne, diese Kunst betreffend, Leipzig 1766, Nachdruck, Leipzig 1936.

Kehnel, Annette, Neue Kommunikationsformen im Bettelordenskonvent und der Aufstieg der Universitaten, in: Breitenstein, Mirko u.a. (Hg.), Die Wirkmacht klösterlichen Lebens im Mittelalter. Modelle, Ordnungen, Kompetenzen, Konzepte, Regensburg 2020, pp. 177–200.

Kellenbenz, Hermann/Preysing, Maria Gräfin von (Hg.), Jakob Fuggers Stiftungsbrief von 1521, in: Zeitschrift des Historischen Vereins für Schwaben und Neuburg 68 (1974), pp. 104–116.

Kellenbenz, Hermann, Anton Fugger. Persönlichkeit und Werk, Augsburg 2001.

Kelly, Lore, Architektur mit gutmutigen Spässen. Ausstellung Charles Moore, in: Aktuelles Bauen. Das schweizerische Bau-, Architektur- und Planungsmagazin 22 (1987), pp. 10–11.

King, Vera, Generativität und die Zukunft der Nachkommen, in: Moeslein-Teising, Ingrid/Schäfer, Georg/Martin, Rupert (Hg.), Generativität, Gießen 2020, pp. 13–28.

Kintzinger, Martin, Wissen wird Macht. Bildung im Mittelalter, Ostfildern 2003.

Kirshner, J., Storm over the Monte Commune. Genesis of the moral controversy over the public debts of Florence, in: Archivum Fratrum Praedicatorum 53 (1983), pp. 219–276.

Klodt, Olaf, Templi Petri instauracio: Die Neubauentwürfe für St. Peter in Rom unter Papst Julius II. und Bramante (1505–1513), Jensen 1992.

Knowles David/Hadcock, Neville, Medieval Religious Houses. England and Wales, London 1994.

Kobusch, Theo, Petrus Johannis Olivi: ein franziskanischer Querkopf, in: Knapp, Markus/Kobusch, Theo (Hg.), Querdenker, Visionäre und Außenseiter in Philosophie und Theologie, Darmstadt 2005, pp. 106–116.

Koch, Kurt, Einführung in die Ablasstheologie, in: Rehberg, Andreas (Hg.), Ablasskampagnen des Spätmittelalters. Luthers Thesen von 1517 im Kontext, Berlin/Boston 2017, pp. 19–29.

Koorn, Florence Wilhelmina Johanna, Von der Peripherie ins Zentrum. Beginen und Schwestern vom Gemeinsamen Leben in den nördlichen Niederlanden, in: Wehrli-Johns, Martina/Opitz, Claudia (Hg.), Fromme Frauen oder Ketzerinnen? Leben und Verfolgung der Beginen im Mittelalter, Freiburg/Basel/Wien 1998, pp. 95–118.

Kóvacs, Gábor, Buddhist Economics, in: Opdebeeck, Hendrik (Hrg.), Responsible Economics. E. F. Schumacher and his legacy for the 21st century, Oxford u. a. 2013, pp. 33–52.

Kovalev, Roman/Noonan, Thomas S., What can archaeology tell us about how debts were documented and collected in Kievan Rus'?, in: Russian History 27 (2000) pp. 119–154.

Kramer, Dieter, Vom Flickwerk zur Nachhaltigkeit, in: Rachewitz, Siegfried de (Hg.), www.flick-werk.net. Flicken und Wiederverwerten im Historischen Tirol, Weitra 2015, pp. 67–86.

Kropp, Claus, Lebendige Karolingerzeit: das Experimentalarchäologische Freilichtlabor Lauresham an der UNESCO Welterbestätte Kloster Lorsch, in: Geschichtsblätter für den Kreis Bergstraße 50 (2017), pp. 327–338.

Kruse, Britta-Juliane, Witwen als Stifterinnen in deutschen Städten der Frühen Neuzeit, in: Ariadne 42 (2002): Stifterinnen – Zeit, Geld und Engagement. Vom Mittelalter bis ins 21. Jahrhundert, S. 16–23.

Kuchenbuch, Ludolf, Abfall. Eine Stichwortgeschichte, in: Soeffner, Hans-Georg (Hg.), Kultur und Alltag, Göttingen 1988, pp. 155–170.

Kuchenbuch, Ludolf, Kerbhölzer in Alteuropa – zwischen Dorfschmiede und Schatzamt, in: Balazs, Nagy/Sebök, Marcell (Hg.), ≫The Man of many devices who wandered full many ways≪. Festschrift in honor of Janos M. Bak, Budapest 1999, S. 303–325.

Kuchenbuch, Ludolf, Pragmatische Rechenhaftigkeit? Kerbhölzer in Bild, Gestalt und Schrift, in: Fruhmittelalterliche Studien 36 (2002), pp. 469–490.

Kuchenbuch, Ludolf, Les baguettes de taille au Moyen Âge. Un moyen de calcul sans écriture?, in Coquery, Natacha/Menant, François/Weber, Florence (Hg.), Écrire, compter, mesurer. Vers une histoire des rationalités pratiques, Paris 2006, pp. 113–142.

Kuchenbuch, Ludolf, Am Nerv des Geldes. Die Verbankung der deutschen Verbraucher 1945–2005, in: Historische Anthropologie 17/2 (2009), pp. 260–275.

Kuhne, Hartmut, Der Agent des Antichristen. Die Entstehung der Tetzellegende im 16. und 17. Jahrhundert, in: Ders./Bünz, Enno/Wiegand, Peter (Hg.), Johann Tetzel und der Ablass, Berlin 2017, pp. 74–110.

Kunert, Romy, ... timens divinum iudicium Dei ... Dokumente privater Armenfürsorge vom ausgehenden 13. bis zur ersten Hälfte des 14. Jahrhunderts in Genua, in: Clemens, Lukas/Haverkamp, Alfred/Kunert, Romy (Hg.), Formen der Armenfürsorge in hoch- und spätmittelalterlichen Zentren nördlich und südlich der Alpen, Trier 2011, pp. 51–88.

Kuske, Bruno, Die Entstehung der Kreditwirtschaft und des Kapitalverkehrs, in: Ders. (Hg.), Köln, der Rhein und das Reich. Beiträge aus fünf Jahrzehnten wirtschaftsgeschichtlicher Forschung, Köln/Graz 1956, pp. 48–138.

Kypta, Ulla, Die Autonomie der Routine: Wie im 12. Jahrhundert das englische Schatzamt entstand, Göttingen 2014.

Ladwig, Roland (Hg.), Recycling in Geschichte und Gegenwart, Freiberg 2003.

Langholm, Odd, Economics in the Medieval Schools, Leiden 1992.

Langholm, Odd, Olivi to Hutcheson: tracing an early tradition in value theory, in: Journal of the history of economic thought 31 (2009), pp. 131–141.

Largier, Niklaus, Diogenes der Kyniker. Exempel, Erzählung, Geschichte in Mittelalter und Früher Neuzeit. Mit einem Essay zur Figur des Diogenes zwischen Kynismus, Narrentum und postmoderner Kritik, Tübingen 1997.

Laudage, Christiane, Das Geschäft mit der Sünde, Freiburg/Basel/Wien 2016.

Laurie, Simon Somerville, The Rise and Early Constitution of Universities. With a Survey of Mediaeval Education, New York 1907.

Le Blevec, Une institution d'assistance en pays Rhodanien: Les frères pontifes, in: Assistance et charité, Toulouse 1978, pp. 87–110.

Le Blevec, Daniel, Saint Bénézet et l'oeuvre du pont du rhône, in: Guillemain, Bernard (Hg.), Avignon au Moyen Âge. Textes et Documents, Avignon 1988.

Le Blevec, Daniel, La Part du pauvre. L'assistance dans les pays du Bas-Rhône du xiie siècle au milieu du xve siècle, Rom 2000.

Le Blevec, Daniel, Les lépreux peuvent-ils vivre en sociéte? Réflexions sur l'exclusion sociale dans les villes du Midi à la fin du Moyen Âge, in: Carozzi, Claude/Le Blevec, Daniel/Taviani-Carozzi, Huguette (Hg.), Vivre en société au Moyen Âge. Occident chrétien, Aix-en-Provence 2008, pp. 281–291.

Le Roy Ladurie, Emmanuel, Montaillou. Ein Dorf vor dem Inquisitor 1294 bis 1324, Frankfürt a. M./Berlin/Ullstein 1983.

Lewis, Naphtali, The compulsory public services of Roman Egyt, Oxford 1982.

Lienig, Jens/Brümmer, Hans, Recyclinggerechtes Entwickeln und Konstruieren, in: Dies. (Hg.), Elektronische Gerätetechnik. Grundlagen für das Entwickeln elektronischer Baugruppen und Gerate, Berlin/Heidelberg 2014, pp. 193–218.

Lindholm, Richard, Quantitative studies of the Renaissance Florentine economy and society, Anthem Press 2017.

Lindt, Johann, The Paper-Mills of Berne and their Watermarks, 1465–1859, Hiversum 1964.

Little, Andrew G., Chronicles of the mendicant friars, in: Ders., Franciscan Papers, lists, and documents, Manchester 1943, pp. 25–41.

Lodi S./Sambin De Norcen, Maria Teresa, Il complesso del Monte di pieta al Duomo (XIV sec. – 1619), in: Il palazzo del Monte di pietà a Padova, Padua 1996, pp. 25–101.

Lohrberg, Frank, Stadtnahe Landwirtschaft in der Stadt- und Freiraumplanung: Ideengeschichte, Kategorisierung von Konzepten und Hinweise für die zukünftige Planung, Stuttgart 2001.

London, Bernard, Ending the depression through planned obsolence, New York 1932, S. 6.

Lopez, Robert S., The Commercial Revolution of the Middle Ages, 950–1350,

Cambridge 1976.

Lorenzen-Schmidt, Klaus-Joachim, Umfang und Dynamik des Hamburger Rentenmarktes zwischen 1471 und 1570, in: Zeitschrift des Vereins für Hamburgische Geschichte 65 (1979), pp. 21–52.

Lorenzen-Schmidt, Klaus-Joachim, Beginennachlässe des frühen 16. Jahrhunderts in Hamburg (1535–1537), in: Rundbrief des Arbeitskreises für Wirtschafts-und Sozialgeschichte Schleswig-Holsteins 102 (2010), pp. 32–35.

Luck, Georg (Hg.), Die Weisheit der Hunde. Texte der antiken Kyniker in deutscher Übersetzung mit Erläuterungen, Stuttgart 1997.

Ludwig, Karl-Heinz, Kerbholz, in: Lexikon des Mittelalters, Bd. 5, Stuttgart 1993, p. 1115.

Malachy, Marrion, Unsullied waters: the Buddha and Saint Benedikt. A comparison, in: Studia monastica 28 (1986), pp. 265–296.

Malachy, Marrion, The Hindu Code of Manu and the Regula Benedicti: forest dweller, wandering ascetic and monk, in: Studia monastica 32 (1990), pp. 7–58.

Malecek, Werner, ≫Nackt dem nackten Christus folgen≪. Die freiwillig Armen in der religiösen Bewegung der mittelalterlichen Gesellschaft, in: Heimann, Heinz-Dieter u.a. (Hg.), Gelobte Armut. Armutskonzepte der franziskanischen Ordensfamilie vom Mittelalter bis in die Gegenwart, Paderborn 2012, pp. 17–34.

Mandry, Julia, Armenfürsorge, Hospitäler und Bettel in Thüringen in Spätmittelalter und Reformation (1300–1600), Wien u.a. 2018.

Manesson-Mallet, Alain, La Geometrie pratique, Bd. 2, Paris 1702, Pl LXVI.

Manselli, Raoul, Franziskus der solidarische Bruder, Freiburg 1989.

Martin, Chris J., The sharing economy: A pathway to sustainability or a nightmarish form of neoliberal capitalism?, in: Ecological Economics 121 (2016), pp. 159–159.

Mayade-Claustre, Julie, Le petit peuple en difficulté. La prison pour dettes à Paris à la fin du Moyen Âge, in: Boglioni, B./Gouvard, C./Delort, R. (Hg.), Le petit peuple dans l'Occident médiéval. Terminologies, perceptions, réalités, Paris 2002, pp. 453–466.

Mayade-Claustre, Julie, Dans les geôles du roi. L'emprisonnement pour dette à Paris à la fin du Moyen Âge, Paris 2007.

Mayhew, Nicholas, Modelling Medieval Monetisation, in: Britnell, R. H./Campbell, B. M. S. (Hg.), A Commercialising Economy: England 1086–1300, Manchester 1995, pp. 55–77.

McDonnel, Ernest W., The Beguines and Beghards in Medieval Culture. With special emphasis on the Belgian scene, New Brunswick 1954.

McIntosh, Marjorie Keniston, Poor Relief in England, 1350–1600, Cambridge University Press 2012.

Meadows, Dennis u.a., Die Grenzen des Wachstums. Bericht des Club of Rome zur Lage der Menschheit, Stuttgart 1972.

Meier, Hans-Rudolf, Rückführungen. Spolien in der zeitgenössischen Architektur, in: Altekamp, Stefan/Marcks-Jacobs, Carmen/Seiler, Peter (Hg.), Perspektiven der Spolienforschung Bd. 1: Spoliierung und Transposition, Berlin 2013, pp. 333–349.

Meneghin, Vittorino, I Monti di Pietà in Italia. Dal 1462 al 1562, Vicenza 1986.

Menestò, Enrico/Brufani, Stephano (Hg.), Fontes Franciscani, Assisi 1995.

Mercier, Louis-Sébastien, Tableau de Paris, vol. 1, chap. CLXXXII, pp. 448–450.

Mesqui, Jean, Le ponts en France avant le temps des ingenieurs, Paris 1986.

Meyer, Andreas, Organisierter Bettel und andere Finanzgeschäfte des Hospitäls von Altopascio im 13. Jahrhundert, in: Drossbach, Gisela (Hg.), Hospitäler in Mittelalter und Früher Neuzeit. Frankreich, Deutschland und Italien. Eine vergleichende Geschichte = Hopitaux au moyen age et au temps modernes, München 2007, pp. 55–72.

Meyer-Schlenkrich, Carla/Sauer, Rebekka, Papier, in: Meier, Thomas/Ott, Michael R./Sauer, Rebecca (Hg.), Materiale Textkulturen, Berlin 2015, pp. 355–370.

Meyer-Schlenkrich, Carla, Wann beginnt die Papierzeit? Zur Wissensgeschichte eines hoch- und spatmittelalterlichen Beschreibstoffs (Materiale Textkulturen 31), Berlin/München/Boston 2021.

Meyer, Ruth: Frühmittelalterliche Kapitelle und Kämpfer in Deutschland. Typus, Technik, Stil, bearb. v. Daniel Herrmann, Berlin 1997.

Michaels, Axel, Sakralisierung als Naturschutz? Heilige Bäume und Wälder in Nepal, in: Sieferle R. P./Breuninger, H. (Hg.), Natur-Bilder: Wahrnehmungen von Natur und Umwelt in der Geschichte, Frankfürt 1999, pp. 117–136.

Mildenberger, Matto, The Tragedy of the Tragedy of the Commons, in: Scientific American 13. April 2019.

Miller, Tanya Stabler, The Beguines of medieval Paris. Gender, patronage, and spiritual authority, Philadelphia 2014.

Mollat, Michel (Hg.), Études sur l'histoire de pauvreté, Bd. 1–, Paris 1974.

Montanari, Daniele, Il credito e la carità, I: Monti di Pietà delle città lombarde in Età moderna, Milano, Vita e pensiero, 2001.

Montenach, Anne, Une economie de l'infime. Espace et pratiques du commerce alimentaire à Lyon au XVII siecle, PhD Thesis, Institut Universitaire Européen de Florence, Florenz 2003.

Moor, Tine de, The Silent Revolution. A New Perspective on the Emergence of Commons. Guilds, and Other Forms of Corporate Collective Action in Western Europe, in: International Review of Social History 53 (2008) pp. 179–212.

Morawski, Joseph, Proverbes français antérieurs au XVe siècle, Paris 1925.

Mozart, Briefe und Aufzeichnungen. Bauer, Wilhelm A./Deutsch, Otto E. (Hg.), Gesamtausgabe, Bd. 1, 1755–76, München 2005.

Müller, Anne, Bettelmönche und Islam. Beobachtungen zur symbolischen Darstellung von Missionsprinzipien der Mendikanten in Text, Handlung und Bildkunst des 13. Jahrhunderts, in: Mersch, Margit/Ritzerfeld, Ulrike (Hg.), Lateinisch-griechisch-arabische Begegnungen: Kulturelle Diversität im Mittelmeerraum des Spätmittelalters, Berlin 2009, pp. 285–308.

Müller, Anne, Die frühe Franziskanermission im muslimischen Orient: Ideen, normative Grundlagen und Praxis, in: Collet, Giancarlo/Meier, Johannes (Hg.), Geschichte der Sächsischen Franziskaner-Provinz von der Gründung bis zum Anfang des 21. Jahrhunderts. 4. Missionen, Paderborn u.a. 2013, pp. 33–56.

Müller, Christa (Hg.), ≫Urban Gardening≪. Über die Rückkehr der Garten in die Stadt, München 2011.

Müller, Lothar, Weiße Magie. Die Epoche des Papiers, München 2013.

Muldrew, Craig, The Economy of Obligation. The Culture of Credit and Social Relations in Early Modern England, London 1998.

Mußmann, Olaf, Beginen – ≫Kommunardinnen≪ des Mittelalters? Die ≫via media≪ in Hannover, in: Dinghaus, Angela (Hg.), Frauenwelten, Hildesheim 1993, pp. 19–32.

Muzzarelli, Maria Giuseppina, Il denaro e la salvezza. L'invenzione del Monte di Pietà, Bologna 2001.

Muzzarelli, Maria Giuseppina, From the Closet to the Wallet: Pawning Clothes in Renaissance Italy, in: Renaissance and Reformation 35 (3) (2012), pp. 23–38.

Muzzarelli, Maria Giuseppina, Monti di Pieta e banchi ebraici nella predicazione osservante. Il caso di Bernardino da Feltre, in: Studi francescani 110 (2013), pp. 327–344.

Muzzarelli, Maria Giuseppina, The effect of Bernardino da Feltre's preaching on the Jews, in: Adams, Jonathan/Hanska, Jussi (Hg.), The Jewish Christian Encounter in Medieval Preaching, New York 2014, pp. 170–194.

Muzzarelli, Maria Giuseppina, Il Monte, la pietà e la misericordia. Parole e immagini, in: Delcorno, Pietro (Hg.), Politiche di misericordia tra teoria e prassi. Confraternite, ospedali e monti di Pietà (XIII-XVI secolo), Bologna 2018, pp. 229–242.

Navia, Luis E., Diogenes of Sinope. The Man in the Tub, Westport/London 1998.

Neininger, Falko, Konrad von Urach (1227). Zähringer, Zisterzienser, Kardinallegat, Paderborn 1994.

Nicolussi-Köhler, Stephan, Marseille, Montpellier und das Mittelmeer. Die Entstehung des südfranzösischen Fernhandels im 12. und 13. Jahrhundert. Pariser Historische Schriften 121, Heidelberg 2021.

Nicolussi-Köhler, Stephan, Money Lending and Settling Debts in and around Meran (South Tirol) in the 14th Century, in: Mannheim Workingpapers in Premodern Economic History 2020, S. 13–45 https://doi.org/10.25521/mwppeh.2020.139.

Nicolussi-Köhler, Stephan (Hg.), Change and Transformation of Premodern Credit Markets. The Importance of Small-Scale Credits, Heidelberg 2021.

Noehles, Karl, Zur Wiederverwendung antiken Spolienmaterials in der Kathedrale von Sessa Aurunca, in: Festschrift für M. Wegner zum 60. Geburtstag, Münster 1962, pp. 90–100.

Noethlichs, Karl Leo, Kaiserzeitliche und spätantike staatliche Regularien zur Spoliierung – ein Kommentar, in: Altekamp, Stefan/Marcks-Jacobs, Carmen/Seiler, Peter (Hg.), Perspektiven der Spolienforschung 1: Spoliierung und Transposition, Berlin 2013, pp. 11–21.

Nussbaum, Martha, The Therapy of Desire: Theory and Practice in Hellenistic Ethics, Princeton 1994.

Oberste, Jörg, Zwischen Heiligkeit und Häresie, Bd. 1, Köln/Weimar/Wien 2003.

Ó Maidín, Uinseann, The Celtic Monk. Rules and Writings of Early Irish Monks, Kalamazoo 1996.

Osten-Sacken, Vera von der, Jakob von Vitrys ≫Vita Mariae Oigniacensis≪. Zu Herkunft und Eigenart der ersten Beginen, Göttingen 2000.

Ostrom, Elinor/Helfrich, Silke, Was mehr wird, wenn wir teilen. Nach: Elinor Ostrom, Beyond Market and States. Polycentric Governance of Complex Economic

Systems. Nobelpreisrede, 8.12.2009, Silke Helfrich (Hg.), Leipzig 2011.

Ostrom, Elinor, Die Verfassung der Allmende. Jenseits von Staat und Markt, Tübingen 1999.

Pansier, Pierre, Histoire de l'ordre des Frères du Pont d'Avignon, in: Annales d'Avignon et du Comtat Venaissin 7 (1920/21), pp. 7–5.

Pantin, William A., John of Wales and Medieval Humanism, in: Watt, John A. u.a. (Hg.), Medieval Studies Presented to Aubrey Gwynn, Dublin 1961, pp. 297–319.

Paquet, Léonce (Hg.), Lex Cyniques Grecs. Fragments et témoignages, Ottawa 1975.

Paulus, Nikolaus, Geschichte des Ablasses im Mittelalter, Bd. 1–3, Darmstadt 2000, Erstauflage 1923.

Paulus, Nikolaus, Der Ablass im Mittelalter als Kulturfaktor, Köln 1920.

Petz, Wolfgang, Ein Handwerk zwischen Stadt und Land: Das Kemptener Papierergewerbe, in: Kata, Birgit/Laube, Volker/Naumann, Markus (Hg.), Mehr als 1000 Jahre. Das Stift Kempten zwischen Gründung und Auflösung 752–1802, Friedberg 2006, pp. 237–300.

Peyer, Hans Conrad, Das Reisekönigtum des Mittelalters, in: Vierteljahresschrift für Sozial -und Wirtschaftsgeschichte 51 (1964), pp. 1–21.

Pfister, Christian (Hg.), Das 1950er Syndrom. Der Weg in die Konsumgesellschaft, Bern 1995.

Phillips, R./Schrempf-Stirling, J./Stutz, C., The Past, History, and Corporate Social Responsibility, in: Journal of Business Ethics 166 (2020), S. 203–213. https://doi.org/10.1007/s10551-019-04319-0

Pieper, Jan, Der Karlsthron im Architektursystem der Pfalzkapelle zu Aachen. Eine architektonische Miniatur, in: Ders./Schindler, Bruno, Thron und Altar, Oktogon und Sechzehneck. Die Herrschaftsikonographie der karolingischen Pfalzkapelle zu Aachen (Scriptorium Carolinum 5), Aachen/Berlin 2017, pp. 47–124.

Pietzner, Kathrin, Christen, in: Johne, Klaus-Peter/Hartmann, Udo/Gerhardt, Thomas, Die Zeit der Soldatenkaiser. Krise und Transformation des Römischen Reiches im 3. Jahrhundert n. Chr. (235–284), Berlin/Boston 2008, pp. 973–1007.

Piketty, Thomas, Capital and Ideology, Cambridge/Mass./London 2020.

Piron, Sylvain, L'apparition du resicum en Méditerranée Occidentale, XIIe-XIIIe Siècles, in: E. Collas-Heddeland, E./Coudry, M./Kammerer, O./Lemaitre A. J./Martin, B. (Hg.), Pour une histoire culturelle du risque. Genèse, évolution, actualité du concept dans les sociétés occidentales, Strasbourg, 2004, pp. 59–76.

Piron, Sylvain, Censures et condamnation de Pierre de Jean Olivi. Enquête dans les marges du Vatican, in: Mélanges de l'École française de Rome – Moyen Âge, École française de Rome, 2006, pp. 313–373.

Piron, Sylvain, Pierre de Jean Olivi. Traité des Contrats, Paris 2012.

Piron, Sylvain, The Formation of Olivi's Intellectual Project, Oliviana 1 (2003) abgerufen 30.09. 2020. URL: http://journals.openedition.org/oliviana/8

Pölnitz, Götz Freiherr von, Jakob Fugger, Bd. 1: Kaiser, Kirche und Kapital in der oberdeutschen Renaissance, Tübingen 1949; Bd. 2: Quellen und Erläuterungen, Tübingen 1951.

Pölnitz, Götz Freiherr von, Augsburger Kaufleute und Bankherren der Renaissance, in: Hermann Rinn (Hg.), Augusta 955–1955. Forschungen und Studien zur Kultur- und Wirtschaftsgeschichte Augsburgs, Augsburg 1955, pp. 187–218.

Pölnitz, Götz Freiherr von, Die Fugger, Tübingen 1970.

Pohl-Resl, Brigitte, Rechnen mit der Ewigkeit. Das Wiener Bürgerspital im Mittelalter, Wien 1996.

Pomeranz, Kenneth, The Great Divergence. China, Europe and the Making of the Modern World, Princeton 2000.

Preysing, Maria Gräfin von/Georg Simnacher (Hg.), Die Fuggertestamente des 16 Jh., Bd. 2, Weißenhorn 1992.

Radkau, Joachim, Religion and Environmentalism, in: McNeill, John R./Mauldin, Erin S. (Hg.), A Companion to Global Environmental History, London 2012, pp. 493–512.

Rau, Reinhold (Hg.), Einhard, Das Leben Karls des Großen, Einhardi Vita Karoli Kap. 22, in: Quellen zur karolingischen Reichsgeschichte Teil 1, übers. v. O. Abel/J. v. Jasmund, [AQdGM 5], Darmstadt 1955, pp. 192–195.

Rauchegger, Andreas, Ambulante Reparaturhandwerker: ein kulturhistorischer Streifzug über Pfannenflicker, Scherenschleifer und Schirmflicker in Tirol, in: Rachewiltz, Siegfried de/Ders. (Hg.), Flickwerk: Flicken und Wiederverwerten im Historischen Tirol, Weitra 2015, pp. 35–66.

Reese-Schäfer, Walter (Hg.), Handbuch Kommunitarismus, Wiesbaden 2018.

Regula Benedicti. Die Benediktusregel. Lateinisch/Deutsch, im Auftrag der Salzburger Äbtekonferenz (Hg.), Beuron 1992.

Rehberg, Andreas, Ubi habent maiorem facultatem … quam papa. Der Heilig- Geist- Orden und seine Ablasskampagnen um 1500, in: Ders. Ablasskampagnen des

Spätmittelalters. Luthers Thesen von 1517 im Kontext, Berlin/Boston 2017, pp. 219–270.

Rehberg, Andreas, Ablasskampagnen des Spatmittelalters. Luthers Thesen von 1517 im Kontext, Berlin/Boston 2017.

Reheis, Fritz, The creativity of slowness, in: Backhaus, Jürgen (Hg.), Karl Bücher. Theory. History. Anthropology. Non Market Economies, Marburg 2000, pp. 163–176.

Reichert, Folker, Begegnungen mit China. Die Entdeckung Ostasiens im Mittelalter, Sigmaringen 1992.

Reichert, Folker, Asien und Europa im Mittelalter, Göttingen 2014.

Reichstein, Frank-Michael, Das Beginenwesen in Deutschland. Studien und Katalog, Berlin 2001.

Reinke, Martina, Die Reisegeschwindigkeit des deutschen Konigshofes im 11. und 12. Jahrhundert nördlich der Alpen, in: Blätter für deutsche Landesgeschichte 123 (1987), pp. 225–251.

Reith, Reinhold, Lexikon des Alten Handwerks. Vom spaten Mittelalter bis ins 20. Jahrhundert, München 1991.

Reith, Reinhold, Recycling im späten Mittelalter und in der frühen Neuzeit. Eine Materialsammlung, in: Fruhneuzeit-Info 14 (2003), pp. 47–65.

Reith, Reinhold, Das alte Handwerk. Von Bader bis Zinngießer, München 2008.

Reudenbach, Bruno (Hg.), Karolingische und Ottonische Kunst, Darmstadt 2009.

Reudenbach, Bruno, Geschichte der Bildenden Kunst in Deutschland. Bd. 1: Karolingische und Ottonische Kunst, München/Berlin/London 2009.

Rexroth, Frank, Fröhliche Scholastik. Die Wissenschaftsrevolution des Mittelalters. Munchen 2018.

Rhodes, Peter J., Liturgien, in: Cancik, Hübert/Schneider, Helmuth (Hg.), Der neue Pauly. Enzyklopädie der Antike Bd. 7, Stuttgart/Weimar 1999.

Richter, Gerhard, Handbuch Stadtgrun. Landschaftsarchitektur im städtischen Freiraum, München 1981.

Rinschede, Gisbert, Die Transhumance in den französischen Alpen und in den Pyrenäen, Münster 1979.

Rippmann, Bauern und Städter: Stadt-Land-Beziehungen im 15. Jahrhundert: Das Beispiel Basel, unter besonderer Berücksichtigung der Nahmarktbeziehungen und der sozialen Verhältnisse im Umland, Basel/Frankfürt a. M. 1990.

Rippmann, Dorothee, Viehverstellung, in: Friedrich Jäeger (Hg.), Enzyklopädie der Neuzeit, Bd. 14, Stuttgart 2011, pp. 312–314.

Robert von Auxerre (1256 – 1212) Chronicon, Robertus canonicus sive Mariani Autissiodorensis, in: Monumenta Germaniae historica, Scriptores, t. XXVI, Holder-Egger, Oswald (Hg.), Hannover 1859.

Robinson, Marguerite S., The Microfinance Revolution. Sustainable Finance for the Poor, The World Bank, Washington D.C./New York 2001.

Roche, Daniel, Le Peuple de Paris, Paris 1981.

Röckelein, Hedwig, Hamburger Beginen im Spätmittelalter – ›automone‹ oder ›fremdbestimmte‹ Frauengemeinschaften?, in: Wehrli-Johns, Marina/Opitz, Claudia (Hg.), Fromme Frauen oder Ketzerinnen, Freiburg 1998, pp. 119–138.

Rösener, Werner, Grangienwirtschaft und Grundbesitzorganisation südwestdeutscher Zisterzienserklöster vom 12. bis 14. Jahrhundert, in: Elm, Kaspar (Hg.), Die Zisterzienser. Ordensleben zwischen Ideal und Wirklichkeit. Ergänzungsband, Köln 1982, pp. 137–194.

Rossiaud, Jacques, Le Rhône au Moyen Âges. Histoire et représentation d'un fleuve européen, Aubier 2007.

Rousseau, Philip, Pachomius. The Making of a Community in the Fourth-Century Egypt, Berkeley u.a. 1985.

Rubin, Miri, Charity and community in Medieval Cambridge, Cambridge 1987.

Rückert, Peter, Papiergeschichte und Papierherstellung im Mittelalter, in: Ochsenkopf und Meerjungfrau. Wasserzeichen des Mittelalters. Begleitheft zur Ausstellung des Landesarchivs Baden-Württemberg, Stuttgart 2006, pp. 12–15.

Ruffing, Kai, Wirtschaft, in: Johne, Klaus-Peter /Hartmann, Udo/Gerhardt, Thomas, Die Zeit der Soldatenkaiser. Krise und Transformation des Römischen Reiches im 3. Jahrhundert n. Chr. (235–284), Berlin/Boston 2008, pp. 817–841.

Sabatier, Paul, Leben des heiligen Franz von Assisi, La Vergne Tennessee 2010.

Sablonier, Roger, Innerschweizer Gesellschaft im 14. Jahrhundert, in: Historischer Verein der Fünf Orte (Hg.), Innerschweiz und frühe Eidgenossenschaft, Bd. 2, Olten 1990, pp. 11–236.

Sachs, Wolfgang, Ernst Friedrich Schumacher im Zeitalter der grenzenlosen Mega-Ökonomie, in: Politische Ökologie 24 (2006), pp. 24–26.

Sacrum Commercium. Der Bund des Heiligen Franziskus mit der Herrin Armut. Einführung, Übersetzung, Anmerkungen, Esser, Kajetan/Grau, Engelbert (Hg.),

Werl/Westfalen 1966.

Salter, Herbert Edward (Hg.), The Oxford Deeds of Balliol College, Oxford 1913.

Schad, Martha, Die Frauen des Hauses Fugger von der Lilie (15.–17. Jahrhundert), Augsburg 1989.

Schäfer, Karl Heinrich, Die Ausgaben der Apostolischen Kammer unter Benedikt XII., Klemens VI. und Innocenz VI. (1335–1362), Paderborn 1914.

Schäffer, Jacob Christian, Versuche und Muster ohne alle Lumpen oder doch mit einem geringen Zusatze derselben Papier zu machen, Regensburg 1765.

Schäffer, D. Jacob Christian, Sr. Königl. Majest. zu Dännemark Rathes und Professors ... Empfehlung, Beschreibung und erweiterter Gebrauch des sogenannten und zur Ersparhung des Holzes höchstvortheilhaften Bockofens. Nebst 5. Kupfertafeln, Regensburg 1770.

Scheller, Benjamin, Memoria an der Zeitenwende. Die Stiftungen Jakob Fuggers des Reichen vor und während der Reformation (ca. 1505–1555), Berlin 2004.

Schich, Winfried, Die Wirtschaftstätigkeit der Zisterzienser im Mittelalter: Handel und Gewerbe, in: Elm, Kaspar (Hg.), Die Zisterzienser. Ordensleben zwischen Ideal und Wirklichkeit, Köln 1981, S. 217–237.

Schiele, Hartmut/Ricker, Manfred, Betriebswirtschaftliche Aufschlüsse aus der Fuggerzeit, Nürnberg 1967.

Schildt, Bernd, Allmende, in: Handworterbuch zur deutschen Rechtsgeschichte 1, Berlin 2008, Sp. 169–180.

Schläppi, Daniel, Einleitung, in: Ders./Grüber, Malte-Christian (Hg.), Von der Allmende zur Share Economy. Gemeinbesitz und kollektive Ressourcen in historischer und rechtlicher Perspektive, Berlin 2018, pp. 9–72.

Schlageter, Johannes, Die Anfänge der Franziskaner in Thüringen, in: Müller, Thomas T./Schmies, Bernd/Loefke, Christian (Hg.), Für Gott und die Welt. Franziskaner in Thüringen, Paderborn 2008, pp. 32–37.

Schmid, Karl, Stiftungen für das Seelenheil, in: Ders. (Hg.), Gedächtnis, das Gemeinschaft stiftet, München 1985, pp. 52–73.

Schmieder, Felicitas, Johannes von Plano Carpini. Kunde von den Mongolen 1245–1247, Sigmaringen 1997.

Schmitz-Esser, Romedio, The Buddha and the Medieval West: Changing Perspectives on Cultural Exchange between Asia and Europe in the Middle Ages, in: Classen, Albrecht (Hg.), Travel, time, and space in the middle ages and early modern time,

Berlin 2018, pp. 311–330.

Schons, Laura Marie/Ulke, Anne-Kathrin, CSR as a Selling of Indulgences: An Experimental Investigation of Customers' Perceptions of CSR Activities Depending on Corporate Reputation, in: Corporate Reputation Review 19(3) (2016), pp. 263–280.

Schuchard, Christiane, Die päpstlichen Kollektoren im spätmittelalterlichen Reich, Tübingen 2000.

Schuchard, Christiane, Was ist ein Ablasskommissar?, in: Kühne, Hartmut/Bünz, Enno/Wiegand, Peter (Hg.), Johann Tetzel und der Ablass, Berlin 2017, pp. 111–123.

Schumacher, Ernst Friedrich, Small Is Beautiful: A Study of Economics As If People Mattered, 1973.

Schütte, Sven, Der Aachener Thron, in: Kramp, Mario (Hg.), Krönungen, Könige in Aachen. Geschichte und Mythos, Mainz 1999, pp. 213–222.

Schulte, Aloys, Die Fugger in Rom, Bd. 1–2, Leipzig 1904.

Schulz, Günther/Reith, Reinhold, Wirtschaft und Umwelt. Vom Spätmittelalter bis zur Gegenwart: Auf dem Weg zu Nachhaltigkeit?, Stuttgart 2015.

Schuster, Peter, Soziale und kulturelle Aspekte des Schuldenmachens im ausgehenden Mittelalter, in: Signori, Gabriela (Hg.), Prekäre Okonomien. Schulden in Spätmittelalter und Fruher Neuzeit (Spätmittelalterstudien 4), Konstanz u.a. 2014.

Schuster, Peter, The Age of Debt? Private Schulden in der spätmittelalterlichen Gesellschaft, in: Clemens, Gabriele B. (Hg.), Schuldenlast und Schuldenwert. Kreditnetzwerke in der europäischen Geschichte 1300–1900 (Trierer Hist. Forsch. 65), Trier 2008.

Schwaiger, Georg, Mönchtum, Orden, Klöster: von den Anfängen bis zur Gegenwart; ein Lexikon, München 1994.

Selzer, Stephan/Lorenzen-Schmidt, Klaus-Joachim, Rechnungen des Konvents der Blauen Schwestern (Beginen) in Hamburg. Die Mittelalterlichen Rechnungen 1481–1515, Münster 2017.

Senn, Peter, Music and Economics. Reflections inspired by Karl Bücher, in: Backhaus, Jürgen (Hg.), Karl Bücher. Theory. History. Anthropology. Non Market Economies, Marburg 2000, pp. 73–112.

Signori, Gabriela, Vom Ziegenfell zur Ordenstracht. Zum Bedeutungswandel des

Monchsgewands. Bilder und Texte, in: Ganz, David/Rimmele, Marius (Hg.), Kleider machen Bilder. Vormoderne Strategien vestimentärer Bildsprachen, Emsdetten 2012, pp. 33–51.

Signori, Schuldenwirtschaft: Konsumenten- und Hypothekenkredite im spatmittelalterlichen Basel, Konstanz/München 2015.

Silberer, Leoni, Klosterbaukunst der Konventualen Franziskaner vom 13. Jahrhundert bis zur Reformation, Petersberg 2016.

Simon-Muscheid, Katharina, Die Dinge im Schnittpunkt sozialer Beziehungsnetze, Göttingen 2004.

Simons, Walter, Cities of Ladies. Beguine Communities in the Medieval Low Countries, 1200–1565, Philadelphia 2001.

Singer, Samuel (Hg.), Thesaurus proverbiorum medii aevi, Bd. 12, Berlin 2001.

Sirocko, Frank, Wetter, Klima, Menschheitsentwicklung. Von der Eiszeit bis ins 21. Jahrhundert, Stuttgart 2009.

Skambraks, Tanja, Zwischen Kooperation und Konkurrenz. Jüdische Pfandleihe und Monti di Pietà in Italien, in: Fouquet, Gerhard/Rabeler, Sven (Hg.), Ökonomische Glaubensfragen. Strukturen und Praktiken jüdischen und christlichen Kleinkredits im Spätmittelalter, Stuttgart 2018, pp. 99–120.

Skambraks, Tanja, Kleinkredit und Caritas. Die Monti di Pietà im Italien des 15. und 16. Jh., Habilitationsschrift (maschinenschriftlich), Philosophische Fakultät, Universität Mannheim 2020.

Skambraks, Tanja/Nicolussi-Köhler, Stephan/Kehnel, Annette/Kümper, Hiram, Kleinkredit und Marktteilhabe in der Vormoderne. Projektdesign, in: Mannheim Working Papers in Premodern Economic History 1 (2020), pp. 1–12.

Smail, Daniel L./Shryock, Andrew, Deep History. The architecture of past and present, Berkeley/Los Angeles 2011, pp. 96–98.

Smail, Daniel L., Legal plunder. Households and Debts Collections in Late Medieval Europe, Harvard 2016.

Smail, Daniel L./Pizzorno, Gabriel H./Hay, Nathaniel, Recyclage et ontologie de l'objet dans les textes du bas moyen age: l'exemple de marseille, in: Henigfeld, Yves/Husi, Philippe/Ravoire, Fabienne (Hg.), L'objet au Moyen Âge et à l'époque moderne. Fabriquer, échanger, consommer et recycler: actes du XIe congrès international de la Société d'archéologie médiévale, moderne et contemporaine (Bayeux, 28-30 mai 2015), Caen 2020, pp. 393–402.

Smalley, Beryl, Moralists and Philosophers in the Thirteenth and Fourteenth Centuries, in: Wilpert, Paul (Hg.), Die Metaphysik im Mittelalter. Ihr Ursprung und ihre Bedeutung, Berlin 1963, pp. 59–67.

Smith, Adam, Theorie der ethischen Gefühle, 1759, übersetzt von Horst Brandt, Hamburg 2010.

Smith, William/Wayte, William/Marindin, George Eden (Hg.), A Dictionary of Greek and Roman Antiquities, J. Murray 1890.

Sonderegger, Stefan, Landwirtschaftliche Entwicklung in der spätmittelalterlichen Nordostschweiz. Eine Untersuchung ausgehend von den wirtschaftlichen Aktivitäten des Heiliggeist-Spitals St. Gallen, St. Gallen 1994.

Sorace, Marco A., Beginenhöfe im Spätmittelalter: Perspektiven der Architektur- und Kunstgeschichte, in: Voigt, Jörg/Schmidt, Bernward/Sorace, Marco A. (Hg.), Das Beginenwesen in Spätmittelalter und Früher Neuzeit, Stuttgart 2015, pp. 308–313.

Southern, Richard, Western Society and the Church, London 1970.

Spittler, Gerd, Wohnen ohne Tisch und Stuhl. Leben die Kel Ewey Tuareg in einer Mangelgesellschaft?, in: Möhring, Maren/Schüttpelz, Erhard/Zillinger, Martin (Hg.), Knappheit. Zeitschrift für Kulturwissenschaften 5 (1) (2011), pp. 81–92.

Spufford, Peter, Money and its use in Medieval Europe, Cambridge 1988, pp. 245–263.

Steinbrink, Matthias, Ulrich Meltinger. Ein Basler Kaufmann am Ende des 15. Jahrhunderts, Stuttgart 2007.

Stelzer, Winfried, Zum Scholarenprivileg Friedrich Barbarossas (Authentica ≫Habita≪), in: DA 34 (1978), pp. 123–165. Übersetzung nach Wolfgang Lautemann, Geschichte in Quellen, Bd. 2 Mittelalter, München 1978.

Stern, Hermann, Die geschichtliche Entwicklung und die gegenwärtige Lage des Lumpenhandels in Deutschland, Leipzig 1914.

Stern, Robert/Gastil, Raymond, Charles Moore, Der Architekt auf der Suche nach dem ≫Einprägsamen Ort≪, in: Johnson, Eugene J. (Hg.), Charles Moore, Bauten und Projekte 1949–1986, Frankfürt am Main 1987, pp. 35–38.

Stollinger-Löser, Christine/Haage, Bernhard Dietrich, Privatbesitz im Ordensleben, in: Verfasserlexikon 11 (2004), Sp. 1269–1270.

Streb, Jochen/Spoerer, Mark, Leben, um zu arbeiten, oder arbeiten, um zu leben? in: Geschichte und Gesellschaft 34 (2008), pp. 116–128.

Streb, Jochen, Besprechung von Piketty, Thomas, Capital and Ideology, in:

Vierteljahrschrift für Sozial- und Wirtschaftsgeschichte 107 (2020).

Stromer, Wolfgang, von, Die Gründung der Baumwollindustrie in Mitteleuropa, Stuttgart 1978.

Stutz, Christian/Sachs, Sybille, Facing the normative challenges. The potential of reflexive historical research, in: Business & Society 57.1 (2018), pp. 98–130.

Swanson, Jenny, John of Wales. A Study of the Works and Ideas of a Thirteenth Century Friar, Cambrigde 1989.

Swanson, Robert, Indulgences in Late Medieval England. Passport to Paradise, Cambridge 2007.

Szabo, Thomas, Die Infrastruktur des Karolingerreiches, in: Pohle, Frank (Hg.), Karl der Große, Charlemagne. Orte der Macht, Dresden 2014, pp. 48–57.

Szittya, Penn R., The Antifraternal Tradition in Medieval Literature, Princeton 1986.

Terpstra, Nicholas/Carboni, Mauro, The Material Culture of Debt (Centre for Reformation and Renaissance Studies), Toronto 2012.

Teuscher, Simon, Schulden, Abhängigkeiten und politische Kultur. Das Beispiel der Kleinstadt Thun im Spätmittelalter, in: Signori, Gabriela (Hg.), Prekäre Ökonomien. Schulden in Spätmittelalter und Früher Neuzeit, Konstanz/München 2014, pp. 243–262.

Teuscher, Simon, Bekannte, Klienten, Verwandte. Soziabilität und Politik in der Stadt Bern um 1500, Köln 1998.

Thalmann, Söhnke, Ablassüberlieferung und Ablasspraxis im spätmittelalterlichen Bistum Hildesheim, Hannover 2010.

Thiriot, Jacques, Note topographic sur la tête du pont roman d'Avignon, in: Guillemain, Bernard (Hg.), Avignon au Moyen Âge. Textes et Documents, Avignon 1988, pp. 28–29.

Thompson, Grahame, Early Double-Entry Bookkeeping and the Rhetoric of Accounting Calculation, in: Hopwood, Anthony G./ Miller, Peter (Hg.), Accounting as a Social and Institutional Practice, Cambridge 1994, pp. 40–66.

Tietz-Strödel, Marion, Die Fuggerei in Augsburg. Studien zur Entwicklung des sozialen Stiftungsbaus im 15. und 16. Jahrhundert, Tübingen 1982.

Toaff, Ariel, The Jews in Umbria, Bd. 1–3, Leiden 1993–1994.

Toaff, Ariel, Jews, Franciscans and the First Monti di Pietà in Italy, in: McMichael, Steven J./Meyers, Susan E. (Hg.), Friars and Jews in the Middle Ages and Renaissance, Leiden/Boston 2004, pp. 239–253.

Todeschini, Giacomo, Oeconomica franciscana. Proposte di una nuova lettura delle fonti dell'etica economica medievale, in: Rivista di Storia e Letteratura Religiosa 12 (1976), pp. 15–77.

Todeschini, Giacomo, Oeconomica Franciscana II. Pietro di Giovanni Olivi come fonte per la storia dell'etica economica medievale, in: Rivista di Storia e Letteratura religiosa 13 (1977), pp. 461–494.

Todeschini, Giacomo, Pietro di Giovanni Olivi come fonte per la storia dell'etica-economica medievale, in: Capitani, Ovidio (Hg.), Una economia politica nel Medioevo, Bologna 1987, pp. 59–91.

Todeschini, Giacomo, I mercanti e il tempio. La società cristiana e il circolo virtuoso della ricchezza fra Medioevo ed Eta Moderna, Bologna 2002.

Todeschini, Giacomo, La riflessione etica sulle attività economiche, in: Creci, Roberto (Hg.), Economie urbane ed etica economica nell'Italia medievale, Rome 2005, pp. 151–228.

Todeschini, Giacomo, Franciscan Wealth. From voluntary poverty to market society, Berkeley 2004.

Tomasello, Michael, Warum wir kooperieren, Berlin 2010.

Traulsen, Johannes, Heiligkeit und Gemeinschaft. Studien zur Rezeption spätantiker Asketenlegenden im ›Väterbuch‹, Boston/Berlin 2017.

Tremp, Ernst, Der St. Galler Klosterplan. Faksimile, Begleittext, Beischriften und Übersetzung, St. Gallen 2014. Fußnote 25 Kap. Teilen.

Tschudin, Peter, Paper comes to Italy, in: International Paper History 12 (1998), pp. 60–66.

Tschudin, Peter, Grundzüge der Papiergeschichte, Stuttgart 2002.

Uerlings, Herbert/Trauth, Nina/Clemens, Lukas (Hg.), Armut. Perspektiven in Kunst und Gesellschaft. Katalog zur Ausstellung, Darmstadt 2011.

Untermann, Matthias, Vom Schicksal der Dinge aus archäologischer Sicht, in: Klein, Ulrich (Hg.), Vom Schicksal der Dinge. Spolie – Wiederverwendung – Recycling, Paderborn 2014, pp. 9–16.

Untermann, Matthias, Fehlbenennungen von Klosterräumen und ihr Effekt auf die Forschung, in: Silberer Leonie u.a. (Hg.), Die Klöster der Franziskaner im Mittelalter. Räume. Nutzungen. Symbolik, Munster 2015, pp. 19–44.

Verheijen, Luc (Hg.), La Règle de saint Augustin. Bd.I: Tradition manuscrite [mit kritischer Textedition auf S. 417–437]; Bd. II: Recherches historiques, Paris 1967.

Vinzenz von Beauvais, Speculum Historiale, Buch 29, cap. 21.

Voigt, Jörg, Beginen im Spätmittelalter. Frauenfrömmigkeit in Thuringen und im Reich, Köln 2012.

Voigt, Jörg/Schmidt, Bernward/Sorace, Marco A. (Hg.), Das Beginenwesen in Spätmittelalter und Fruher Neuzeit, Stuttgart 2015.

Voigt, Jörg, Der Status Beginarum. Überlegungen zur rechtlichen Stellung des Beginenwesens im 13. Jahrhundert, in: Voigt, Jörg/Schmidt, Bernward/Sorace, Marco A. (Hg), Das Beginenwesen in Spätmittelalter und Früher Neuzeit, Stuttgart 2015, pp. 41–67.

Voigt, Jörg, Margarete Porete als Vertreterin eines freigeistig-häretischen Beginentums? Das Verhältnis zwischen den Bischöfen von Cambrai und den Beginen nach dem Häresieprozess gegen Margarete Porete (+1310), in: Franzke, Janina/Büchner, Christine/Löser, Freimut (Hg.), Meister Eckhart und die Freiheit, Stuttgart 2018, pp. 31–54.

Volkmar, Christoph, Reform statt Reformation. Die Kirchenpolitik Georgs von Sachsen 1488–1525, Tübingen 2008.

Wackernagel, Jacob, Die Viehverstellung. Eine Sonderbildung der spätmittelalterlichen Gesellschaft, dargestellt auf Grund italienischer, französischer und deutscher Quellen, Weimar 1923.

Walter, Philippe, Saint Benezet et le pont d'Avignon, in: James-Raoul, Danièle/Thomasset, Claude (Hg.), Les ponts au Moyen Âge, Paris 2006, S. 65–76. Walther, Hans, Proverbia sententiaeque latinitatis medii aevi, Bd. II/2, Göttingen 1964.

Warde, Paul, The Invention of Sustainability. Nature and Destiny, c.1500–1870, Cambridge 2018.

Wedell, Moritz, Zählen: Semantische und praxeologische Studien zum numerischen Wissen im Mittelalter, Göttingen 2011.

Wee, Herman van der, The Low Countries and the Early Modern World, Aldershot 1993.

Wehrle, Franziska/Kehnel, Annette, List of Medieval Religious Houses on Islands: Norway, in Monastic Studies, in: Medieval Monastic Studies 20 (2021).

Wehrli-Johns, Marina/Opitz,Claudia (Hg.), Fromme Frauen oder Ketzerinnen, Freiburg 1998.

Weidenbacher, Joseph, Die Fuggerei in Augsburg; die erste deutsche Kleinhaus-Stiftung. Ein Beitrag zur Geschichte des deutschen Kleinhauses, Augsburg 1926.

Weinfürter, Stefan, Canossa. Die Entzäuberung der Welt. Beck, München 2006.

Weiss, Wisso, Buchdrucker erhalten die Kontrolle über das Lumpensammeln, in: Gutenberg-Jahrbuch 40 (1965), pp. 13–17.

Welter, Jean Thiébaut, L'exemplum dans la littérature religieuse et didactique du Moyen Âge, Paris/Toulouse 1927.

Wenzel, Siegfried, Fasciculus Morum. A Fourteenth-Century Preachers Handbook, Pennsylvania 1989.

Wesjohann, Achim, Simplicitas als franziskanisches Ideal und der Prozess der Institutionalisierung, in: Melville, Gert/Oberste, Jörg (Hg.), Die Bettelorden im Aufbau. Beiträge zu Institutionalisierungsprozessen im mittelalterlichen Religiosentum, Münster 1999, S. 107–168.

White, Lynn, The Historical Roots of our Ecological Crisis, in: Science 155 (3767) (1967), S. 1203–1207.

Whitney, Elspeth, Lynn White Jr.'s ›he Historical Roots of Our Ecologic Crisis‹ After 50 Years. in: History Compass 13 (2015), pp. 396–410.

Wiegand, Peter, Marinus de Fregano – Raimund Peraudi – Johann Tetzel, in: Rehberg, Andreas (Hg.), Ablasskampagnen des Spätmittelalters. Luthers Thesen von 1517 im Kontext, Berlin/Boston 2017, pp. 305–333.

Wiegert, Jürgen, Die Geschichte des Beginenhofes in Kamp, in: Jahrbuch des Kreises Wesel 37 (2016), pp. 123–126.

Wiens, Kyle, Ich bin Reparateur, in: Müller, Christa/Werner, Karin/Baier, Andrea/Hansing, Tom, Die Welt reparieren. Open Source und Selbermachen als postkapitalistische Praxis, Bielefeld 2016.

Wiesner, Merry E., Working women in Renaissance Germany, New Brunswick 1986.

Wilts, Andreas, Beginen im Bodenseeraum, Sigmaringen 1994.

Winterhager, Wilhelm Ernst, Die Verkündigung des St. Petersablasses in Mittelund Nordeuropa, 1515–1519, in: Rehberg, Andreas (Hg.), Ablasskampagnen des Spätmittelalters. Luthers Thesen von 1517 im Kontext, Berlin/Boston 2017, pp. 565–610.

Witt, Gabriele, Beginenhöfe. Die Stiftungen der Johanna und Margareta von Konstantinopel, Gräfinnen von Flandern und Hennegau (Regentschaft 1206–1280), Berlin 2005.

Wollasch, Joachim, Konventsstärke und Armensorge in mittelalterlichen Klöstern. Zeugnisse und Fragen, in: Saeculum 39 (2) (1988), pp. 184–199.

Wortley, John (Hg.), The Anonymous Sayings of the Desert Fathers. A select edition and complete English translation, Cambridge 2013.

Wüstemann, Jens, Buchführung. Case by Case, 3. überarb. Aufl. Frankfurt 2009.

Yunus, Muhammad, Banker to the Poor. Micro-lending and the battle against world poverty, New York 2006, Erstauflage 1999.

Yunus, Muhammad, Social Business. Von der Vision zur Tat, München 2010.

Zander-Seidel, Jutta, Textiler Hausrat. Kleidung und Haustextilien in Nurnberg von 1500 bis 1650, München 1990.

Zeheter, Michael, Eine Trägodie der Allmende? Die Bodenseefischerei 1350–1900, in: Schulz, Günther/Reith, Reinhold (Hg.), Wirtschaft und Umwelt vom Spätmittelalter bis zur Gegenwart. Auf dem Weg zur Nachhaltigkeit, Stuttgart 2015, pp. 133–152.

Zelzer, Klaus, Klöster und Regeln in den ersten Phasen des abendländischen Mönchtums, in: Il monachesimo occidentale. Dalle origini alla Regula magistri, Rom 1998, pp. 23–36.

Zumkeller, Adolar, Das Mönchtum des heiligen Augustinus, 2. neu bearb. Aufl., Würzburg 1968.